传播学引论

Introduction to Communication Studies

(第四版)

李彬 著

清华大学出版社

北京

内 容 简 介

本书第一版至第三版已经行销 30 年，第四版又做了大幅度修订，特别是增补了"中国理论"一讲。全书以古今中外的丰富案例和引人入胜的娓娓笔调，系统讲解传播学的历史沿革、学术思想、经典研究等，取精用宏，深入浅出，同时融会中国视角、中国风格、中国主张，体现新时代的文化自觉与历史主动。作为一部常销书，本书既适用于新闻传播以及人文社会学科的本科生、研究生，又对传播研究以及相关学术领域的科学研究不无参考价值，也是新闻传播、广播影视、广告公关等工作者提高理论素养、加强专业能力的适用读本。

本书封面贴有清华大学出版社防伪标签，无标签者不得销售。

版权所有，侵权必究。举报：010-62782989，beiqinquan@tup.tsinghua.edu.cn。

图书在版编目（CIP）数据

传播学引论：第四版 / 李彬著 . -- 北京：清华大

学出版社，2024.10. -- ISBN 978-7-302-66670-7

Ⅰ . G206

中国国家版本馆 CIP 数据核字第 2024UC1232 号

责任编辑：纪海虹
封面设计：胡英剑
责任校对：王荣静
责任印制：丛怀宇

出版发行：清华大学出版社
　　　　　网　　址：https://www.tup.com.cn，https://www.wqxuetang.com
　　　　　地　　址：北京清华大学学研大厦 A 座　　　　　邮　编：100084
　　　　　社 总 机：010-83470000　　　　　　　　　　　邮　购：010-62786544
　　　　　投稿与读者服务：010-62776969，c-service@tup.tsinghua.edu.cn
　　　　　质量反馈：010-62772015，zhiliang@tup.tsinghua.edu.cn
印 刷 者：天津鑫丰华印务有限公司
经　　销：全国新华书店
开　　本：185mm×235mm　　　　印　张：22.75　　　　字　数：454 千字
版　　次：2024 年 10 月第 1 版　　　印　次：2024 年 10 月第 1 次印刷
定　　价：78.00 元

产品编号：099619-01

第一版序

经过十余年的交流、消化和创造，传播学作为一门独立的学科，已被我国新闻界所接受，被我国民族文化所认同了。

只要是揭示某类事物深层本质和某种领域基本规律的学问，哪怕一开始还显粗糙，哪怕刚一诞生难免带有某种东方文化或西方文化的独特色彩，但它终究要日渐精细，一步步跨越国界，被世界各民族所共享。产生于西方的传播学，是有它的科学内涵的，无论是它贯穿的科学方法论，还是它所贡奉的众多科学结论，都有很强的普适性。大家都承认，信息论是通行于世界的地地道道的科学了，而信息论的奠基作——《通信的数学理论》，在传播学里被称为《传播的数学理论》，也被尊为传播学的奠基之作。仅这一点便可说明，传播学的历史起点和逻辑起点，与现代科学是相近相像的。当然，"舶来品"是需要介绍才有销路的，传播学需要经由中国人的研究和宣传，才能真正"拿过来"为我所用。十余年间，国内已形成虽不算浩大但却初具规模的传播学研究队伍和教学队伍，涌现出一批虽非壮观但也可观的研究成果。这支队伍是年轻有为的队伍，李彬同志不愧是其中的一员；这些成果堪称开拓性的著述，李彬的《传播学引论》是问世较晚却饶有特色的一部。

毋庸讳言，传播学作为社会科学学科，总是带有某种意识形态色彩，美国的传统学派如此，欧洲的批判学派也不例外。这就注定了，西方传播学在世界观和方法论上，在诸多研究结论中，总有其不尽科学的成分，总会有与马克思主义精神实质相逆反的内容。这是不足为奇的现象，不能成为把传播学视为"资产阶级货色"而弃之门外的理由。但是，在研究和介绍的过程中，坚持马克思主义的指导方针，坚持辩证唯物主义和历史唯物主义的方法论原则，坚持对传播学已有成果全面而具体的分析，坚持立足于本国国情的消化和创新，都是必不可少的。"述而不作"，照搬照抄，是不可取的。李彬同志的《传播学引论》的确是创造性的研究成果。在成书之前，其中的一些章节作为论文发表在期刊上，受到学术界的重视，一再被转载摘登。可以说，《传播学引论》是一部信息密度很大的著作，其中不乏独创性见解，行文中又常常妙语连珠。人们常说，"文如其人"并非普遍性法则，但在李彬"文""人"相符得没有什么折扣了。思路开放而又严谨，思维敏捷而又准确，表达流畅而又简洁，写作与讲课都没有什么多余的话，这是听过他的课和读过他的文章的人的共同感受。这样的思维特征，使他在科学研究中稳健深沉，受益匪浅。

传播学还是一门非常年轻的学科，传到中国才刚过十年，我们对它的研究——包括李彬所做的努力，都仅仅是一个起端，不尽如人意之处在所难免。在本世纪末至下世纪初，传播学在我国可望有个大的发展，像李彬他们这批跨世纪的人才，是有用武之地，可以大有作为的，现有的不足一定会在不久的将来健全起来。

项德生 *
1993 年 6 月于郑州大学

---

* 项德生（1938—2020），1959 年北京四中毕业，考入中国人民大学新闻系。曾先后任中国人民大学新闻系辅导员、广州军区新闻科指导员等。1984 年调入郑州大学新闻系，任副系主任、系主任。

目　录

第一讲　绪　论

第二讲　传统理论

第三讲　批判理论

第四讲　中国理论

第一讲

绪 论

第一章　传播学的孕育

奥地利心理学家弗洛伊德，在其《精神分析引论》这部讲稿的开头曾说道：

> 我不知道诸位从阅读或传闻中可能已经获得了有关精神分析的哪些知识。不过我的讲题是"精神分析引论"，顾名思义，我不得不假定诸位对于本题一无所知，要我来从头讲起。①

我们把这段话中的"精神分析"一词换成"传播学"，权作本书正文的一个开场白吧。

不用说，传播学的立足点就在传播这一概念上。这个看似寻常的术语，却是传播学赖以形成的核心。传播学尽管卷帙浩繁、学说林立，但它的每一立论、每一推导、每一发展，却无不围绕着传播这一基点。传播之于传播学，正如美之于美学一样。因此，让我们就先从传播开始。

第一节　传播及传播学

在日常生活中，传播犹如影子时时处处都伴随着我们，想甩都甩不掉。与人交谈，是在传播；读书看报，也是传播；看电影、看电视，同样是传播；甚至一人独处，闭目沉思还是传播。就人类而言，也许没有比传播更基本、更常见的行为了，除了吃饭、睡觉等生物性活动。虽然我们心里似乎都明白传播是怎么回事，然而一旦需要明确解释何谓传播时，就会发现事情并不那么简单。当然，这也不足为怪，越是司空见惯的东西，越是耳熟能详的事物，就越是难以界定。直到今天，人们对什么是美不还在争论不休吗？

---

① ［奥］弗洛伊德：《精神分析引论》，高觉敷译，3页，北京，商务印书馆，1984。

那么，究竟什么是传播呢？我们先来看几个典型的传播实例。

第一例。在五岳之中的嵩山上，在驰名中外的少林寺旁，有一游人如织、熙来攘往的山洞，这就是中岳名胜达摩洞。当年的达摩洞原是一个与世隔绝、人迹罕至之处。1400多年前，东土（中国）禅宗的始祖菩提达摩曾在这悄怆幽邃的山洞中，"面壁而坐，终日默然"，长达九年。据说由于面壁时间太久，最后达摩的身影竟印在了洞壁上。如今游人前往达摩洞，大都是为瞻仰这一有名的"壁观"。周恩来总理的诗句"面壁十年图破壁，难酬蹈海亦英雄"，用的就是达摩面壁的典故。

第二例。有一次，法国作家大仲马到德国一家餐馆吃饭。他想尝尝有名的德国蘑菇，可是餐馆服务员听不懂法语。怎么办？大仲马灵机一动，就在纸上画出一个蘑菇，交给服务员。服务员一看，恍然大悟，马上飞奔而去。大仲马拈须微笑，心里兀自得意。他想："我的画笔虽不如文笔传神，但总还能把意思表达清楚，不错！"过了一刻钟，服务员气喘吁吁地跑回来，手里拿着一把雨伞。

第三例。林肯总统有一篇著名的葛底斯堡演说（Gettysburg Address），是为纪念在葛底斯堡战役中阵亡的北方将士发表的。说来难以相信，这篇演说的成功带有很大偶然性。因为，定在葛底斯堡国家公墓落成典礼上发表讲演的，是曾任哈佛大学校长的演说家爱德华·埃弗雷特（Edward Everett），而林肯不过被邀请作为国家元首随便说几句。于是，在典礼仪式上埃弗雷特洋洋洒洒讲了两个多小时，而林肯的演说只有十句话，全部讲完仅用两分钟。一位摄影记者原打算拍下这一历史镜头，可不等他做好准备，总统已经讲完了。第二天，埃弗雷特写信给林肯，说："如果我在两小时内所讲的东西能稍微触及你在两分钟内所讲的中心思想的话，那么我就感到十分欣慰了。"如今，葛底斯堡演说已成为一篇不朽之作，最后的"民有、民治、民享"（of the people, by the people, for the people）一语更成为广为流传的名言。顺便说一句，"民有、民治、民享"的妙译出自孙中山先生。当然，众所周知，美国政治从历史到现实，实际上都是"1%有、1%治、1%享"。

第四例。1969年7月20日，美国的"阿波罗11号"宇宙飞船在月球着陆。当机长阿姆斯特朗从登月舱的舷梯上一步一步地迈向月球时，全球不知有多少电视观众正凝视着这一激动人心的时刻。阿姆斯特朗在月球上跨出一步后，说了一句他知道会载入史册的话——"对一个人来说，这只是小小的一步；而对整个人类而言，这却是一次伟大的飞跃"（This is one small step for a man. But it's a giant leap for mankind）。

上述四个实例基本上囊括了人类传播行为的主要类型，勾画了人类传播活动的大致轮廓。第一例，达摩面壁，沉思默想，属于所谓"自身传播"（intrapersonal communication）；第二例，大仲马与服务员之间的可笑误会，属于所谓"人际传播"（interpersonal communication）；第三例，林肯在集会上发表演说，属于所谓"组织

传播"（organizational communication）；第四例，电视转播登月实况，就是常说的
"大众传播"（mass communication）。顾名思义，自身传播就是自己对自己的传播；人
际传播是两个人或若干人之间的传播；组织传播是有组织有安排的对一群人的传播；大
众传播则是通过现代媒介对成千上万人的传播。此外，还有所谓"新闻传播""政治传
播""健康传播""国际传播""全球传播""跨文化传播"等。其实，各种各样的传播活
动，无非是上面四种传播类型的变形或融合，如国际传播就属一种全球性的大众传播，
当今的新媒体、融媒体更是如此。

很显然，这四种传播类型是根据传播人数的多寡而划分的，从规模上看是依次递
增的：自身传播人数最少，其次是人际传播，再次是组织传播，而大众传播规模最大。
换句话说，这种划分的依据只是传播的外在形式，而不是它的内在本质。

那么，从本质上讲，传播有哪些类型呢？在我们看来，人类现有的传播活动基本
上分属两大类型，即人际传播与大众传播。人际传播是最古老也最基本的形式，一切其
他形式的传播都无不以人际传播为基础，都是人际传播的某种延伸或变形。正如语言符
号是最基本的传播符号，其他任何传播符号如文字、图形、代码、声音、标志等都是语
言符号的延伸与变形。人际传播是传统的、自然的、富有人情味的传播，李白的《山中
与幽人对酌》一诗就是典型：

> 两人对酌山花开，一杯一杯复一杯。
> 我醉欲眠卿且去，明朝有意抱琴来。

至于大众传播，则是工业革命以来的、充满机器喧嚣的、归根结底基于社会化大
生产的传播。如果说人际传播是点对点，那么大众传播就是点对面。大众传播虽然出自
于人际传播的需要，并服务于人际传播的目的，但与人际传播具有本质的不同。这种不
同的根源就在于大众传播比人际传播多出一样东西，这就是所谓的"大众媒介"。正由
于大众媒介或曰现代媒介的出现，人类传播活动才产生根本性变化。假如我们把大众传
播兴起之前的人际传播比作原始社会，那么大众媒介的问世就相当于国家的诞生，从此
人类的传播行为便开始受到一种全新的体制制约，置身于一种迥然不同的形态。

用另一种比喻更能说明这一点。在无线电世界中有两个基本元件，一是二极管，
一是三极管。二极管有两个极，三极管则是在这两个极中间，再加一个极——"基极"。
这里我们可以把二极管看作人际传播，两个极就相当于人际传播中的双方；而三极管
则可视为大众传播，它的"基极"就是媒介，事实上大众传播正是在人际传播之间加入
"基极"即媒介而构成的。多出一极的三极管同二极管是根本不同的两回事，同样多出
一个现代媒介的大众传播同人际传播也是迥异其趣。关于大众传播与人际传播的问题，
后面还会详细讨论，这里只需明白人际传播与大众传播是两大传播类型就行了。

如今，随着数字媒体以及移动互联网的兴起，人类传播又形成一种全新的融合形态，报刊、广播、电视、网络等联合国曾经认定的四大媒介及其分野不断模糊，人际传播与大众传播日益合流。即使如此，人际传播与大众传播依然是社会政治与现实生活中最普遍的传播形态，就像人们天天离不开亲朋好友的交流，哪怕是通过手机、视频等方式，依然属于千万年连绵不绝的人际交流，而不管手机、网络的信息多么丰富多彩、眼花缭乱，人们依然离不开权威媒体的权威信息，而权威媒体如《人民日报》、新华社等，即使走向融媒体、全媒体，本质上还是点对面的大众传播。

以上考察了传播这一概念的外延，那么传播的内涵是什么呢？透过现象看本质，凡是传播都有一个共性——信息流通。有一次，毛泽东主席会见印度军事代表团，谈到所有兵器都是炮：坦克是路上行动的炮，飞机是空中飞的炮，军舰是海上行动的炮。同理，形形色色的传播都是信息流通的过程。这一过程包括信源、信息、信道、信宿等要素，缺少任何一个要素，传播都不能成立。也就是说，传播总是先由某个信源发出某种信息，中间经过某条信道的传输，而到达信宿。与此同时，信宿也可能作为信源而发出信息，经过信道而返回信源，这就是所谓双向传播（two-way communication）。传播的双向交流性质，使传播看上去就像一场讨价还价的谈判。英语传播 communication，源于拉丁语 communis，而 communis 的本意正是分享。由此也形成两类传播的定义，一类称为"信息传递论"，一类称为"信息共享论"：

> 第一种定义将传播视为一个过程：通过这个过程，A 送给 B 一个讯息，并对其产生一种效果。第二种定义则将传播看作一种意义的协商与交换过程，通过这个过程，讯息、文化中人（people-in-cultures）以及"真实"之间发生互动，从而使意义得以形成或使理解得以完成。[①]

比如，美国政治学家 H. 拉斯韦尔 1948 年的定义就属于信息传递论，这个有名的 5W 定义将传播界定为"谁、说什么、通过什么渠道、对谁说、产生什么效果"。而第二类定义的代表，源于 20 世纪 60 年代兴起的法国结构主义思潮，在他们看来，传播的关键问题不在于信息的线性流通过程，而在于信息的意义及其生成。

这两种定义，分别对应着传播研究的两大学派：一是美国的经验学派，一是欧洲的批判学派。关于两大学派及其研究，我们后面将会具体介绍。这里只需了解一点，作为传播学的核心概念，迄今尚无一家公认的、权威的传播定义。这也不足为怪，因为传播学还远未达到完善与定型的地步，而且一切都还在流变不居之中，包括纷繁错综的传

---

① ［美］约翰·费斯克等编撰：《关键概念：传播与文化研究辞典》（第二版），李彬译注，45 页，北京，新华出版社，2003。

播实践与见仁见智的传播理论。事实上，每个有建树的传播学者，都对传播有各自的解释，不妨说有多少位传播学者，就有多少种传播定义。既然本书的目的并非想使诸位成为传播学者而只是"引论"，那么这里就没有必要过多纠缠于学术上的争议。为便于初学者理解，这里为传播下了一个简单明了的定义：传播是信息的流动以及社会信息系统的运行，既是一种社会化的行为，又是一种人际间的关系。

最后还有一点需要说明一下。既然传播是双向性的、讨价还价似的过程，那么，"传播"一词显然名不符实。因为，在现代汉语中，传播仅仅意味着由一方到另一方，而并没有体现交互的意思。为此，有人曾用"交流""交通""沟通"等替代"传播"，以对译英文的 communication。这些词语虽不无可取，但也不尽如人意。比如，交流固有明确的双向流通意味，但意义比较宽泛，除了指信息的交流，还在物质交流、人才交流、文化交流等层面上使用。再如，交通一词的本意是"天地交而万物通"，晚清创办的交通大学就取名于此，由此看来最适用于中文与中国文化语境的传播，遗憾的是它的现代用法已经固定，提到交通只会想到汽车、火车、飞机、轮船、公路、铁路等，而想不到信息传播。至于沟通也成问题，"沟"不一定就"通"。以大仲马与餐馆服务员的误会为例，两人之间有信息的交流，却没有真正的沟通。传而求通、传务求通，正是传播学传统理论致力于解决的一大难题。现在看来，还是传播一词得到普遍接纳。只是提到传播之际，别忘记信息不仅有传递，还有回还，有来有往才叫传播。

关于传播就谈到这里。下面再来看看传播学。

传播学是研究人类传播活动及其规律的学问，也是研究社会信息系统及其运行的学科。大致来说，它的研究范围包括人际传播与大众传播两个方面，其中尤以大众传播为主。事实上，正是由于大众传播的兴起，才促使人们开始关注传播现象，并对传播研究发生浓烈兴趣。传播学正是在大众传播的时代背景下问世的。

众所周知，人类的知识大致分属三大领域——自然科学、社会科学和人文学科。其中，自然科学与关涉人类精神价值的人文学科由来已久、源远流长，而研究人类在社会与文化方面之行为的社会科学则迟至19世纪才出现。社会科学又分为两大类型：一是偏重理论，一是偏重应用。传播学是一门社会科学，兼具理论与应用。不过，目前传播学好似一件百衲衣，三教九流，无所不有，学说芜杂，流派林立，其中既有高度抽象化、理论化的成分，又有非常具象化、应用化的内容。美国传播学奠基者施拉姆曾把传播学比作"十字路口"或"租界"。"十字路口"是说许多人路过传播研究领域，而很少有人逗留；"租界"是指各家学术与学科瓜分传播研究，不把它当作独立自主的领域。1978年，传播政治经济学的英国批判学者G.默多克（G. Murdock）与P.戈尔丁（P. Golding），干脆宣称没有必要建立专门的传播学。

直到现在，传播学在学科林立中，依然"妾身未分明"，独立地位并非确定无疑。

尽管传播研究颇受青睐，但自成体系的传播学还很难说已经形成，不少传播学者都宁愿将传播学视为一个研究领域，而不是一门独立完备的学科，有别于法学、经济学、政治学、人类学、社会学等社会科学。美国批判学者托德·吉特林（Todd Gitlin，1943—2022），只认自己是社会学者，不承认是传播学者。2012 年，他在香港浸会大学传理学院的"学术对谈"中说道："我不认为传播本身是一门学科，我认为它是一个领域（field），因为传播是人们生活在这个世界上的一种方式。"[①] 在他看来，作为研究对象的传播不仅是跨学科，而且是超越学科，所以这个领域不存在一个"核心范式"。同年，针对传播学的问题，香港城市大学李金铨也认为：

> 传播学是门边缘学科、交叉学科及新兴学科，发展的可能性大，学术资源也相对匮乏，须从人家那里汲取养分。传播学也有自己的理论，如议程设置、沉默的螺旋、媒介的使用与满足、第三人效果等，但毋庸讳言，这些在成熟的社会科学学门眼中是小儿科。在我入行时就在讨论这些理论，很多理论的提出者还是我的师辈，现在我即将退休了，还在讲这些东西。这些年来，传播学门的研究积累了不少，可新的洞见并不多。以议程设置理论为例，自 1968 年诞生后至今，不知道制造了多少论文，但四十多年新的认识真正增加了多少？[②]

总之，传播学与传播研究仿佛蔚为大观，但总体看来还处于生长阶段，基本的概念、范畴尚需完善，理论体系、学术思想也有待成型，中国理论更是任重道远，借用批判学者马特拉在《传播学简史》（2002）中的话说："没有任何一个学术领域像传播学这样被很多人认为：这还是一片处女地，一切都有待开创。"[③]

第二节　催生传播学的外在条件

作为一门新兴学科，传播学萌发于 20 世纪初，成型于 20 世纪中，兴盛于 20 世纪末。中国则在 20 世纪 80 年代初期，逐渐展开传播学研究。现代意义的传播学研究及其问世，乃是由诸多因素综合作用而促成的。这些因素可以大致分为两类，一是外在的社会条件，二是内在的学科演化。换句话说，如同任何新事物一样，传播学的问世既需要适宜的外部环境，更需要充足的内部条件，也就是毛泽东在《矛盾论》中所论的"外

---

① 托德·吉特林、黄煜：《以媒介为视窗瞭望世界——心系公众的传播学者托德·吉特林》，载《传播与社会学刊》（总 22 期），2012。

② 李金铨、刘兢：《海外中国传媒研究的知识地图》，载《开放时代》，2012（3）。

③ ［法］阿芒·马特拉等：《传播学简史》，孙五三译，2 页，北京，中国人民大学出版社，2008。

因"与"内因"。本节先谈传播学形成的外因，下节再谈内因。

从社会历史方面看，传播学的兴起与现代文明或曰现代化进程关系密切，尤以 20世纪以来大众传播事业的蓬勃兴起为首屈一指的动因。如果没有大众化的报刊、铺天盖地的书籍、触目皆是的广告，特别是引人入胜的广播、电影、电视以及方兴未艾的网络，没有它们对人类社会和精神世界所发生的日甚一日的巨大影响，那么传播学也就失去安身立命的现实土壤。这是一个社会存在决定社会意识的命题，也是一个不言而喻的道理。具体说来，对传播学的形成发生作用的环境因素虽然错综复杂，但概括起来集中在政治、经济、军事、媒介等方面。

先说政治。传播学生于美国，长于美国。我们都知道，美国政治生活中的一大内容就是选举，选举是美国政治最突出的特色。在美国上至总统、下至地方长官都由选举产生，大大小小的议会议员更是非选莫任，而四年一次的总统大选更是闹腾得沸沸扬扬，举世瞩目。马克·吐温的《竞选州长》辛辣揭示了美国选举政治或选票政治的冰山一角。既然选票直接关系着政治命运，那么竞选人自然拼命向选民"推销"自己，以期赢得尽可能多的选票。为此，就需要切实把握公众的心理，灵活运用传播技巧，深入了解媒介的特性，一句话需要开展卓有成效的传播。由此促使美国各方对传播问题展开专门研究，从而也就导致传播学的形成。美国传播学的理论先驱拉扎斯菲尔德，就是在研究美国大选的传播活动中，提出了有名的"两级传播论"。

以上是政治因素对传播学形成的作用，接下来再看看经济因素。美国经济属于典型的资本主义市场经济模式。那里，一切经济活动都听命于市场，受制于市场，"看不见的手"主宰着国家的命脉以及百姓的身家性命。为了争夺市场，大大小小的企业就得一方面在产品用途上下功夫，一方面在广告宣传上做文章。为了广泛推销产品，还需要设立专门机构，如广告部、公关部等；同时，也需要相应的理论指导，如广告学、公关学。如果说广告学、公关学是从不同侧面服务于具体传播环节的应用学说，那么传播学则是在学理层面对其进行提炼概括的基础理论。

政治和经济这两种因素对传播学的催化作用固然十分显著，但都不如军事方面的影响那么直接。换句话说，军事上对战争宣传及其效果的迫切要求，使得传播研究刻不容缓。众所周知，20世纪爆发了两场前所未有的全球性战争，而两场世界大战都把传播研究现实地提到议事日程。如何进行心理战，如何瓦解敌方的战斗意志，如何鼓舞士气、激励民心等，都成为十分紧迫的研究课题。美国传播学四大先驱中的拉斯韦尔，就是在研究第一次世界大战的宣传问题后，写成被奉为经典的博士论文《世界大战的宣传技巧》(*Propaganda Technique in World War I*)。四大先驱中的另一位霍夫兰，在二战中甚至直接受美国军方的委派，领着一批心理学家重点针对传播技巧和传播效果问题展开大规模研究，为战时宣传提供策论，也为美国传播学奠定实证研究的基础。总之，军事宣传的需要同政治宣传和经济宣传的需要一样，都为传播学的形成与发展创造了现实的生存环境，提供了必要的外部条件。

最后一点，现代媒介的兴盛同传播学的关系也不容忽略。20世纪以来100多年，传播媒介获得空前迅猛、令人咋舌的发展，尤其是20世纪20年代兴起的广播、40年代兴起的电视、90年代兴起的网络、21世纪以来铺天盖地的数字媒体，不但改变了人类的传播生态，而且也改变了人类的生活面貌，影响所及不亚于原子弹爆炸、人造卫星升天。现代媒介的问世及其引发的社会震荡，使人们越来越关注传播问题，越来越重视传播研究。如果说19世纪新闻事业的勃兴为新闻学的诞生创造了历史背景，那么20世纪大众传播媒介的突飞猛进则为传播学的创立提供了必要前提。没有新闻事业的发展，就不可能有新闻学；同样，没有现代传播的繁荣，也不可能有传播学。传播媒介与传播学的关系最明显的表现就是，电影、广播、电视等新兴媒介与传播研究的广泛开展都发生在同一时期，即20世纪上半叶。

上述一系列政治、经济、军事、媒介等因素的综合作用，便为传播学的孕育形成一种适宜的社会氛围和现实土壤，正如小鸡从鸡蛋中孵化出来所需的适宜温度。但是，温度再高也绝不会把石头孵化成小鸡，因为外因只是条件，内因才是根据。传播学形成的关键还在于内因，也就是学科自身的机制与演化。

第三节　孕育传播学的内在动因

如今，富有好奇心、想象力与批判性的学者，穷其一生也许只能在传播学的某个分支领域有点作为。放眼看去，林林总总的传播理论、层出不穷的研究著述，早已是一眼望不到边的茂密丛林，浓荫蔽日，盘根错节。依据西方传播学的主流叙事，传播学及其研究有一个问题、两个流派、三个来源、四个先驱。一个问题，是信息与信息社会，包括人与人的新型社会关系、社会信息系统的有机构成及其总体运行；两个学派，一是以美国为主的经验学派或称经营管理学派，由此形成传统理论，一是以欧洲为主的批判学派，由此形成批判理论；三个来源，是行为科学、信息科学和新闻学；四个先驱，是美国传播学的奠基人拉斯韦尔、拉扎斯菲尔德、霍夫兰和卢因。

一、一个问题：信息与信息社会

假如把传播这个概念视为一个原子，那么信息就是它的原子核。在人类传播活动中，既不存在没有信息的传播，也不存在脱离传播的信息。那么，什么是信息呢？有关信息的定义不下百种，如下解释比较通俗而实用：

信息（information）一切事物的状态和特征的反映。它普遍存在于自然界、人类社会以及人们的认识和思维的过程中。人类生活的世界是一个充满信息的世界。信息现象十分古老，早在人类历史发端之前，信息已存在于物质世界，如阳光普照、星斗灿烂，就是宇宙天体发出的信息。在人类社会诞生以后，信息不仅来自物质世界，而且来自精神领域。人类认识和改造客观世界的过程，实质上就是一个信息过程。在我国，"信息"一词最早出现于南唐诗人李中的《暮春怀故人》一诗中。该诗云："梦断美人沉信息，目穿长路倚楼台。"这里的信息意指音信、消息。信息的英文、法文、德文、西班牙文等，都是"information"。斯拉夫语与此同音。从语源上分析，它是由"in"和"formation"两部分构成的，前者是收到的意思，后者是整理成章的意思。……日、韩等国把信息书做"情报"，而在香港、台湾和其他华语地区，又有人把信息称为"资讯"。[①]

关于信息，虽说尚无放之四海而皆准的统一定义，但以下方面及其内容往往不可或缺：

（1）信息是人类认识客观世界的深化和发展。迄今为止，人类对客观世界的认识经历了三个阶段。面对大千世界，人类最先发现的东西当然是显而易见的物质，认识到世界是由物质构成的，如日月星辰、山川河流、花草林木、鸟兽虫鱼等。后来，人类又发现凡是物质都具有能量，即使是一节枯木朽枝也同样包含能量如原子能，假如把这节枯木朽枝里的原子能释放出来，那么丝毫也不亚于一颗威力巨大的原子弹。最后，人们才发现除了物质与能量，世界还有一个构成要素——信息，如"春风又绿江南岸"的"绿"就是一种信息，表明季节更替，显示生命律动。至此，人类才终于认识到客观世界是由三大要素所构成，即物质、能量和信息。

（2）信息分为物理信息、生物信息和社会信息，而传播学研究的是同人类传播相关联的社会信息。社会信息不同于大千世界其他信息的地方，在于它不仅具有物理信息的自然属性，如"天苍苍，野茫茫，风吹草低见牛羊"，或生物信息的本能属性，如"两个黄鹂鸣翠柳，一行白鹭上青天"，而且更具有独一无二的精神属性——意义或意思。

（3）关于信息的本质，目前通行的看法来自信息论的创立者香农。按照香农的理论，所谓信息，就是可以减少或消除"不确定性"的内容。比如，你从广州到北京出差，不清楚北京现在的天气情况，这就是不确定性。如果你听了天气预报，知道了最高气温和最低气温，又知道了是阴是晴，这就减少了这方面的不确定性，于是天气预报就

---

①　冯健主编：《中国新闻实用大词典》，518页，北京，新华出版社，1996。

成为一种信息。要是没有听天气预报，那么到北京后，你从街头人们的衣着上也能知道大概情况，这里的衣着同样是一种信息。总之，只要是能够减少或消除"不确定性"的东西，都属于香农所说的信息。

（4）除此之外，还有一种常见的对信息本质的理解，来自热力学第二定律即熵定律。按照这个定律，一个系统如果任其自然运行而不加外力，那么最后都将趋于一种均质一律状态。比如，一杯热水放在桌上就会慢慢冷却，最后与房间温度趋于一致。其间，热水经历了一个从有序到无序的变化过程，就像生命从生到死一样。热力学衡量无序状态的变量称作"熵"，从有序到无序的过程也就是熵值增加的过程。要使这个过程逆转，使一个系统从无序向有序的方向变化，就得为其注入"负熵"，如给水加温。

按照热力学第二定律即熵定律，信息就被视为事物以及事物之间的差异与变化。有差异，有变化，就有信息；差异越大，变化越多，信息就越丰富。反之亦然。举例来说，浩渺的宇宙苍穹如果一片黑暗、一片死寂，也就是说没有任何差异和变化，处处呈现出均质一律的状态，那么就没有什么信息可言。突然间有颗星星亮起来了，打破这种死寂局面，显出一点差异和变化，于是就有了信息。与之相似，如果社会生活比较单一，日出而作，日入而息，差异很小，变化很少，那么信息就比较匮乏。而生活变化越剧烈，信息也就越繁多。

最后，可以给信息下个简单定义：信息同物质和能量并列，属于构成世界的三大要素之一，旨在显示事物的存在状态与变化趋势；就人类传播而言，信息是消除任何不确定性因素的东西，包括消息、资料、情报、数据、图像、知识、思想等。至于传播，可以视为社会信息的流动以及社会信息系统的运行，既是一种社会化的行为，又是一种人际间的关系。

作为一种社会活动，传播已经由来已久；作为一种客观存在，信息也是自古皆然。那么，为什么直到现代，人们才意识到信息与传播的问题，才给予关注和重视呢？这就要说到信息社会了。

所谓信息社会，简言之，就是大量生产、传播、消费信息的社会。尽管 20 世纪以前，已具备一定的信息社会的历史条件与技术基础，如《共产党宣言》生动阐述的图景，但由于世界大多数地区的社会生活总体尚处在一种相对平静、老死不相往来的状态，人们对信息的需求还未达到"大量生产、传播、消费"的水准。活跃于 20 世纪上半叶的奥地利作家茨威格，在温润如玉的《昨日的世界—— 一个欧洲人的回忆》中娓娓谈及的情形，可以作为信息社会之前人类生活的缩影：

> 我的父亲、我的祖父，他们见到过什么呢？他们每个人都是以单一的方式度过自己的一生，自始至终过的是一种生活，没有飞黄腾达，没有式微衰落，没有

动荡，没有危险，是一种只有小小的焦虑和令人察觉不到的渐渐转变的生活，一种用同样的节奏度过的生活，安逸而又安静，是时间的波浪将他们从摇篮送到坟墓。他们从生到死生活在同一块土地上，同一座城市里，甚至几乎总是在同一幢住宅里。至于外面世界发生的事，原来仅仅停留在报纸上而已，从未降临到他们的家门。在他们生活的日子里，大概在什么地方也发生过战争，但是用今天的规模来衡量，那只不过是一场小仗，而且是在遥远的边境线上进行。人们听不见隆隆的大炮声，而且半年之后那场战争也就烟消云散了，它已被人们所忘却，成为枯萎的一页历史。老一套生活又重新开始。①

20 世纪以来，随着资本主义进入全面垄断即帝国主义，人类经历了一系列惊天动地的大事变，遭遇了天翻地覆的大变革，两次世界大战、社会主义运动席卷全球、亚非拉反帝反殖风起云涌等历史进程，无不使信息对社会政治与日常生活的作用越来越突出，越来越显要。在变化如此剧烈，差异如此显豁的情况下，在日新月异、突飞猛进的科技推动下，一种所谓信息社会呼之欲出。

按照如今流行认识，信息社会始于 20 世纪中叶。美国的约翰·奈斯比特甚至确定了一个具体时间："1956 年，担任技术、管理和事务工作的白领工人人数在美国历史上第一次超过了蓝领工人。工业的美国正让位给一个新社会，在这个新社会里，我们大多数人是历史上第一次同信息打交道，而不是生产商品。"② 其间，第一位信息社会的理论家是丹尼尔·贝尔（Daniel Bell, 1919—2011）。作为哈佛大学教授，他在 1973 年出版了一部名作《后工业社会的来临》（*The Coming of Post-industrial Society*）。在这部书里，他把人类社会分为三个阶段：前工业社会、工业社会和后工业社会。前工业社会是日出而作、日落而息的农业社会，工业社会是依靠机器进行社会化大生产的社会，后工业社会就是所谓信息社会——社会生活的轴心由此从生产转向管理，从产品转向信息，主要特征体现为产品型经济转向服务型经济。

然而，根据最新的研究发现，这套理论及其历史叙事，原本属于美国的文化冷战工程。青年传播学者陈昶文在《现代化的"感觉结构"》③ 中，引援《想象未来》（*Imaginary Futures*）一书指出，从 20 世纪 50 年代开始，美国政府就有意识地培植了一群熟谙马克思主义的反共知识分子，经由他们发明了一套"现代化理论"，以瓦解共产主义学说。在 2007 年的《想象未来》中，英国威斯敏斯特大学高级讲师巴尔布鲁

---

① ［奥］斯蒂芬·茨威格：《昨日的世界—— 一个欧洲人的回忆》（新译本），舒昌善译，4 页，北京，生活·读书·新知三联书店，2010。

② ［美］约翰·奈斯比特：《大趋势——改变我们生活的十个新趋势》，孙道章等译，14 页，北京，新华出版社，1984。

③ 未刊稿。本节内容均出陈文，并获允准。

克（Richard Barbrook），将这群冷战知识分子称为"冷战左翼"（Cold War Left），丹尼尔·贝尔就是最有名气的人物。贝尔1964年受美国艺术与科学院资助，领导了一个由42名学者组成的跨学科委员会，致力于"发明一个非共产主义未来的反共图景"[1]。最终，他们从麦克卢汉《理论媒介》一书中找到资源，并通过对麦克卢汉理论的加工，形成一套消解共产主义未来图景的学术话语：以美国为原型的信息社会。这一未来构想既包揽社会主义优越性的承诺，又排除无产阶级革命的风险。这种未来社会的现代化想象，在《后工业社会的来临》中得到系统化和学理化的论述：在共产主义理想中，社会主义生产关系是对资本主义雇佣劳动剥削体制的革命运动；而在信息社会的想象与现代化理论中，仅靠信息技术而无须社会革命以及生产关系的变革，就可以解决现代社会的一切问题。这样的未来图景貌似激荡人心、妙不可言，正如80年代风靡中国的《第三次浪潮》——贝尔信息理论的通俗版。

进入后冷战时代，这套信息社会理论更成为一套全球化的权威说辞，如美国社会学家曼纽尔·卡斯特（Manuel Castells）的"信息时代三部曲"——《网络社会的兴起》《认同的力量》和《千年的终结》。按照这套现代化理论，信息产业的发育和发达，即专门从事信息产品的生产、处理、传播和服务的社会生产门类的发展水平，成为衡量一个国家社会经济和综合国力的主要尺度，而各国也都把发展信息产业作为国家的战略目标。1993年，美国率先提出建设信息高速公路计划，中国信息化建设也从20世纪90年代大力推进。如今，"没有信息化，便没有现代化"，俨然成为一种共识。

本书所讲的传播学，即在信息与信息传播日渐凸显的背景下，开始生成、发育并壮大起来。明确这一点，就知道传播学及其研究对象了。简言之，传播学是一门研究社会信息系统及其运行规律的学科，具体说来分属三个层面：一是从自然科学的层面，研究社会信息及其传播的技术性问题；二是从社会科学的层面，揭示社会信息及其传播的规律性问题，大多数传播研究均属此类；三是从人文学科的层面，思考社会信息及其传播的价值论问题，如批判学派对传播意义的追寻。一句话，社会信息系统的技术、规律与意义，构成传播学的研究范围与研究对象。

二、两个学派：传统学派与批判学派

今天，传播学在北美、西欧已是热门的学术研究领域。其繁荣兴旺之势，可用贾谊《过秦论》的名句概括——"席卷天下，包举宇内，囊括四海之意，并吞八荒之心"。而在当代学说纷呈、名家林立的传播学界，有两个最富声望、最具实力的学派，犹如中国历史上划江而治的南北两朝，把传播学王国的版图一分为二。

---

[1] Barbrook, Richard. *Imaginary Futures: From Thinking Machines to the Global Village.* London: Pluto, 2007, p. 145.

　　物理学有经典物理学与现代物理学之分，前者以牛顿为标志，后者以爱因斯坦为代表。不无巧合的是，传播学也有两大一脉相应而各行其是的学派，一是经验学派（Empirical School），又称传统学派（Traditional School）、经营管理学派（Administrative School）等；一是批判学派（Critical School）。前者以美国为根据地，后者以欧洲为大本营。20 世纪 60 年代以前，传播学基本属于经验学派的一统天下，直到伴随风云激荡的时代而跃上历史舞台的批判学派问世，才打破了这种局面，并日渐形成分庭抗礼之势。关于欧洲批判学派的兴起，中国最早致力于此的王志兴曾从三个方面做出简明扼要的阐述：

　　　　首先，这是传播学研究与欧洲历史文化传统相结合的产物。

　　　　欧洲是西方文明的发祥地……欧洲哲学思辨的传统和批判现实的传统比较深厚，历史上出现了柏拉图、亚里士多德、培根、笛卡尔、斯宾诺莎、孔德、康德、黑格尔、马克思、恩格斯、罗素、凯恩斯等杰出的哲学家和思想家。这种文化传统必然要渗透到人文科学、社会科学的各个研究领域中去。传播学研究领域自然也不例外。

　　　　其次，欧洲批判学派的传播研究是由欧洲传播的实践所决定的。

　　　　一切理论研究都是由相应的实践所决定的，传播学研究也不例外。欧洲传播体制与美国不尽相同……欧美相比，美国较多强调传播中的自由，除少数工具为官方直接掌握外，传播工具都被私人控制，以盈利为目的，表现出很强的商业性。而西欧和北欧国家则较多地强调传播中的社会责任，全国性电台和电视台一般都作为公共事业，由国家或社会团体控制和资助……这种传播工具体制上的差异以及欧美传播实践在其他方面的不同，也必然影响到欧洲传播学的研究。

　　　　第三，从学术研究的发展规律看，欧洲批判学派的兴起也是顺理成章。一门学科一般总是开始只有一种流派、一种搞法，而当它发展到一定阶段的时候，往往就会出现新的流派或新的分支，对传统的研究提出质疑和批判，并尝试新的研究方法，提出新的理论主张。这固然会引起某个学科的"骚动"甚至内战，但同时也标志着一门学科的繁荣兴旺。传播学的发展自然也不例外。自第二次世界大战后首先在美国兴起以后，在一个较长的时期内，可以说是独家经营、别无分店。可是传播学在欧洲大陆全面展开以后，出现了反美国传统的姿态崛起的欧洲批判学派的传播学研究。从某种意义上说，这标志着传播学发展到了一个比较高的阶段。①

　　传播学的两大学派在研究方法、研究取向、研究内容等方面，无不存在差异与分

---

　　① 王志兴：《欧洲批判学派与美国传统学派的分析》，载《新闻学刊》，1986（6）。

歧，不妨说两家除了共同关注传播问题，其他方面都是"你走你的阳关道，我过我的独木桥"。具体而言，经验学派注重挖掘传播活动的自身规律，出发点和着眼点都紧扣具体的传播实践，同实际传播经验密切关联，研究方法及成果带有突出的、鲜明的经验色彩，特别是同美国社会浓重的商业气息相契合，形成一种功利化、实用化的趋势。经验学派由于立足于具体的传播实践，所以研究成果往往直接用于指导传播，对开展卓有成效的传播意义更大，这是其长处。而其缺陷在于将传播现象抽离于特定的社会历史语境，从而无形中把传播及其存身的社会现状视为天经地义、无可置疑的事实，并以接受既定的资本主义现实为前提展开研究。也就是说，他们一般不问现存传播体制是否合理，是否正当，不管其间政治经济关系及其弊端，而一味探究这一体制的实际操作及规律。这么一来，经验学派事实上又在维护现状，他们的一切研究及其成果无非是为现存传播体制的有效运行献计献策，尽管这些计策之中不乏科学内容。

批判学派与经验学派正好相反，以对既定的传播现实和现存的传播体制进行全面、深刻、系统的批判而著称，锋芒所向直指传播的要害：为谁传播，为何传播。换言之，批判学派主要致力于对传播现象一系列深层背景的考察，注重传播以及传播体制的政治性和历史性，强调传播同社会政治与历史文化的广泛联系与丰富内涵。因而，他们的研究有高屋建瓴、大刀阔斧之概，令人有发聋振聩、茅塞顿开之感，这是其长处。他们的软肋在于常常忽视或无视对传播自身规律的探讨，因而其理论有益于启发思考而无助于指导操作。对此，我们也不能苛责批判学派。因为，他们本来就没有打算像经验学派那样为资本主义社会及其传播活动指点迷津，他们的目的首先是对现存的传播环境及其社会制度进行脱胎换骨的改造。事实上，批判学派是一股总的学术思潮，是在资本主义文化和现代文明陷入困境、面临危机的历史条件下兴起的。批判学派的批判矛头指向资本主义社会的各个领域，而并不限于传播一隅。所以，与其说传播学里有个批判学派，不如说批判学派中有个传播分支。

总而言之，如果说经验学派是科学家，那么批判学派就是哲学家。如果说科学是对规律的深入揭示，那么借用冯友兰先生的话说，哲学就是对人生的系统反思（《中国哲学简史》）。或者说，经验学派犹如物理学中的牛顿体系，批判学派恰似相对的爱因斯坦体系。作为经典物理学，牛顿体系过去几百年中一直属于完美无缺的科学理论，并被视为关于物质世界一劳永逸的终极答案。这种对牛顿体系的推崇，集中体现在 18 世纪英国诗人亚历山大·蒲伯的诗句中：

自然界及其规律被黑暗笼罩浑浑沌沌，上帝说："降生吧，牛顿！"于是一片光明。

后来，爱因斯坦又提出一套全新的科学理论，在物理学中引起一场翻天覆地的范式革命，包括时间或快或慢而非永恒不变、空间凹凸扭曲而非处处一律。不过，爱因斯坦体系同人们的生活经验距离遥远，仅凭常识很难把握它。于是，有人就在蒲伯的诗句之后，又半开玩笑半认真地续写了两句：

> 但不久，魔鬼说："降生吧，爱因斯坦！"于是一切又重新笼罩着黑暗浑沌。

对传播学中的牛顿体系即经验学派和爱因斯坦体系即批判学派，我们也不妨化用蒲伯及其仿效者的诗句说：

> 传播活动及其规律被黑暗笼罩浑浑沌沌，上帝说："降生吧，经验学派！"于是一片光明。
>
> 但不久，魔鬼说："降生吧，批判学派！"于是一切又重新笼罩着黑暗浑沌。

也就是说，批判学派尽管立意高远、非同凡响，但同日常的传播经验不免山高路远，所谓"可为智者道，难为俗人言"。正如爱因斯坦体系尽管比牛顿体系精美完善，但由于同人们的生活常识和亲身经验隔膜，因而一般人只好敬而远之。通常讲传播学也多以经验学派为主，而较少涉及批判学派，正如普通物理学教科书仍以牛顿经典物理学为主，而较少谈及爱因斯坦体系。

三、三个来源：行为科学·信息科学·新闻学

与马克思主义的三个来源相似，传播学这条大河也可以说由三条支流交汇而成。其一是以科学主义和实证精神为基础的行为科学；其二是以信息论、控制论和系统论即俗称的"老三论"为主干的信息科学；其三是以新闻传播及其规律为研究对象的新闻学。

1. 行为科学

20世纪初，遵循自然科学规范的社会科学研究，在兴起于心理学领域的行为主义或行为科学中得到发挥，并逐渐渗透到诸多领域。所谓行为主义，就是把人的外在行为而不是内在思想作为研究依据，因为人的思想处在"黑箱"里面，看不见，摸不着，而人的行为却是客观的、实在的、可知可感的。比如，一个人想当律师还是想当医生，可能连他自己也说不清，但他最后选择职业的实际行为却是明白无误的。所以，行为主义只看"怎么做"，而不管"怎么想"或"怎么说"。这种取向尽管有偏颇之处，但也确实强化了社会科学的客观性与科学性。

传播学特别是美国传播学即托庇于这一科学主义的学术传统，秉承着行为主义及其实证精神。因此，它与古今着眼于学理思辨的传播理论颇异其趣。至于传播学从这一来源中汲取学养的具体情况，我们将在下面的四大先驱部分细谈。

2. 信息科学

传播学的第二个来源是俗称的"老三论"——信息论、控制论、系统论。"老三论"相继出现于 20 世纪中叶，是一组彼此勾联、互为犄角的世界观与方法论，特别是信息论和控制论更是一对孪生兄弟，被视为信息科学的基础。以"老三论"为基础的这一学科群落，基本围绕着信息的构成、传递、扩散及其内在规律而展开。

1）信息论

信息论的创始人是美国贝尔实验室的一位电信工程师，名叫香农（Claude E Shannon，1916—2001）。1948 年，香农在《贝尔系统技术学刊》上发表了一篇论文，第一次提出信息论。次年，他又同数学家韦弗合作，出版信息论的奠基之作——《通信的数学理论》（*Mathematical Theory of Communication*）。

在他看来："通信的基本问题是在通信的一端精确地或近似地复现另一端所挑选的消息"。他还提出一个著名的通信模式：

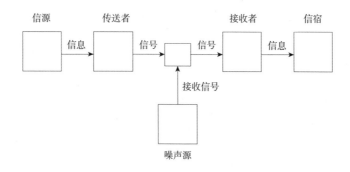

按照这个模式，信源发出信息，经过传送者编码变成信号。所谓编码，就是把信息变为可在信道中传递的信号这么一个转换过程。举例来说，当对方打来电话时，对方就是信源，他在电话中说的话，就是信息。不用说，他的话不可能直接从电话线路里传给我，而是首先通过电话筒转换成脉冲信号，而把他说的话变为电信号的程序就叫编码。经过编码的信号就进入信道，开始传递，传递中会受到干扰，这样从信道末端传出的信号就增加了噪声因素。还以打电话为例。接电话时，经常会在听筒里听到一些不相干的声音，特别是在通信设施陈旧的情况下，这类影响正常通话的声音就是噪声。这个模式中的译码同编码正好相反，编码是将信息变为信号，而译码则是将信号再还原成信息。比如，对方说的话经过话筒变成电信号，这是编码；信号经过电话线的传递到达我手中的听筒，听筒再把电信号还原成对方的话，这种还原的过程就叫译码。不经过编码，信息便无法传递出去；而不经过译码，信息就不能接收下来。编码同信息的传递有

关，译码同信息的接收有关。再举一个更通俗的例子，电视记者用摄像机拍摄图像的过程就是编码，因为摄像机把图像信息变成了一种电信号。这种电信号通过电视塔发射出去，被各家各户的电视机接收到，然后电视机进行译码再把信号还原成图像，最后在电视屏幕中显现出来。如果显现出来的图像发生变形或失真，那就是由于噪声干扰所致。

香农的信息论虽然主要从数学角度考察电信系统的信息传播，但核心思想对探讨人类传播现象同样具有普遍意义。其中，最重要的贡献有两点。一是提出了信息概念，并从哲学认识论的高度概括了信息的本质，正如有学者指出的："信息论的重要贡献之一，就是在科学史、技术史上第一次提出了与质量、能量并列的信息概念。"[1] 这是人类认识客观世界的第三次飞跃，在认识物质与能量之后又发现了信息。如今，信息一词已成为家喻户晓的常用语。不过，一般人常说的信息同信息论所说的信息并不是一回事。通常说到的信息其实是指某一具体的消息、情报、新闻、资料、事件等，而信息论中的信息则是一个具有哲学意味的范畴，两者的差异恰似一般人说的美与哲学家说的美。作为一门社会科学，传播学自然不同于探讨具体传播活动的学问，那么就需要对诸如新闻、消息、事实、意见、观念、思想等具体传播内容进行概括，使之成为包罗广泛的抽象概念，这就是信息。有了信息概念，传播研究就有了理论起点。

香农信息论的第二个重要贡献，是提出了一个传播过程的基本模式，对传播研究及其模式构造产生深远影响。1961 年，学者约翰逊（F. C. Johnson）和克赖尔（G. R. Klare）在论述"传播研究的通用模式"时就指出："在所有促使人们今天普遍对模式发生兴趣的所有贡献之中，要数香农的贡献最为重要。就传播研究的技术层面来讲，后来在这方面所作的许多努力，都是由香农的数学公式激发起来的。"[2] 比如，美国传播学"集大成者"施拉姆 1954 年提出的一个传播模式，就是完全照搬香农模式：

信源　　　　编码　　　　信号　　　　译码　　　　目的地

2）控制论

控制论，是麻省理工学院的科学家维纳（Norbert Wiener，1894—1964）提出的，他 18 岁即获得哈佛大学博士学位。1935 年至 1936 年，维纳曾经来华，担任清华大学客座教授。二战期间，他领导了导弹研究，正是在此基础上形成控制论思想。1948年，在香农《通信的数学理论》问世之际，他的代表作《控制论或关于在动物和机器

① 王雨田主编：《信息论、控制论、系统科学与哲学》，65 页，北京，中国人民大学出版社，1987。
② ［英］丹尼斯·麦奎尔等：《大众传播模式论》，祝建华译，16 页，上海，上海译文出版社，2008。

中控制和通信的科学》（*Cybernetics or Control and Communication in the Animal and the Machine*）同时出版，1950 年《人有人的用处——控制论与社会》（*The Human Use of Human Beings: Cybernetics and Society*）付梓，又对控制论作了通俗阐述。

控制论与同时问世的信息论血脉相通、唇齿相依，用维纳的话说：控制论"从香农（Claude E. Shannon）、韦佛（Warren Weaver）两位博士和我共同提出的为数不多的几个观念发展成为一个确定的研究领域"[①]。总体说来，信息论是控制论的基础，而控制论是信息论的应用，即索波列夫概括的："控制原理的实质在于，巨大质量的运动和行动，巨大能量的传送和转变，可通过带有信息的不大的质量和不大的能量来指挥和控制。这个控制论原理是任何控制系统的组织和工作的基础。因此，研究信息的传送和转换规律的信息论，是研究自动机器与生物体中控制与传播的共同原理的控制论基础。"[②]举例来说，大规模杀伤性武器如精确制导炸弹，威力强大，无坚不摧，真正是"伏尸百万，流血千里"，而如此的杀人巨无霸却是受制于信息网络以及一个小小的按钮。

对传播学来讲，控制论的意义在于反馈概念。反馈（feedback），是指一个系统的输出信息中有一部分又返回输入一端，犹如信息的部分回流。比如，群众集会场合，高音喇叭有时会发出刺耳的啸叫声，这就是反馈（准确说正反馈）所造成的现象。这里，作为一个声音放大系统，话筒是其输入端，而高音喇叭是其输出端。有时候，高音喇叭输出的放大声音，经过折射又抵达话筒，于是再次放大输出，而输出的更大声音又返回话筒，进一步放大，如此循环往复，就使声音迅速达到一种饱和状态，高音喇叭承受不起，就出现刺耳的啸叫。这里，从高音喇叭传出的声音又返回话筒，就是一种反馈。按照维纳的理论，控制的实质无非是通过信息对特定系统如自然、社会和工程等进行调节，使之达到所需状态，而信息的调节又是经由反馈机制进行的。换句话说，系统的状态取决于控制，控制的关键在于信息，而信息的功能体现于反馈。在传播学中，类似报刊发行量、广播收听率、电视收视率、网络点击率、读者来信、热线电话等均属反馈，而媒介可以根据这些反馈信息，调节整个系统的运行。

3）系统论

"老三论"中的系统论，同信息论与控制论有所不同。首先，系统论没有一个明确的创立时间，只能说大致形成于 20 世纪 50 年代；其次，系统论没有类似香农、维纳似的代表人物，而是由许多人从不同角度先后提出来的；最后，系统论这一名称不像信息论和控制论那样被普遍采纳，同系统论相似并广泛使用的还有系统工程、系统科学、一

---

　　① ［美］N. 维纳：《人有人的用处——控制论和社会》，陈部译，7~8 页，北京，商务印书馆，1978。

　　② 索波列夫：《控制论的若干基本特征》，见《哲学研究》编辑部：《外国自然科学哲学资料选辑》第四辑，93 页，上海，上海人民出版社，1965。

般系统论等。尽管如此，系统论同信息论、控制论却是一组密不可分的学科群体，犹如一母所生的三胞胎。由于这一缘故而通称为"老三论"。

系统论的基本构想，集中体现于亚里士多德的一句名言——"整体大于各孤立部分之和"。比如，3 这个整体是由 3 个 1 相加形成的。按照数学等式，3 = 1 + 1 + 1；而按照系统论思想，3 > 1 + 1 + 1，这就是所谓整体大于各孤立部分之和的意思。

依据系统论的逻辑，整体不仅可能大于各孤立部分之和，而且也可能小于各孤立部分之和。当一个系统由于各部分组织欠佳，内部功能相互抵消，就会导致整体效能反而小于各孤立部分的总和。中央红军长征出发时有 8 万多人，到达陕北只剩 8000 人，而由于遵义会议开始确立毛主席的领导地位，8000 人民子弟兵最终席卷天下。相反，美蒋集团的 800 万武装部队最后灰飞烟灭。不管整体大于各孤立部分之和，还是整体小于各孤立部分之和，整体与部分的关系乃是系统论的精髓。如果用一句话来概括系统论，那就是一个系统不等于各个组成部分的简单相加而是有机整合。

系统论对传播学的影响，更多体现在方法论上，也就是始终从整体的、联系的、有机的角度看待传播，将传播活动置于整个社会信息系统进行考察，因而比专注于某个传播环节的学科如修辞学具有更加广阔的视野。没有系统的观念，就不会有对传播活动的整体把握。

以上我们简单勾勒了"老三论"及其与传播学的关系，从中不难窥见学科内在发展与自身演化如何对传播学的形成发生关键性作用。倘若没有"三论"，没有信息、反馈、系统等概念，那么不论外部条件多么充分，传播研究都无法或难以形成一门专门的学科。

3. 新闻学

传播学具有多学科杂交特征，这种学科交叉性，既体现在学科之间的横向融合上，如传播学之于政治学、社会学、人类学、心理学、信息科学等，又表现在学科之间的纵向传承上，这条纵向的线索，在西方体现为三点一线：报学—新闻学—传播学。

这条学科线索同西方近代新闻事业的演进脉络吻合。近代新闻业发端于 16 世纪中叶金属活字印刷法的普及。最初，新闻只限于报刊，而新闻学最初只是研究报刊及其操作的报学（press）。19 世纪后，随着工业革命的进程，新闻业突飞猛进，显著标志有大众化报纸和通讯社的兴起。于是，同报业演化为新闻业的格局相应，报学也蜕变为新闻学（journalism）。新闻学的研究领域不仅比报学大为拓展，而且由于得力于 19 世纪兴起的社会科学而更上一层楼。20 世纪以来，在电子媒介异军突起席卷天下之际，新闻业又演进为包括报刊、广播、电视、通讯社、出版社、广告、公关、宣传等名目的传播业。与此同时，西方新闻学也开始向传播学（communication）转化。尽管新闻学的名分依然存在，但其面貌逐渐被传播学所改造，其领域也逐渐被传播学所蚕食。

新闻学与传播学虽不可同日而语，但留下一笔丰厚的遗产不仅为传播学所继承，如新闻理论、新闻法制、新闻伦理、新闻思想、新闻史等，而且更重要的还在于新闻学为传播学开辟的一方研究领域。从这个角度说，新闻学无疑可算传播学的一个来源。这也是新闻学与传播学关系密切的原因之一。比如，20 世纪 80 年代在中国流行的《传播理论：起源、方法与应用》一书，其两位作者赛弗林与坦卡德都是新闻人和新闻学教授。

第四节　四个先驱

所谓四个先驱，是指四位美国社会科学学者：政治学家拉斯韦尔、社会学家拉扎斯菲尔德、心理学家卢因和社会心理学家霍夫兰。由于他们对美国传播研究的显著贡献，后来创立传播学科的施拉姆便尊奉他们为"四大先驱"。从他们身上，也可以具体看到行为主义对传播学的影响和渗透。

一、政治学家拉斯韦尔

拉斯韦尔（Harold Dwight Lasswell，1902—1978），是一位政治学家。除了执教于美国的名牌大学，他还被不少国外大学聘为客座教授，包括当年的燕京大学。同时，他还是美国科学院院士，当选过美国政治学协会主席、国际法协会主席、国际政治心理学协会名誉主席等。二战期间（1939—1945 年），他曾负责美国国会图书馆的"战时传播研究部"（war communication research），后来又担任一些政府机构的顾问。在政治学研究方面，他是行为主义学派的代表人物，借用其《政治学》中译本"出版说明"的评价：

> 第二次世界大战前后，行为主义学派在美国政治学界异军突起。它一反美国早期政治学以国家政治制度为研究重点、以历史比较为主要研究方法的传统，把政治现实中可以实际观察的行为，包括个人行为和团体行为作为研究重点，把自然科学以及社会学、心理学、人类学、统计学等社会科学学科的理论和方法引入政治学。在这场政治学研究的变革中，本书作者、美国政治学家、心理学家哈罗德·D.拉斯韦尔（1902—1978）作出了开创性的贡献，成为行为主义学派的先驱者和重要代表人物之一。[1]

拉斯韦尔生长在美国一个风流儒雅的家庭中。做牧师的父亲藏书很多，常与学者

---

[1] ［美］哈罗德·D.拉斯韦尔：《政治学》，杨昌裕译，"出版说明" 1 页，北京，商务印书馆，1999。

名流交往，实用主义哲学家约翰·杜威就是他家的常客。处在这种"谈笑有鸿儒，往来无白丁"的环境下，拉斯韦尔从小就显得思路敏捷，聪颖过人。13 岁那年父亲送给他一部哲学百科全书，由此可以想见他的早慧。16 岁时，他就进入芝加哥大学，四年后毕业，获哲学学士学位。此后，他又分别在伦敦大学、日内瓦大学、巴黎大学和柏林大学深造，24 岁获得博士学位。他的学位论文《世界大战的宣传技巧》，以第一次世界大战期间空前规模的宣传战为题，探究了舆论、宣传及传播等问题，1927 年出版后，引起学界关注，对两次世界大战间以宣传为题的传播研究影响尤大，至今仍同美国名记者李普曼的《舆论学》（1922）一起，被推崇为早期传播研究的经典之作。获得博士学位的当年即 1926 年，拉斯韦尔受母校芝加哥大学的聘请，到政治学系任教。他的学生、《纽约时报》名记者詹姆斯·赖斯顿回忆说，尽管当时他对这位老师的教学方法不太喜欢，但许多年后回想起来，拉斯韦尔却是给他启发和教益最大的一位老师。

　　拉斯韦尔一生著述颇丰，总计达 600 万言。1948 年，他发表了一篇文章《社会传播的结构与功能》（*The Structure and Function of Communication in Society*）。对西方传播学来说，这是一部纲领性文献，也可谓构筑传播学大厦的蓝图。哲学家怀特海说过，所有西方哲学都是对柏拉图哲学的注释，因为柏拉图提出了西方哲学中的大部分根本问题。套用此语，所有传播学特别是美国经验学派及其研究，也仿佛是对拉斯韦尔的《社会传播的结构与功能》一文的注释。因为，它既为传播学指出了方向，又为传播学提供了典范，后来各种各样的传播研究，特别是美国经验学派的研究事实上大多沿着它所开启的思路推进，按照它所划出的疆域开拓。此文与传播学的关系，就如同香农的《通信的数学理论》之于信息论。巧的是，这两个各自学科的扛鼎之作，其核心思想是同时形成的，即 1948 年。不仅如此，拉斯韦尔与香农对信息传播过程的思考与描述，又是殊途同归，不谋而合。

　　具体说来，《社会传播的结构与功能》一文对传播学的意义主要体现在两个方面：一方面，是从内部结构上，分析了传播过程的五个要素或五个环节；一方面，是从外部功能上，概括了人类传播的三项作用。拉斯韦尔认为，任何一个传播过程，都可分解为如下五个要素或五个环节：

1. "谁"（Who）——传播主体
2. "说什么"（Says what）——传播内容
3. "通过什么渠道"（In which channel）——传播媒介
4. "对谁说"（To whom）——传播对象
5. "产生什么效果"（With what effect）——传播效果

　　这五大要素及其相互关系可用一个模式显示如下：

Who	Says what	In which channel	To whom	With what effect
谁	说什么	通过什么渠道	给谁	取得什么效果
传播者	讯息	媒介	受众	效果
控制研究	内容分析	媒介分析	受众分析	效果分析

这就是传播学界耳熟能详的 5W 理论，又称 5W 模式，因为这五个要素的英文表述都有一个 W 打头的疑问词。巧的是，新闻学也有一个 5W 理论，指一条新闻需要包含五方面内容：什么人（Who）、什么事（What）、什么地点（Where）、什么时间（When）和为什么（Why）。拉斯韦尔的传播五要素理论，脱胎于亚里士多德的三要素理论。亚里士多德在《修辞学》一书里，曾把一个传播过程如演讲分解为三个要素或三个环节，即说话人—说话内容—听话人。显然，拉斯韦尔的勾勒更完整，也更契合于现代传播与媒介社会，而且由于凸现了"媒介"（渠道）与"效果"而更有助于把握现代传播的重点。举例来说，如果"谁"这个要素是记者，那么"说什么"这个要素就是记者采写的报道，"通过什么渠道"这个要素就是刊登记者报道的报纸，"对谁说"这个要素是读者，而"产生什么效果"这个要素就是读者看完报道以后的反应。这五个方面或五个要素的组合，便构成了一个传播过程。

分析了传播的五个要素后，拉斯韦尔又提出五种与之相应的传播研究，即他所谓的五种分析：

1. 针对传播主体的控制分析（control analysis）
2. 针对传播内容的内容分析（content analysis）
3. 针对传播媒介的媒介分析（media analysis）
4. 针对传播对象的受众分析（audience analysis）
5. 针对传播效果的效果分析（effect analysis）

五种分析涵盖了传播研究的主要领域，正像五大洲基本囊括了地球上的陆地面积一样。《孙子兵法》说："声不过五，五声之变，不可胜听也。色不过五，五色之变，不可胜观也。味不过五，五味之变，不可胜尝也。"大意是，音级不过五种即角、徵、宫、商、羽，但它们的组合变化却能产生听不胜听的音乐；原色不过五种即青、赤、黄、白、黑，但它们的组合变化却能产生看不胜看的色彩；味道不过五种即酸、苦、甘、辛、咸，但它们的组合变化却能产生尝不胜尝的美食。同样，传播研究也不过五种，而这五种分析的变化繁衍也是无穷无尽的。几十年来传播学的发展历史也表明，致力于传播及其规律的科学探讨往往离不开这五种分析，大都直接间接地围绕着五种分析做文章。之所以把拉斯韦尔的《社会传播的结构与功能》比作构筑传播学大厦的蓝图，原因正在于此。

以上是《社会传播的结构与功能》一文对传播学的第一点重要意义，即从内部结构上分析了传播的五大要素，并提出五种相应的传播研究。它的第二点重要意义，是从外部功能上概括了传播的三大作用或曰三大功能——监控环境、协调社会和传承文化。比如，新闻媒体日复一日的新闻报道与评论，就相当于对现实生活与社会环境的监控，以便于人们及时了解种种变化及问题，从而作出相应的判断和适时的应对。同时，新闻媒体及其林林总总的资讯，也是在社会的各个层面、各种群体、各方意见之间展开协调、沟通与联系，从而维护社会共同体的和谐有序。至于新闻媒体对文化的传承，更是显而易见，不言而喻的。清华大学新闻学院首任院长、《人民日报》原总编辑范敬宜就一直主张，新闻应该有文化，新闻人应该是文化人。后来，美国社会学家赖特又在这三大功能上，增加了第四项功能——提供娱乐。关于这些传播功能，我们将在后面的有关章节详细介绍，这里只需明白拉斯韦尔的三大功能论与他的五大要素说一样，对西方传播学而言都可谓开天辟地，并成为传播学领域的经典理论。

另外，与此相关，这篇文献也提示或隐含了传播研究的两种路径：一种是把传播活动当成一个独立完整的系统，对其进行分析、研究和探讨，找出其中带规律性的东西，这一点体现在传播五大要素的论述上；另一种路径则是把传播系统置于更大的社会系统中进行考察，从而发现传播与社会、历史、文化之间的广泛联系，这一点包含在传播三大功能的阐释中。第一种路径注重于点上的深入，第二种路径着眼于面上的展开。传播研究只顾及点而忽略面固然不行，因为传播系统与整个社会系统存在着千丝万缕的有机联系，如果割断这些联系而只是一味地研究传播系统自身的规律，那么其结果必然是只见树木不见森林。反之，传播研究只看到面而抛开点同样也不行，因为传播活动毕竟有其独特的规律，如果置这些规律于不顾而只是解剖传播与社会之间的血肉纽带，那么其结果又会是只见森林不见树木。不难发现，美国的传统学派和欧洲的批判学派正好存在这两种研究偏差：前者抓住一点，不及其余，往往在五种分析里打转转，执着于传播自身规律的探讨而忽略传播与社会的联系，因而缺乏开阔的视野、恢宏的气度、深刻的意韵；后者似乎对五大分析不屑一顾，而更多承袭三大功能的路径，琢磨传播与社会的联系而轻视传播自身规律的探究。总之，研究传播现象既要关注它的内在而特殊的规律，又得留意它的外在而普遍的联系。

二、心理学家卢因

卢因（Kurt Lewin, 1890—1947），又译勒温。他既是心理学中完形学派的代表，又是社会心理学中群体动力学的鼻祖，由于率先将自然科学的实验方法应用于社会心理学，也被誉为"实验社会心理学之父"。卢因出生于德国的莫基诺（今属波兰），1914年在柏林大学获得博士学位；1932年赴美，任斯坦福大学客座教授；1945年在麻省理工学院创立群体动力学研究中心，并担任中心主任。

完形心理学又称"格式塔"心理学，发端于德国，盛行于美国。它的创始人惠太海默、苛勒、考夫卡等，都是在德国完成学业，并一同创立完形心理学，后来又相继移居美国。从心理学的发展历史看，完形心理学的出现是对传统心理学理论的反拨，当一种旧的学说达到极致时总会出现与之对抗的新说，这种现象在历史上屡见不鲜。以冯特和铁钦纳为代表的传统心理学，直到20世纪初完形心理学兴起时，在心理学界一直占据统治地位。按照传统心理学，人的意识表现为各种意识元素的组合。比如，听音乐时首先听到的是一系列不同的音符，然后大脑再将这些音符组成相应的曲调。再如，看一个人时总是先看到头、脸、上身、四肢等部位，然后再把这些单独的印象合成为那个人的全貌。

而在完形心理学看来，人的意识绝不是由各种感觉元素拼合起来的，意识的特征就在于整体性。也就是说，意识总是表现为统一的整体，而不是一组感觉元素及其组合。听一段曲调，总是完整的旋律而不是单一的音符；看一个人，总是他的全貌而不是身体的各个部位。这里，整体不是由各个单独部分的结构和性质所决定，恰恰相反各个单独部分是由整体的结构和性质所决定。举例来说，看到一个人长得很匀称，并不是由于看到身体的各个部位都很匀称，才形成匀称的总印象；而是先感觉到匀称的总印象，然后才能根据这种总印象去评判身体的各个部位的比例与搭配。单独地看，一双眼睛很难说美还是不美，只有当眼睛处在眉毛、鼻子、嘴唇、脸庞以及身手腿脚的总体感觉中时，才能根据这种总体感觉判定其美丑。关于完形心理学，刘恩久等《心理学简史》评价道：

> 完形心理学作为反对传统心理学元素主义的一支突起的异军，曾在心理学史上占有它的重要地位。完形心理学值得赞赏的不是它的观点新颖，而是它的方法别致。完形学派在处理整体和部分的关系时，强调整体并不等于部分的总和，整体先于部分并制约着部分的性质和意义，从而对知觉领域的研究，以及对思维的研究都做出了新的贡献。它的原则、方法和不少研究成果，至今在心理学的教科书中占有重要地位，并对现代西方认识心理学有很大的影响。[①]

以上对完形学派的简要介绍，实际上是为心理学家卢因勾勒了一个总的学术背景，

---

① 刘恩久等编著：《心理学简史》，203~204页，兰州，甘肃人民出版社，1986。

因为卢因就是完形学派的代表人物之一。如前所述，卢因生于德国，24岁获得博士学位，37岁晋升柏林大学教授。其间，他同完形心理学创始人苛勒和惠太海默交往密切，逐渐接受完形派的思想，成为完形心理学的积极倡导者。不过，他的研究及理论并不完全属于正统的完形心理学，而带有更多的独创性。也就是说，他虽然倾向于完形心理学，但其创造性又使他超出了完形学派的范围和领域。那么，他的独创性表现在哪里呢？在心理学界，卢因主要以其场论（field theory）而著称。场论原是物理学的理论，19世纪末开始引起学界兴趣。简单地说，物理学场论中的"场"，是指一种整体性的存在，其中每一部分的性质和变化都由场的整体特征所决定，而这种整体特征并不等于场内各部分特征的总和或相加。换句话说，场一旦形成便成为一种新的结构实体，而不再是形成场的那些单个元素的机械组合。显而易见，物理学的场论对完形心理学发生直接影响，不仅成为完形心理学反对传统的元素主义心理学的利器，而且也被完形学派的学说所吸收。完形学派创始人苛勒就曾指出场就是完形，而卢因的心理学研究更是直接发源于物理学的场论，他的理论中不少术语如场、矢量、张力等，原是物理学场论的基本概念。

1932年，卢因由于不堪忍受纳粹势力的膨胀而移居美国。此后他对社会心理学发生浓厚兴趣，并将其场论应用于社会心理学的研究，从而创立了"群体动力学"（group dynamics）。卢因正是因其群体动力学而名列传播学四大先驱。下面就着重谈谈他的群体动力学及其对传播学的影响。

首先需要指出的是，群体动力学属于社会心理学。不用说，社会心理学是一门介于社会学与心理学之间的学科，它的研究不外乎社会对个人心理的影响和个人心理对社会的作用这两个方面。一般认为，社会心理学诞生于1908年罗斯的《社会心理学》和麦独孤的《社会心理学导论》两部书的出版。此后，社会心理学经历了初创与发展两个阶段。初创阶段的末期即20世纪三四十年代，社会心理学开始对群体行为进行研究，代表这一新的研究趋势的就是卢因及其弟子门生。1944年，卢因在麻省理工学院建立了他的群体动力学研究中心，并担任中心主任，直至去世。

其次需要强调的是，社会心理学同美国传播学的联系，比起其他学科都更直接、更密切。无论是研究方法，还是理论学说，美国传播学都大量移植社会心理学的内容。对此，只需将传播效果的有关研究，同社会心理学中关于态度的形成及转变研究稍加对比便一目了然。美国传播学四大先驱之一的霍夫兰，终其一生都纯粹是社会心理学家，而且霍夫兰和以他为首的耶鲁学派的研究一度曾左右美国传播学的发展方向。早期的传播学简直就像一根藤蔓，缠绕在社会心理学这棵大树身上。作为社会心理学一家之言的群体动力学，对传播学的形成与发展也曾发生显著作用。不仅如此，卢因曾在艾奥瓦大学工作，后来创立美国传播学科的施拉姆其间也在艾奥瓦，并参加了卢因的学术小组活动。

现在我们就来看看什么是群体动力学。群体动力学主要探究群体与个体之间的关系，尤其致力于揭示群体规范对个体行为的制约与影响。它的理论基础也是物理学的场论。在卢因看来，一个群体就像一个场，必须把它作为一个整体来看待，而不能把它视为群体中各个成员加在一起的总和。这就好像太阳光虽然包括七种不同颜色的光线——赤橙黄绿青蓝紫，但太阳光的颜色显然不是七种色彩的一一排列，而是形成一种新的光线——白光。这里的太阳光就恰似一个群体，其中的赤橙黄绿青蓝紫则相当于组成群体的那些个体，白光不等于形成白光的那七种光线的简单排列，同样群体也不等于形成群体的那些个体的机械相加。

卢因认为，在群体与个体的关系中，起决定作用的是群体而不是个体。群体固然会受到每位个体成员及其心理因素的影响，但更重要的是个体须受所属群体的左右。他相信，"与一个群体的认同为一个人提供了一种观点、一种视野和一种自我的意义。当一个人通过一种传播过程接受了信息，该信息的意义就部分地由这个人所属的群体所决定"[1]。在他看来，内聚力（cohesion）是群体最重要的属性。所谓内聚力，也可谓群体成员相互利益的延伸。假如人的天性都倾向于关心自身的利益得失，那么他就不能不倾向于维护群体的内聚力这种自身利益的延伸。基于这种考虑，要想通过传播活动改变一个人的观念、认识与态度，就得首先从他所属群体的价值规范上寻找突破口，而不应从他个人身上打主意，否则传播将难以奏效。

早先传播活动往往只专注于对象个人，只把火力倾泻在个人身上，以为只要传播击中目标，对象便会应声而动，也就是说他的态度便会随着传播者的愿望发生相应的转变。初期传播研究中流行的"靶子论""枪弹论"等，即以这种认识为前提。所谓靶子论、枪弹论，就是把传播对象看作射击场上的靶子，只要枪弹即传播内容击中靶子，大功就算告成。卢因的群体动力学问世后，人们发现问题并不那么简单。传播对象并非无依无靠、孤零零的靶子，在他身后还有群体的靠山。他受到群体规范的保护，就像防御者藏身坚固的掩体，这个掩体便是他所属的群体。如此说来，传播活动要达到预期目标，要击中传播对象，首先必须把火力集中在掩体上，不扫清掩体，就谈不上对隐蔽其中的个体产生影响。所以，要改变一个人的态度，不仅要考虑个人因素，更要考虑个人所属的群体背景，这就是卢因群体动力学给传播学的一大启发。

这里，让我们来看一项以群体动力学为指导的传播研究，它也是由卢因领导进行的，常为美国传播研究所乐道。二战期间，由于食品紧缺，以往一些不登大雅之堂的食物，如黑面包、牛杂碎等，也开始出现在许多美国家庭的餐桌上。起初，人们自然

---

① ［美］E.M. 罗杰斯：《传播学史——一种传记式的方法》，殷晓蓉译，342页，上海，上海译文出版社，2002。

不习惯，吃着很勉强。为使公众相信黑面包比白面包更有营养，牛杂碎比牛肉更有益于健康，就需要开展宣传活动，对人们进行劝服性工作。究竟采用什么传播方式最能有效地引导人们改变旧的饮食习惯，而接受新的饮食习惯呢？针对这一问题，卢因及其助手开展了这项著名研究。他们选一群家庭主妇为实验对象，把她们分成两组：一组只听演讲，内容是饮食习惯和人的健康；另一组除了听同一内容的演讲，还围绕演讲展开讨论。结果表明，演讲组只有3%的人表示愿意接受演讲者的观点，改变她们的饮食习惯；而讨论组的这一比例却高达32%，也就是说讨论组中的态度改变者比演讲组高出十倍。

对此，卢因根据群体动力学解释说，讨论组中的态度改变者之所以比演讲组高出十倍，是因为讨论组比演讲组多一个关键性因素——群体。在讨论组中，原来各不相属的家庭主妇暂时形成一个群体，大家同属群体的成员，因此就有一种同呼吸、共患难的心理趋向。讨论过程中，大家彼此商讨、集思广益，逐渐产生一种最佳的、得到公认的方案，在群体动力的作用下，每个成员都很自然地倾向于采纳这种方案，并有更多的人改变原有的态度，使之与群体规范相适应。而在演讲组中，实验对象处于孤苦伶仃、各行其是的状态，她们仅凭自己的意愿作出决定，不受其他因素的影响，没有群体对她们心理的压力，因此出于墨守成规的习惯，就很少有人发生转变。

其实，诸如此类的事情，在日常生活中非常普遍，不足为奇。比如，西方的教堂将信众汇集在一起，讲经布道、唱圣歌、读《圣经》，无形中也形成一种群体氛围及其心理压力，无疑有助于传教的效果。再如，多少年来，我们的政治学习也遵循这样一种模式和道理。在政治学习中，大家你言我语，交流心得，既相互激发、相互启迪，进一步加深对有关文件精神的理解，又在一种同心同德的群体氛围中，形成同甘共苦似的认同。这种学习模式的传播效果，显然要比自己一个人关在屋里读报纸、学文件好得多。

卢因的上述研究是对群体动力学的具体解说，也正体现着群体动力学的基本思路：在群体与个体的关系中，起决定作用的是群体因素，因此要改变个体的态度，首先得从群体方面入手，进而由群体影响个体。群体动力学为传播学奠定了一块基石，卢因也由此获得传播学先驱的桂冠。

除了群体动力学，卢因对传播学的另一贡献，是在去世那年发表的一篇论文里提出的"把关人"理论。把关人（gatekeeper），是传播学的核心概念。如果说把关是对信息进行筛选和过滤的行为——传播学所讲的控制，那么凡是具有或表现这种行为的人就是把关人，如报纸的编辑。1950年，卢因的学生、传播学者 D. M. 怀特运用这个概念，对一位报纸编辑的新闻选择过程做了经典研究，开创了传播学的把关理论。对此，将在后面详细解说。

三、社会学家拉扎斯菲尔德

美国传播学四大先驱之一的拉扎斯菲尔德（Paul F. Lazarsfeld, 1901—1976）是以实证研究和应用研究而著称的社会学家，《不列颠百科全书》称他的学术成就"在20世纪整个后半期是影响深远的"。如果说卢因把自然科学的实验方法引入社会心理学，那么拉扎斯菲尔德则将其带进了社会学。

拉扎斯菲尔德生于奥地利，早年就读于维也纳大学。当时，正值弗洛伊德与阿德勒两位精神分析的大家在此执教，一时间学者云集、名流荟萃，学术风气很浓，研究水平很高。拉扎斯菲尔德在维也纳大学主修数学，23岁获得应用数学哲学博士学位。后来受弗洛伊德影响，对心理学产生浓厚兴趣。1933年至1937年，他得到一笔洛克菲勒基金会的奖学金，前往美国进修心理学。不料，对他的故国来说，这一走竟成永别。拉扎斯菲尔德同卢因一样，也是慑于纳粹淫威而取得美国国籍，从此定居美国。

1937年，他在普林斯顿大学担任洛克菲勒基金会赞助的广播研究室（Office of Radio Research）主任，这是他涉足传播研究的开端。1940年，研究室迁到哥伦比亚大学，同时更名为应用社会学研究所（Bureau of Applied Social Research），他成为研究所所长，并任哥伦比亚大学社会学系系主任。从此，他的学术生涯就一直与该所该校联系在一起。纽约的哥伦比亚大学对世界新闻传播业来讲，就像纽约的茱莉亚音乐学院对世界音乐艺术界一样，名高望重，声名远播。因为，美国报业巨子普利策临终之际为哥大捐献了一笔巨款，建起了一所如今享誉世界的哥伦比亚大学新闻学院，一年一度的普利策新闻奖也由这所学院主持评选。

大约与卢因在麻省理工学院创办其群体动力学研究中心同时，拉扎斯菲尔德也在哥伦比亚大学筹建起他的"应用社会学研究所"。他的应用社会学研究主要涉及这些方面：失业、大众传播、选举与政治活动、教育与心理、社会研究方法与程序、数理社会学、市场研究等。可见，传播研究只是他整个研究活动中的一个部分，从这部分的研究中可以具体看到社会学对传播学的渗透和影响。

在传播研究方面，他的突出贡献就在于提出了有名的两级传播论（two-step flow theory）。这一理论虽说问世于1948年，这一年付梓的由拉扎斯菲尔德等人合著的《人民的选择》一书对此给予详尽阐述，但这一传播理论的形成却得追溯到1940年。1940年是美国总统大选年，拉扎斯菲尔德带领其应用社会学研究所同仁，趁此机会进行了一次大规模的调研，主要目的是想揭示大选期间影响选民投票意向的社会网络，弄清楚哪些因素对选民发生作用。后来，社会学家、美国传播学者M. 德弗勒评价道，这是一个里程碑，理由有两条：第一，规模宏大，方法先进；第二，研究的结果为现代传播的过程和效果展示了新前景。这项研究从1940年5月开始，直到11月大选结束，历时半年。在此期间，拉扎斯菲尔德等人按预定方案，对伊利县的 3000 名选民进行访谈，并对他们的宗教信仰、党派倾向以及使用媒介的习惯等作出分类，然后结合调查结果加以分析，据此探究选民政治态度的形成及其变化规律。时隔八年，他们在这项大规模研究的基础上出版了美国传播学的经典之作《人民的选择》（*People's Choice*）。

本书的基本结论是：大众媒介对选民的影响非常有限，或者说大众传播的效果甚微。这个结论显然同常识大相径庭。按照常识，当今时代乃是大众传播的时代，是现代媒介主宰一切的时代，媒介告诉我们看什么，听什么，怎么听，怎么看，每个人从早到晚，从生到死，无时无处不在现代媒介的天罗地网中。尤其是美国的大选从传播角度看，几乎成为一场媒介狂欢节，绝大部分竞选经费都花在媒介宣传上，诸如登广告、发表演说、大张旗鼓地宣传报道等。2012 年，美国大选期间，有个传遍全球的视频，画面中一位幼童正啜泣不已，母亲轻言细语安慰着，原来幼稚可爱的小女孩被奥巴马和罗姆尼的竞选活动弄得心烦意乱，痛苦不堪，实在受不了了。所有这一切似乎无不表明，媒介的威力十分强大，媒介的影响非常广泛，而这一切又仿佛不言而喻，不证自明。

拉扎斯菲尔德等人原先也以为他们会发现媒介的这种魔力，然而研究结果却意外地摧毁了媒介万能的假设。他们发现，并不存在一种随心所欲地控制选民头脑、为所欲为地左右选民的传播媒介，媒介充其量只是影响选民诸多因素中的一种，虽然是不可忽略的一大因素。同现代媒介一同发生作用的因素还有家庭、同事、朋友等人际网络，而人际因素的综合作用远比媒介大。因此：“《人民的选择》在关于大众媒介的思想领域开辟了一个新时代。它似乎完全否定了所谓媒介威力无比的旧假想，而支持一个新假说，即媒介效果甚微，它只是许多种影响中的一种。虽然某些早期的研究也提出了类似的看法，但从《人民的选择》中的广阔范围、先进方法和给人以深刻印象的发现使这次研究成为媒介研究中的一个重要里程碑。”[①]

这次研究还有一个发现，即传播过程中的两级传播现象。这一发现几乎是偶然得之。当研究进行到一半之际，他们意外发现，大多数选民获取信息并接受影响的主要来源并不是现代媒介，而是一小部分其他选民。这一小部分人与媒介关系十分密切，频繁地接触报刊、广播、广告等，对有关事态了如指掌。于是，那些经常与之交往的大多数选民，便从他们那里间接获得信息，并且听取他们对有关问题的解释。这一小部分在形成和引导舆论中起着关键作用的人，就被拉扎斯菲尔德等人称为“舆论领袖”（opinion leader）。舆论领袖是两级传播论的核心，把握了舆论领袖，也就不难理解两级传播。所谓两级传播，是指信息先由大众媒介传到舆论领袖，再由舆论领袖扩散到社会大众的过程。由于这个过程分为前后相连的两个阶段，所以称为两级传播。其中，第一级传播

---

① ［美］梅尔文·L. 德弗勒等：《大众传播通论》，颜建军等译，311~312 页，北京，华夏出版社，1989。

是从大众媒介到舆论领袖，第二级传播是从舆论领袖扩散到社会公众。两级传播理论既是对以往传播研究的深入，更是对此后传播研究的启发："尽管这项理论可能终于证明并不完善，甚至于并不正确，而且它在实践中的重要意义也可能降低，但这一切都不能抹煞它作为起点的重要性。传播学这门学问就好几次得益于这类理论。"①

最后，值得一提的是拉扎斯菲尔德对传播研究方法的贡献。前面说过，他得过应用数学博士学位，这使他在统计调查、抽样分析、数据整理等方面驾轻就熟、游刃有余，因而得以利用这一优势不断改进传播研究方法。当然，这种科学主义的研究方法只重数据不看其他，拘泥于实证资料，沉湎于统计分析，也遭到诟病与批评。这些问题将在批判学派的章节里详细介绍。

四、社会心理学家霍夫兰

四大先驱中的卢因和拉扎斯菲尔德同属外来移民定居美国，而霍夫兰则与拉斯韦尔一样均为土生土长的美国人。霍夫兰（Carl Hovland，1912—1961），只活了49岁，可谓英年早逝。他20岁大学毕业，获文学学士学位，24岁在耶鲁大学获得哲学博士学位（同拉斯韦尔一样）。此后霍夫兰便在耶鲁大学执教，33岁时任心理学系主任（1945—1951年）。以这么年轻的岁数出任这么一所名校的系主任，霍夫兰的学术成就也不难想象了。

作为开宗立派的一位心理学家，霍夫兰是以探讨社会态度的形成与转变而闻名的。态度（attitude），是社会心理学的核心范畴之一，按照迈尔斯1993年的定义：态度，就是对某物或某人的一种喜欢与不喜欢的评价性反应，并在人们的信念、情感和倾向性行为中表现出来。态度包括"ABC"三个组成部分，一是情感（affect，简称A），二是行为（behavior，简称B），三是认知（cognition，简称C）。这个态度的ABC，也就是中国古人讲的知、情、意。举例来说，一个人不抽烟，这就是一种态度，一种对待抽烟这件事情的态度。这个态度中有认知的成分——抽烟有害健康，有情感成分——讨厌、不喜欢，还有行为成分——不买不抽等。可见，社会心理学中所说的态度，是一个近似人生观、价值观的概念，不同于一般所说的态度，如态度认真、态度恶劣。

关于态度及其形成与转变的理论主要有两类，一是行为主义的强化理论，又称学习论或刺激反应论，一是认知主义的平衡理论。本书第八章谈强化理论，第九章谈平衡理论。霍夫兰及其耶鲁学派，属于强化理论的代表。

霍夫兰毕生的研究都集中在态度这一问题上，尤其致力于态度的形成与转变。这样一来，也就涉及用什么样的方法，才能有效地促使人们接受或改变某种态度的问题，

---

① ［美］威尔伯·施拉姆等：《传播学概论》，陈亮等译，130页，北京，新华出版社，1984。

也就是说用什么样的劝服方式才能取得最佳的传播效果。比如，我想让你对某个党派的方针、对某个牌子的商品或对某项活动的意义形成一种积极的、肯定的态度，那么我该怎么说才能使你信服并接受我的观点呢？我用哪种传播方式最好，最有可能获得预期的效果呢？正是在传播与态度的结合点，在劝服手段与态度转变的联接处，社会心理学的研究与传播学的研究交织融会，形成难分难解之势。因此，作为社会心理学态度研究方面的权威，霍夫兰也就自然成为传播学的一大先驱。

霍夫兰的态度研究可以分为前后两个阶段。前一阶段是从二战后期的1943年到大战结束的1945年，后一阶段是从1945年到1961年去世。前一阶段只是其学术生涯的序幕，后一阶段才是高潮。

二战期间，美国军方空前广泛地利用电影、广播等现代媒介教育部队，鼓舞士气。这样做的效果到底怎么样？是否达到传播的目的？在几种可供选择的传播方案中，究竟哪一种最好、最有效？比如，介绍战况时，是只说一面好，还是正反两面的情况都说好？为了解决这些紧迫的战争宣传问题，美国军方便根据陆军参谋长马歇尔的指示，召集一批心理学专家，组成了一个专门的研究小组，其中负责具体事务的就是年仅31岁的耶鲁大学教授霍夫兰。正如学界公认的，这个集中了美国心理学界最出色人选的班子及其从事的大型研究项目，是现代态度改变研究的开端，也是传播学若干理论的渊源。

二战结束后，霍夫兰重返耶鲁大学，继续进行其态度问题的研究。大战期间曾与他在研究小组中一块工作的一些心理学家，也随他来到耶鲁大学，并以他为核心形成颇有影响的耶鲁学派。他们在洛克菲勒基金会的支持下，设立了后来以耶鲁研究而闻名的传播研究项目。用他们的话来说，耶鲁研究旨在"提出科学的见解，以辨别哪些条件可使这类或那类劝服性传播的效果有所增强或减弱"。耶鲁研究虽说是霍夫兰战时传播研究的延续，但涉及的范围更加广泛，探讨的问题更加深入，产生的反响更加持久。所以，战时研究与耶鲁研究虽然一脉相承，但前者只是序幕，而后者则是高潮。从耶鲁研究中产生的一批态度研究论著以耶鲁丛书知名于世，包括霍夫兰1953年的《传播与劝服》，其中为传播下的一个定义具有鲜明的行为主义色彩："某人（传播者）通过传递刺激信号（一般是语言符号）以改变他人行为的过程。"这个定义包含三方面内容，即传播者、传播内容和传播对象。耶鲁学派的劝服研究就是围绕着这三个方面而设计的。这些研究非常具体，对开展有效的传播活动具有实用价值。比如，宣传一种思想时，是只说正面的观点还是正反两面的观点都说更有效；结论是由传播者明确说出来更有效，还是点拨启发由对方自己得出来更有效，等等。虽然人们常常批评他们的研究过于琐碎，有些结论甚至互相矛盾，但正如有的学者指出的，这些研究犹如种子，植根于霍夫兰及其同事所开垦的学科土壤，由此也催发了服务冷战的美国传播学。

综上所述，霍夫兰的研究活动分为前后两个阶段，后一阶段是前一阶段的拓展和延伸。而无论是前一阶段还是后一阶段的研究，都直接服务于美国的国家利益：前者为了大战，后者为了冷战。

霍夫兰及其学派的研究方法，属于所谓实验法（experimental method）。他们把千差万别、复杂多变的人当成实验标本，并置于一种人为的、实验室似的环境中，然后控制其他变量，再操纵一种变量，看看实验对象对此有何反应，继而归纳出某种变量与某种反应之间的对应关系。比如，让一组人看一篇文章，让另一组人看同样内容的连环画，然后对比两组的反应，总结出哪种方式最有效。这种研究方式的缺陷在于脱离现实环境，结论同实际貌合神离。因为，实际传播过程错综复杂，远非实验环境所能模拟，其中有许多难以预料也难以控制的因素可能被排斥在研究视线之外，但在具体情境中却常起关键作用。一言以蔽之，耶鲁研究不无闭门造车之嫌。

与此相应，霍夫兰及其耶鲁学派只关注具体的传播环节，只探究实际的传播效应，而很少过问传播活动的整体运行，更少分析传播系统与社会系统的有机联系，从而将传播研究禁锢在狭窄的天地中。虽然他们在一些具体问题上有所创建，有所发明，但终归缺乏深刻恢宏的理论气度，絮絮叨叨，鸡零狗碎。这种研究格局同美国重实用、讲实惠的国民性不无关系。诺贝尔文学奖获得者、美国作家索尔·贝娄说过："美国人的天性是相信看得见的好处。"（《赫索格》）实用主义哲学诞生于美国绝非偶然。这种实用至上、功利第一的价值观，体现在传播研究中就形成以传播效果为核心的研究取向。因为，传播活动最实用的方面就是效果，传播中那些能"看得见的好处"就在效果。而霍夫兰及其耶鲁学派就代表了这一实用主义的研究取向：他们不仅开效果至上的风气之先，而且还曾一度支配了美国传播学的研究路径，致使20世纪五六十年代的传播研究几乎尽在社会心理学的圈子里打转转，总是围绕如何取得最佳的传播效果做文章。对此，留美学者李金铨1983年曾写道：

> 传播学研究因为在40年代与许多研究（如芝加哥学派）分道扬镳，致使以后的发展完全成为社会心理学的分支。在五六十年代期间，传播研究从社会心理学输入大量的观念、问题与方法，大抵以行为主义为其典范；此期间，传播研究跟着社会心理学亦步亦趋，一味探讨"态度变迁"的过程以及内在心理结构的因果。质言之，传播研究的眼光都放在"心理动力模式"而不在"社会文化模式"（第九章）；一般只注意媒介对个人心理结构的影响，而不注重它对社会文化的影响，或它如何透过社会文化的力量来影响个人。[①]

[①] 李金铨：《大众传播理论》，133页，台北，三民书局，1983。

　　尽管霍夫兰及其耶鲁学派的传播研究存在上述弊端和偏差，但他们对美国传播学的形成及发展显然起过推动作用，尤其是劝服艺术和传播技巧的研究成果，对冷战传播学的影响更是显而易见。也正是耶鲁学派的显著影响，传播研究在当代学科之林中终于脱颖而出。所以，霍夫兰被奉为美国传播学四大先驱之一也是当之无愧的。

　　以上对传播学四个先驱的素描，只是着眼于美国传播学形成的历史视野，而未涉及其他更广泛的地域和领域，如欧洲、亚洲、拉美及加拿大等，目的一是窥探传播学形成的内因，二是了解政治学、心理学、社会学、社会心理学等社会科学对传播学的催化与渗透。需要强调的是，无论作为一门学科（discipline）还是一个领域（field），传播学都与整个人文社会科学形成盘根错节、勾心斗角之势，而远不限于美国传播学的所谓四大先驱立足的学科。2012 年，一位中国传播学者偶尔参加了第十一届人类学高级论坛，对所见所闻不由感叹：

　　　　人类学专业中很多知识和内容与传播学却有许多相似之处，比如人类学中有研究者致力于新媒体和网络社会研究，直接就与传播学当下的研究热点交织在一起；在关于村落、族群和民族的研究中也非常重视成员之间的沟通与文化传播，强调人与自然环境的和谐发展；而且这些人类学研究的材料也越来越依赖电视、电影和微博等现代传媒；最后还发现我们与人类学共有许多"大师"，共享着一些非常重要的理论资源。①

---

　　① 邱戈：《弥散的学科界限》，载《中国传媒报告》，2012 年第 4 期（总第 44 期），卷首语。

第二章 传播学的创立

第一节 施拉姆：传播学科集大成

上一章谈到的四位学者被奉为美国传播学的"四大先驱"，而四大先驱一语就出自施拉姆。勾画美国传播学创立的历史轨迹，没有比介绍施拉姆的经历更简便易行，更能给人以鲜明印象的了。因为，他是美国第一位把传播学作为独立学科，并力图使之服务于美国战略利益者，故被称为美国的"传播学鼻祖""传播学之父"等。

施拉姆（Wilbur Schramm, 1907—1987），一生编写了30余部传播学的著作，对美国传播学的创立或传播学科建制化起了主要作用，可谓集大成。1982年，他以电化教学的名义，终于进入中国大陆，从广州一路北上，还曾通过中国社会科学院新闻研究所所长，获得国务院副总理出面接见，对美国传播学进入中国大陆同样产生无人可及的作用。1984年，他的《传播学概论》（*Men, Women, Messages and Media: Understanding Human Communication*）在新华出版社翻译出版，更在中国掀起一股研习传播学的热潮。

施拉姆生于俄亥俄州。父母都是音乐迷，经常在一起演奏，受家庭环境的熏陶，他从小酷爱音乐，曾想当一名长笛演奏家。上大学时，他还没有决定是否以音乐作为终身追求。大学毕业，施拉姆进入哈佛，专攻英美文学，23岁获硕士学位。然后他又到艾奥瓦大学，攻读文学博士学位。他在艾奥瓦的室友华莱士·斯特格纳（Wallace Stegner），后来成为一名作家，以小说《旁观鸟》（*The Spectator Bird*）获得美国全国图书奖。据他回忆，施拉姆总爱在宿舍里挂上两张照片，一张是波士顿交响乐团的首席长笛手，一张是他在哈佛大学时的英语教授。他在艾奥瓦读书期间，卢因也在那里，他还参见了卢因的学术小组，一起讨论场论。

1932 年，25 岁的施拉姆在衣阿华大学获得博士学位，之后便在该校英语系任教。当时他的主要精力和兴趣还不在于治学，而在于创作。他是"衣阿华作家笔会"（Iowa Writer's Workshop）的创始人。他的一些短篇小说刊登在《大西洋月刊》《星期六晚邮报》等著名报刊上。1942 年，他还荣获欧·亨利短篇小说奖。欧·亨利是美国作家，与法国作家莫泊桑和俄国作家契诃夫一同被誉为世界三大短篇小说家。能够获得欧·亨利短篇小说奖，表明施拉姆的作品已达到相当高的水平。他的论著具有一定文学色彩，也与创作经历不无关系。比如，他善于用形象化的比喻来说明抽象的理论，许多著名比喻都已成为传播学的常用术语，像"绿洲""租界""十字路口""时间窃贼""自助餐厅"等。《传播学概论》开篇文字就富有笔墨情趣，令人过目难忘："当我在写这几行字的时候，把视线从纸上移开，抬头就可以看见夏威夷那犬牙交错郁郁葱葱的群山。如果向水天相接的海岸线望去，可以看到可能是第一批岛民登岸的地方……"[1]

进入 20 世纪 40 年代后，施拉姆的兴趣开始由文学创作转向新闻传播。1943 年，35 岁的施拉姆出任衣阿华大学新闻学院院长。"让施拉姆任新闻学院院长，这多少是个奇特的选择，因为他从未作过专职记者。当时，诸如记者或编辑的经历被认为是聘任新闻教授的一个基本要求。施拉姆实质上不是一个新闻学教授，在他一生中的任何时候，他也没有教过写作和编辑技巧方面的课程。他正追求一种更加广泛的传播学观点，并认为自己在今后几年只是暂时待在某个新闻学院。"[2]衣阿华大学新闻学院成立于 1924 年，早期的一位新闻学教师就是盖洛普民意测验机构的创办人 G. H. 盖洛普（George H. Gallup，1902—1984）。正是在这里，施拉姆开办了美国第一个传播学博士项目。

1947 年，他从学习执教 17 年的衣阿华来到伊利诺伊大学，就任校长助理兼伊利诺伊大学出版社社长。在伊利诺伊大学，他办了两件对美国传播学科来说意义重大的事情。第一件事是出版信息论的奠基之作，也就是香农的《通信的数学理论》。这部名著的问世标志着信息论的诞生，也对传播学发生重大影响。《通信的数学理论》原是一篇论文，登在《贝尔工程技术杂志》上。一次，施拉姆在翻阅资料时偶然发现这篇论文。于是，他顾不上其他事情，一口气将文章读完，并决定由伊利诺伊大学出版社正式出版。当时，他已察觉这篇还默默无闻的文字所包含的重要价值。香农的文章专业性很强，为使更多人都能把握信息论，施拉姆又专门邀请数学家韦弗对香农的观点进行注释，使之通俗易懂。《通信的数学理论》一出版，立刻引起学术界的瞩目。如今，香农、韦弗以及《通信的数学理论》已是谈论信息论时所常提及的，但很少有人知道信息论的

---

① ［美］威尔伯·施拉姆等：《传播学概论》，陈亮等译，1 页，北京，新华出版社，1984。
② ［美］E. M. 罗杰斯：《传播学史——一种传记式的方法》，殷晓蓉译，17~18 页，上海，上海译文出版社，2002。

兴起还有赖于伊利诺伊大学出版社社长施拉姆。当然，施拉姆也从信息论中得到启发，他的那个传播模式，就是照搬香农的信息传播模式。

第二件事是创办伊利诺伊大学传播研究所。它的成立第一次为传播研究提供了学术平台，传播学由此步入建制化。不过，施拉姆早期的传播研究还在于挖掘他人的成果，整理前人学说。1949年，他编纂的一部《大众传播》，就收录了政治学家、心理学家、社会学家、语言学家以及其他学科的学者对传播的论述，被视为美国传播学的第一部教科书或参考书。

1955年，施拉姆离开伊利诺伊大学，西行来到太平洋沿岸的加州，受聘为斯坦福大学传播学教授，又创办了第二个更著名的传播研究所——斯坦福大学传播研究所。在这里，他逐步完成了美国传播学的建制化工程，并确立了集大成者的地位。

1956年，他参与撰写的冷战学术代表作《报刊的四种理论》（*Four Theories of the Press*）一书出版。这部书篇幅不大，摆出来也不起眼，却在西方新闻传播界引起持久反响，至今仍是资产阶级新闻学的经典。这部小书对近代以来以及当代盛行的传播体制与传播观念进行比较研究，由四篇相对独立而又互相关联的论文组成，分别探讨了所谓集权式、自由式、社会责任式和共产主义式四种新闻传播模式。集权式模式，是指欧洲封建专制王朝控制新闻传播事业的体制及其观念。自由式，是指自由资本主义时期新闻传播为所欲为、不受制约的状况。这种状况最后暴露了诸多弊端，黄色新闻的出现与泛滥就是典型。于是，有识之士便呼吁新闻传播在享有充分自由之际，还应承担应负的社会责任，这就是社会责任式出现的背景。至于共产主义式，则是针对以苏联为代表的共产党国家的传播体制与传播观念。而这篇文章的作者就是施拉姆。其实，这里的四种报刊理论归根结底无非两种模式，即"姓社"还是"姓资"：一种是资本主义阵营的所谓自由民主传统，一种是社会主义阵营的所谓集权或极权主义传统。显然，这是一种典型的冷战思维，以及十字军思维——要么天使，要么魔鬼。

施拉姆关注的一大课题，是发展中国家如何利用传播媒介加快现代化进程问题，这方面的研究通称发展传播学。1964年，联合国教科文组织邀请他撰写了一部研究报告《大众媒介与国家发展：信息对发展中国家的作用》（*Mass Media and National Development: the Role of Information in the Developing Countries*）。这里，他提出一对概念："大媒介"（big media）和"小媒介"（small media）。所谓大媒介，是指那些现代化程度高、需要调动大量人力物力才能推展的媒介，如电影、电视、电脑教学等；所谓小媒介，是指那些花钱少、见效快的媒介，如幻灯、广播、教科书等。在他看来，发展中国家应首先发展小媒介，而不宜盲目追逐大媒介。这里，透过现象看本质，所谓发展传播学同样是在"姓社姓资"背景下展开的冷战学术，也就是通过西方现代化模式——所谓民主政治、市场经济、自由媒体等，同社会主义阵营争夺二战以来纷纷独立的亚非拉国家。

在学科的建制化过程中，他还苦心孤诣培养了一批博士生，造就了一代美国传播学的"建设者和接班人"，后来不少独当一面的传播学者都出自他的门下。1985 年在中国翻译出版的《传播学的起源、研究与应用》，其作者之一坦卡德（James W. Tankard）就是他在斯坦福时的博士生。坦卡德在一篇回忆文章中写道，施拉姆给研究生授课时总爱引用肯尼迪就职演说中的名言——"把火炬传下去"（passing on the torch），牧师布道一般激励门生弟子投身传播学。在他的精心培植下，到 20 世纪六七十年代便形成以他为"班头"的施拉姆学派。而这个学派的兴起，也就标志着美国传播学或冷战传播学的诞生。如果说以霍夫兰为首的耶鲁学派只专注于传播问题的一个侧面即如何进行有效的传播，那么施拉姆学派则致力于传播研究的建制化、系统性，在此基础上"用学术讲政治"。施拉姆的"徒子徒孙"不仅遍布美国，而且远播世界许多地区，包括中国的香港、台湾等。他的中国学生还给他起了一个中文名字宣伟伯——宣传领域伟丈夫。对美国利益和冷战学术来说，宣伟伯一名倒是名副其实。

1973 年，施拉姆又从加州漂洋过海，来到夏威夷，以花甲之年协助创办了夏威夷"东西方中心"的传播研究所，并出任所长。"东西方中心"是以研究亚太地区经济及社会发展问题为主的机构，由施拉姆协助创办的传播研究所同样颇有名气，不少中国记者与学者都曾在此研修。现在可以清醒意识到，在冷战以及文化冷战的背景下，"东西方中心"布局于东西方前沿显然耐人寻味。

在夏威夷期间，施拉姆与人合作完成了《男人、讯息、媒介：人类传播概览》（*Men, Messages, and Media: A Look at Human Communication*），1982 年第二版付梓时更名为《男人、女人、讯息、媒介：人类传播通论》（*Men, Women, Messages and Media: Understanding Human Communication*）。1984 年，中译本以《传播学概论》之名由新华出版社付梓，在美国传播学畅行中国大陆时几被奉若"圣经"。中译本三位译者陈亮、周立方和李启，都是新华社知名人物。陈亮 1957 年与戴煌一同作为新华社的两个"极右分子"下放北大荒；周立方毕业于北京大学西语系，抗美援朝时任中国人民志愿军翻译，改革开放后出任中国新闻学院副院长；李启曾任新华社对外部副主任、新华社新闻研究所副所长。2010 年，中国人民大学出版社又出版了新译本《传播学概论（第二版）》，译者何道宽将施拉姆创立美国传播学的成就概括为"四个第一"：

> 建立首批以"传播"（communication）命名的教学单位和研究单位；编写首批以"传播学"命名的教科书；率先授予"传播学"博士学位；首位获得"传播学教授"头衔。

1982 年，施拉姆在其华裔高足、曾任香港中文大学传播系系主任的余也鲁教授陪同下来华"布道"。当时中国大陆的传播学刚刚起步，许多人对传播学还很隔膜，连传播这个术语都觉得生僻。据说，广州一位官员在会见香港的一个代表团时，曾问一位代表团成员毕业于什么专业，对方回答传播专业，他误解为"船舶"专业。无独有偶，2002 年清华大学成立新闻与传播学院后，有理工科专家也以为"清华有船舶专业了"。

以上介绍了施拉姆的学术经历，下面再作一下总结。施拉姆对美国传播学的最大成就在于"集大成"，也就是对有关研究与理论进行整理、提炼与综合，进而勾画其理论版图，规划其学科架构，充实其学说内容，使传播学具有一门独立学科的面貌。集大成的关键是对他人成果的吸收与融合，而不是自己有多大的独创与开拓。他的学生坦卡德，在题为《威尔伯·施拉姆：一门学科的完善者》（载美国《新闻教育者》杂志 1988 年秋季号）的评传中，盖棺论定地将他定位成传播学的"完善者"（refiner）："施拉姆对这门学科的最大贡献或许并不在于他自己的理论观点——尽管这些理论观点很重要，而在于他对传播的核心问题所勾勒的学说框架。也正是在这一点上，他使这门学科得到完善。"

这里，我们可用"原子弹之父"奥本海默来与美国传播学之父作一类比。二战期间，美国有项高度保密的军事工程，代号为"曼哈顿工程"。此项工程的目的是赶在纳粹之前研制出原子弹。为尽快完成这项大规模、高科技的工程，美国在一片人迹罕至的沙漠地带集中起一大批科学家和工程技术人员。当时受命担任"曼哈顿工程"技术负责人的，就是奥本海默。他不仅是造诣精深的物理学家，还是颇有天赋的诗人。当他作为物理学家成名之后，许多名牌大学争相聘请他，而他唯独看中伯克利加州大学。当学校负责人问他为什么喜欢这所学校时，他的回答令同行惊诧不已：就是因为你们大学图书馆里有成套成套的法国诗集，我简直被它们迷住了心窍！奥本海默凭着这种文采风流，在担任"曼哈顿工程"技术负责人时，成功地招揽了许多著名科学家，并在工程进展中灵活协调各方关系，从而使这项有史以来最庞杂的科学实验工程提前完工。无怪乎当美国将原子弹投到日本后，已成盟军战俘的德国物理学家们都难以置信，他们私下估计老美在日本投下的绝不会是原子弹，而准是一座提炼铀的锅炉。

奥本海默与原子弹的关系同施拉姆与传播学的关系不无相似。对原子弹的问世来说，奥本海默的主要贡献在于他所做的组织与协调的工作。原子弹的基本理论都出自其他的物理学家如居里夫妇、爱因斯坦等，而原子弹的具体研制工作也大都由其他科学家和技术人员所承担。但是，假如没有奥本海默非凡的组织与协调，"曼哈顿工程"也可能一事无成。所以他理所当然地被誉为原子弹之父。与此相似，传播学从基础理论到具体研究也都归于许多其他学者，所谓传播学四大先驱更是突出。但是，最后假如没有施拉姆的"组织与协调"，没有他的集大成工作，那么美国传播学的诞生也同样难以想象。

至此我们已由传播学的孕育谈到传播学的诞生，为使诸位对传播学由来的印象更加清晰，下面再对所讲的内容作个简要概括。一般说来，传播学是一门对人类传播现象及其规律，对社会信息系统及其运行进行综合性与交叉性研究的新兴学科，起源于20世纪初期，形成于20世纪中叶，兴盛于20世纪后期。它的发源地与大本营在美国。美国社会的政治、经济与文化为传播研究提供了现实土壤。20世纪40年代诞生于美国的信息论、控制论和系统论又为传播学提供了必要的核心概念、理论模式与方法论。与此同时，政治学、社会学、人类学、心理学、社会心理学、语言学、符号学、新闻学以及哲学等诸多学科的彼此渗透，丰富了传播研究的内容。在对传播展开专门探讨的众多学者中，美国政治学家拉斯韦尔、社会学家拉扎斯菲尔德、社会心理学家霍夫兰、心理学家卢因的成就最为突出，故被施拉姆奉为传播学四大先驱。至于传播学最终成为一门正规学科，则归功于施拉姆。他在集大成的基础上，构筑起美国传播学的学科体系、学术体系和话语体系，最终使美国传播学发展成一门显学。

最后，不能不特别提示，美国传播学的创立与发展，是同美国作为新帝国崛起的背景密不可分的，也同美国政治学、经济学、社会学、法学、新闻学等社会科学"繁荣昌盛"的历史一样，源于并服务于垄断资本的国家利益。如今越来越多的证据表明，施拉姆高度介入美国政府、军方、基金会等热战冷战项目，发挥了"伯也执殳，为王前驱"的帝国干城作用。也因如此，他的若干著述至今尚未解密。有人通过一系列解密的美国政府高层档案，发现伊利诺伊大学传播研究所不仅成立初期受到中央情报局的秘密资助，而且后来施拉姆更相继接到美国国务院、新闻署、国防部的邀约，以传播学者的身份参与冷战及其宣传计划，并担任要职。甚至1953年美国新闻署的成立，都与他有关。1994年，马克思主义传播学者斯迈思更发现，其实早在1943年，施拉姆就已担任政府心理战的学术顾问，客户涵盖陆军、空军等。①

第二节　危机与转机

任何新事物的发生发展都不会一帆风顺，虽然不见得都得过五关斩六将，但一波三折、起起伏伏总是难免的，传播学也不例外。

发轫于美国的传播学最初托庇于社会心理学，尤其受霍夫兰及其耶鲁学派影响最深。20世纪五六十年代的研究大多局限在社会心理学的态度改变圈子里，一味探讨媒介的效力和传播的效果。可研究来研究去并没有发现媒介有多大的效力，现代传播对芸芸众生似乎也不存在"洪水猛兽"一般势不可当、无往不胜的冲击波。那位与拉扎斯菲

---

① 详见吴畅畅：《施拉姆的学术遗产与美国传播学四大奠基人的神话》，载《国际新闻界》，2019（8）。

尔德一同揭示两级传播现象的社会学家伯纳德·贝雷尔森（Bernard Berelson），对传播效果问题所下的一系列限定，就典型地反映了当时传播学界的沮丧情绪。他说，关于某种问题的某种传播，在某种情况下引起某种人的注意后，才可能产生某种效果。

　　面对这么一种出人意料的局面，美国传播学界 20 世纪 50 年代末陷入苦闷焦虑，感到前途渺茫。既然媒介的效力并不像早先想象的那么巨大，既然传播并不能产生预期的明显效果，那么研究传播还有什么意义呢？换句话说，既然大众传播、现代媒介没什么了不起的，那么传播学还有多大出息呢？怨不得，1959 年贝雷尔森甚至宣布：传播研究已经寿终正寝！当然，事实表明传播学并未夭折，而是陷入山穷水尽疑无路的困境，犹如当下在美国和中国的情形。

　　虽然 20 世纪 50 年代末传播学的发展一度面临危机与困境，但当时有一项进展却异军突起，这就是传播模式的兴盛。正如英国社会学家麦奎尔在其名著《大众传播模式论》一书中写道的："1950 年代看来是模式构建的鼎盛时期，这已被视为传播研究寻求发展和统一的一个表现。"[①] 与其他社会科学相比，传播学的特色就是模式众多，许多理论都是以一个模式为线索形成的。如拉斯韦尔的 5W 模式，就是最早也最有名的一个传播模式。施拉姆一生也曾提出一打以上的传播模式。离开模式，传播学至少美国经验学派似乎寸步难行。那么，究竟什么是模式呢？简言之，模式就是对事物的内部结构和外部功能所做的直观而简洁的描绘，是再现现实的一种理论性的简化形式。用荷兰学者冯·皮尔森（C. A. Van Peursen）的话说："模式乃是实际事实或理论的一个'缩略形式'，目的是要说明一种特殊的秩序、关系或发展……模式有时是对一个较为抽象的形式系统的解释，有时则表现为图解的即形象的要素排列，以便借助于某些具体的实例来说明比较概括的理论，或者扩展尚在发展过程中的理论。"[②]

　　模式通常以一目了然的形式展示客观事物的本质或属性。原始社会—奴隶社会—封建社会—资本主义社会—社会主义社会—共产主义社会，就是我们耳熟能详的一个社会发展模式。模式的英文 model，有模式、模型、模特等含义。从形式上看，模式与模型有相通之处，都指原物的模本。不过，模型对应的是具体的、静止的物体，而模式对应的是抽象的、运动的过程。比如，一幢大楼的模型，就是实际建筑物按一定比例缩小的东西，作用在于帮助人们更清楚、更直观地了解大楼的结构设计以及各部位的比例关系。而一个模式，如拉斯韦尔的 5W 模式"谁→说什么→通过什么渠道→对谁说→产生什么效果"，描绘的却是肉眼看不见的过程。总之，尽管模式常常包含着许多图解成分，但其实质却是高度抽象的。

---

① ［英］丹尼斯·麦奎尔等：《大众传播模式论》，祝建华译，7 页，上海，上海译文出版社，2008。

② ［荷］冯·皮尔森：《文化战略》，刘利圭等译，20 页，北京，中国社会科学出版社，1992。

　　模式有多种多样，按表现手法可以分为三类：文字模式、图表模式和数学模式。文字模式以拉斯韦尔的 5W 模式最典型。图表模式在传播学里占据多数，说到模式往往指的是图表模式。数学模式顾名思义，自然是以数学符号以及方程式呈现。比如，爱因斯坦提出的 E（能量）$=m$（质量）c^2（光速），就是一个有名的数学模式，既准确界定了能量与质量的科学关系，又清楚显示了一点点质量就含有巨大能量的惊人事实：因为光速为每秒钟 30 万公里，30 万的平方无疑是个天文数字，所以即使微小原子也能释放移山填海的伟力。数学模式逻辑严密，意思准确，但由于一般人们不用数学语言表达思想，故数学模式在传播学中很罕见。

　　1952 年，美国学者多伊奇曾指出传播模式的四种功用：构造、解释、启发和预测。构造，是指模式可以显示传播活动中各个方面、各个环节所存在的那些无法直接观察的联系；解释，是指模式可以从一个角度说明传播的运行及其规律；启示和预测，均指一个好的模式，一个深刻而准确概括传播过程的模式所具有的理论和实际意义。

　　当然，无论是什么模式，都不可能包罗万象，也不可能尽善尽美。凡是模式，就不可避免地具有简单化的倾向，其中难免含有未经阐明的假设。模式的特点也正在于抓住一点，不及其余。就再现现实而言，模式不像照片能纤毫无遗地显示事物的本真面貌，而充其量属于 X 光片，仅在某一部位上透视事物的内在机制。赛佛林和坦卡德谈到传播模式时也说过："没有哪个模式是万能的，即使它能够做到，它也将因此改变模式的目的本身——简约地表达真实的世界。"[①]

　　从直观的现象看，传播属于信息流通的过程，而这种过程白云苍狗，千姿百态，如果仅用理论阐述，往往使人不得要领。借助简洁明了的模式，则一下就能凸显传播的本相及其规律。这就好比让人们观察一个国家的幅员，不论怎么实地考察都无法全面把握，都难以形成一个清晰的完整印象，而通过地图来看，问题就简单多了。这里的国家就相当于实际的传播过程，地图就相当于模式。正因如此，传播研究特别重视模式，研究者往往把提出独创性模式作为治学目标。一位传播学者是否有成就有地位，最明显的标志就在于是否提出独到的模式。模式对他来说犹如军人的勋章，勋章的多少与等级显示着战功的显赫程度，同样模式的多少与优劣代表着研究的深浅水平。尤其在 20 世纪 50 年代传播学初创之际，构筑模式简直成为传播研究的主流，美国传播学经典模式大都产生于这个时期。而不同的传播模式就像地形图、地貌图、交通图、资源分布图、军事设施图等同一国家的不同类型的地图，各自从某个侧面揭示了传播王国的奥秘。

　　如前所述，20 世纪 50 年代末，美国传播研究曾一度陷入危机。进入 60 年代，才

---

① ［美］赛佛林、坦卡德：《传播理论——起源、方法与应用》（第 5 版），郭镇之等译，59 页，北京，中国传媒大学出版社，2006。

开始逐渐走出低谷，恢复元气。那么，究竟是什么变化使传播学摆脱危机的呢？概括地讲，有三大转机为传播研究注入新的活力。

第一个转机，是传播研究冲出了效果分析这个狭窄一隅，开始对传播现象进行全方位、多角度的探讨，而不仅仅专注于如何取得最佳效果一个方面。

第二个转机，就发生在以往研究的核心部位效果分析中。过去的研究在看待效果问题时，往往只重视媒介对公众的直接影响，只问看一张报纸读者的思想有什么变化，听一次广播听众的认识有多大提高。也就是说，以往研究只关心直接效果和近期效果，而忽视间接效果和远期效果。于是，当发现媒介对公众并不能立竿见影地发生作用时，便觉得传播研究可有可无可以取消了。20世纪60年代后，对效果问题的看法发生转变，其中最明显的就是摆脱了媒介影响与态度改变的思维定式，开始探讨传播的多维效果，如媒介对思维习惯、对生活方式、对文化格局的影响等。

第三个转机也是最重要的转机，是受众在传播学中的地位得到提高，重要意义越来越受到关注。过去的研究只把受众当成消极的、被动的"应声虫"，仿佛任由传播者驱使差遣的"奴仆"。以为受众在强大的传播媒介面前，只能亦步亦趋改变态度，调整立场，俯首听命接受影响。这种居高临下的思路与看法，把传播者和受传者摆在一种主人对奴仆、宗主国对殖民地似的对立关系状态。而新思路认为，受传者在传播活动中并非消极被动的，而是积极主动的，他与传播者是对等的合作伙伴，在传播中的重要作用丝毫也不亚于传播者。举例来说，在记者与读者之间无所谓谁主谁次，记者并不因为发出报道而掌握了传播的主动权，由于读者对报道具有接受权和解释权，他的作用便举足轻重、不容忽略。在一则报道的传播中，记者和读者往往处于对话关系，而不是训话关系。总之，旧思路是主人对奴仆，而新思路是朋友对朋友。

与此相应，传播研究也开始由以往只关注传播者一方而趋向于更多地探索受传者一方。代表这一趋势的，就是1964年哈佛大学社会心理学家鲍尔提出的"固执的受众"。所谓固执的受众，是指受众思想观念很牢固，绝非媒介所能轻易改变。鲍尔的这一新奇提法凸显了受众在传播中的显赫地位。他还说过两句流行甚广的话：以往的研究只问信息能对受众产生什么影响，而现在的研究应问受众能用信息达到什么目的。鲍尔的新论别开生面，此后传播研究的重心便从传播者一方移向受传者一方，将受传者作为对等的而非低下的、主动的而非被动的、积极的而非消极的传播角色，以此为基点展开探讨一度成为传播学的共识和潮流。

由于上述三大转机的出现，美国传播学从20世纪60年代起日渐摆脱旧思路的束缚，冲出局促的崇山峻岭，进入一马平川的开阔平原。与此同时，由于欧陆传播研究的勃然兴起、狂飙突进，传播学的视野豁然开朗，面貌焕然一新。

传播研究从早期的零打碎敲到20世纪40年代的初具规模，再从50年代末的裹足不前到 60 年代后的境界大开——这一曲折迂回的发展历程，同陶渊明《桃花源记》中那位武陵渔夫发现桃花源的经历无不相似。你看，起初渔夫漫不经心地"缘溪行，忘路之远近"，这相当于早期传播研究零打碎敲、随心所欲的情形。接下来的情况是，"忽逢桃花林，夹岸数百步，中无杂树，芳草鲜美，落英缤纷。渔人甚异之"。这又相当于 20 世纪 40 年代传播学草创之际，人们乍见其新奇诱人之貌而欢欣鼓舞的状态。然而，等渔夫"复前行，欲穷其林"时，没想到钻进一个"初极狭，才通人"的漆黑山洞，这相当于传播研究在 20 世纪 50 年代陷入的困境。到渔夫再"复行数十步"，忽然看到一片"豁然开朗"的景色，所谓"土地平旷，屋舍俨然""阡陌交通，鸡犬相闻"，这就相当于 20 世纪 60 年代后传播学的境界大开的局面。施拉姆对传播学的集大成工作正是在 20 世纪 60 年代开始的，而施拉姆学派也是从这个时期形成的。那位惊世骇俗的传播学奇人麦克卢汉及其奇论，则在 20 世纪 60 年代中期冲天而起，扶摇直上，令人眼花缭乱，一时目眩神迷。特别是欧洲批判学派在 20 世纪 60 年代的崛起，更使传播学呈现热火朝天的局面。从此，传播学的声望与地位大为提高，日益巩固。

　　进入 20 世纪 70 年代，传播学已是一派方兴未艾、如火如荼之势。各路门派揭竿而起，各家理论烽烟滚滚。其间，重点已从包罗万象的整体建构，转向分门别类的深入探索。正如麦奎尔等在《大众传播模式论》一书写道的："在 60 年代和 70 年代，传播研究及有关的模式建立的兴趣焦点，已从寻求对整个大众传播过程的一般理解逐渐转向研究这个过程的各个具体方面：长期的社会、文化和意识形态效果；媒介组织及其同社会和受众的关系；受众之选择和反应的社会基础和心理基础；特有的内容形式（尤其是新闻和'现实'信息）的构造……"[①] 到 20 世纪 70 年代末，传播学俨然成为一门羽毛丰满、踌躇满志的新兴学科，日益受到学界青睐。1975 年，社会学兼传播学者梅尔文·德弗勒（Melvin L.DeFleur）宣称，传播学可以自立门户，不再需要其他学科的扶持而独立发展了。这同 20 余年前，另一位社会学兼传播学者贝雷尔森关于传播研究山穷水尽的悲观断语，形成对照。

第三节　自西徂东

　　传播学在中国[②] 已有四五十年了。1997 年国务院学位委员会将传播学列入研究生培养目录，使之成为新闻传播学一级学科所属两个二级学科之一，更为传播学在中国开辟

---

① ［英］丹尼斯·麦奎尔等：《大众传播模式论》，祝建华等译，11 页，上海，上海译文出版社，1987。
② 这里指中国大陆，没有包括港澳台等情况。关于港澳台以及海外华人的传播研究，可参考李金铨：《海外中国传媒研究的知识地图》，载《开放时代》，2012（3）。

了通途。此后，仅传播学博士点就从三家即中国人民大学新闻学院、复旦大学新闻学院和北京广播学院（中国传媒大学），激增了差不多十倍。

一、第一代

迄今为止，传播学在中国已经经历了三代人的辛勤耕耘，每一代都在寻寻觅觅、孜孜矻矻的探求中，留下正反面的遗产。2010 年，中国社会科学院新闻所研究员王怡红主编的《中国传播学 30 年（1978—2008）》付梓，第一次对此进行了系统梳理与全面论述。

第一代开山人物，以中国人民大学新闻系张隆栋先生和复旦大学新闻系郑北渭先生为代表。早年曾经任教燕京大学新闻系的张隆栋先生（1917—2009），20 世纪 50 年代创办中国人民大学新闻系系刊《国际新闻界》时，就开始追踪传播研究。20 世纪 60 年代，他翻译了内部发行的施拉姆等《报刊的四种理论》。1982 年第 2 期，《国际新闻界》开始连载他的长文《美国大众传播学简述》。这组文章内容广博，材料翔实，脉络清晰，新人耳目，可谓第一代研究者给人印象最深的力作。同时，郑北渭先生（1921—2012）也在复旦大学新闻系的内刊《外国新闻事业资料》上接连撰文，评述传播学，与张隆栋先生俨然形成南北呼应之势。除此之外，原北京广播学院新闻研究所所长苑子熙教授（1918—1992）、新华社新闻研究所副所长李启教授、中国社会科学院新闻研究所世界新闻研究室主任张黎研究员（1922—2008）等，均为筚路蓝缕的第一代中国传播学者。张黎研究员参与翻译的埃默里《美国新闻史》（新华出版社，1982）名重一时，突破了既有的"新闻史"观念，提供了媒介与社会的开阔思路；李启教授参与翻译的施拉姆等《传播学概论》（新华出版社，1984），作为中国出版的第一部传播学译著影响广泛。

在第一代开天辟地的探求中，最具里程碑意义的当数 1982 年召开的第一次全国传播学研讨会。会议由中国社会科学院新闻研究所发起组织，由此形成以后历次全国传播学研讨会均由该所主办的传统。此次会议开了 3 天，与会代表 30 余人，来自复旦大学、中国人民大学、厦门大学、暨南大学、北京广播学院、新华社和《新闻战线》等教学、研究和实践部门，中宣部新闻局也派代表参加。会议的主要成果，是明确了对待传播学的基本态度，即后来广为流传的十六字方针——"系统了解，分析研究，批判吸收，自主创造"。另外，会议还提出一些具体建议："翻译介绍几本有权威性、代表性和比较科学的传播学著作，以便对西方传播学的全貌能有比较全面的准确的了解；可在我国有关报刊上发表一些有分析性的文章；有关院校在有充分准备的条件下，可开设传播学的选修课。"①

---

① 《新闻战线》编辑部 1982 年 12 月 5 日编发《报纸动态》第三十四期，《怎样认识和研究西方传播学——西方传播学座谈会在京举行》（社科院新闻所世界新闻研究室供稿）。

2021 年，天津师范大学退休有年的刘卫东教授发表文章《第一次传播学学术研讨会纪要》，以亲历者身份提供了比较全面翔实的会议内容。特别值得关注的是，几位前辈先生的发言坚持马克思主义的立场、观点和方法，暮鼓晨钟，难能可贵。如张隆栋教授就明确指出：

> 要研究好，有两个条件，第一弄懂它是什么，第二用马克思主义的方法去研究，必须先懂得马克思主义。马克思主义毛泽东思想的东西没有研究好，你就会两眼一抹黑。
>
> 我们研究的指导思想和方法应该用马克思主义的。①

可以说第一次全国传播学研讨会在京召开，标志着传播学正式引入中国。此后，传播学的研究与教学就逐步展开，而第二代传播学者也脱颖而出。

二、第二代

第二代多属第一代的学生。相比第一代的"火力侦察"，第二代更像是"全线出击"。作为国人第一部传播学著述，中国社会科学院新闻研究所世界新闻研究室编写的《传播学（简介）》（人民日报出版社，1983），收录了 10 篇文章和 3 篇附录，对我们了解这门学科及其来龙去脉厥功至伟。复旦大学新闻学院陈韵昭最先开设了传播学选修课，讲稿深入浅出，1981 年《新闻大学》从创刊号开始，分 7 次连载，一时洛阳纸贵。她翻译的美国通用教科书《传播学的起源、研究与应用》（福建人民出版社，1985），较《传播学概论》更加明白晓畅，颇受读者青睐。21 世纪以来，郭镇之教授又组织翻译了此书第 4 版与第 5 版《传播理论：起源、方法与应用》（中国传媒大学出版社，2006）。

如果说 1982 年第一次全国传播学研讨会是第一代的里程碑，那么 1986 年第二次全国传播学研讨会就是第二代的等高线了。这是一次名副其实的全国性会议，不仅代表广泛，人数众多，而且议题重要，讨论热烈。这次会议有两点突出之处：其一，围绕吴文虎教授提出的一个中国特色的理论框架体系展开热议；其二，开始关注欧洲批判学派的研究，当时中国人民大学新闻系研究生王志兴（后赴英留学），提交了一篇会议论文《欧洲批判学派与美国传统学派的分析》，引起普遍兴趣。

第二次全国传播学研讨会后，传播学在中国便全面铺开。一是大学相继开设传播学课程。二是一批传播学译著接连问世。其中，复旦大学新闻学院研究生祝建华等译的《大众传播模式论》（上海译文出版社，1987）、中国人民大学新闻学院博士颜建军等译

---

① 《中国新闻传播教育年鉴 2021》，846~853 页，武汉，武汉大学出版社。

的《大众传播通论》（华夏出版社，1989）、复旦大学新闻学院博士张国良译的《大众传播社会学》（复旦大学出版社，1989）、中国人民大学新闻学院研究生黄煜等译的《权力的媒介》（华夏出版社，1989）等，影响最广。三是国人的传播研究及其著述开始出现。其中，有两部著述当时似乎默默无闻而如今越来越值得关注了，一是吴予敏的《无形的网络——从传播学的角度看中国的传统文化》（国际文化出版公司），一是段连城的《对外传播学初探》（中国建设出版社）。巧合的是，两书同年问世，即 1988 年。

传播学方兴未艾的 20 世纪 80 年代，是个思想解放、狂飙突进的时代，对现代化与现代性的热望与想象催生了知识界的"文化热"，电视政论片《河殇》就是醒目标志。当此时，多部丛书一波未平一波又起，掀起一阵阵思想热潮，如"走向未来""文化：中国与世界""蓦然回首"等。《无形的网络——从传播学的角度看中国的传统文化》，就属于"蓦然回首"丛书。1988 年，师从一代马克思主义美学家蔡仪，正在中国社会科学院研究生院攻读博士学位的吴予敏，"将传播学方法引入文化史研究"，出版了这部今天看来依然颇有启发的处女作。在这部传播学中国化著作里，他论述了古代中国的社会组织及其传播方式、政治传播、传播观念等，角度新颖，别开生面。在他看来："从communication 的角度来研究中国文化，我认为是可以大有作为的，它可能切入到中国文化和社会生活的微妙至深之处。"[①]

相对于吴予敏对古代传播的学理阐发，段连城的《对外传播学初探》则针对现代中国的传播实践展开探讨，体现了同样鲜明的政治自觉、问题意识、中国主张，在整个学界纷纷重回晚清"视西人若帝天"之际弥足珍贵，不同凡响。段连城（1926—1998），1948 年毕业于美国密苏里大学新闻学院，《西行漫记》作者斯诺的校友，回国后一直活跃在对外传播领域，才华出众，卓有建树，其代表作《阳光·阴影·希望——南国百日游》为对外传播的经典。抗美援朝期间，在中方谈判代表团新闻处工作，处长是新华社首任对外部主任沈建图，段连城做助手，同事中有后来翻译《传播学概论》的新华社记者李启。1982 年，段连城出任中国外文局局长，退休后在北京大学国际关系学院开讲"对外传播学"，并在此基础上撰写了《对外传播学初探》。这本书不仅成为对外传播学的开山之作，而且也为中国传播学提供了极富启发性的文本。随着传播研究日益深化，特别是新世纪以来文化自觉以及学术自觉的日益凸显，《对外传播学初探》所蕴含的学术意味与研究旨趣也越来越引人深思了。2004 年，《对外传播学初探（修订本）》在五洲传播出版社再版，主持修订工作的是同为对外传播先驱的沈苏儒（1919—2009）。

---

① 吴予敏：《无形的网络——从传播学的角度看中国的传统文化》，"后记"，北京，国际文化出版公司，1988。

三、第三代

20世纪80年代的政治风波对学界同样造成波涌浪翻的激荡，新闻传播学也不例外。尘埃落定后，学界开始冷静反思，由此发生明显变化。如果说80年代好似"热风吹雨洒江天"，那么90年代则如"冷眼向洋看世界"了。在这一转型中，传播学第三代学者逐渐浮出水面。

第三代基本上都是"文革"后进入大学的，大多获得硕士或博士学位，有的曾在海外留学或访学，更倾向于纯粹的学术探讨与理论建树。从积极方面看，这种姿态有助于学科建设；从消极方面看，也不免堕入象牙塔，与气象万千的社会生活与传播实践难免隔膜。总体看来，第一代学人的贡献在于线上——开启一道一窥堂奥的门缝，第二代传播学人的成就在于面上——使传播研究全面铺开，第三代传播学人的作为在于点上——针对一点深钻细研。比如，北京大学留英博士赵斌对传播政治经济学颇有造诣，并结合1990年代以来的中国实践揭示了当代传播的深刻命题；中国社会科学院新闻与传播研究所卜卫研究员，以媒介与青少年问题的研究著称；清华大学新闻与传播学院留日博士崔保国教授，对信息与信息社会的研究颇受关注；中国传媒大学留法博士陈卫星教授，在欧陆批判传播领域有所创获等。

如果说第一代的标志是1982年第一次传播学研讨会，第二代的象征为1986年第二次传播学研讨会，那么第三代的崛起不妨以1993年第三次全国传播学研讨会为契机。这次会议与上次相隔七年，传播学者再次汇聚一堂时，"火炬已经传到新一代手中"（the torch has been passed to a new generation）。这次会议后，全国传播学研讨会就定为两年一次。

随着第三代崛起，国际间学术交流日益频繁。其中两项进展尤为突出。一是西方传播学经典的系统引进。时至今日，西方传播学的名家名作大都行销中国大陆。二是一批出身中国而留学海外的学者，20世纪90年代以来相继参与国内学科建设、学术研究、人才培养。如教育部长江学者讲座教授、加拿大国家特聘教授赵月枝（2022年入职清华大学），以《维系民主？西方政治与新闻客观性》（清华大学出版社，2005）、《传播与社会：政治经济与文化分析》（中国传媒大学出版社，2011）及英文版 *Communication in China*、*Global Communications* 等著述，提供了国际水准的学术思想、理论视野以及研究方法，也全面扭转了"唯人马首是瞻"的取向。

四、反思与突破

追寻几代传播学者的探索历程，总结中国传播研究的利弊得失，下一步进展日渐面临两个全局性的偏差或瓶颈，需要着力扭转或突破。

其一，"对待外来理论上多一点清醒的认知，多一点批判的立场，多一点扬弃的精神"①，在引进、吸收、消化西学之际，突破学科壁垒与知识藩篱，以学术自觉和问题意识探究中国社会与传播的演化状况，揭示信息系统及其运行机制的自身规律，由此确立、形成并完善立足中国、面向世界的传播理论。

不待多言，在黄河落天走东海、万里写入胸怀间的五千年文明历程中，包括费正清所言"伟大的中国革命"中，中国的传播实践创造了别开生面的格局，社会的信息系统呈现了独领风骚的状貌。毕业于密苏里大学新闻学院的新闻人马星野，抗战后期曾经针对《大公报》"中国文化从没有过新闻自由与言论自由"的说法，著文分析《诗经》《春秋》等讽谏政治、伸张民意等历史，将"自由与独立"视为中国传播中最可宝贵的传统："值得我们重视的，是中国四千年来一贯的民本主义精神，一贯的反对暴君，一贯的尊重清议，一贯的有是非善恶，如果我们一笔抹杀，以为新闻自由、言论自由都是舶来品，这种荒漠如何能培育出新的花朵？"②

中国传播学是否具有想象力、创造力、生命力，归根结底在于能否以高度的文化自觉和文化自信对此作出自己的思想建树，将如此丰厚的专业遗产化为历史与逻辑有机统一的学理与学统，并在世界确立自己的地位与影响，为人类学术贡献自己的聪明才智，而不是局限于、满足于国际接轨与理论旅行，暖风熏得游人醉，只把他乡作故乡，乃至等而下之的张冠李戴、指鹿为马、邯郸学步、东施效颦。正如北京大学法学院朱苏力教授，在2011年中国文化论坛上谈到的：前人创造的历史功勋既是我们学术来源的根本所在，也给我们留下了如何解说它、化解它的学术命题。③相蓝欣教授在《理不屈而词穷——国际关系学的一种困境》一文中的如下提醒，只需将"国际关系"替换为"传播"，对我们也不啻为一种"三言二拍"：

> 作为学科的"国际关系学"，在我国同经济学一样，原是无源之水，既无基础理论，更无自身特色，一向是在新闻学和文史哲的夹缝中苟且偷生的，但近年来时来运转，却突然成了显学，究其原因，不过是靠了"国际"两个字罢了。实际上，国际关系学的处境很是尴尬，专家们的信息来源不如在第一线的新闻记者，在象牙塔中又缺乏其他学科认可的学术规范，学理上很难站住脚，国际上也缺少影响力，只是在炒西方的学术冷饭而已。
>
> 在中国大国地位上升的历史时刻，这个极其重要的领域却停留在只是西方国

---

① 张江：《当代西方文论：问题与局限》，载《文艺研究》，2012（10）。

② 马星野：《中国言论界的自由传统》，载《中央日报》，1945-03-31。

③ 圆桌会议：《中国现代政治体制的演变》，载《中华读书报》2011-10-26。另见王绍光主编：《理想政治秩序：中西古今的探求》，北京，生活·读书·新知三联书店，2012。

际关系理论货栈的水平上；一门在概念系统和话语系统上全盘西化的学科，其前景着实令人担忧。(《读书》2007 年第 12 期)

其二，在重视研究方法包括计量统计方法之际，突破方法论拜物教的思想桎梏，尤其是对"科学"的顶礼膜拜。一方面破解"兵马未动，方法先行""悠悠万世，科学唯大""何以研究，唯有量化"等教条；一方面打通社会科学的各路方法，针对不同问题，选取不同方法。既然条条大道通罗马，何必一条小路走到黑。

按理说，作为工具，研究方法本应结合各种研究对象因地制宜，旨在探究问题，揭示规律，创造新知。而时下新潮似将方法抽离于研究对象并置于社会历史之上，"科学"更成为包治百病的灵丹妙药，仿佛"芝麻开门"的神奇咒语，轻轻一念，就能打开金山银山的传播宝库。更莫名其妙的是，还人为划分了一个质化量化的南北朝，并有意无意地将质化视若南下牧马、五胡乱华的匈奴，而量化才属于文明开化的正统，求学问道只有统计、问卷、量表才叫"科学"，否则就不科学，至少是前科学、浅科学云云。有句西谚说得好，如果你唯一的工具是锤子，那么就会把所有的问题都看作钉子。

第二讲

传统理论

第三章　符号——人类传播的基因

我们已经知道，传播是一种信息流通的社会现象与社会活动。那么，信息是怎么流通的呢？这里首先就涉及传播的基因——符号，信息只有凭借符号才能流通。世上没有离开符号而存在着的信息，正如没有不包含信息的符号。符号总是负载着某种信息，信息总是表现为某种符号。

那么，什么是符号呢？简单地说，符号就是负载或传递信息的基元，表现为有意义的代码及代码系统，如声音、图形、姿态、表情等。一般来说，符号分为两类：一类是语言符号，一类是非语言符号。

第一节　语言符号

一、语言与文字

语言符号包括语言与文字两种类型，即所谓口头语言和书面语言。

在所有的语言符号中，人们日常的口头语言是最基本、最主要的。正是由于口头语言的存在，其他的符号才成其为符号，才成其为有意义的代码。没有语言，其他符号就如树倒猢狲散，正如美国语言学家萨丕尔断言：

> 我们可以毫不犹豫地做出这样的结论：除了正常言语之外，其他一切自主的传达观念的方式，总是从口到耳的典型语言符号的直接或间接的转移，或至少也要用真正的语言符号做媒介。[①]

比如，文字表面上看像是一套独立自主的符号体系，而其实文字无非是语言的代表，或者叫符号的符号。按照萨丕尔的说法，语言是商品，

---

① ［美］爱德华·萨丕尔：《语言论》，陆卓元译，19页，北京，商务印书馆，1985。

文字是货币，货币没有商品做保障就一文不值，文字没有语言做依托也毫无意义。

　　当然，文字的次生性并不意味着次要性。事实上，人类文明的历史帷幕正是由文字的创立而拉开的，辉煌壮观的文明大厦也正是建筑在文字之上的。如果说语言使人最终脱离动物界而成为人，正如巴甫洛夫所言，没有东西比语言更能使我们成为人类；那么，文字则使人脱离原始状态而跨入文明的大门。总之，没有语言，人始终是动物界的一员；而没有文字，人就不可能创造文明。

　　语言的传播功能主要体现在共时性方面，文字的传播功能主要体现在历时性方面。在没有文字的条件下，信息的传播往往得当面进行，而文字的发明则把人们从这种"面面相觑""当面对质"的传播桎梏中解放出来，并将传播置于一种时间的绵延之中。通过文字，人们才得以在任何时候，同任何人包括素昧平生的人，建立任何现实的而非幻想的传播关系，才可能同相隔千年万里的人沟通思想，共享信息。

　　对所表达的事物而言，语言是直接符号，文字是间接符号，即代表符号的符号。用现代语言学先驱索绪尔的话说："语言和文字是两种不同的符号系统，后者惟一的存在理由是在于表现前者。"（《普通语言学教程》）人们通过语言去把握具体的现实，通过文字去探寻抽象的真理。当人们为新闻报道的真实性、客观性争执不休时，两种传播符号的本质差异似被忽略，人们总是自觉不自觉地想让大家相信，"要认识一个人，与其看他的面貌，不如看他的照片"（索绪尔）。

　　正由于文字所涉及的仅是间接的现实，它"所包含的不是事物的符号而是其他符号的符号"（斯宾格勒），因而文字便自然构筑起一个自在的、同真实现实相对应的拟态现实。起初，它只是现实的一个影像，但久而久之仿佛演化为现实本身，而现实反倒成为它的副本。正如柏拉图著名的洞穴比喻所昭示的：火光（文字）把物体（现实）投射到洞壁上，人们只能看到洞壁上的影像，天长日久便习焉不察地将影像视为真实物体，而对物体本身反倒浑然不觉了。英国作家韦尔斯的《世界史纲》有段描绘虽然难免雾里看花想当然，但也算为此提供了一个类似例证："在中国，文字造就了一个特殊的读书人阶级，也就是官吏。……他们的注意力必须集中于文字和古典文学格式，胜过集中于思想和现实；尽管中国相当太平，它的人民的个人智慧很高，但它的社会和经济发展，看来却因此受到了很大的阻碍。"[①] 这种注意文字胜过注意现实的事情显然并不仅限于古代中国，在一切有文字的地方都能看到这种普遍景观，如时下传播研究云里雾里"对空言说"。

　　在人类漫长的传播历程中，语言的产生是循序渐进、不知不觉的，而文字的发明则带有突变性。上古神话有造"字"而无造"话"的传说，也说明这一点。所以，语言

---

① 〔英〕赫·乔·韦尔斯：《世界史纲》，吴文藻等译，213 页，北京，人民出版社，1982。

带给人类传播的是一种自然而然的演化，恰似黎明时分黑夜渐渐隐退，白昼悄然来临一般；而文字则使人类传播发生一种革命性的飞跃，在它前后判然显现两个天差地别的传播时代。所以，不难想象，当文字用于传播之际，人们对其所怀的敬畏之情，如仓颉造字"天雨粟，鬼夜哭"。意大利符号学家艾柯（Umberto Eco），曾经引述了一则颇堪回味的故事：

> 我下面要讲的故事是关于一位印第安仆人的。这位仆人受到主人的吩咐去送一篮无花果和一封信，但在半路上却将篮子里的东西吃掉一大半，将剩下的送到了该送到的那个人手中。这个人读了信，发现无花果的数目与信上所说的不符，于是就责问仆人为何将果子偷吃了，并且告诉了他信上是怎样说的。然而这位印第安仆人却矢口否认有这事（尽管证据确凿），并且不断诅咒那张"纸"，认为这张纸是在说谎。
>
> 之后不久，这位仆人又被支使送同样的东西到同一个地方——同样的一篮果子以及说出了果子确切数目的信。他又故伎重演，在路上吃掉了大部分果子；但这一次，为了防止受到上次同样的指责，他在吃果子之前首先将那封信拿出来藏到了一块大石头下面。他相信，如果这封信没有看到他吃果子的话，它就不可能出卖他。然而这一次他又失算了，他受到了比上一次更加严厉的指责；他不得不老实坦白自己的错误，对纸所具有的"神性"赞叹不已。从此以后，他在执行主人的命令时，再也不敢耍任何滑头了。[①]

不论语言和文字有多少差异，都是一种符号系统。任何一种符号系统都有两个组成部分，一是外在形式，一是内在含义。对语言来说，外在形式是读音，内在含义是这种读音在特定语言中的意思。语言学家索绪尔提出一对范畴能指与所指，能指即语言的声音形式，所指即语言的语义内容。汉语的 mama、英语的 mother 都是能指，而所指是生养自己的女性。进而言之，任何符号系统都是能指与所指的有机构成："能指面构成表达面，所指面则构成内容面。"（罗兰·巴特）能指与所指的辩证关系，是各种符号系统的共性。

举例来说，"人民子弟兵"与"中国军人"作为两个中文符号，由于能指不同，所指也自然有别。作为能指的中国军人，指中国的一切武装力量，不管是镇压太平军的湘军、淮军，还是依附各路列强的北洋军阀，也不管是国民党的"党国军人"，还是共产党的"人民武装"，均属"中国军人"的所指。而作为能指的人民子弟兵或工农子弟兵，是指共产党领导的"人民军队"，现在正式名称是"中国人民解放军"，而这一所指同中

---

① ［意］艾柯等：《诠释与过度诠释》，王宇根译，51～52 页，北京，生活·读书·新知三联书店，1997。

国革命与中国共产党，以及人民战争、人民主体、人民创造历史等内涵息息相关。根据小说《林海雪原》改编的现代京剧《智取威虎山》有幕场景，剿匪小分队深入偏僻山村，发动群众，而被"国军"、土匪祸害惨烈的老百姓，对"中国军人"本能防范，强烈排斥。于是，小分队耐心做思想工作，就有了一曲著名唱段《我们是工农子弟兵》：

> 我们是工农子弟兵来到深山
> 要消灭反动派改地换天
> ……
> 人民的军队与人民共患难
> 到这里为的是扫平威虎山

人民的军队与人民共患难——这是人民军队的内涵，或者说人民军队这个能指的所指。正如《中国人民解放军军歌》唱的：我们是工农的子弟，我们是人民的武装！现在不少新闻报道影视剧爱用"中国军人"一语，无形中也抹杀了"人民军队"与一切旧军队的本质特征。

与此相似，现在一些新闻报道影视剧常用所谓"官兵"替换"指战员"，如领导看望部队官兵。官兵同样适用一切武装力量，而指战员则同人民军队密不可分。就是说，只有人民军队才有指战员，而其他军队只有官兵。指战员一语，蕴含着人民军队的一系列属性，如官兵一致、官兵平等，只有分工不同，没有地位之别。这个术语是名列十大元帅的刘伯承首创的，如同警卫员、卫生员、司号员、炊事员等，意思是人民军队不管指挥员还是战斗员——指战员，都是革命队伍的普通一员。如今流行的官兵则同大咖、大佬、大老板、天王巨星一样，无非是《共产党宣言》所言"传统的所有制关系"与"传统观念"在符号中的体现。

对传播学来说，符号问题以及符号研究在两个层面颇受关注，一是实际层面的传播活动，一是理论层面的社会问题。前者以经验学派为代表，后者以批判学派为典范。下面我们先看看具体实际的传播符号，回头再谈广泛抽象的社会问题。

二、语义与传播

经验学派对符号问题的重视，在语义学里体现得最为突出。语义学是专门探究语言符号之意义的学科，属语言学的一个分支。而由柯日布斯基创立的普通语义学，曾对美国传播学产生一定影响。

1. 柯日布斯基及其普通语义学

柯日布斯基（Alfred Korzybski，1879—1950），波兰裔美国学者。他生于华沙一个贵族家庭，曾袭伯爵爵位。年轻时风流倜傥，以剑术闻名，屡次与人决斗，从未失手。第一次世界大战期间，他在波兰军队参谋部服役。后去美国，从事学术研究。1938年，创立普通语义学研究所，自任所长，代表作有《科学与精神健全：非亚里士多德体系和普通语义学概论》（1933）。

柯日布斯基认为，"人是时间的连接体"，人不同于动植物的特点就在于有语言，并以此连接时间，把经验代代相传，从而创造人类文明。在《科学与精神健全：非亚里士多德体系和普通语义学概论》中，他提出三个"保护个人不上当受骗和自欺欺人"的普通语义学原理：①非同一性原理，即世上没有各方面完全等同的两个事物，而且由于变动不居，一个事物本身也不等同。②非全原理，即任何一个事物均有无数特点，非语言所能囊括。③主观投射原理，即看似说人，实则说己。他声称，人们一旦掌握了这三条科学原理，就有了"健全精神"。

柯日布斯基的文字艰涩难懂，很少有人单凭他的著述而把握普通语义学。正像每位原创性学者一样，柯日布斯基也需要传播其理论观点的信徒，其中三位最有名：温德尔·约翰逊（Wendell Johnson，1906—1965）、斯图尔特·蔡斯（Stuart Chase，1888—1985）和早川一荣（S. I. Hayakawa，1906—1992）。

约翰逊从小口吃，为此曾多方求医。当他听说口吃同习惯使用的那只手有关时，便在自己右臂上套上石膏模子，强迫自己改用左手，长达十余年。然而，所有治疗方法都不见效，他还是照旧口吃。1936年的一个晚上，他的一位朋友带给他一本书。第二天，他突患阑尾炎，住院开刀。于是，他便利用住院养病的时间读完了那本书。约翰逊后来说，"这部书改变我对口吃的看法，读完它之后我就不再口吃了。"这部对约翰逊发生神效的书，就是柯日布斯基的代表作《科学与精神健全：非亚里士多德体系和普通语义学概论》。从此，他便对柯日布斯基及其普通语义学推崇备至。后来，他又投身柯日布斯基门下，成为一名他引以为荣的"普通语义学者"。20世纪30年代，他还曾在衣阿华大学担任言语矫正所所长，致力于口吃问题研究。施拉姆之所以从哈佛来到衣阿华大学攻读博士学位，也是因为自己的口吃问题。

柯日布斯基的另一位弟子早川一荣，曾做过大学校长，当选过参议员。1939年，他的第一部书《行动中的语言》（Language in Action）出版。这部书同约翰逊的《左右为难的人：个人调节语义学》（People in Quandaries: The Semantics of Personal Adjustment）、蔡斯的《词语暴虐》（Tyranny of Words）等，都是为一般人写的普通语义学读物，因而拥有众多读者。1943年，第一份普通语义学的专业期刊《等等：普通语义学评论》创刊，早川一荣担任主编。至此，普通语义学作为语言学的分支已初具规模，而此时正值传播学孕育之际。既然普通语义学旨在通过研究语言的意义而达到健全的传播目的，那么它对传播研究的影响便不言而喻了。

至于蔡斯，不仅最早致力于柯日布斯基学说的普及化，同时着力于将普通语义学的原理运用到社会政治领域。他认为，社会中的种种混乱、冲突和纠纷，原因都在于人们把某些抽象名词人格化，使之变成相互之间进行激烈斗争的现实之物。在他看来，类似利润、资本、私有制、剥削、侵略、殖民主义等，都是一些空洞的、没有实际内容的抽象名词，他以人们无法给运转中的"资本"拍照为由而否定其存在。他宣称，所有抽象词汇都是没有意义的。

因此，蔡斯主张废除那些无法确认经验对象的抽象名词，认为凡是找不出所指者的抽象名词，都是语义学上的空话，都是毫无意义的无稽之谈。甚至"法西斯主义"是什么都说不清，反抗法西斯主义又从何谈起。显然，这种论调不仅有悖常识，而且也显出普通语义学的意识形态倾向性。按照他的逻辑，消除社会矛盾，解决现实问题，并不需要采取实际行动，而只需要进行语言变革，具体说来，就是推广普通语义学。所以，他极力倡导普通语义学。他的《词语暴虐》（1938）是一部普通语义学的通俗读本，人们大多从这类读物而不是从柯日布斯基的原著中，了解到普通语义学及其原理。

2. 基本原理

与语言学其他流派不同，普通语义学对学院式探讨不感兴趣，甚至认为此类研究有害无益。柯日布斯基就曾指责语义学研究及其理论："极其混乱和难于理解；它们归根到底是没有希望的，而且显然对人类的健全思想有害。"[①]对普通语义学来说，重要的问题不是形而上的玄想，而是形而下的应用。普通语义学的宗旨，就是把语言学运用到社会政治与实际生活层面，帮助人们正确思维，促进相互理解与沟通，从而缓解社会矛盾，甚至医治精神疾病。早川一荣在《普通语义学和冷战心理》一文中写道："普通语义学是关于我们思维的一种思想方法，其任务在于辨别我们的思考机能是否适当地发挥作用。"[②]蔡斯更为普通语义学确定了三个具体目标：

（1）帮助个人评价他周围的世界；

（2）增进人们相互间的交往；

（3）帮助排除精神上的疾病。[③]

按照普通语义学的观点，各种社会问题的根源主要在于误用语言。所谓误用并不是指用词不当或胡言乱语，而是指人们不自觉地受制于语言的内在机制而形成的偏颇思维习惯，其中最典型的就是亚里士多德提炼的同一律、排中律和矛盾律。举例来说，现在人人都发疯似的想做个"成功者"，如果没有达到目的，没有成为歌星、影星、球星，没有赚大钱，没有出人头地，那么就会觉得自己是个"失败者"。可事实上，人生在世

---

① 转引自涂纪亮主编：《当代美国哲学》，117页，上海，上海人民出版社，1987。

② 同上。

③ 同上。

并不是只有所谓成功与失败两种可能，而是条条大道通罗马，如果按照不成功即失败的逻辑，他就只剩下春风得意和万念俱灰两条道儿了。类似的例子还有好人和坏人、左派和右派、进步和落后、正确和错误、专制和民主，等等。这种思维习惯和语言习惯，实际上体现的是一种非此即彼的"二元评价"（two-valued evaluation）。这种思维逻辑，显然同丰富多彩且变动不居的现实大相径庭。

针对"亚里士多德体系"导致的思维和语言问题，柯日布斯基提出了"非亚里士多德体系"。其中包含三个基本原理——非全原理、非同一性原理和主观投射原理，而非全原理又是核心所在。

所谓非全原理，是说一方面事物具有无限丰富的特征，而另一方面语言往往只有有限数量的词语。所以，以有限的语言表现无限的世界，结果只能"抓住一点，不及其余"。对此，柯日布斯基有句名言：地图（语言）代表不了全部的领土（世界）。蔡斯解释道："地图不是领土，我们的词不是自然界……事件具有无限的特征。我们的语言省略了许多特征，因而可能对判断做出歪曲的解释。"[①] 有鉴于永远不可能用语言表现事物的全貌，普通语义学建议人们不管说什么，最后都再加一句"等等"，以示所说的只是实际情况的一部分而非全貌。即便不把"等等"说出来或写出来，起码内心也得有这个意念。普通语义学的专业刊物名为《等等：普通语义学评论》，正是为了突出这一点。

所谓非同一性原理，是针对亚里士多德的同一律提出的。按照同一律，一就是一，二就是二，贝多芬就是贝多芬，玫瑰花就是玫瑰花。普通语义学认为，根据运动的绝对性，任何个体、事物、事件在时间流程中都不可能是同一的，"六月的玫瑰花就其颜色、香味和形状而言都不同于九月的玫瑰花"（蔡斯）。用静态的概念及其固定词语，根本不可能准确表现千变万化的动态世界。比如，现在的北京和1949年的北京相比已经大不一样，如城区扩大、人口激增、现代化水平大幅度提高等，与五百年前的北京相比更是千差万别，可是语言里的"北京"还依然如故。为此，普通语义学主张用标明数字的办法来显示这种变化，如北京2019、北京1949、北京1499等。总之，为使思维机器正常运转，人们必须接受"非同一律的训练"，用早川一荣的话说：

> 柯日布斯基把普通语义学称为"非亚里士多德体系"，他的意思是说这个体系建立在对"同一律"的否认上。"同一律"是亚里士多德的逻辑学的基础："某物就是它所是的那种东西"。按照"同一律"，A就是A，一个美元就是一个美元，一罐豆子就是一罐豆子。
>
> ……

---

① 转引自涂纪亮主编：《当代美国哲学》，119 页，上海，上海人民出版社，1987。

非亚里士多德体系的基本思想方法——普通语义学的中心观念——是非同一律，它表现为这样的公式：A1不是A2。因此，桌子1不是桌子2，椅子1不是椅子2，共产主义者1不是共产主义者2。[①]

所谓主观投射原理（unconscious projection），指的是用语言表述客观事物时，会不自觉地映射出人们的主观感受、印象或评判。换言之，主观投射就是表面在说客观，实际在谈主观。比如，我说"这间教室真漂亮"，表面看在说教室，而其实是在表达自己的印象，即"我觉得这间教室真漂亮""在我看来这间教室真漂亮"等。主观投射与直抒胸臆的不同在于：它是隐蔽的而不是公开的，是无意识的而不是有意识的，是拐弯抹角的而不是直截了当的，是无所不在的而不是偶然为之的。无怪乎约翰逊说："基本上，我们说的话，从来都是在讲自己。"类似下面这些话——"这部电影非常感人……那部小说非常有趣……今天天气特别冷……他长得很帅"等，乍一听仿佛都是在说客观的事物，但稍一琢磨就不难发现映射在这些字里行间的主观身影。所谓电影感人只是自己的感受，我认为这部电影感人而他人未必认同；所谓天气冷也是个人的体验，我觉得冷而他人可能觉得不算冷，以此类推。即便别人的说法与自己相同，也并不表明自己的表述具有纯然的客观性，并不排除其中透射的自我身影。总之，任何看似客观的话语都与个人及其主观感知千丝万缕相互纠缠。所以，任何传播者如记者想追求纯客观的、不含主观内容的表达，就像揪着自己头发脱离地球一样不可思议。针对主观投射现象，普通语义学曾提出一条对策，就是在每句话上加一个短语"对我来说"（或"在我看来"）。比如，"在我看来，这间教室真漂亮""对我来说，今天天气特别冷"等。这就等于把隐蔽的自我化为公开的自我了。当然，不一定非把这个短语说出来，只需说或听的时候想到这一点就是了。

柯日布斯基提出上述三个基本原理，意在把似是而非的日常语言变成恰如其分的科学语言，以便把事物说得一分不多一分不少。他声称，人们一旦掌握了这三条科学原理，就能够具备"健全的精神"。不难看到，普通语义学在理想性或科学性的追求上不无形而上学的偏颇，只知（顾）其一，不知（顾）其二，只是片面强调事物的复杂性、变动性和差异性，而否认事物存在本质上的规定性，进而否认语言的表现性。拿非同一性原理的例子来说，"马的机体虽然每时每刻都在发展和变化，但是，马不可能一会儿是马，一会儿又变成牛"[②]。如果依据普通语义学三条基本原理的逻辑推导下去，就势必走向不可知论了。

---

① 转引自涂纪亮主编：《当代美国哲学》，126页，上海，上海人民出版社，1987。
② 同上，122页。

虽然普通语义学在逻辑层面存在漏洞，但在实际应用层面一度风行。下面我们就来看看这方面的内容。

3. 实际应用

普通语义学着眼于揭示语言同人们日常生活的关系，或者说关注人际传播中的语言使用情况。在普通语义学看来，生活里的许多麻烦事情都可归因于语言的误用，如精神病就是由于使用语言不当而造成的。针对语言与其所表达的实际事物的关系，普通语义学分析了以下几种情况。对此如不注意，便会导致传播的偏差，而这些情况在语言使用中又恰恰容易忽略。

第一，语言是静态的，而实际是动态的。

世间万事万物，无不处在运动之中。即便是一张看上去静止不动的课桌，实际上也在不断演化，若干年后就不再是一张课桌，而成为一堆朽木。唐朝诗人卢照邻曾为万物的流变感叹道："节物风光不相待，桑田碧海须臾改。昔时金阶白玉堂，即今唯见青松在。"古希腊哲学家赫拉克利特的名言更是通透："你不能两次踏进同一条河流；因为新的水不断地流过你的身旁。"

而同这种不断变化、不停运动的现实形成鲜明对比的，是人们用以表述现实的语言总是相对静止、凝固不动。换言之，人们是在用静态的语言表现动态的事物。这就仿佛用一个人从小到大的几张照片，来反映他一生的成长过程一样，显然是远远不够的。比如，太阳分分秒秒都在不停地运行，而语言中表现这一运行状况的用语主要是两个——白天和黑夜。再如，20岁的贝多芬血气方刚，而50岁的贝多芬已是饱经沧桑，无论外貌、举止还是内心思想都已发生很大变化，可是指称他的语言符号还是同一个贝多芬。对此，普通语义学曾建议，在人的姓名上标注时间，以提示变化。这正是柯日布斯基三条原理的非同一性原理和非全原理。

确实，我们对事物的运动性和语言的静止性这对矛盾应该留意。普通语义学告诫人们语言并非包罗万象，可以充分展现事物的全貌及其变化过程。因此，在传播活动中就不能不留意语言的有限性，所谓道可道，非常道。同时，更应指出，运动不仅有持续变化的一面，还有相对静止的一面，在黑格尔及其辩证法看来，运动就表现为连续性与间断性的对立统一。普通语义学只强调运动的连续性，而忽略它的间断性；只看到事物在不停运动，而无视事物在特定时刻的相对静止，因而又显出另一方面的片面性与机械性，包括在人名后面加注时间。按照他们的逻辑，只有把海水都喝到肚里，才敢断言是咸的。

第二，语言是有限的，而实际是无限的。

在日常的口语中，常用的词汇量不过两三千而已。但是，人们需要表达的事实、经验与关系，按约翰逊的统计则多达几百万种。由此说来，想准确无误、恰如其分地表达意思，想丝丝入扣、毫厘不差地反映现实只能是异想天开。所谓"只可意会，不可言传"，也说明语言的贫乏与传播的困窘。韩少功在《马桥词典》后记中讲述的一段故事，为此提供了生动说明：

> 一九八八年我移居中国的南方之南，最南端的海南岛。我不会说海南话，而且觉得这种话很难学。有一天，我与朋友到菜市场买菜，见到不知名的鱼，便向本地的卖主打听。他说这是鱼。我说我知道是鱼，请问是什么鱼？他瞪大眼睛说，"海鱼么。"我笑了，我说我知道是海鱼，请问是"什、么、海、鱼？"对方的眼睛瞪得更大了，显得有些不耐烦。"大鱼么！"
>
> 我和朋友事后想起这一段对话，忍不住大笑。
>
> 海南人有全国最大的海域，有数不尽数的渔村，历史悠久的渔业。我后来才知道，他们关于鱼的词汇量应该说是最大的。真正的渔民，对几百种鱼以及鱼的每个部位和鱼的各种状态，都有特定的语词，都有细致、准确的表达和描述，足可以编出一本厚厚的词典。但这些绝大部分无法进入普通话。即使是收集词条最多的《康熙字典》，四万多汉字也离这个海岛太遥远，把这里大量深切而丰富的感受排除在视野之外，排除在学士们御制的笔砚之外。当我同这里的人说起普通话时，当我迫使他们使用他们不太熟悉的语言时，他们就只可能用"海鱼"或"大鱼"来含糊。

关于语言的有限性和现实的无限性，柯日布斯基曾经举过这么一个例子。他说"狗"这个类名词只表示所有的狗都一样，而现实中的狗却是各不相同的，各有自己的特点。因此，听人说"狗"，便不可贸然接触"实在的狗"。这同公孙龙的"白马非马"命题，可谓殊途同归。

这里，普通语义学又重蹈上面提过的形而上学。现实的无限与有限同运动的持续与间断一样，既对立又统一。一味强调现实的无限性，而无视它的相对有限性，那么势必导致否认语言认识现实、把握事物的功能。柯日布斯基最后恰恰是这么想的。他曾说，如有人指着椅子对你说"请坐"，那你切不可马上就坐，因为实在的椅子可能是坏的。

第三，语言是抽象的，而实际是具体的。

抽象性乃是语言的一个重要而实用的特征。假如语言不具有抽象性，那么最简单的事情都得絮叨半天，而且未必说得清。然而，语言越是抽象，同实际事物的距离就越远，其中体现的实际图景就越模糊不清，因而也就越容易产生歧义和误解。早川一荣曾设计过一个所谓"抽象阶梯"，用以说明这个问题。他举一头名叫"贝茜"的奶牛为例：

第一级——科学上知道的微观奶牛和亚微观奶牛
第二级——我们所看到的奶牛

第三级——贝茜这头特定的奶牛

第四级——奶牛，我们用这个符号代表包括贝茜的所有奶牛

第五级——牲畜，这是一个更抽象的符号，代表奶牛以及猪、马、羊等共有的特点

第六级——农场财产，这个符号代表牲畜以及农场中其他东西所共有的特点

第七级——财富，它包括了农场财产以及其他方面的所有资产

在这架抽象阶梯上爬得越高，奶牛贝茜的具体特征也就被舍弃得越多，它的实际面貌也就越模糊不清。等爬到最高一级即财富时，奶牛贝茜的身影已消失得无影无踪了。

在抽象阶梯的顶端，可以比较迅速地处理信息。如用太阳系一词，显然比逐一列举太阳、地球、月亮、火星、金星、木星、土星、天王星、海王星等，并说明其相互关系要方便得多。但语言越是抽象，就越容易遭到误解。比如，提到民航飞机，有的会想到波音747，有的会想到波音734，误差还不很大；等提到飞机时，有的就会想到战斗机，有的则会想到运输机，这个误差就比较大了；而提到运输工具时，有的可能想到飞机，有的却可能想到火车、轮船什么的，这就差得更远了。

以上是普通语义学分析的几种语言与其表达事物之间的关系，其实也就是柯日布斯基那三条原理的具体化。对此如不留意，势必出现语言使用不当问题，进而导致传播失误。下面再来看看几种常见的用语失当问题。

4. 用语失当

依照普通语义学，语言是静止的、有限的、抽象的，与此相反，事物则是运动的、无限的、具体的。因此，语言对事物的表现存在很大的局限性。如果认识不到这一点，就会导致许多认识上的偏差，引发各种问题和矛盾。

第一，忽视差异。

这种语言失当现象，是指人们在使用语言表达事物时只顾整体的一致，而不顾个体的差异。比如，柯日布斯基举的那个"狗"的例子，说的只是所有狗的共性，而忽略每只具体狗的特征。这类现象在日常生活里随处可见。比如：

"我以后再也不相信女人了。"

"书上说的全是扯淡。"

"天下乌鸦一般黑。"

"这个人从来不说真话。"

……

这类语言均属忽视差异的语言失当。被一个女人耍了，便怀疑所有女人；看了某些粗制滥造的书，便认为所有的书都在胡扯；发现许多乌鸦都是黑的，便断定天下乌鸦一般黑；一个人爱编瞎话，便觉得人家一句真话都没有。同样，把婆婆一律说成鸡蛋里挑骨头的刻薄鬼，把巴黎女郎统统视为热情浪漫的情人，把犹太人都看作见利忘义的"威尼斯商人"，也都是把纷繁事物混为一谈。《马桥词典》谈到马桥人的一种奇特用语：好吃的东西都说"甜"，吃糖是"甜"，吃肉吃鱼也是"甜"，就像西方人将刺激性味道，如辣椒味、胡椒味、芥末味、大蒜味等，通通称为"hot"：

> 同样，直到今天为止，对于绝大多数中国人乃至相当多数的经济学者来说，美国的资本主义、西欧的资本主义、瑞典等几个北欧国家的资本主义、日本的资本主义，似乎也没有什么重要的差别；十八世纪的资本主义、十九世纪的资本主义、本世纪战前的资本主义、本世纪六十年代的资本主义以及本世纪九十年代的资本主义，还是没有什么重要的区别。在很多中国人那里，一个"资本主义"的概念就足够用了，就足够支撑自己的爱意或者敌意了。[1]

为了防止出现这种语言失当，普通语义学建议在使用类名词时，最好再用数字标明一下。比如，把学生这个词说成学生1、学生2、学生3等，这样就不至于把不同的学生"一视同仁"了。即便不加数字，至少在思想中也要有这种意识。

第二，非此即彼。

非此即彼原属极端化的思维方式，它只看到两个极端而对立的可能，忽略两个极端之间存在的一系列其他可能。小孩爱问"好人还是坏蛋"，就是典型。这种二元评价的思维方式，由于语言里常常只有两个对立的字眼而更趋强化。诸如黑与白、对与错、好与坏、爱国与卖国、聪明与愚蠢、勇敢与懦弱、民主与专制等，都是两极对立的字眼。在这些两极对立、非此即彼的字眼之间，本来还存在着一系列不同程度的选项，比如政治体制并不是只有民主与专制两种情况，政治态度也不是只有左派与右派两种可能。然而，这一切可能的选项都被非此即彼的语言，在无形之中给不经意地消解了，仿佛人们只能在两个极端中任选其一，除此之外别无可能。

普通语义学指出，二元评价的思维习惯及语言习惯是错误的、不科学的、背离实际的，它往往把人引入歧途。比如，人们常说，既听正面意见，也听反面意见。殊不知，除了正反两种对立的看法之外，还有第三面、第四面，甚至第十面不同的观点，正如黑白之间还有众多不同层次的色彩，而这些观点都被非此即彼的语言（如正面或反面）排除在考虑之外了。不仅如此，按照约翰逊的说法，非此即彼的二元评价还是导致

---

[1]　韩少功：《马桥词典》（修订版），16页，北京，人民文学出版社，2008。

精神病的一大诱因。如果总是这样考虑问题——"不成功，即失败""to be or not to be"等，而不知这两者之间还有多种可能，那就会给自己造成精神压力，就像哈姆雷特一样。一旦没有达到所谓成功，他就认为自己已经失败，于是悲观绝望。许多人的自杀，都与这种心态有关。美国有一位考试一贯得5分的女生，有一次由于得了一个4分，便上吊自杀了。她的遗书写道："既然我没考好，那我就不配再为人。"这使人不禁想到诺贝尔文学奖得主黑塞在《荒原狼》中说的一段话：

> 可以想象这么一个花园，那里生长着百种树、千种花、百种水果、百种草。假如这个花园的园丁除了知道"可吃的"和"野草"之外，对区别植物一无所知的话，那他就不知道该把花园的十分之九的面积用来做什么，他一定会把最美丽的花枝拔去，把最珍贵的树木砍掉，或者用憎恶和猜疑的目光观察它们。[①]

为此，普通语义学告诫人们，对事物尽可能作出多种估计，切忌陷入非此即彼的思维陷阱。

第三，主观投射。

欧洲文艺复兴巨匠薄伽丘在世界名著《十日谈》里写了一个有趣故事，年轻美丽的少女为了同恋人幽会，想骗取父母同意，让自己晚上睡到阳台去，为此假装对母亲抱怨说屋里太热，晚上睡不好觉：

> 母亲说："你说热吗，孩子？一点都不热呀。"
>
> "妈，你应该说'我觉得不热'才对，你可别忘记年轻姑娘火气旺，不比上了年纪的妇女。"
>
> ……[②]

这段母女对话，就涉及普通语义学的主观投射问题。如前所述，主观投射是指人们在用语言表述事物时，会不自觉地将自身投射到客观事物上。换言之，主观投射就是名为说他，实则谈己；表面上像在陈述实际情况，其实却是在表达主观感受，而这种对自我感受的表达往往是不自觉的、无意识的。由此说来，传播者如记者想追求所谓客观的、不夹杂主观印象的表达，会是多么困难。

为此，早川一荣探讨了三种陈述方式，即报道（report）、推论（inference）和判断（judgement），以解决新闻报道的主观投射问题。按照他的界定，所谓报道是可以验证的表述。如"犯罪嫌疑人已被警方抓获"这一表述可以得到验证，所以属于报道。所谓推

---

① ［瑞士］赫尔曼·海塞：《荒原狼》，李世隆等译，61~62 页，桂林，漓江出版社，1986。
② ［意］薄伽丘：《十日谈》，王永年译，266 页，北京，人民文学出版社，1994。

论，是指从已知推测未知的表述。比如，看见他泪流满面，这是已知；如果据此说他悲痛不已，那就属于推论。因为，他是否悲痛是个未知数，流泪也许是由于其他原因而非悲痛。既然推论可能正确，也可能错误，对新闻记者来说，确保准确客观的稳妥选择，就是多报道、少推论。不过，从已知推测未知总是不可避免的，特别是说到未来的情况时更是如此。如记者在报道里写道："根据目前情况判断，受旱面积还将继续扩大。"目前情况是已知，受旱面积继续扩大则是未知，这就是一个推论。对此该如何处理呢？早川一荣建议：设法把推论变成报道。比如，在上述这个推论里再加一句"农业专家认为"，这个推论就成为报道了："农业专家认为，根据目前情况判断，受旱面积还将继续扩大。"因为这个报道是可以找农业专家验证的。至于判断则是对客观事物的主观评价，带有鲜明的个人色彩。比如，记者报道说"演出十分精彩"，就是一个包含主观投射的判断，表达的其实是个人看法而并不一定是事实，也许在他人看来这场演出非常糟糕。

总之，普通语义学告诉人们，自然语言或日常语言包含许多含混不清、似是而非、简单粗疏、自我感受等成分。而这种语言很容易产生歧义，因而不利于传播，更不利于社会。为此，柯日布斯基主张，在日常生活中也应像科学家那样使用语言。科学家的语言是一种界限分明、恰如其分的数学语言，能把事物说得一分不多、一分不少，绝不会产生误解。如果人们都照科学家那样使用语言，传播中的混乱现象就能消除，种种社会矛盾也随之化解。

将纷纭复杂的现实世界以及社会信息系统的矛盾，仅仅归结为词语及其误用未免简单化，也难免陷入唯心主义和形而上学："这些先生以为，只要改变一下某一事物的名称，就可以改变这一事物本身。"①恩格斯《反杜林论》中对比形而上学与辩证法的一段精辟文字，也无异于揭示了普通语义学及其认识论的死结：

> 形而上学的考察方式，虽然在相当广泛的、各依对象性质而大小不同的领域中是合理的，甚至必要的，可是它每一次迟早都要达到一个界限，一超过这个界限，它就会变成片面的、狭隘的、抽象的，并且陷入无法解决的矛盾，因为它看到一个一个的事物，忘记它们互相间的联系；看到它们的存在，忘记它们的生成和消逝；看到它们的静止，忘记它们的运动；因为它只见树木，不见森林。

> 任何一个有机体，在每一瞬间都既是它本身，又不是它本身；在每一瞬间，它消化着外界供给的物质，并排泄出其他物质；在每一瞬间，它的机体中都有细胞在死亡，也有新的细胞在形成；经过或长或短的一段时间，这个机体的物质便完全更新了，由其他物质的原子代替了，所以，每个有机体永远是它本身，同时

---

① 恩格斯：《论权威》，载《马克思恩格斯选集》第三卷，276 页，北京，人民出版社，2012。

又是别的东西。

所有这些过程和思维方法都是形而上学思维的框子所容纳不下的。[①]

来时节满城争诵而去时节无影无踪，作为美国传播研究一条支流，普通语义学早已河枯水干，遗弃在历史长河并留下一丝印痕。一度风靡世界的阿尔文·托夫勒，1989 年在《等等：普通语义学评论》上撰文，回忆做华府记者时说道："我知道我不可能抓住全部事实……从那以后，我便把报纸的一版视为一种虚构，一幅歪曲了的地域图，太复杂、变化太快的地图。"[②]

第二节　非语言符号

顾名思义，非语言符号指语言文字之外的其他所有符号，如鼓声、烽火、标志、图像、手势、表情、姿态、口哨、气味等。语言学家萨丕尔把非语言符号称为"一种不见诸文字、无人知晓而人人皆知的微妙代码"（elaborate code），就像"文革"期间流行的军装：

> 军装是那个时代最高贵的服装。在我生活的南方，南下军人是各级政权的主体成分，军装代表了秩序和权威，军号指挥着很多权力机关的作息。这就不难理解，为什么军帽、军装、军鞋、军皮带、军挎包、军人味的普通话，包括在军人中流行的京腔粗话"我×——"在当时都会成为青少年的兴奋点。[③]

在人们的日常传播活动中，非语言符号的重要性丝毫不在语言文字之下。相反，大量信息经由非语言符号而不是语言符号传递："仔细地注意一下，传播不是全部（甚至大部分不是）通过言词进行的。一个姿势，一种面部表情、声调类型、响亮程度、一个强调语气，一次接吻、把手搭在肩上、理发或不理发、八角形的停车标志牌，这一切都携带着信息。"[④]美国大亨洛克菲勒说过，美国人要想征服非洲知识分子的意识，只需推销两种价廉物美的东西——鞋和自来水笔，因为它们从早到晚都看得见，摸得着。俄国学者穆尔扎在《论意识操纵》一书里指出："物品携带着对日常意识产生重大影响的'信息'……成为具有决定意义的力量。"[⑤]这里，可将语言符号与非语言符

---

① 恩格斯：《反杜林论》，载《马克思恩格斯选集》第三卷，396~397 页，北京，人民出版社，2012。

② ［美］赛佛林、坦卡德：《传播理论——起源、方法与应用》（第 5 版），郭镇之等译，92 页，北京，中国传媒大学出版社，2006。

③ 韩少功：《暗示》（修订版），38 页，北京，人民文学出版社，2008。

④ ［美］威尔伯·施拉姆等：《传播学概论》，陈亮等译，4 页，北京，新华出版社，1984。

⑤ ［俄］谢·卡拉－穆尔扎：《论意识操纵》（上），徐昌翰译，82 页，北京，社会科学文献出版社，2004。

号比作意识与潜意识，前者是露出海面的冰山一角，后者构成隐而不显的冰山主体。事实上，语言符号也正是同人们清醒的、自觉的意识相关联，而非语言符号总与模糊的、不自觉的潜意识打交道。

粗略说来，非语言符号分为三类，一是体语，二是视觉性非语言符号，三是听觉性非语言符号。

一、体语

体语，是指通过举止、表情和装束来表情达意、传递信息的非语言符号，又称"身体语言"或"行为语言"。张承志在名篇《投石的诉说》里，提供了一个触目惊心的新世纪案例：

> 掷出石块的是一个少年。他站在熊熊的烈火中央，迎着隆隆驶来的怪兽。他的耳际轰响着的，是凄厉的风吼和烈火焚烧石头的声音。环绕的一切都尖锐、钝闷、灼烫而恐怖。怪兽挂着金属板的装甲，傲慢又野蛮，沿着街巷横冲直撞而来。
>
> 使用石块难道能进行战争么？不，这不是战争手段，而是心情的传达。巴勒斯坦人用这样的语言，呼喊着公正，呼喊着最古典和最低限的良心。投石的语言超越了障壁唤起了良知和同情，也为非武装的民众反抗，做了痛苦而警醒的定义。
>
> 《东方主义》的作者E.赛义德曾经在巴勒斯坦的土地上，弯下病弱的身体，拾起一块石头，朝以色列方向投了出去。他用这块石头，表达了对这象征语言的理解。他表示自己也要加入被侵占与被侮辱一方的行列，也要使用这种语言。[①]

体语在人际交往中大量使用，它的传播功能显而易见。哥伦比亚曾经出版了一套两卷本的体语词典，对体语颇有研究的伯德惠斯特（Ray Birdwhistell）还创立了一门体语学（Kinesics）。体语有三种类型：一是动态的动作，二是静态的姿态，三是有声无义的类语言（paralanguage）。

1. 动作

用身体某一部位的动作表情达意，在传播活动中司空见惯。如点头肯定，摇头否定，鼓掌欢迎，挥手告别等。至于交通民警、球场裁判、航空调度、潜水人员等手势，更是特定情形中唯一可行的传播方式。西方历史上有一个教派，曾定下一条严格的教规，就是禁止僧侣使用语言。于是，大家只有凭借动作、姿势来互相交流。值得注意的是，这种交流活动进行得很顺畅，并不比语言传播逊色，他们的一切日常事务都安排得井井有条。

[①]　张承志：《投石的诉说》，载《读书》，2002（8）。

在人体的动作语言中，自然数眼睛及眼神最富有表现力了。"眉目传情""眼睛是心灵的窗户""执手相看泪眼，竟无语凝噎"等，都是就眼睛及眼神的传播功能而言的。我们用眼睛看人，看到的首先也是眼睛。社会学家和心理学家通过大量实验也证明，在人体的各种器官中，眼睛能够表达的无声语言最多，眼神是沟通心灵的桥梁。对此，《国语》邵公谏厉王弭谤中写到的"道路以目"，就是一个生动的例子。据历史记载，暴虐的周厉王严禁百姓议论朝政，谁若违抗旨意便格杀勿论。于是，大家见面都不敢说话，在路上就用眼神传递心思，即所谓"道路以目"。

2. 姿态

与动态的动作一样，人体处于静态的姿态也能传达多种多样的信息。像呆若木鸡、垂头丧气、脸色铁青、面红耳赤等，都是人所熟知的。再如，直挺挺地站着、歪歪斜斜地靠着、端端正正地坐着、随随便便地躺着等，在不同场合下，在特定环境中也都含有耐人寻味的意义。

如果说在人体动作里最富表现力的是眼睛及眼神，那么在人体姿势中最有感染力的就是面部表情了。一些研究者甚至把面部表情视为理解人际传播的关键环节。达尔文在《人类与动物的表情》一书中指出，面部表情在很大程度上是普遍的、先天的，是人类非语言传播的重要手段。1970年，体语学创立者伯德惠斯特说过："光人的脸，就能做出大约25万种不同的表情。"以写内幕知名的美国记者根室（John Gunther，1901—1970），在《回忆罗斯福》一书里记述道："在20分钟的时间里，罗斯福先生的脸上表现出诧异、好奇、假装震惊、真诚的兴趣、焦虑不安、胜似妙语的悬疑、同情、决断、嬉戏、庄重和超凡的魅力。但在整个过程中，他几乎没有说一句话。"[1]

体语中的姿态既指人体自身的形态状貌，又包括附属于人体的穿着打扮。比如，戒指、帽子、头巾、衣服、手套、鞋袜、香水、口红、眼影、润肤膏等，都在传播某种信息：

> 美国经济学家韦伯龙写过《有闲阶级》一书，也说设计女服的目的常常不在于体现女性美，而在于"使女人行动不便和看似残废（hamper and disable）"：高跟鞋、拖地长裙、过分紧身的束腰都显示当事人是有闲阶级，永远不会受到工作的残害。这也是中国传统贵族自我形象设计的隐秘原则：长袍马褂，窄袄宽裙，甚至把指甲留得长长的，把脚裹得小小的，宜静不宜动，宜闲不宜忙，一看就是个不需要干活的体面人。[2]

---

① ［美］威尔伯·施拉姆等：《传播学概论》（第二版），何道宽译，71页，北京，中国人民大学出版社，2010。
② 韩少功：《暗示》（修订版），43页，北京，人民文学出版社，2008。

第一次世界大战爆发前，法国陆军部长梅西安想对法国陆军的军装做一番改革。因为，法军沿用的还是拿破仑时代的装束，即红帽子、红裤子和蓝上装。显然，这么鲜艳的军装很容易暴露目标，成为战场上的活靶子。然而，梅西安的改革计划刚一出台，便遭到一片来势汹汹的抗议。法国前陆军部长在议会中大声疾呼："取消红裤子？绝对不行！红裤子便是法兰西！"这里，红裤子居然成为法兰西的象征，它所包含的意义该有多么丰富。

3. 类语言

所谓类语言，就是某种类似语言的符号。那么，类语言之类似语言的地方表现在哪里呢？简单说，语言是人发出的有固定意义的声音，而类语言是人发出的没有固定意义的声音。比如，哭声、笑声、呼唤、叹息、呻吟等都是类语言。另外，许多应答性、习惯性的声音，像"嗯""嗨""啊""嗯哼""哎哟"等，也都属类语言。有人统计过，人们在表达思想、交流感情时，只有7%的思绪是借助语言，其余93%都靠体语。而在93%的体语中，又有55%是身体的动作和姿态，另外38%都是类语言。如此说来，类语言的传播效能便非同小可了。

以上是三种类型的体语：动态的动作、静态的姿势和无确定意义的类语言。

4. 体语与语言

体语与语言是相辅相成的。没有体语，语言的表达就大为逊色。小朋友听老师讲故事都觉得津津有味，听得聚精会神，而同样的故事用录音机播出来对他们的吸引力就得打折扣了。其中一个重要原因就在于老师讲故事既用语言，又用体语，而录音机播讲用的只是语言。体语丰富了语言的意味，这是一个方面；另一方面，体语的含义又需语言赋予和界定。不靠语言，你就无法说清某种表情究竟是一种会心的笑，还是一种尴尬的笑；是发自内心的笑，还是皮笑肉不笑。

总体看来，语言是理智的表现，同意识相连；而体语多为本能的表现，同潜意识相通。也就是说，语言是有意的表达，而体语多为无意的传播。语言表达能力是同人的思维能力同步发展的，而体语比如哭和笑即便在婴儿身上也能显露无遗。一个人可以有意识地控制自己说什么或不说什么，但却难以控制那些发自本能的体语，正如社会学家欧文·戈夫曼（Erving Goffman）指出的，尽管一个人可能停止说话，但是他不能停止通过身体习惯动作的传播。有位心理医生在接待一位患者时发现，患者虽然口头上夸奖她的一位朋友，但面部表情却掠过一丝不易察觉的愤怒。后来证实这位患者对那位朋友怀有很深的嫉恨。古典名著《世说新语》里讲述的一则曹操故事，更是生动表明体语与语言的关系：

魏武将见匈奴使，自以形陋（《魏氏春秋》记载，曹操"姿貌短小，而神明英发"），不足雄远国，使（美男子）崔季珪代，帝（曹操）自捉刀立床头。

　　既毕，令间谍问曰："魏王何如？"匈奴使答曰："魏王（即崔季珪）雅望非常，然床头捉刀人（即曹操），此乃真英雄也。"

总之，语言表达明确的意思，体语流露含蓄的信息；语言是有意的传播，体语是无意的显现。

在非语言符号中，除了与人体有关的体语，还有大量与人体无关的非语言符号。按照人们的感知方式，这些非语言符号可以分为两类：一类是视觉性的，一类是听觉性的。下面先看视觉性非语言符号。

二、视觉性非语言符号

视觉性非语言符号分为象征和实义两种。象征符号（symbolic image）体现着某种抽象的意义，诸如基督教的十字、伊斯兰教的新月、社会主义的五角红星等。象征符号属于特定文化的结晶与标志，积淀着深厚的历史传统，蕴含着丰富的情感内容，承载着家国天下的神圣意味与文化秩序，就像上古的种种礼仪、声乐、器皿、建筑、纪念碑等：

　　我们惊讶于河南殷墟、陕西秦坑、四川三星堆、长沙马王堆等地出土文物的辉煌灿烂，不难理解在文字语言的运用尚受到种种极大局限的时候，各种器服其实就是当时的报纸、刊物、广播和教科书，就是当时诉诸感觉的哲学、宗教以及政府工作报告，如《孟子》所称："见其礼而知其政，闻其乐而知其德。"我们只有在这个意义上，才可能理解古人为何在一件日常生活器物那里如此用心之深，如此用心之精，如此用时之长以及如此用力之巨。这些体现在铜器、石器、银器、玉器、木器一类之上的精神感染和意识陶冶，这些精美器物对情感和心态的巨大冲击力和震慑力，还有一切用服装、车马、面容、仪态、建筑以及其他实象所承担的政治道德功能，不失为当时成熟的"纹治"的表现。[①]

与此相似，针对美国共和党与民主党的象征——象和驴，肯尼思·博尔丁（Kenneth Ewart Boulding）在《形象》（The Image）一书里描绘道："共和党被想象成一头象：老态龙钟，富有威仪，有点迟钝，也许不十分精明，但却饶有智慧，勤勉正直，相当保守，在周围世界中有点落落寡合，有耐性而皮厚，但偶尔也能发出几声含混的怒吼。民主党被设想为一头驴：活跃，敏捷，聪颖，对自己有点捉摸不准，有点自命不凡，行动

---

　　① 韩少功：《暗示》（修订版），67~68 页，北京，人民文学出版社，2008。

迅速，敏捷，有点庸俗，愉快而又荒唐。"①

象征符号之外，最常见的视觉性非语言符号还属实义符号，以简洁明了、形象直观的形式表达某种确定意义。像古代的烽火、狼烟，现代公路的里程碑、铁路的号志灯、舰船的信号旗等，都属实义符号。英国作家斯威夫特在世界文学名著《格列佛游记》中，描写了一个饱学之邦。那里的学者为改进本国语言以求精练，想到一个匪夷所思的办法：既然词语只是物品的名称，那么在谈论某件物品时，直接就用这个物品本身来表示，岂不更加简练，直截了当？于是，格列佛便在那里目睹到这样一幅滑稽有趣的场面："我常常看到两位学者被背上的重荷压得要倒下去，像我们的小贩一样。他们在街上相遇的时候，就会放下负担，打开背包，整整谈上一个钟头，谈完话以后，才把谈话工具收起来，彼此帮忙把负荷背上，然后才分手道别。"这里，学者用来交谈的物品均为实义符号，不再具有使用价值而只有传播功能。

新中国 70 多年来，解放军采用的几套军服中，以 1965 年的"65 式军服"给人印象最深，历史印迹也最突出，大量历史图片影片都不难看到"65 式军服"的飒爽英姿。除了使用时间最长，从 1965 年到 1985 年整整 20 年，"65 式军服"深入人心还在于符号及其意味。一方面，这套军服简洁、大方、美观，风格如同五星红旗（五星红旗更是高度凝聚新中国立国宗旨的象征符号）；一方面，更重要的是其中的含义，特别是领章帽徽的含义："一颗红星头上戴，革命红旗挂两边"。

三、听觉性非语言符号

凡是作用于听觉器官的非语言符号，都属于听觉性非语言符号，如鼓声、口哨、汽笛、乐声等。毋庸赘言，音乐作为一门神奇美妙的艺术，具有远为深广的精神意韵，但在特定情况下，乐声也能传播十分具体的信息。项羽当年在垓下陷入十面埋伏时，四面楚歌就曾使他的部下以为江东老家失陷，从而军心动摇，士气大落。不仅如此，作为听觉符号的乐声也最具传播的国际意味，最能直接沟通人们的心灵世界。比如，你若给一位不懂中文的外国人吟诵张若虚的《春江花月夜》，那么，不管你多么如醉如痴、浑然忘我，他还是大眼瞪小眼，不知你在念什么经；但若为他弹奏一曲《春江花月夜》，那么不论他是哪国人，都会体味"春江潮水连海平，海上明月共潮生"的优美意境，领悟"人生代代无穷已，江月年年只相似"的深长感喟。正因如此，列宁才在那篇纪念《国际歌》的作者欧仁·鲍狄埃的著名演说中，写下这番感人至深的话：

---

①　［美］威尔伯·施拉姆等：《传播学概论》（第二版），何道宽译，93 页，北京，中国人民大学出版社，2010。

一个有觉悟的工人，不管他来到哪个国家，不管命运把他抛到哪里，不管他怎样感到自己是异邦人，言语不通，举目无亲，远离祖国，——他都可以凭《国际歌》的熟悉的曲调，给自己找到同志和朋友。[①]

作用于听觉的非语言符号，同作用于视觉的非语言符号一样源远流长。古罗马凯撒大帝在任高卢总督时，用过一种快速传递军情的办法：在每一座山头上选派一个大嗓门的人，他们通过呼喊把情报从边境传到总督的大本营。这些喊话人用的可不是日常用语，而是一种连凯撒本人都听不懂的密语，这种密语就是一种古老的听觉性非语言符号。直到今天，在非洲和大洋洲的一些部落中，还在沿用击鼓传讯的方式。当有什么情况需要通报时，他们就用咚、咚、咚的鼓点互相联系，当然鼓点的含义只有当地百姓才能理解。切莫以为这种传播方式很落后，事实上它一点不比现代化的传播手段逊色，一样可以迅速而准确地传播信息。

第三节　符号功能

维特根斯坦在《哲学研究》里，把语言符号的功能分为三种：传播信息、表达情感与指导行动。如果说传播信息、表达情感均为"务虚"，那么指导行动则属"务实"，语言学称之为"以言行事"（to do things with words）。维特根斯坦的分析，看来启发了早川一荣，他在1964年提出了三种陈述形式，即前面谈到的报道（reports）、推论（inferences）和判断（judgements）。这三种陈述均涉及语言符号的传播功能，那么非语言符号的功能表现在哪里呢？根据英国学者阿盖尔（Michael Argyle）的见解，非语言符号具有以下三种功能。

第一，传播态度与情绪。比如，一个心地傲慢的人从他的言谈话语中也许看不出来，但他的举止神态却往往掩饰不住。再如，一个手舞足蹈的人情绪一定不错，而一个垂头丧气的人八成心绪烦乱。尤其是许多微妙的情感，更是难以通过语言符号直接表达，而只能借助非语言符号。因为，如前所述，语言符号主要表现意识的活动，而非语言符号主要显现潜意识的波动。一切高贵的情感、一切深刻的体验、一切微妙的思绪，大多隐藏在潜意识的汪洋大海中，很难并极少浮出意识的海平面。也就是说，细微莫测的情感很难用语言直接表达，一般只有通过非语言符号曲折显示。韩少功讲的一个故事，用在这里也很贴切：

---

① 中共中央编译局编：《列宁选集》第2卷，434页，北京，人民出版社，1974。

一位客人来家聊天。应该说我们谈得很好，所有观点都没有什么分歧，他用例子呼应我的看法，我用阐释扩展他的思路。我们还谈到孩子和足球，谈到天气和最新的流行笑话，保证了交谈的张弛相济和亦庄亦谐。最后他戴上帽子礼貌地告辞，并且没忘记跟女主人和我家的小狗摆摆手。

奇怪的是，这次交谈使我一点也高兴不起来，对这位客人我没有任何好感。我不知道这是为什么。他说错了什么吗？没有。他做错了什么吗？也没有。那么我郁闷不快的感觉从何而来？来自他有些刻意的礼貌？来自他夸张的某一条笑纹？来自他听话时一瞬间不易被人察觉地左右顾盼？来自他眼中偶尔泄露出来的一丝暧昧不明但暗藏攻击的笑意？来自他那件方格子布的名牌衬衫和刚刚染得油黑的头发？……

在我们的交谈之外，一定还有大量的信息在悄悄地交流：表情在与表情冲撞，姿势在与姿势对抗，衣装在与衣装争拗，目光在与目光搏杀，语气停顿在与语气停顿厮咬，这一切都在沉默中轰轰烈烈地进行，直到我的内心疲惫不堪伤痕累累，直到双方似乎圆满的谈笑已经微不足道。

交谈是人际交往中重要的手段，却是生硬的手段，次等的手段，不得已而为之的手段。换一句话说，人与人之间需要用交谈来沟通的时候，需要用大量交谈来沟通的时候，无论对敌还是对友，都往往是困难重重的时候了。最成熟的关系其实不需要语言，不需要交谈，更不需要谈判家，所谓"默契"是之谓也。"默"即语言的放弃。[①]

古人说得好，道可道，非常道；不着一字，尽得风流；醉翁之意不在酒；心有灵犀一点通；等等。无怪乎周国平说：一切深刻的体验都羞于表白，一切高贵的思想都拙于言辞。

第二，辅助语言传播。比如，谈话时的比比画画、眉飞色舞等，都起着辅助语言传播的作用。艾森豪威尔在竞选美国总统时，他的公关顾问将他设计成一位英雄，同时又像一位和蔼可亲的祖父。他在公开场合一露面，总是满脸堆笑，双臂高举，手指形成"V"字，背景则是欢呼的人群、飘扬的星条旗，还有梳着刘海显得亲切可爱的将军夫人。不难看到，艾森豪威尔的这一竞选形象，大都是靠非语言符号塑造起来的。有趣的是，这位形象光鲜的将军却天生不善言辞，每逢记者招待会，他总是期期艾艾，语无伦次，甚至很少一口气不打顿地说过一句完整的话。为此，有个喜欢揶揄人的记者曾用所

---

① 韩少功：《暗示》（修订版），21~22页，北京，人民文学出版社，2008。

谓艾森豪威尔文体，改写了林肯措辞精练、铿锵有力的葛底斯堡演讲词，把它弄成一段嗯嗯啊啊、少气无力的话。如此说来，艾森豪威尔仅凭他的言辞而不大量借助非语言符号，能否入主白宫恐怕都成问题。

第三，代替语言。在特定情况下，语言符号根本无济于事，而只能靠非语言符号。《三国演义》中有段扣人心弦的空城计故事，千百年来广为传播。说的是司马懿统帅几十万大军，突然逼近诸葛亮坐镇指挥的一座小城，而当时诸葛亮身边只剩下几千老弱病残的士兵，打是肯定打不过，跑也绝对跑不掉。在这危急时刻，诸葛亮心生一计，下令大开城门，找几个老兵在城门前扫地，然后坐在城头抱琴抚弦，神情悠闲。生性多疑的司马懿来到城下，看到这番情景，顿时狐疑丛生，逡巡不前，他料定其中有诈，最后竟引兵而去。这里，诸葛亮正是通过一系列非语言符号而不是语言符号，向司马懿传递了一个虚假信息——空城实际并不空，城中埋伏百万兵。

综上所述，非语言符号在传播活动中同样十分重要，不容忽略，正如德国总理勃兰特 1970 年在华沙那次举世瞩目的下跪举动，以其触目惊心的符号寓意留给世人难忘的印象。末了说明一点，本章所谈符号基本限于经验学派的范畴，即将符号视为负载信息的工具，信息通过符号才能获得传播。若从批判学派的视角看，符号不只是传播工具或传播基因，而就是传播本身。换言之，符号不是透明的、空洞的、中立的，相反，符号本身就是信息，就是社会政治与意识形态。20 世纪 80 年代的学潮，有关方面之所以应对乏力也在于符号与传播的攻守之势异也：

> 开会、文件、指示，全是文字，全是文字的重叠和累积，依赖逻辑和概念的强制，再加上管理干部穿戴老气过时的中山装和黑呢帽，走着清朝衙门里常见的四方步和八字步，无论在视觉上还是听觉上，都不能接通青年人的情感。相比之下，身处一个视听时代，一个域外文化正在涌入国门的时代，反对派在形式上具有无可比拟的优势。演讲、集会、游行、朗诵、漫画、热泪、旗帜、舞会、西装、募捐、牛仔裤、立体声、飞吻、女子长发、V 形手势、BBC 广播、缠头标语、搭人梯登高以及其他各种令人眼花缭乱的东西，使冲突双方一边是公文，一边是诗歌；一边是工作日，一边是狂欢节；一边是白开水，一边是美食大套餐：强弱对比显而易见。[①]

如今，随着语言学以及新媒体更新迭代，日新月异，源于上世纪 90 年代英国语言学界的超语（translanguaging）现象日益受到关注，也无异于进一步融通了语言符号

---

① 韩少功：《暗示》（修订版），203 页，北京，人民文学出版社，2008。

和非语言符号。正如语言学家李宇明指出的：

> 网络把各种语言媒体都网罗起来，融合起来，超语活动线上线下随处可见，作为人类本能的超语能力得到了空前发挥。
>
> "超语"概念有助于更好地理解关于"浅阅读""读图时代""新媒体""融媒体"等问题的讨论。[①]

---

① 李宇明：《语言与新媒体多人谈》，载《语言战略研究》，2023（1）。

第四章　符号互动

本章主题是人际传播。从信息角度看，人际传播的特征在于符号互动。符号互动说穿了就是交谈，而分析起来名堂还不少，正所谓"看似寻常却奇崛"。下面先从传播学的一对范畴编码与译码谈起。

第一节　编码与译码

1954 年，施拉姆曾提出一个有名的传播模式：

信源　　　编码　　　　信号　　　译码　　　目的地

对比一下香农的信息论模式不难发现，施拉姆模式显然是对香农模式的挪用，其中编码与译码两道程序更是原封不动照搬信息论。这既表明信息论对传播学的影响，也显示编码与译码这对范畴的价值。在信息论中，编码是指把信息转换成可供传输的信号，如把一份电文变为一串嘀嘀嗒嗒的摩尔斯电码。不经编码，不把电文信息变为电码信号，电报就不能发出去。译码正好同编码相反，是把信道中传递的信号重新还原成信息的过程，如把嘀嘀嗒嗒的摩尔斯电码译成一看就懂的电文。不经译码，不把电码信号还原成电文信息，电报就无法解读。这就是信息论讲的编码（encode）与译码（decode）。英文中，编码与译码具有共同的词根——代码（code），而代码同符号（sign）、象征符号（symbol）等，在传播学里可以理解为一组近义词。英文编码的意思是"赋予某物以代码"，译码的意思相反即"解除某物之代码"。

　　不妨设想有件集装箱，从郑州运往广州。在郑州得把它装上车，运到广州后得把它卸下车。不装车，集装箱就运不走；不卸车，它就到不了收件人手中。这里，集装箱就相当于一则信息，郑州是发出信息的信源，广州是接收它的目的地。货物需要装车才能运走，同样，信息也得有个装车过程才能发出。这个所谓装车过程就是把信息加载到符号上面，而符号就等同于传播信息的运输工具。当然，符号运的不是货真价实的东西，而是虚无缥缈的信息。货物运到广州后需要卸车，同样，信息传到目的地时也得卸车，也就是从运载信息的符号中把信息提取出来。上述装车过程就是编码，而卸车过程就是译码。

　　传播学里，所谓编码是指把信息转换成可供传播的符号或代码，所谓译码则是指从传播符号中提取信息。比如，有一条新闻需要报道，于是报社记者把它变为文字、广播记者把它变为声音、电视记者把它变为画面、摄影记者把它变为照片，等等。这里，需要报道的新闻就是信息，而文字、声音、画面、照片等都属于传播符号或传播代码，把新闻变为文字、声音、画面和照片的过程就是所谓编码。不经过编码，不把新闻变为报纸上的文字或电视中的画面，那么新闻就无法传播。你可能会想，怎么会无法传播，通过口头传播不行吗？当然可以，但是口头传播同样先得编码，因为说的过程就是把信息如一则新闻变为语言符号的过程。上面说的都是编码。

　　译码同编码正好相反。如前所述，编码是把信息加载到传播符号上，而译码是把信息从符号上提取出来。还用刚才那个例子来说明。当新闻经过编码传到社会公众时，报纸的读者、电台的听众、电视的观众等需要阅读、收听和观看，才能从文字、声音、画面、照片等符号中解读其中包含的那则新闻，而阅读、收听和观看的过程都属于译码。再说简单点，说话是编码，听话就是译码。说话是把信息变为语言符号传出去，而听话是从听到的语言符号中译解其中的信息。不说，信息就传播不出去；不听，信息就接收不下来。可见，编码是传播者的行为，译码是接收者的行为。

　　尽管编码与译码在所有传播活动中都必不可少，但对人际传播而言，编码与译码显得尤为突出，尤为活跃，因为人际传播就表现为人与人之间周而复始、循环往复的编码与译码。对此，施拉姆曾以一个传播模式做了如下概括：

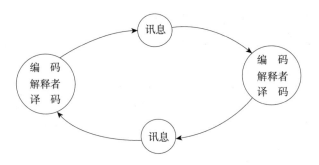

这个模式中的两个"解释者"，相当于两个交谈者，不妨假定一个是记者，一个是采访对象。从这个模式上可以清楚看到，人际传播就像对信息交替往复地进行编码与译码的过程。

编码与译码都是在大脑中进行的主观活动。编码作用于传播者的大脑，译码作用于受传者的大脑。一位记者把新闻写成报道即编码的时候，也正是他确定报道主题、挑选新闻素材、安排消息结构的时候，所有这些活动都得经过大脑。同样，一位读者在读这篇报道即译码的时候，也同样得调动思维器官，才能从报道的字里行间提取其中的信息，理解其中的含义。既然编码与译码均属人的大脑活动，那么在编码与译码过程中，由于主观因素存在与介入，看似纯粹的信息实际上掺杂着种种个人印迹。比如，传播者会自觉不自觉地变动信息，而受传者也会自觉不自觉地曲解信息。前面为便于理解，我们曾把编码比作装车，把译码比作卸车。严格说来这种比喻并不准确。因为，装车与卸车都是有一装一、有一卸一的，一件集装箱装上车后还是一件集装箱，如不发生调包，到达终点卸下后应是同一件集装箱。然而，信息一旦经过编码便同原来的情形不完全相同了，这里的一件集装箱装上车后可能变成两件，甚至变成一堆矿石或是一桶石油什么的。同样，经过译码后信息也不可能保持原样不变，好比运来一件集装箱，卸下车后可能成为两件，原来装运的钢材甚至可能成为大米、棉花等。2012 年，出版"韦氏词典"的美国 Merriam-Webster 公司发布的年度十大热词中，"社会主义"和"资本主义"并列第一。然而，当询及词义时，有的说，社会主义者就是公交车上不停跟你说话的人。

总之，信息经过编码会发生变形，经过译码会出现扭曲。所以，指望记者真实客观地报道新闻，期待读者准确无误地理解原文，都是理想化的要求。下面我们就来具体分析一下，到底有哪些因素在制约着编码与译码，从而使信息传播不可能像货物运输那样有什么运什么，既不多也不少。

第二节　左右认知的心理机制

编码与译码均属主观活动，而这种主观活动也表现为认知行为。比如，一位记者采写报道时，既是对真相的调查，也是对现实的认识。同样，读者看报道时也是在知人论世。

一般来说，认知行为分为两种，一种是感知，一种是理解，即所谓感性认识与理性认识。无论感知阶段还是理解阶段，认知都会受到一系列主观因素的制约或左右，从而使认识的图景同实际的状况有所不同，因人而异。下面先来看看影响感知的因素，然后再谈制约理解的因素。

一、影响感知的因素

关于感知以及影响感知的因素，研究者提出不少富有启发的见解。对此不可能逐一详细介绍，这里只谈一下完形心理学。

完形心理学认为，人们在感知事物时总会受到所谓"结构因素"（structural factors）的支配。这种结构因素，是指一种本能的心理反应，一种先验的感知框架。它先天地存在于人的认识领域，并不因种族、民族、性别、年龄以及政治信仰、伦理观念、生活经验而有所不同。它就像大脑中的一个磁场，虽然看不见摸不着，却无时无刻不在左右着感知活动的罗盘。根据完形学派代表人物惠太海默、苛勒、考夫卡等人的解释，结构因素对感知活动的影响表现在以下四个方面。

1. 类似与相近（resemblance and proximity）

类似与相近是说，人们在感知事物时往往趋向于把相似的东西视为一类，本能地喜欢合并同类项。比如，下面这个图形：

中间那个符号是阿拉伯数字 13 呢，还是拉丁字母 B 呢？由于受制于类似与相近的心理趋向，于是横着看是 13，竖着看是 B。再如：

	A		a	b
			....
12	13	14	C
	C		....

对这个图形，人们都会不由自主地把 a 与 b 视为一体，而不会把 a 与 C 当成同类，这也是由于类似与相近的感知框架无形之中在起作用。

这种习惯于将类似与相近的事物感知为一体的心理趋向，对人们的认知活动作用很大，许多认识包括感性认识和理性认识都常常受到它的支配。随便举个例子，电影《最后的疯狂》中有这么一场戏。越狱潜逃、持枪杀人的冯哲，正同过去的恋人到一家商场挑选太阳镜，突然听到有人喊"抓住他，别让他跑了"！于是，已成惊弓之鸟的冯哲不管三七二十一，撇下恋人，撒腿就跑。其实，人家是喊抓小偷，根本不是指他。可他这一跑，商店的顾客便都把他当成小偷，结果追上去一阵痛打。这两个误会，即冯哲误认为要抓他和顾客误认为他是要抓的小偷，从认识的角度看都是由于类似与相近的主观定势所致。对小偷喊的抓住他和对嫌疑人喊的抓住他十分相似，作为在逃的通缉犯，冯哲听到喊声自然认为自己已被认出，所以非跑不可；而他的举动同小偷此时的表现如出一辙，所以人们也就自然把他当成真的小偷了。

美国有句谚语，看起来像鸭子，走起来像鸭子，叫起来像鸭子，那么它就是鸭子，正是这一感知心理的形象体现。

2. 完形趋向（good form）

完形趋向是指人们对事物的感知总是趋向于整齐划一，而力求避免残缺凌乱。请看这个图形：

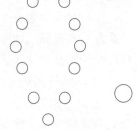

这里有 12 个小圆圈排列成一个整齐完好的菱形，靠近菱形还有一个大点的圆圈。人们在看这个图形时，一般都会不自觉地把排列成形的 12 个小圆圈当成一个整体，而力图排斥那个大圆圈。也就是说，很少有人把那个大圆圈同 12 个小圆圈视为一体。这里，12 个小圆圈构成的是一个完好的图形，而加入那个大圆圈就会破坏它的整齐划一。

世间万物往往处于杂乱无章、波诡云谲、变幻莫测的状态。然而，一旦进入认知领域，一旦被认识活动所笼罩，便受完形趋向的制约，自动形成某种完好统一的图景，而凡是破坏这一图景的事物，便被本能地排斥在视野之外。比如，热恋中的情人都爱把对方看得完美无瑕，而凡是同这种完美形象不相容的缺陷往往视而不见，所谓"情人眼里出西施"，正是完形趋向对认知行为产生影响的典型例证。当然，完形趋向并不仅指人的眼睛只看好的不看坏的，它也包括只看坏的不看好的。不管是坏的还是好的，只要同某种整齐划一的认知体系不相容，只要破坏某种既定认识的完好完整，它就会在完形趋向的作用下被排斥在外。正如西方记者总是倾向于找社会主义制度的缺陷，而不习惯看社会主义制度的优越，就是因为他们的头脑中已经形成一套西方观念的完形结构，对这种统一的认知结构来说，社会主义的优越性就像是上面那 12 个小圆圈之外的大圆圈，属于被排斥的成分。所以，在他们的报道中很少看到对社会主义的褒扬也就不足为奇了。

3. 残缺闭合（closure）

残缺闭合与上述完形趋向有共同或相通之处。二者的实质都是力求完好，只不过完形趋向是在已经完好的认知图景中排斥不完好的成分，而残缺闭合则是把接近完好的认知图景完善起来，将其中缺残部分修补闭合。比如：

这里的圆形、三角形和正方形都有小缺口。如果用幻灯把这 3 个残缺的图形闪放给人看，然后请他们将看到的图形画出来，那么十之八九的人都会画出缺口闭合的圆形、三角形和正方形。

这种力求完好的心理机制，对认知活动的影响同样不可小觑，人们对事物的看法常受这种心理机制的左右。比如，一个先进单位在许多方面都是表率，久而久之大家觉得它一切都好，所有的工作都很出色，不管什么表彰活动都少不了这个单位，都把它作为典型。而事实上，它在某些方面的表现可能很平常，与其他单位相比并不突出。而由于残缺闭合的心理作用，大家便不自觉地将这个九全九美的单位看成十全十美了。

4. 共同命运（common fate）

共同命运其实同第一点的类似与相近一样，也是指人们倾向于把类似的东西当成一个共同体来感知。比如：

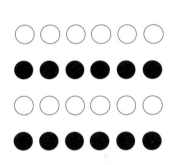

对这个图形，人们都倾向于横着看而不是竖着看，因为横行系列的各个部分彼此相同，或者说有"共同命运"。

以上便是完形心理学所说"结构因素"制约感知行为的四个方面。四个方面中，完形趋向最根本、最关键，其他方面无非是它的不同表现。也就是说，人们的感知活动中，总带着一种力求完好的心理走势，一种构筑完形的认知框架。这也正是完形心理学这一名称的由来。

二、制约理解的因素

理解是个更复杂的认知过程。在这个认知阶段，人们要对感受的各种刺激进行选择、组织并解释，从而使这些来自现实世界的认知元素，在脑海中形成一幅含有意义的主观图景。理解不是机械的、刻板的反映，如同澄静的漓江倒映岸边的青山，而是一种积极的、带有创造性的活动。因此，理解过程更是不可避免地渗入主观因素，带上感情色彩，加进想象成分，也就是某些并不属于理解对象本身的内容。如同感知行为受制于一系列心理因素，理解活动也同样离不开诸般主观因素，特别是心理预设、文化背景、动机、情绪、态度等。

1. 心理预设

由于文化的演进，人在理解任何事物之前，都带有某种基于生活经验而形成的心理期待，都不知不觉地预先设定了理解对象的应有面貌。这种预先设定事物形貌的心理定式非常顽强，常把理解导向理解者本人所期待的方向，结果难免导致对实际情形的扭曲与变形。换言之，由于心理预设因素的干扰，人们对客观现实的认识难免走样，甚至人们看到的东西往往都是他们想看到的东西。

对此，美国学者艾姆斯（Adelbert Ames）的一项研究提供了有说服力的实验证据。为检验理解过程中预设心理的作用，他设计了一个独特的房间。这个房间的后墙不是规则的四边形，而是左边比右边高，同时左边也比右边更靠后。在这个房间的前墙上开有一个小洞，透过小洞看到的是个正常的房间，也就是说在观察者眼里后墙的左右边一样高，左右边同前墙的距离一样远。这时，再请两位个头相等的人分别站在后墙的左边与右边，然后观察者透过前墙的小洞就会发现两个人变得一高一低：左边的那个人显得矮小，右边的那个人显得高大。

这种错觉是怎么产生的呢？从视觉上看，既然后墙的左边比右边高，那么站在左边的人就比站在右边的人离天花板更远一些，由于对比的缘故左边的人自然就比右边的人显得矮。另外，既然左边比右边更靠后，那么左边的人就比右边的人离观察者更远一些，根据近大远小、近高远低的透视原理，左边的人也要比右边的人显得矮。假如观察者事先知道这个房间的不规则情况，并且知道两人其实是一样高的话，那么他通过调整反差或许会消除错觉。问题是，他对这些情况事先一无所知。这样一来，当他透过小洞看的时候，他实际上已在心中假定这个房间的前后墙平行，后墙的左右边相等，而这一心理假设正是根据一般的生活经验形成的。于是，按照上述分析，他便看到两个一高一低的人，而不是两位个头相等的人。

在这项实验中，观察者对事实发生判断失误的根源，就在于他事先已在心理上不自觉地假定这个房间同以往所见的房间一样。换言之，他在看的时候已有一种心理期待，已设置好一个观察背景或认知框架。当然，这种心理预设并非任意的，而是以生活经验为基础。由此说来，眼见为实并不可靠。因为，人的眼睛不像照相机那样有什么就照出什么，它总带有一套无意识的主观假定。比如，看见一个人流泪便想到他很伤心，这一认识就是由于我们有一种基于生活经验的预设——男儿有泪不轻弹，只因未到伤心处。而流泪不见得一定因为伤心，说不定是由于眼疾所致。

中国民间流传着一个"山东斗法"的故事。说的是明朝年间，琉球国一位了义真人，会打三十六手哑谜。有一次，他来大明朝斗法，京城肉铺掌柜、山东人孙德龙，由于醉酒，误揭皇榜，被迫斗法。了义真人不知来人底细，先使阴招，被孙屠户稀里糊涂破解了。老道一惊，以为遇到高人。于是，两人互斗哑谜，老道伸一个指头，孙屠户伸两个指头；老道伸三个指头，孙屠户伸五个指头；老道一拍心口，孙屠户一拍脑袋。老道自叹弗如，败下阵来。

事后，皇上问老道怎么回事。了义真人答道：我出"一佛顶礼"，他对"二圣护身"；我出"三皇治世"，他对"五帝为君"；我一拍心口，说的是"佛在我心头"，他一拍脑袋，回的是"头上有青天"。皇上再问孙屠户，他说：他是在跟我谈买卖，他知道我是卖猪肉的，他庙里头办喜事，想买我一头猪。我说，你别说买一头，你想买俩我都有哇；他说，要个三十来斤的，我说至少也是五十来斤的；他说，可得带心肝肺，我说，甭说心肝肺，连猪头都归你呀。

这个有趣故事，生动说明了人际传播里的心理预期作用。人们对事物的理解不可能"就事论事"，而总以某种预设为前提，总以某种期待为背景。就传播活动而言，不管是传播者的编码活动，还是受传者的译码活动，不管是记者采写新闻，还是读者阅读报道，都带有某种自以为是的预设成分，以至于现代阐释学甚至主张理解就是误解。

2. 文化背景

我们每个人都生长在特定的文化背景中，种种行为、观念、习惯等，都受到某种文化模式的塑造和熏陶。因此，人们对事物的理解便自然受制于文化背景的影响，带有独特的文化烙印。同是《哈姆雷特》，英国读者同中国读者的理解会有所不同；同是"水门事件"，美国公众与中国公众的看法迥然相异——这些理解上的差异都涉及文化背景。文化背景的不同，往往导致对同一事物的不同理解。

对此，美国学者巴格比（Bagby）的一项实验提供了科学依据。巴格比先设计了一种类似双筒望远镜的仪器，两个镜筒里可以同时显示两幅不同的画面。这样，人们用双眼观看这架仪器时，就会面临视像冲突，两眼看到的不是同一幅图像，而是彼此冲突的两幅图像。根据视觉规律，在视像冲突的情况下，人的眼睛只能先看一个，再看另一个。然后，他挑选12位美国人和12位墨西哥人，把他们分别编为两个实验组，每组的男女人数相等。事先巴格比准备好十对画片，每一对都有一张反映美国文化的和一张反映墨西哥文化的。比如，其中一对中反映美国文化的是棒球，反映墨西哥文化的是斗牛。巴格比让两组实验对象通过这架仪器依次观看这十对画片，每看完一对画片，就请他们描述一下看到的情景。结果可想而知，美国组谈的多是美国文化的画片，墨西哥组谈的多为墨西哥文化的画片。比如，同是那对棒球和斗牛的画片，美国人倾向于看棒球，墨西哥人侧重于看斗牛。

巴格比的这项心理实验，证明文化背景对人们观察事物、认识事物、理解事物确有制约作用。不妨说，文化背景就像认知领域的一个参照系，人们以此为依托才好把握事物的性质以及相互关系，才能对事物进行比较、衡量、评估和判定。离开文化背景这个参照系，认知活动就失去立脚点，正如乘客在没有地面作为参照系的情况下，无法感知飞机的高度和方位一样。

文化背景同前面讲的心理预设其实是相通的。它们都表明，人的认识不可能是纯客观的观照活动，而不可避免地含有某种先入之见的因素。不论这类因素好也罢坏也罢，不管你喜欢它还是讨厌它，反正它是认知活动中不可分割的有机部分，是理解行为中不容忽略的主观机制。

3. 动机

许多研究都表明，动机与理解具有十分密切的关联，尽管在有些理解活动中动机非常隐秘，不易察觉，甚至连理解者本人都未必意识到。这里，我们来看一项由麦克莱兰和阿特金森（McClelland and Atkinson）所做的有趣实验。

他们先把实验对象分成 3 组，让第一组在实验开始前空 16 个小时不吃任何东西，第二组空 4 个小时，第三组空 1 个小时。实验过程分两步。第一步让实验对象在光线充足的房间里，清楚地看到一张汽车的照片。第二步使光线逐渐黯淡，直到房间里的东西显得影影绰绰，再请实验对象辨认图片上的物品，同时告诉他们说"这张图片上有 3 样东西，请说出它们是什么"，而其实图片上什么东西也没有。因此，实验对象这时辨认出的物品，事实上也正是他们心中此刻最想得到的东西。结果表明，实验对象看到食品类东西的次数同他们停食的时间成正比。比如，16 个小时不吃饭的人，就比 4 个小时不吃饭的人在若明若暗的房间中辨认出更多的牛奶、面包、火腿、啤酒等。出现这种差异的一大原因，就在于不同的实验对象在观看中带有不同程度的减轻饥饿的动机，饿得越厉害的人，这种动机就越强烈，因此也就越愿意看到吃的东西。动机与理解的关系由此可见一斑。

鲁迅先生关于《红楼梦》的一段有名文字，对动机制约理解做了更有说服力的阐发："谁是作者和读者姑且勿论，单是命意，就因读者的眼光而有种种：经学家看见《易》，道学家看见淫，才子看见缠绵，革命家看见排满，流言家看见宫闱秘事……"（《〈绛洞花主〉小引》）这里所说的经学家、道学家、才子、革命家、流言家，之所以在同一部《红楼梦》中发现不同的"命意"，产生不同的理解，就是因为他们各自带有不同的动机。比如，道学家出于维护纲常的动机，自然把《红楼梦》看成一部下流的淫书了。

4. 情绪

在理解活动中，人们往往处在特定的情绪中：或开朗，或悲伤；或兴奋，或郁闷；或心烦意乱，或心平气和，等等。而不同的情绪状态，也会导致对同一事物的不同理解。最明显的例子就是一个人热恋时，会觉得人生那么美好，世界那么美妙；一旦失恋，又感到一切都失去光彩。对此，范仲淹的《岳阳楼记》提供了富有诗意的阐释。你看，当"迁客骚人"处在"去国怀乡，忧谗畏讥，满目萧然，感极而悲"的情绪之中时，洞庭湖在他们眼里便呈现出了一片凄风苦雨的景象，笼罩着一种惶恐压抑的气氛，所谓"淫雨霏霏，连月不开，阴风怒号，浊浪排空，日星隐曜，山岳潜形，商旅不行，樯倾楫摧，薄雾冥冥，虎啸猿啼"。而当"心旷神怡，宠辱偕忘，把酒临风，其喜洋洋"之时，洞庭风光在他们看来又显得那般美丽迷人，所谓"春和景明，波澜不惊，上下天光，一碧万顷，沙鸥翔集，锦鳞游泳，岸芷汀兰，郁郁青青"。

在情绪与理解方面的研究中，勒巴与卢卡斯（Leuba and Lucas）进行的一项实验最为典型，也颇能说明问题。他们通过催眠术，使一位实验对象依次处于快乐、苛刻和焦虑三种情绪状态中，然后让他观看一张照片，并对每次看到的情景进行描述。照片上是四位年轻人坐在草坪上，有的读书，有的听收音机。实验结果显示，对这一场景的描述随实验对象的情绪变化而各不相同，也就是说他对同一事物的看法随情绪的变化而变化。快乐时的描述是：完全放松，没有什么伤脑筋的事情，只是坐着听收音机和休息。苛刻时的描述是：有个人斜躺着，把烫得好好的一条裤子都弄皱了，他们想读书，但读不进去。焦虑时的描述是：他们是在听一场足球赛或棒球赛，大概是一场很激烈的比赛，瞧那家伙的样子，看来他喜欢的球队是赢不了啦！显然，快乐时的描述显得心平气和，苛刻时的看法带着挑刺的意味，而焦虑时的理解则让人感到气不打一处来。在这项实验中，同一个人对同一画面产生这么不同的观感，可见情绪对理解的影响。

5. 态度

态度与理解的影响最突出。尽管制约理解的因素错综交织，但归根结底还是由态度所决定，即由人生观、价值观和世界观所决定。不管人们的心理期待与文化背景有多大差异，也不管他们的动机与情绪怎样不同，只要态度一致，那么对问题的看法也就大同小异。相反，态度如果不同，那么其他方面再一致，观点依旧会针锋相对，或迥异其趣。西方记者与中国记者在许多事情上的反应之所以不同，根本原因正在于他们各自所持的态度不同。这些年的所谓"后真相"，无非也是指这种情况。

宋代思想家和文学家周敦颐，在《爱莲说》一文中所谈的三类人对三种花的偏爱，从另一角度揭示了态度对理解的制约：趋炎附势、俗不可耐的人视牡丹为花中之王，觉得牡丹天生一副财大气粗、富贵豪横的派头；而清高超逸、遗世独立的人如陶渊明钟情于菊花，觉得菊花远离尘嚣、孤傲淡泊，"采菊东篱下，悠然见南山"；至于洁身自好、不愿随波逐流的人如周敦颐，自然倾心于莲花，视莲花如君子，"出淤泥而不染"，清雅高洁，风神宜人。

关于态度在传播活动中的种种情形，后面讨论传播效果时还会细谈，这里就不再多说了。以上为清楚起见，我们将制约理解的要素孤立地挑出来，分门别类进行分析。而事实上，它们往往共同发力，对理解发生影响，而这种影响远比上述单独的讨论错综复杂。

第三节 选择性定律

第二节所讲的左右感知和理解的一系列主观因素，主要是针对编码活动而言的，因为编码过程实际上正是主观对客观的认识过程。对一件事情，不论是说出它，还是写下它，抑或只在心里想想它，这些编码活动其实都同认知行为密切关联。不对事物进行感知和理解，便无从谈编码，而编码的时候也正是对事物进行认识的时候。一个记者不进行采访，不做调查研究，就写不出相应的报道，而他写报道的过程，也正是他对报道的事物进行分析、评估和判断的过程。在这一过程中，他难免要受到上一节所谈认知机制的左右。这是上一节的内容。这一节的内容主要是针对译码活动，亦即受众的认知行为。

所谓选择性定律，是就人们对信息进行接受、理解和贮存而言的，包括选择性接触、选择性理解和选择性记忆三层含义。这条定律的基本意思是说，人们在接收信息的过程中，势必要根据个人的需要和意愿有所选择、有所侧重，甚至有所曲解，以便使接受的信息同自己固有的价值体系和既定的思维方式尽量协调一致，而不是互相打架。正是这些选择性因素，使得对同一信息的译解常常因人而异。这就好比运来一车货，什么东西都有，人们根据自己的情况各取所需，从中选出自己喜欢的东西并把它卸下车来。

对选择性定律，施拉姆的博士弟子坦卡德等人曾做过这么一个形象比喻。他们说，选择性接触、选择性理解和选择性记忆就像保护受众的三道防卫圈，由外而内地依次环绕着受众，使他得以抵御反面信息，抗拒它们对自己原有认知体系的袭扰。下面我们就先来看最外面的那道防卫圈——选择性接触。

一、选择性接触（selective exposure）

选择性接触，又叫选择性注意（selective attention）。它是指人们尽量接触与自己观点相吻合的信息，同时竭力避开相抵触的信息这么一种心理倾向。说穿了，无非俗话说的"萝卜白菜各有所爱"的意思。费希特说过，你是哪种人就会选择哪种哲学。事实上你是哪种人还决定着你对文学、艺术、宗教信仰、生活方式以及各类信息的选择。一个持有某种看法的人，自然倾向于同持有相同看法的人更多地交谈切磋。谁能容忍、谁又愿意同一个总是与自己意见不合的人交流心曲呢？刘勰在《文心雕龙》写下一段精辟文字："慷慨者逆声而击节，酝藉者见密而高蹈，浮慧者观绮而跃心，爱奇者闻诡而惊听。"大意是说，慷慨豪迈的人听到壮怀激烈的音乐便想拔剑起舞，多愁善感的人看见缠绵悱恻的文字便禁不住沉溺其中，喜欢浮华的人遇到华美的词章便悠然心动，爱说神神道道事情的人一听惊险刺激的故事便精神亢奋。

选择性接触不仅指受众对投合心意的信息给予更多的注意，而且更指对不合心意的信息总是加以排斥。换言之，选择性接触既包括对某类信息的接触，也包括对另一类信息的不接触。比如，人们都爱听正面意见，不爱听反面观点，对正面意见主动接触，对反面意见则消极避开。正像皇帝总是把奉承捧场的官员安排在身边，而把挑眼找刺的大臣发配边疆一样。坦卡德等人之所以把选择性接触比作一道防卫圈，也正立足于受众对某类信息的不接触而言。面对纷至沓来的各类信息，受众只允许那些有益无害的信息进入这道防卫圈，而那些动摇受众固有立场的信息则被挡驾，或熟视无睹，或充耳不闻。比如，一个烟瘾很大的人，会对一切有关吸烟危害健康的报道不看不听，他藏身在选择性接触的防卫圈中，所有威胁他吸烟嗜好的信息都仿佛不存在，因而也就无法对他产生影响。

由此看来，一种信息要想到达受众的认知领域，首先就得突破选择性接触这道防卫圈。换句话说，首先得引起受众的注意，使他对此发生兴趣。只有当信息被受众接收之后，才谈得上被理解、被接受，才有可能达到传播者预期的效果。假如记者写的吸烟危害健康的报道瘾君子根本就不看，那么这篇报道还有多大意义呢？

不过，对现代传播来讲，就信息社会而言，受众对信息进行选择性接触的余地很小，在传播媒介无孔不入的时代，选择性接触这道防卫圈十分脆弱，很容易被突破。比如，当电台、电视台、报纸、杂志、电影、书籍、传单、广告、小册子、黑板报、表演、报告、演说以及新兴的网络、手机等，到处都充满吸烟危害健康的信息，随处都在谈论这一问题，甚至连香烟盒上都触目可见这类信息的时候，吸烟者对此已别无选择。他打开收音机、电视机在谈戒烟，翻开报刊、书籍也在谈戒烟，走在大街看见标语广告还在谈戒烟，就连亲朋好友一起聊天都可能谈戒烟。身陷这么一个信息的汪洋大海，想一点不尝海水的滋味，是不可能的。这时，吸烟者只有硬着头皮去接触按其本意不想接触的信息。也就是说，在选择性接触这道防线上，受众难于对厌烦信息进行有效抵抗。在此情况下，他就要动用第二道也是最坚固、最难对付的一道防线——选择性理解。选择性理解是选择性定律的重心所在，受众对信息的选择性处理主要就体现在选择性理解上。

二、选择性理解（selective perception）

所谓选择性理解，是指人们总要依据自己的价值观念以及思维方式，对接触的信息作出独特的、符合自己意愿的解释，使之同固有的认知体系相互协调而不是相互冲突。比如，有关南京大屠杀的报道，有良知的人都会谴责日本军国主义的野蛮和残暴。然而，日本右翼势力却百般抵赖，矢口否认，把南京大屠杀说成是20世纪的"一大骗局"。同样，对待靖国神社、钓鱼岛、慰安妇等问题，各自的解读也无不如此。再如，1991年12月25日晚上7点，当西方国家正沉浸于圣诞节的欢乐气氛时，苏联总统戈尔巴乔夫面对电视镜头，发表了作为国家元首的最后一次讲话，宣布辞去总统职务，最后神色凄怆地说道："就此离去，我心不安。"飘扬了近70年的国旗，在克里姆林宫上空徐徐降下，苏维埃社会主义共和国联盟的历史宣告结束。如何认识对于这一举世震惊的巨变及其原因，迄今依然聚讼纷纭，特别是如何看待苏联解体过程中的传播问题，不同的解读相去甚远，如经济学家大卫·科茨等在《来自上层的革命》一书的分析。这里，选择性理解都表现得非常明显。

常言道，"一千个读者有一千个哈姆雷特"，指的正是选择性理解。由于每位读者对莎士比亚的名剧《哈姆雷特》都有各自的认识，都有不同的理解，所以说在一千个读者的心目中就会有一千种哈姆雷特的形象。鲁迅先生说的经学家、道学家、革命家、流言家等在同一部《红楼梦》中发现迥然不同的含义，也是由于选择性理解所致。不仅对文学作品、艺术作品的理解因人而异，而且事实上对所有信息——不管属于观念还是属于事实，人们都会作出有利于自己的理解。比如，瘾君子对吸烟是引发肺癌的主要原因这种信息可能这样理解：许多人一辈子吸烟也没见他们得肺癌，而不少肺癌患者从不吸烟，所以吸烟同肺癌并没有必然联系。美国一代政论家李普曼在其名著《舆论学》一书中就谈到，对于所有的听众来说，完全相同的报道听起来也不会是同样的。

就防卫受众的观念体系不受相反信息的袭扰而言，选择性理解远比选择性接触显得积极主动。在这一点上，选择性接触就像是消极防御，而选择性理解则好比是积极防御。对于蜂拥而来的相反信息，选择性接触只能像鸵鸟似的把头埋在沙堆里，尽力回避；而选择性理解则是来者不拒，然后把不合心意而又难以避开的信息改头换面，使之变成同自己固有立场不那么冲突的信息，甚至变成巩固既定立场的正面信息。对此，社会心理学家奥尔波特（Gordon W. Allport, 1897—1967）在《偏见的本质》（1958）一书里写的一段对话，提供了一个典型例证：

> X先生：犹太人的毛病就是他们只顾及自己的团体。
>
> Y先生：可根据福利基金会的纪录，从捐款人数与捐款数量的比例上看却表明他们比非犹太人更慷慨。
>
> X先生：那正表明他们总是力图用钱赢得别人的好感，用钱跻身于教会事业，除了钱他们什么也不想，怪不得犹太银行家这么多。
>
> Y先生：但新近的研究表明银行界中犹太人的百分比是微不足道的，比非犹太人所占的比例小多了。
>
> X先生：正是这样，他们不从事令人敬佩的事业，只干点电影业或开夜总会之类的事。

在这段对话中，尽管Y先生一再提出事实，说明对犹太人的世俗偏见毫无道理，但讨厌犹太人的X先生却不为所动，总是从他的偏见视角去理解同其观念相矛盾的信息，结果三拐两不拐的总能把反驳其偏见的论据都变成支持其偏见的论据。这位X先生的"狡辩"，突出地表现了对信息进行选择性理解的行为。

总之，信息所含的意义不是由传播者硬塞到人们手中的，而是受众根据主观意愿自己从中提取的。换言之，对信息如何理解，主动权掌握在受众手中。

三、选择性记忆（selective retention）

在传播学看来，记忆属于对感受到的信息进行储存的过程。因此，所谓选择性记忆，是指人们根据各自需求与偏好，从已经接受和理解的信息中选出对自己有用、有利、有价值的信息，然后储存在大脑之中的传播行为。如果说选择性接触和选择性理解都是有意识的行为，那么选择性记忆往往属于无意识的活动。通常情况下，人们并非由于某类信息合乎自己的口味，因而将它存入记忆中，而是人们记住了某类信息正表明它能投其所好。

冷战时期，美国研究者曾做过这么一项实验。他们找了两组大学生，其中一组对苏联持肯定态度，另一组则持否定态度。研究人员请他们先阅读一份全面介绍苏联情况的材料，里面的事实有好有坏，过后让他们根据记忆复述材料里的内容。结果不用说，敌视苏联的一组学生记住的多为材料中的坏情况，而赞赏苏联的一组学生记住的多是好内容。这项研究为选择性记忆提供了实验证明。

以上便是选择性定律的三个方面——选择性接触、选择性理解和选择性记忆。选择性定律十分突出地显示着受众在传播活动中占据的重要地位，认清这种地位就能进一步加深对所谓传播即共享信息的理解，进一步把握传播的双向交流性。选择性定律也表明译码活动的复杂性与多样性。正是由于上述系列选择性因素的存在，尤其是选择性理解的作用，想保证译码的客观准确该何等困难。前面讲编码译码时说过，运来一件集装箱，卸下车后可能变成两件，甚至原来的钢材变成大米、棉花，原因也正在于此。信息经过译码，发生扭曲与变形的根源，就是因为受众握有一张选择性王牌。事实上，受众的译码活动就表现为对信息的选择性处理。这个过程中，由于每个人的生活经验、政治态度、文化修养、知识背景、性格特征、心理构成等诸多因素交互影响，译码行为便如百花齐放，各领风骚。所谓"一千个读者有一千个哈姆雷特"，实在不是夸大之词。

以上我们从微观层面，探讨了人们对信息的感知与接受。如果从社会历史的宏观角度看，一切信息与传播说到底都不能不是选择性行为、选择性过程，就像常说的新闻是一门选择的学问。为什么呢？简言之，一方面大千世界的信息恒河沙数，浩如汪洋；另一方面人们对信息的需求，特别是对信息的处理与吸收，又十分有限。每天也就二十四小时，除了睡觉和工作，剩余时间里还能浏览几份报纸杂志，读几页书，看几部电视剧，上几个网站，刷多少抖音呢？因此，任何时代、任何社会、任何主题的任何信息与传播，都不能不有所选择，而不可能、也没必要眉毛胡子一把抓，捡到筐里都是菜。明白这个道理，一些理论上的争论与实践上的困扰，也许就烟消云散了。比如，"新闻自由"是个中外古今聚讼纷纭的话题，撇开"谁的自由"（是人民的自由，还是精英的自由）、"为何自由"（是目的还是手段、讲理念还是看结果等）、"何谓自由"（美国一位大法官说，不能容许在剧场里凭空大喊"着火了"的自由）等具体争论，这个剑拔弩张的话题放在选择性传播规律下，也就另当别论了。既然信息与传播不可能不有所选择，那么假定现实中存在绝对自由，也无法回避问题的要害——想怎么说就怎么说之后该怎么说。哈佛毕业的名记者李普曼，对此认识颇为深刻，他曾把新闻比作"探照灯"，将隐匿于暗夜的东西——照亮，探照灯照到哪里，人们就看到哪里。那么，为什么照这个，不照那个呢？为什么先照这个，后照那个呢？等等。诸如此类都不是一句"自由"就打发了。

第四节　人际传播

前面说过，人际传播的特征在于符号互动。具体说来，符号互动表现为周而复始的编码与译码。所以，我们先讲了编码与译码，接着又分别谈了制约编码与译码的诸多因素，即第二节的认知机制与第三节的选择性定律。另外，上一章又讨论了符号问题。这些内容都在对人际传播各个环节进行分门别类的分析，现在需要从整体上考察一下人际传播了。

所谓人际传播（interpersonal communication），乃指人们相互之间面对面的亲身传播，所以又称面对面传播、人对人传播等。人际传播的核心在于经由符号而结成的一种关系。人与人之间的关系很多，有血缘结成的亲属关系，职业结成的同事关系，友谊结成的朋友关系，爱情结成的恋人关系等。人际传播属于其中之一，是经由符号建立起来的一种对话关系、交流关系、传播关系。用施拉姆的话说，"两个人（或两个以上的人）由于一些他们共同感兴趣的信息符号聚集在一起"，就叫人际传播。

对人际传播的各方来说，除了必须具备编码与译码的能力，也就是说除了必须具备说与听或认识与理解的能力之外，还需要拥有相同、相通或相似的经验范围。换言之，人际传播需要在一种相同、相通或相似的经验范围内进行，否则就会传而不通。这里说的经验范围，是指人们由于各自的性格、环境、经历及教养而形成的对人生对现实的独特感受和累积经验，包括生活阅历和知识构成两个方面。经验范围好似人的影子，在传播中人们都不得不背负其经验范围，并且也只能在经验范围的背景上编码译码，共享信息。

人的经验范围千差万别，各不相同。正像没有两片树叶完全一样，也没有哪两个人的经验范围完全一致。即使一对双胞胎，他们的经验范围也有区别，不可能毫厘不差。不过，在人们千差万别的经验范围中，有许多方面又是相同、相通或相似的。比如，老人与儿童的经验范围差别很大，但对吃过不饿、睡完不困之类的生理感受却完全相同。再如，男人与女人的经验范围也不同，但在恋爱结婚、生儿育女方面却有不少相似的体会。人际传播就需要以这些相同、相通或相似的经验范围为背景，离开这一背景便无法进行或顺畅进行。

1954年日内瓦会议期间，中国代表团团长周恩来为了让西方记者了解新中国，有一次让新闻联络官熊向晖播放一部《梁祝哀史》——根据越剧《梁山伯与祝英台》拍摄的彩色戏曲片。为了取得良好效果，他们先在旅馆试映，一些瑞士人闻讯而来，但不久就一个个走掉了。其实，熊向晖等不看字幕也听不懂，但为了完成总理交代的任务，还是尽力而为，写了十几页的剧情说明。周总理听说以后，批评他们是"党八股"，他说：只要在请柬上写一句"请你欣赏一部彩色歌剧电影——中国的《罗密欧与朱丽叶》"，放映前再用三分钟概括一下剧情，用词有点诗意，带些悲剧气氛，这样试试，保证不会失败。总理还同熊向晖打赌，如果失败了，送你一瓶茅台酒，我出钱。按照熊向晖后来的记述：

> 放映过程中，和上次不同，全场肃静。我举目四顾，都在聚精会神地观看。演到"哭坟""化蝶"，我听到啜泣声。放映结束，电灯复明，观众还如醉如痴地坐着，沉默了大约一分钟，才突然爆发出热烈的掌声。他们久久不肯离去，纷纷发表观感。普遍认为：太美了，比莎士比亚的《罗密欧与朱丽叶》更感人。[1]

后来，周恩来告诉服务员，给熊向晖一瓶茅台酒，记在总理的账上。这个故事也算对经验范围的生动说明。由此可见，在人际传播中，彼此的经验范围重叠得越多越好，重叠越多信息流通中的阻碍越少，而重叠越少则障碍越多。一对青梅竹马的恋人从小一起长大，有着许多共同经历，他们的经验范围基本重叠，因此交谈自然轻松自如，往往只需一点暗示便心领神会。而经媒人介绍的对象，经验范围重叠少，沟通交流就难免生涩，甚至发生误会。对于经验范围在人际传播中的作用，施拉姆曾用一个传播模式显示：

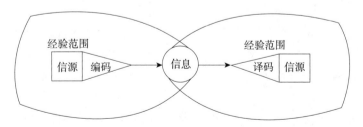

在这个模式上，传播双方经由信息而发生关系，信息把传播者与受传者联为一体。不论是传播者还是受传者，又都被各自的经验范围所包容，也就是带着各自的经验范

---

① 熊向晖：《我的情报与外交生涯》（增订新版），116页，北京，中共党史出版社，2006。

围参与传播，由传播双方所共享的信息就处在二者经验范围的重叠区域。这个重叠区域越大，表明双方经验范围相同、相通或相似越多，因而信息交流也就越顺畅，反之亦然。

探讨经验范围，是为增进人们的传播能力，开展卓有成效的传播，保证人际渠道的畅通。不懂得经验范围在人际传播中的重要性，不知道将各方的经验范围尽量重叠起来，并使信息在重叠经验范围内传递，那么传播活动就将遇到诸多意想不到的麻烦。我们看高明的记者与采访对象交谈时，总是从双方共同感兴趣的话题入手，然后逐渐过渡到采访主题。这样做的目的，正是为了保障人际交流的顺畅，因为双方共同感兴趣的话题就是双方经验范围相同、相通或相似之处，由此入手谈话自然容易进行下去。

与个人层面的经验范围相似，还有社会层面的交流情景。如果说经验范围是人际沟通的内在机制，那么交流情景就属于外在条件。任何交流都处于特定的时间、地点，都离不开特定的情景。换句话说，人与人的交流除了基于经验范围的对话，还包括时间、地点所构成的情景。

经验范围和交流情景都是人际传播的前提条件。

第五节　人际影响与媒介效应

通过人际网络与媒介网络，是两种现代传播类型。二者互相作用，相辅相成，共同编织起现代社会的信息网络。因此，在以探讨现代传播为主的传播学中，许多研究都涉及人际网络与媒介网络这两个方面，都将人际影响与媒介效应结合起来考察。下面就来看看两项此类研究的范例。

一、两级传播论

两级传播论，是传播学的传统理论之一。提出这一理论的代表人物，为美国社会学家拉扎斯菲尔德。1940年，他以哥伦比亚大学应用社会学研究所所长的身份，带领同事针对当年总统大选进行了一项规模空前的传播研究，两级传播论就是此项研究的成果。

两级传播论的关键是舆论领袖，搞清楚什么是舆论领袖，也就容易理解何谓两级传播了。舆论领袖（opinion leaders），又称为意见领袖，指传播活动中一小部分活跃分子，他们对某方面的事态比较关心，比较了解，能向身边各色人等提供这方面的有关信息，并作出相应解释。一句话，舆论领袖就是积极主动地向人们提供某方面情况并加以评判的人。比如我在课堂上，就是一位舆论领袖，既向大家介绍了有关研究和理论，同时又对所讲的内容进行分析与解释。再如，诸位中总有人对电影很感兴趣，知道不少电影的事情，像哪部电影讲什么，谁导演的，主要演员都是谁，明星的经历、嗜好，影片拍摄的花絮等。这样，谈起电影方面的话题时，自然劲头十足、头头是道，不仅告诉大家许多情况，而且对有关问题进行解释。这一小部分对电影了如指掌，还热心向大家介绍和评判的人，就是电影方面的舆论领袖。

　　舆论领袖有如下特征。首先，他们人数不多，只是公众中的一小部分人。正因如此，才称领袖（leader）。其次，舆论领袖只是某一方面的专家，并非所有方面都能担当领导舆论之任。比如，国际局势的舆论领袖未必是国内事务的舆论领袖，时装方面的舆论领袖未必是体育方面的舆论领袖，股票交易的舆论领袖未必是文化娱乐的舆论领袖，等等。最后，舆论领袖必须上通媒介，下连公众。一方面，他得同媒介保持密切接触，阅读报纸杂志，翻阅有关书籍，收听广播、观看电视，成天趴在网上，这样才有可能掌握相关情况。另一方面，舆论领袖又得同一定范围内的公众保持广泛联系，进行频繁交往，以便把有关信息及其解读扩散开来。一个爱同媒介打交道而少与大家来往的人，不能成为舆论领袖，如性格孤僻内向的人；相反，一个人见人爱而很少同媒介接触的人，同样也不算舆论领袖。总之，舆论领袖必须同媒介和公众都保持密切关系，二者缺一不可。

　　搞清楚舆论领袖后，对两级传播论就好理解了。所谓两级传播，无非是指媒介化时代的信息，总是先由媒介传到少数舆论领袖，然后再由舆论领袖向公众扩散。由于这一信息流程分为两步，所以叫两级传播。用一个模式来显示就是：

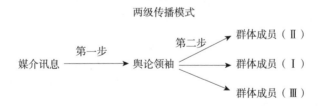

两级传播模式

　　在这个信息的两级传播过程中，第一级的传播即从大众媒介到舆论领袖属于大众传播，第二级的传播即从舆论领袖到社会公众属于人际传播。所以，两级传播论等于把人际影响与媒介效应融为一体。

　　从这个传播模式上，可以看到两级传播论强调的是第二级，突出的是人际传播。因为，第一级传播即大众传播，媒介只能影响一小部分舆论领袖，绝大部分公众则主要依赖同舆论领袖的人际交往，由此获取信息，接受影响。这就像工厂把产品批发给商人，再由商人通过销售渠道卖给个人。这个理论表明，人际传播的效力超过大众传播，人际网络的影响大于媒介渠道的作用。

两级传播论问世以来，不断受到批评与修正，概括起来有以下几点。

第一，两级传播论忽略了一个明显事实，即大量信息其实都是由媒介直接流向公众的，中间根本不经过舆论领袖这个二道贩子。也就是说，许多信息只有一级传播，都是一步到位的。比如，有关电影方面的信息，有不少都是大家从报纸、杂志、广播、电视上直接获取的，而不是由电影方面的舆论领袖间接传达的。对此，美国传播学者格林伯格（Brddley Greenberg），通过研究肯尼迪遇刺事件的传播而得出颇有启发的结论：只有最重要和最不重要的信息才通过人际网络扩散，除此之外的常态化信息均由媒介传播。对最重要的信息如总统遇刺、飞机失事、炸弹爆炸、森林大火、战争爆发等，人们无不奔走相告，一传十，十传百，信息通过人际渠道很快扩散开来。同样，最不重要的信息如邻里间的日常琐事，亲朋好友的交往聚会等，也靠人们辗转相传。而处在最重要和最不重要之间的大量有传播价值的常规信息，如日常的新闻报道、天气预告、市场行情等，则由媒介直接传给公众。格林伯格的此项研究表明，信息的流通并不总是分为两级，而常常只有一级：要么从舆论领袖到社会公众，如最重要或最不重要的信息；要么从大众媒介到社会公众，如大量日常信息。因此，人际传播并不总是优于大众传播，人际网络的效力并不总是超过媒介渠道。

第二，将大众截然地分为主动与被动、活跃与呆板、领导与追随两类人，即舆论领袖与芸芸众生，也把复杂的问题简单化了。在许多实际传播情景中，人们事实上很难区分谁是舆论领袖，谁不是舆论领袖。另外，在信息的流通中，舆论领袖并不一定显得活跃，不见得会主动向公众提供信息与解释，同时也很少见到人们依赖舆论领袖、急不可耐地让舆论领袖指点迷津。总之，舆论领袖在现实中颇为模糊，似是而非。因此，对其作用不宜过分夸大。举例来说，课堂上，我是个传播学的舆论领袖，而平时不会再主动向诸位开讲传播学，而大家八成也不再向我寻求这方面的咨询。

第三，既然舆论领袖不是与众不同、高高在上的角色，犹如大会主席同代表的关系，而无非是信息流程中的一个中继站，好似电视信号传输中的一个个转播塔，那么信息传播往往就可能是多级而非两级。在一个舆论领袖之上可能有更高一级的舆论领袖，在他之下又会有次一级或次两级，甚至多级的舆论领袖。比如，一个对电影感兴趣的人，从媒介上获知某明星的八卦后，把它告诉了自己的朋友，朋友告诉了同事，同事回家告诉了妻子，妻子告诉了小姨子，小姨子告诉了同学，同学告诉了父母，父母告诉了街坊四邻，邻居又不知再转告谁，于是这则电影信息便经过了多级传播。正因如此，施拉姆把两级传播修正为多级传播或n级传播，如下所示：

两级传播论虽然受到批评与修正，但其基本构想还是无不道理。如受众群体并非

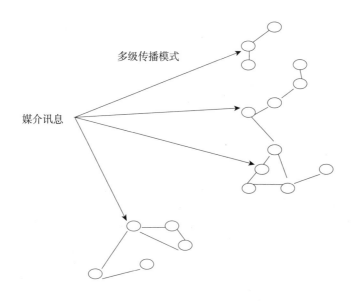

多级传播模式

媒介讯息

清一色的，其中总有某些人在某些事上反应敏锐、表现活跃，信息的传播也并非总是清一色地从媒介到受众，其中的感应也是有先有后等。尤其需要强调的是，两级传播论的意义主要还体现在为传播研究打开了一条新思路："尽管每一项研究都指出了这项理论的不足之处，以致它原来的概念几乎已经荡然无存，然而今天人们对情况与想法的流传所具有的了解，有许多是两级传播的观点提出以前不存在的。这就是一项好的理论假设的作用：它能起抛砖引玉之功。"①

二、创新扩散论

在两级传播论所启发的一系列新的传播研究中，创新扩散论常常为人所乐道。所谓创新扩散（the diffusion of innovation），是指一种新事物，如新观念、新发明、新风尚等，在社会系统中推广或扩散的过程。这个过程与人际传播和媒介传播都密不可分，扩散的过程也就是传播的过程。由于创新扩散是涉及新事物之流行的一种传播形式，因而传播学也对此予以关注。

这方面的研究，以罗杰斯（E. M. Rogers）与休梅克（Pamela Shoemaker）为代表。1971 年，在《创新的传播》（*Communication of Innovations: A Cross-Cultural Approach*）一书中，他们提出了一个传播模式：

① ［美］威尔伯·施拉姆等：《传播学概论》，陈亮等译，131 页，北京，新华出版社，1984。

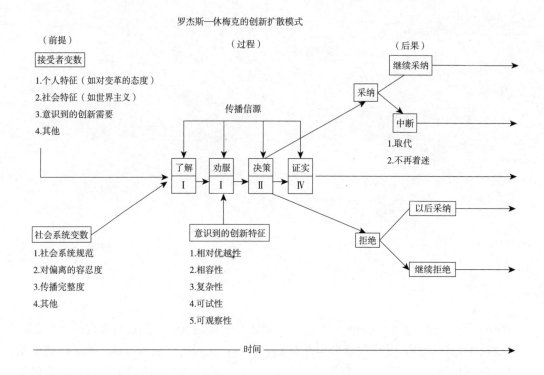

罗杰斯—休梅克的创新扩散模式

这一模式把整个创新扩散过程分为三个阶段——前提、过程和后果，也就是创新的准备、创新的扩散和创新的结局。

1. 前提

前提即准备阶段，包括两个方面：一是个人因素，所谓接受者变数；一是社会因素，所谓社会系统变数。一个新事物能否扩散，一方面受制于个人，九斤老太似的人物即便生活在当今变革时代，也难于接受新事物；一方面也取决于特定社会环境，生活在柔石小说《二月》的那个封闭小镇，即便有谁肯采纳新的生活方式如自由恋爱，也难免遭受强大的社会压力，从而难逃厄运。所以，新事物的扩散取决于个人与社会两方面的条件。

这两方面中，起决定作用的还是社会环境因素，包括社会系统变数里的社会系统规范、对偏离的容忍度、传播完整度等变量，这些都是制约一种创新、一次变革之扩散，决定新事物、新时尚之流行的要素。拿对偏离的容忍度来说，它是指一个社会对背离传统、违反习俗的新生事物所具有的宽容程度。这种容忍度越大，新事物自然越容易推广，反之亦然。再就传播完整度而言，它是指一个社会的传播系统的先进程度，越先进新事物就扩散得越快，越落后就扩散得越慢。假如是在媒介云集、传播发达的北京，一种时尚会迅速扩散开来；而在极少看到报纸、几乎收不到广播与电视、更不用说互联网的偏僻山乡，扩散过程就迟缓一些、困难一些。当然，移动互联时代，情形已经有所不同。

　　总之，创新扩散的先决条件既在个人，更在社会。面对一个新事物，首先得问个人是否愿意接受，其次得看所处的社会环境是否允许接受，这就是前提或准备阶段的含义。

2. 过程

　　第二部分即过程阶段，是这个模式的核心。罗杰斯与休梅克把过程阶段分为四个步骤——了解、劝服、决策和证实。四个步骤都离不开传播，在模式上显示为四个步骤都同传播信源相关联。传播信源，就是提供有关新事物信息的各种来源，包括新闻报道、广告、传单、标语、小册子、宣传栏、文艺作品、书籍杂志以及演讲、报告、谈话、信件等。不论是了解新事物，还是作出决策采纳新事物，都要同这些传播来源打交道。比如，对一种新观念，要么通过别人介绍而了解，要么通过报纸、杂志、广播、电视、网络、手机等媒介而获知。

　　过程阶段四个步骤中，第一步是了解。对一种新款式服装，不管自己最终是否购买，总得先了解情况。了解实际上就是对新事物的认识。在了解过程中，大众传播能够发挥最大的效力，因为大众传播的长处正在于告知，它能迅速而广泛地把新事物的信息传播到千家万户，穷乡僻壤，任是深山更深处，也应无计避传播。

　　第二个步骤劝服，指人们了解新事物及其价值后，对它的评估。这是新旧事物的冲突过程。当此时，人际传播的作用最为突出，因为人际传播的长处正在于劝服："在创新扩散过程中，大众媒介渠道和国际都市渠道在获知阶段相对来说更为重要，而人际渠道和本地渠道在劝服阶段更为得力。"[①]比如，蹦极这种新的娱乐方式经由媒介而为公众所熟知；但你是否肯尝试一下，媒介的影响便显得无能为力了。这时，对蹦极已有亲身体验的朋友对你说的话便至关重要，不论他说好说坏，你都容易接受他的影响。

　　在所谓意识到的创新特征下，这个模式列举了五条制约劝服的因素。这五条都是人们对新事物进行衡量时的尺度或依据，不妨称之为五项评估原则。其中相对优越性，是指新事物同旧事物相比所具有的优越性。比如，一位女子考虑是否梳理一种新近流行的发型时，总得先衡量一下新发型同她现在的发型相比哪个更美，也就是评估新发型的相对优越性。相对优越性越大，人们自然越乐意采纳。

　　相容性是指新旧事物的相容程度，或者说某一新事物与对应的旧事物之间相比存在的差异。差异越小，新事物越可能被接受。比如，一种可使生产效率大幅度提高的新

---

　　① ［美］赛佛林、坦卡德：《传播理论——起源、方法与应用》（第5版），郭镇之等译，182页，北京，中国传媒大学出版社，2006。

发明，并不需要生产厂家为此重新购置设备，而只是在旧设备上再增加一个小零件，这种新发明便与旧的生产技术具有较大的相容性，即二者的差异较小，因而新发明就容易被采纳。

复杂性是指新事物被理解被运用的相对难度，难度越小，人们对新事物的肯定倾向就越强烈；相反，难度越大，否定趋势就越突出。比如，探戈和华尔兹对一个不会跳舞的人来说都算新事物，但探戈比华尔兹更复杂难学，因而想学跳舞的人对华尔兹就可能比对探戈更感兴趣。至于可试性和可观察性，都是就新事物的可行性而言的，同复杂性的意思相近。以上便是人们据以评估新事物的五项原则，或者说衡量新事物的五种尺度。

经过了解与评估之后，人们对一种新事物便形成肯定或否定的态度，接着便该决定究竟是接受它，还是排斥它。这就是过程部分的第三个步骤——决策。决策有两种可能：一是肯定性决策——采纳；一是否定性决策——拒绝。两种决策又各分两种可能。拒绝的两种可能一是固守成规，对新事物始终不感兴趣，即所谓继续拒绝；二是眼下暂时不采纳，而以后可能会接受，即所谓以后采纳。采纳的两种可能一是乐此不疲、始终对新事物抱有热情，即所谓继续采纳；二是半途而废，即所谓中断。中断的情由一是被更新的东西吸引，以之取代正在采纳中的新事物；二是对新事物的热情锐减，不再着迷。

3. 后果

不论是继续采纳，还是中断，也不论是以后采纳，还是拒绝——这些统统属于创新扩散的结局。一种新观念、新发明、新风尚、新做派传入一个社会，为人们了解之后，最终要么被拒绝，要么被采纳，二者必居其一。这就是创新扩散第三阶段即后果的含义。

在第二阶段过程部分，还有一个第四步骤——证实。它指人们在做出肯定或否定的决策后，还要设法寻求信息资料以证实自己的决策正确。比如，当一个人已经决定购买海尔冰箱，并已买回家后，他还会有意无意地留心冰箱方面的商品信息，自觉不自觉地从中找出有利事实，以证明自己买的冰箱是最先进、最划算的。这种证明虽然只在潜意识中进行，因为证实主要在于自我安慰，达到心理满足、心理平衡，但对创新扩散及其传播来说同样不可小觑。

以上对罗杰斯－休梅克模式的各个环节分别做了分析，为清楚起见下面再进行一下概括。在这个传播模式中，创新扩散过程分为三个阶段。前提阶段是创新扩散的主客观条件，过程阶段是创新扩散的实施进程，后果阶段是创新扩散的最终结局。其中过程阶段是核心，是重点所在，又分四个步骤：第一步了解一项创新的有关事实，第二步衡量其优劣利弊，第三步决定采纳还是拒绝，第四步对决策的事后维护。四个步骤以劝服过程最为关键，决定着新事物的最终命运。换言之，一项创新是否能扩散，就看人们对待评估结果如何，是取是舍，全在于此。

从传播角度看，上述四个步骤都与信息流通密切关联，每一步都离不开获取信息和寻求咨询。其中，在人们了解新事物的阶段，大众传播最能施展效力；而在衡量新事物的阶段，人际传播最能有效影响决策。因此，在创新扩散过程中，最初应该尽量发挥大众媒介及时、迅速、广泛的传播优势，而当人们已经普遍了解新事物之后，就需要充分调动人际渠道，尽量利用人际优势，正如罗杰斯与休梅克所言："大众媒介与人际传播的结合是传播新观念和说服人们利用这些创新方法的最有效途径。"①

人际传播就讲到这里。这一章，我们先从人际传播的两大环节即编码和译码入手；继而分别探析了制约这两大环节的一系列心理因素，如译码过程的选择性原理；接着又对人际传播进行了综合性考察，着重分析了经验范围问题；最后，将人际传播与大众传播联系起来，看看它们如何互相作用并共同影响信息的流通与扩散。

---

① ［美］赛佛林、坦卡德：《传播理论——起源、方法与应用》（第5版），郭镇之等译，183页，北京，中国传媒大学出版社，2006。

第五章 控制分析：谁在说什么

前面谈四大先驱时，提到拉斯韦尔的五大传播要素以及相应的五种传播研究：针对传播主体"谁"的控制分析、针对传播内容"说什么"的内容分析、针对传播渠道的"媒介分析"、针对传播对象的"受众分析"和针对传播效果的"效果分析"。

这一章，我们将传播主体"谁"与传播内容"说什么"合为一体，统归控制分析。这么做主要是因为在传播活动中，传播者及其传播内容血肉相连，难以截然分开。说到传播者"谁"总得提起他所传播的内容"说什么"，而谈到传播内容又势必要涉及传播主体，即"说什么"的那个"谁"。一位记者倘若一篇报道都不写，那就不能称为记者。同样，正是由于有记者这种传播主体的存在，才有可能谈论报道这类传播内容，一篇报道总是由特定记者写成的。所以说，传播主体"谁"与传播内容"说什么"，二者是很难剥离的。另外，在传播学中，内容分析也是一种研究方法，有特定含义。由于上述情由，我们便以控制分析来统摄"谁"和"说什么"这两个方面的研究内容。总之，本章所谓控制分析是就传播者控制传播内容进而控制传播过程而言的，包括两个方面的含义：一是控制主体——"谁"，一是控制手段——"说什么"。

第一节 大众传播及其控制

大众传播的英文是mass communication。这里，mass 有三层意思：一是规模庞大的传播机构，二是大批复制的传播内容，三是人数众多的传播对象。由此说来，大众传播就是现代媒介通过大批复制并迅速传播信息，从而影响公众的过程。用施拉姆的一个大众传播模式来表示如右图。

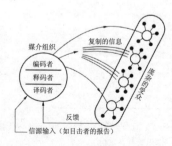

这个模式提出于 1954 年，显示了媒介在大众传播中的主导地位。媒介组织从信源输入信息，如报社收到通讯员的来稿。输入的信息需经过译码、释码和编码，如报社编辑的加工处理，包括排版、配图、配标题、发评论等。这里的释码同译码是一回事。对传播者发出的信息，阅听人得进行接收和理解：接受信息是译码，理解信息就是释码。一句话，听到了就是译码，听懂了就是释码。通常说来，听到了和听懂了是一致的，只在个别情况下才发生分离。"由于熵的增加宇宙最终将成为热寂"这句话，许多人即便听得很清楚，但还是不知所云，他们听到了而没有听懂，或者说只能译码而不能释码。既然译码与释码往往说的是一回事，所以一般统称为译码。媒介组织输出的是经过大批复制的相同信息，如一家报社印行几万、几十万乃至几百万份的报纸。这种大批量输出的信息好似铺天盖地的滚滚洪流，源源不断涌向公众。在庞杂的公众中间，有一小部分人较为活跃，这就是所谓舆论领袖，在上述模式中用大圆圈表示，围绕他的便是受其影响的大多数普通人。一句话，大众传播就是大规模的媒介组织向大范围的公众传递大批量的信息的过程。如果说人际传播属于点对点传播，那么大众传播就属于点对面传播。

在大众传播中，还有一个需要留意的环节——反馈。反馈（feedback）概念来自信息论、控制论、系统论，字面意思是系统输出的信息有一小部分返回系统的输入端，或者说系统的输出内容中有一部分又作为输入内容重新加入系统。反馈分为正反馈与负反馈，正反馈是指返回的信息加强输入内容，负反馈是指削弱输入内容，所谓反馈往往说的是负反馈。那么，好端端的输入内容为什么要削弱呢？简言之，为了更好地调节系统的输出状况，也就是"相反相成"的道理。举例来说，赞许意见就是正反馈，批评呼声就是负反馈。俗话说，良药苦口利于病，忠言逆耳利于行。同样，一家报纸如果不断得到公众的批判意见，就能据此调整报道工作，从而达到大家满意的状态。报纸的发行量、广播的收听率、电视的收视率、读者来信、听众电话等，都属于传播学所说的反馈。这种从受众一方到传者一方的回流信息，同电信工程上的反馈情形颇为相似：从形式上看，它们都是从输出端返回输入端的信息；从作用上看，它们都有助于调节和改善输出效果。所以，反馈这个术语便被传播学挪用，成为传播学的概念之一。

对大众传播来讲，反馈也像电信工程一样必不可少。离开反馈，电路便难以正常运行；同样，没有反馈，媒介也无法有效运行。比如，中美关系正常化之前的几十年间，美国之音收到听众的来信总共不过几十封，反馈信息几乎为零。美国之音的播音员承认，他们当时就像是面对一堵空荡荡的墙壁在广播，内心一片雾蒙蒙。与人际传播相比，大众传播的反馈比较迟缓、模糊、微弱，这种反馈特性可用美国诗人朗费罗的一首诗来说明：

> 我射了一支箭到天空，
> 它掉到地上，我不知它的行踪；
> 因为它飞得这么快，我的视力
> 无法跟上它在它的飞跃中。
>
> 我唱了一首歌飘向天空，
> 它回到大地，我不知它的芳踪；
> 谁的视力那么敏锐和强劲，
> 能跟踪一首歌在其飞跃中？
>
> 很久很久以后，在一棵橡树里，
> 我找到了那支箭完整如昔；
> 以及那首歌从头到尾，
> 我又找到它在于一位朋友的心底。

这首诗中的"我"就相当于媒介，射出的箭、唱出的歌就相当于媒介传播的信息，需要等到很久以后才能重新回到"我"即媒介手里，即得到公众反馈。

大众传播方面的研究，曾是传播学的主体，人际传播、组织传播、群体传播等都仿佛众星拱月一般烘托着大众传播。以至于传播学一度就指大众传播学。虽然大众传播的研究种类繁多，百花齐放，但大致说来不出拉斯韦尔提出的五种分析。以报刊为例，大众传播的研究分别集中在记者、报道、报社、读者及其反应等五个方面，或曰传者、内容、媒介、受众和效果。

大众传播学中，围绕传播者的控制分析有两类：一是从微观角度探究传播过程的具体控制，一是从宏观方面审视传播活动的潜在机制。前者类似显微镜，后者相当广角镜。显微镜透视的往往是具体的传播个体如记者，而广角镜对准的大多是复杂的传播机构如报社以及社会政治背景。下面分别用显微镜和广角镜，看看传播者是如何对信息的流通进行控制的。

第二节　把关人与把关

一、卢因的把关概念（1947 年）

把关是传播学的一个概念、范畴或理论。最早提出把关问题的，是美国传播学四大先驱之一的心理学家卢因。

　　1947 年，卢因去世前发表了平生最后一篇论文《群体生活的渠道》，首次提出了把关（gatekeeping）概念，这是他从守门人（gatekeeper）一词化用而来的。卢因说的把关（守门）显然不是真指把守大门，而不过是一种比喻，其含义在于对信息进行筛选与过滤。我们知道，人不同于机器，每个人都有感情、有思想、有各自的思维习惯，因而在传播活动中不可能纯然客观，超然物外，总是不由自主地把个人的影子投射其中，多多少少按照自己的主观意愿来处理信息。也就是说，参与传播的个人都不可避免地要从各自的认识上，对信息进行筛选与过滤，而这种筛选与过滤的行为就叫把关（守门），有这种行为的人就叫把关人（守门人）。

　　现实生活中，门卫要对进入大门的人进行甄别，或挡驾，或放行。与此相似，在传播活动中，把关人也要对感受到的信息进行选择，认可的信息才能继续流通，否则就止步于此：

　　　　在信息网络中到处都设有把关人，记者位居其中；采访法庭审判、事故或政治示威时，他们决定什么事实应该予以报道。其他把关人还有不少。编辑决定通讯社发布的新闻哪些应该刊登，哪些应该舍弃；作家决定哪些类型的人物和事件值得书写，什么样的人生观值得表现；出版公司的编辑决定哪些作家的作品应该出版，其手稿内容应该如何删除；影视制片人决定摄影机应该指向哪里；毛片剪辑人决定什么镜头剪掉，什么内容保留；图书馆采购人决定买什么书；老师决定用什么教科书和教学片；负责汇报的官员决定应该把哪些情况向上级汇报；甚至丈夫也得决定，晚餐时应该把当天办公室的哪些情况告诉妻子。①

　　可见把关是传播中的普遍现象，每个人都在社会信息体系中有意无意地充当把关人的角色。

　　卢因的把关概念如同拉扎斯菲尔德的舆论领袖概念一样，许多研究者受其启发，循此前行，这方面尤以怀特的把关研究最早，也最典型。

二、怀特的把关研究（1950 年）

　　怀特（David Manning White）及其研究，是美国传播学的经典案例。说来这项有名的研究并不复杂，无非是通过输入信息与输出信息的对比，探讨把关及其过滤信息，用一个公式表示就是：

输入信息 − 输出信息 = 把关过滤信息

　　一开始，怀特先请一位美国地方报纸的编辑合作，以一星期为限，让他把这一周

---

① ［美］威尔伯·施拉姆等：《传播学概论》（第二版），何道宽译，150 页，北京，中国人民大学出版社，2010。

内报社收到的所有电讯稿保留下来，这些通讯社来稿就相当于这家报纸的输入信息。同时，怀特又请他把报纸在这一周内选用的电讯稿统计出来，这些得以见报的稿件就相当于输出信息。结果表明，这位报社编辑一周内共收到 11910 条电讯稿，而他从中选用的不过 1297 条，大约只占 $\frac{1}{10}$，其余 $\frac{9}{10}$ 都被把关过程所淘汰。这位报纸编辑就是一位典型的把关人，他的日常工作就是一种突出的把关行为。怀特的把关理论，可用如下模式来显示：

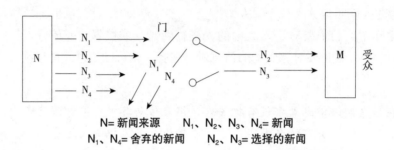

N= 新闻来源   N₁、N₂、N₃、N₄= 新闻
N₁、N₄= 舍弃的新闻   N₂、N₃= 选择的新闻

这里，那位报社编辑就处在"门"的位置，四位"来客"经他审查，两位挡驾，两位放行。也就是说输入信息为 4，输出信息为 2，把关过滤信息为 2：

输入信息 4 − 输出信息 2= 把关过滤信息 2

作为最早的一项把关研究，怀特的理论难免简略，其中最突出的问题在于过分强调把关者的个人权限，忽略了各种社会情境的综合作用。按照他的模式，把关人对新闻操有生杀予夺的大权，可以依照主观好恶随心所欲处置新闻，把关活动好像纯属个人行为。社会学家赫希（Hirsch）就从社会制约的角度指出，怀特只看到编辑个人的把关行为，而没有考虑其中所隐含的一系列左右把关行为的社会系统因素。仅凭常识都懂得，把关行为不可能天马行空、任意而为，而是一方面受媒介组织及其规范的约束，一方面受社会政治与文化背景的影响。总之，把关表面看带有个体的主观随意性，而实际上不同程度受到客观必然性的钳制。怀特的问题是只看主观随意的一面，而忽略客观必然的一面。

对传播学来讲，怀特的研究就像拉扎斯菲尔德的两级传播论一样，尽管存在缺陷，却为以后的探讨蹚开路径。由怀特研究引发的一系列修正完善的学说，既充实了传播学知识，也深化了把关理论。

三、麦克内利的把关模式（1959 年）

在新闻传播过程中，乃至在整个信息流通的网络中，往往存在着一系列把关环节，而并非只有一个关口，如怀特把关模式所示。麦克内利（J.McNelly）的把关模式正是基于这种情况而提出的，是对怀特单一把关说的修正与发展。用麦奎尔等人的话说："麦克内利模式（1959）试图描述在新闻事件与最终接受者（报纸读者等）之间存在的各种中介传播者（intermediary communicators）。"[1]下面便是这一模式的简化形式：

这个模式中的 C_1、C_2、C_3、C_4、C_5 等都是把关人，我们可以把他们看作通讯社的驻外记者、外国分社的编辑、总社的编辑、国内分社的编辑、报社的电讯编辑等。他们处在新闻事件与新闻受众之间的各个信息关口，对通过他们的众多新闻稿依次进行筛选、过滤和加工，从而发出 S_1、S_2、S_3、S_4 等不尽相同的信息。形象地说，他们好比是埋伏在信息流通渠道上的一个个"剪径大盗"，信息途经他们的关口都得遭受一番盘剥。正如台湾学者徐佳士设想的一种"从基辅到基隆"的情景：

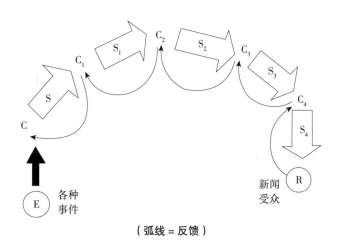

（弧线 = 反馈）

假定一则新闻发生在俄国基辅，最后传到台湾的基隆。第一个守门人就是亲眼看见这新闻发生的那个人，他是看不见事情的全部的，他只能看见一部分，所以只能报道事件的一部分。第二个守门人是向这位消息来源采访的记者，他必须决定把哪些部分写进他的新闻中，什么地方该轻描淡写，什么地方该特别强调。他把稿子交给报社编辑（在这之前可能还要经过采访主任），他要编这稿子，可能删掉一些，可能改变一些。假如幸运的话，这条新闻得以刊载在基辅一家报纸上（不过拼版时遇见了一个技术上的守门人，因为拼不下去而可能切去最后面一段），引起美联社驻在那里的记者的注意，他决定把它写成电讯，又得删一点，或者加

---

① ［英］丹尼斯·麦奎尔等：《大众传播模式论》，祝建华译，150 页，上海，上海译文出版社，2008。

一点解释，而且译成英文，拍到美联社驻莫斯科的分社，分社的编稿人如果决定采用，可能要把它缩短一点，或者考虑到俄国的新闻检查标准，而必须改写。

老天保佑，通过了俄国的检查员，这则电讯到达了美联社纽约的总社，但是只有当总社的编辑感到兴趣时，才会把它编入对国内或对国外发布的电讯中，免不了有所删改。过这关后，这条电讯在台北中央社电务部一大排电动报打字机中的一部中出现，也许由于第一句写得引人入胜，国外部主任用红笔画了一个圈，请一位编辑译成中文，但是批了个"可节译"。编辑人员不只是省略了他认为不重要的部分，而且由于电稿原稿因电讯上的故障，有些错字，弄得整段意义不明，他不敢乱猜，就干脆不译这一段。稿子送到编辑桌上，又要通过一、两个守门人，然后被译成电码，从摩尔斯广播中传到基隆一家报馆。最后决定这件发生在基辅的新闻是否应该让基隆的读者知道的，是这家报社的国际新闻编辑，如果他认为基辅和基隆风马牛不相及的话，这条消息的最后归宿当然是废纸篓（编辑先生的废纸篓是很大而且经常是很满的）。假如他觉得这条消息还不错，但版面实在有限（报纸的版面无时无刻不是有限的），他会删掉后面两三段，写个标题送到排字房，如果他坚持这条消息不能去，排版的时候可能会被拼进去。第二天早晨报纸送到读者手中时，这条新闻才终于到达最后的目的地。[①]

这段不厌其详而绘声绘色的描述，等于为麦克内利的把关模式提供了一个生动注脚。

四、巴斯的"双重行动模式"（1969 年）

巴斯（A. Z. Bass）的双重行动模式，又是对麦克内利模式的修正与完善，正如麦克内利发展了怀特的把关理论一样。

巴斯认为，在麦克内利的模式中，每个把关人都处于等量齐观的地位，平起平坐，不分主次，从一系列前后相连的把关环节中，看不出哪道关口最重要、最有意义、最需要关注。其实，在社会信息系统的总体运行中，总有一些环节或节点举足轻重，制约着、调控着信息传播的流程。在巴斯看来，这里最关键的把关人是新闻媒介，对信息的大循环而言，新闻媒介的把关活动起着牵一发而动全身的龙头作用，与新闻媒介相比，其他把关环节都处于次要地位。

经过分析，他又把新闻媒介的把关过程分为两个部分，即所谓双重行动。第一部分是新闻采集阶段，这里的把关人主要是记者。记者在采写新闻中不可能有闻必录，而

---

①　转引自李金铨：《大众传播理论》，27~29 页，台北，三民书局，2001。

总得根据一定的标准即所谓新闻价值，对纷纭复杂的现实事件进行取舍与加工。事实上，如今人们感受到的绝大多数信息，正是由记者挑选的、提供的。所以，人们常说新闻是一门"选择"的学问。

第二部分的把关活动是新闻加工阶段，这里的把关人主要是编辑。新闻媒介输出的所有信息，不论是新闻还是社论，不论是文字还是画面，不论是版面设计还是标题制作，都得经过这道重要关口，经过编辑的修修剪剪。第二部分的把关即新闻加工，比第一部分的把关即新闻采集更具有决定性。如果说记者主要决定人们在大千世界中看什么，那么编辑则决定人们怎么看。下面便是巴斯的双重行动模式：

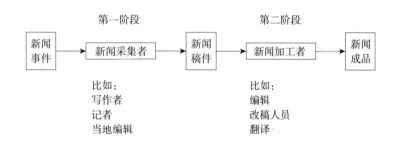

经过新闻媒介的双重把关之后，一幅人为的现实图景便勾画出来并呈现在公众眼前。这幅人为图景虽然源于真实世界，但显然不能等量齐观。当人们以为自己通过报纸、杂志、广播、电视、网络等媒介看到了现实生活时，其实不过是看到了由记者与编辑选择加工的媒介图景："大众媒介中的大部分音讯从来源到目的地，都是历经沧桑，而失去本来面目的。任何一个大众传播组织，都没有办法避免守门人的干扰；所以，没有一家大众传播媒介，不管报道网如何普遍，设备如何完美，态度如何真诚，有办法把世界的本来面目，十分真确地表现出来。"[1]

21世纪以来，新媒体风起云涌，自媒体异军突起，报刊、广播、电视、通讯社等貌似无可奈何花落去，而"文化革命狂欢节"似曾相识燕归来。面对此情此景，一惊一乍的新潮人士抛出一个又一个雷人理论：改天换地Z时代，天翻地覆慨而慷，从今往后新媒体，包治百病大力丸……其中颇为流行的说辞之一，是欢呼自媒体不再需要把关和把关人了，人们可以满世界尽情撒欢，大传播大民主的大同盛世终于降临。此类既未系统研究、又未深思熟虑、更未经过实践检验的观念泡沫，名副其实想当然耳。仅就把关而言，只要社会不是各行其是的一盘散沙而是有机联系的统一体或共同

---

① 李金铨：《大众传播理论》，29页，台北，三民书局，2001.

体，只要信息在个人与社会层面都依然存在着需求的无限性与吸收的有限性之矛盾，只要传播的内容与途径始终受制于社会关系以及权力关系，那么，把关与把关人就将是无所不在的传播宿命，而所谓自媒体更像是众声喧哗的娱乐场。一位记者的寻常感受，比学者的庄生晓梦更接近现实：

> 关于"自媒体"，最让网友热血沸腾、成为"自媒体宣言"的一句话是这样说的：
>
> 当你的微博粉丝超过 100 个，你就是一本内刊；超过 1000 个，就是一个布告栏；超过 1 万个，就是一本杂志；超过 10 万个，就是一份都市报；超过 100 万个，就是一家电视台；超过 1000 万个，就是一家省级卫视；超过 1 亿个，那你就是CCTV。
>
> 在公众欢欣鼓舞地自诩成为"通讯社"和"电视台"，自以为可以"逆袭"甚至取代传统媒体而登堂入室时，我不得不泼一盆冷水：自媒体其实是一个被夸大的概念。
>
> "自媒体"很多时候就是一场自以为是的想象，它无法真正承载起"媒体"功能，因为作为个人，无法跨越"公信力"这个门槛。①

把关问题的探讨连绵不绝，归根结底都是用显微镜，从微观角度考察信息流程的控制因素，衡量传播者在传播活动中的地位与作用。除此之外，控制分析的另一项内容是从宏观角度，用广角镜审视传播被谁左右、如何左右、为何左右等问题。这类探讨多同广阔的社会、历史、文化、政经体制等相联系，致力于挖掘深层次的控制机制。

第三节　深层控制

一、编辑部的潜网

布里德（Warren Breed）1955 年发表的《新闻编辑部的社会控制》（*Social Control in the News Room*）一文，已成为美国传播学控制分析的经典文献。下面便以该文为主，看看对控制问题的深层透视。

俗话说，"新官上任三把火""初生牛犊不怕虎"，初出茅庐、刚刚踏入新闻界的年轻记者也是如此。他们充满理想、朝气蓬勃、无所顾忌、敢作敢为，犹如常山赵子龙，浑身是胆，虎虎生风。然而，时隔不久，他们就会感到自己的手脚似乎被一张无形而

---

① 曹林：《"自媒体"是个被夸大的概念》，载《中国青年报》，2012-10-23。

有力的潜网所束缚，纵有盖世才华也难免左支右绌，无法随意施展。久而久之，屡屡碰壁，他们的热情便日渐冷却，锐气也日渐消磨，最终变得同老记者一样循规蹈矩、安分守己，将自己逐渐融入可意会而不可言传的所谓体制。那张无形而有力的潜网，便是布里德探究的新闻编辑部的社会控制。

他曾调查了美国几十家报社，访问了100多位记者，发现媒体内部都存在着一张微妙而强劲的控制网络。它一方面确保媒体的传播意向顺利贯彻，另一方面防止不懂规矩的新来者对组织内部既定规则的袭扰。当然，这张编辑部潜网可意会而不可言传，没有谁对它做过明确解释，更没有什么明文规定。新记者只有从不断的磕磕碰碰中才能一点点揣摩到，天长日久自然就心领神会了。

布里德指出，任何社会的主要问题都在于维护秩序和加强凝聚力，其中尤为重要的是保持价值体系的一致与完整，因为意识形态的混乱势必导致整个社会的崩溃，苏联解体就是一例。由此说来，媒介组织的潜网实际上乃是更大范围的社会控制体系的折射，青年记者感到的束缚与其说来自媒介组织，不如说是来自社会系统。布里德以"阶级"这个字眼为例说明，阶级意味着社会不平等，容易引发"朱门酒肉臭，路有冻死骨"等联想，同"美国梦"相抵牾，于是美国媒体极少提及阶级一词。

布里德的研究表明，任何环境中的传播媒介都担负着社会控制的职能。这类控制往往是潜移默化、不易察觉的。此类新闻编辑部研究，产生一批影响广泛的成果，包括塔奇曼（Gaye Tuchman）的《做新闻》（*Making News*）、甘斯（Herbert Gans）的《什么在决定新闻》（*Deciding What's News*）、费什曼的（Mark Fishman）的《生产新闻》（*Manufacturing the News*）等。由此形成的所谓"新闻生产"研究，在中国也颇受关注。

对于西方媒体以及公共舆论的这种保守性，学者多有共识。但对于这种保守性的来源，大家见仁见智，不尽相同。赵鼎新归纳了三种主要理论及解释：

　　　　第一个理论是从西方媒体机构及从业人员的阶级地位和性质来解释媒体的保守性。它的要义为，西方的主要媒体都是由具几十亿至几百亿资产的大财团控制的，西方主流媒体中的新闻记者的年收入也动辄在几十至几百万美元之间，他们与大多数政府官员一样出身于社会的中上层，受的是社会中上层的教育，现在又具有社会中上层阶级的地位。他们与国家官员之间有着相似的背景和经济利益，因此他们所生产出来的新闻自然就代表了统治阶级的观点和利益。

　　　　第二个理论是一个功能主义的视角。持有这一观点的学者认为，西方媒体的保守性来源于新闻制作的性质。在现代社会，任何媒体均会面临社会新闻多而采访记者少这样一个困境。这种情况对于西方社会中的媒体更是如此，西方的媒体出于利润考虑往往会把工作人员队伍搞得很精简，这就带来了体制性的人手不足……在没有能力进行耗时调查的情况下，西方的媒体往往会怕新闻报道有误而被起诉，他们因此落笔谨慎，并在报道中大量依靠所谓"专家意见"（Soley 1992；Tuchman 1972）。

西方有些学者强调西方媒体的保守性来自于传媒和市场的关系，这构成了第三个理论。……市场经济下运作的媒体必须依循主流文化和大多数人的观点，否则就会受到来自公众的惩罚，造成阅读率、订购率以及广告收入上的损失。更为关键的是，广告收入的数量不仅仅取决于读者或订购者的数量，而且取决于他们的购买力。因为富人的购买力强，所以在面向富人的报纸和电视节目上所登广告的费用也昂贵。这样，卖给富人的报纸能获取较大的利润，从而能够进一步扩大订阅基础（Herman and Chomsky 1988）。基于上述原因，主流媒体的编辑经常公开鼓励他们的记者去写有利于扩大读者面，尤其是那些面向具有巨大购买力的读者的报道……①

二、所谓四种控制观念及体制

前面谈论美国传播学集大成者施拉姆时，提到他参与撰写的《报刊的四种理论》一书。这部 1956 年出版的著述篇幅不大，却成为西方新闻传播学的经典，其中关于传播观念与传播体制的比较，特别是对控制问题的分析，更被西方学界视为不刊之论。这里的报刊（press），是指整个大众传播；四种理论，是针对近代以来的四种传播观念以及相应的传播体制。

其中第一种"报刊的集权主义理论"，针对西方新闻业早期情形。新闻事业是近代历史的产物，随着近代资本主义兴起而出现，本身也属于近代历史的有机构成。大致说来，新闻事业最早从文艺复兴时代开始萌芽（文艺复兴正是近代文明的曙光）；其后在资产阶级同封建贵族的搏斗中充当舆论先导与喉舌，从而日渐发展；19 世纪中叶工业革命完成后，新闻业进入全面繁盛的阶段，其标志是通讯社与大众报业的兴起；20 世纪以来，由于广播（20 年代）、电视（40 年代）、通信卫星（60 年代）等新兴媒介纷纷问世，新闻事业已无可争议地成为信息交流中的主要网络，在社会信息系统里发挥着关键性作用。这是新闻事业发展的大致脉络。在新闻业的早期阶段，封建势力占据着统治地位，通过一系列严刑峻法，对新闻业进行控制和垄断。在封建君主看来，"朕即国家"（路易十四的名言），君主有权对信息的流通、新闻的传播、言论的扩散进行绝对的控制。这就是所谓集权主义的传播观念和传播体制。

---

① 赵鼎新：《社会与政治运动讲义》，279~280 页，北京，社会科学文献出版社，2006。

　　第二种"报刊的自由主义理论"源于启蒙时代天赋人权观，体现着新兴资产阶级的权力意志，以及自由资本主义的时代特征。代表人物有《论出版自由》的作者、英国资产阶级革命的思想先驱弥尔顿，以卢梭、伏尔泰、狄德罗等为代表的法国启蒙思想家，美国《独立宣言》的起草人杰斐逊，以及《论自由》一书的作者约翰·穆勒等。按照他们的思想，人是有理性的动物，人凭理性能够辨别真假正误。所以，只要人们能够自由地获取信息，充分了解事实真相，广泛听取不同意见，那么最终自会作出正确的判断。为此，报刊的自由主义理论主张，对新闻事业不加任何限制，允许媒介自由行事。

　　第三种"报刊的社会责任理论"，可视为对自由主义理论的改良或修正。在资本主导的所谓自由主义传播体制下，新闻业表面上摆脱束缚，不受限制，而实际上却被另一股强大的势力所操纵，这就是资本与垄断资本。在利润至上的驱使下，新闻事业的一切活动归根结底都围绕着金钱利润，天下熙熙皆为利来，天下攘攘皆为利往，为此不惜采取任何卑劣手段，结果导致一系列触目惊心的社会问题，以耸人听闻为特征的黄色新闻便是一例。针对自由主义理论及其弊端，社会责任理论倡导一种责任观，要求新闻媒介在享有充分自由的前提下，主动承担应负的社会责任，实行"自律"。这种观念虽在西方传播界产生一定影响，但由于缺乏相应的现实基础，仅仅停留在自我约束之上，因而总体上还无法形成同自由主义相抗衡的传播体制，而充其量不过是一种愿景。

　　第四种"苏联的共产主义理论"，是由施拉姆执笔撰写的，针对的是以苏联为代表的社会主义国家的传播观念和传播体制。在施拉姆笔下，这种观念与体制属于集权主义的变种。如果说报刊四种理论的前两种，即集权主义与自由主义尚属贴着西方实际的分析，那么后两种即社会责任论和共产主义论则带有鲜明的主观臆断与意识形态色彩。社会责任论说穿了，是力图维护资本主义体制者，为病入膏肓的传播界所开的一服一厢情愿的良药，药虽不错，无奈病人不买账，我行我素，依然故我。而所谓"共产主义理论"，更是赤裸裸的冷战产物与冷战学术：

　　　　它是处在政治上动荡不安的紧张时期，也就是人们记忆中带有冷战色彩的时期起草的……施拉姆的问题出在，他的分析是怀有敌意的，他局限于"我们对他们"的框框中看问题，这种方法使他着魔于美国新闻界对苏联的分析之中。因此，在他的文章中，不用费力就能断定好人与坏人。[①]

　　总之，信息流通的控制机制总是同特定的社会、历史与文化背景等息息相关的。这种宏观控制也许不如具体的把关人对传播活动的影响那么直接，却更具有决定性的意义。

---

　　① ［美］赫伯特·阿特休尔：《权力的媒介》，黄煜等译，127 页，北京，华夏出版社，1989。

三、批判学派控制观

关于批判学派，林珊教授（1918—2014）有一段总括性评述："60 年代以来，批判学派作为一股学术思潮正在经济学、政治学、社会学、法学、心理学、传播学等各个领域迅速崛起，影响日益增大。他们著书立说，采用政治－经济－文化的分析方法，从社会制度上进行理论探讨，形成了自己的特色。他们注重资本主义现实问题，批判资本主义制度的'缺陷'，剖析资本主义社会的'病情'，并提出一些比较具体的'医治处方'；他们敢于蔑视资本主义社会盛行的各种正统理论，紧紧抓住社会统治权力与具体研究对象关系这一核心问题展开论述，坦率承认现存的弊病，并且加以揭露和批判，比起那些维护资本主义社会的'正统学者'来说，他们独树一帜，重'破'轻'立'，尖锐有力，因而更加发人深省。"[①]

传播学的批判学派也是紧扣统治权力与传播权力这一核心问题，展开入木三分的剖析和大刀阔斧的论述。他们的核心关切是谁在传播、为何传播等问题，揭示统治阶级操纵传播、影响传播、控制传播的本质，由此也决定了批判学派偏于控制分析的学科特征。如英国批判学者 N. 加纳姆（N. Garnham）曾经归纳的五个要点：

（1）传播媒介具有巨大的政治和意识形态影响力；

（2）这种影响力主要通过媒介的"议程设置功能"显现出来；

（3）媒介设定的"议程"是一种高度人工合成物，经过传播者的价值标准过滤筛选，一般采取支持现存制度的立场；

（4）媒介的"议程设置功能"依存于"非党派性"和"中立"的招牌，给人一种可信赖感，从而使媒介设定和提示的"议程"能对受众产生巨大影响；

（5）资产阶级媒介在立场和价值观方面基本是与人民对立的。

这里先看看批判学派阿特休尔的《权力的媒介》（*Agents of Power*）。阿特休尔（J. H. Altschull）曾在美联社、《纽约时报》、全国广播公司等媒体当过记者，后任印第安纳大学新闻学院教授。《权力的媒介》一书，熔历史和理论于一炉，史论结合，夹叙夹议，1984 年问世后被视为对《报刊的四种理论》"第一次构成了重大的挑战"。

在这部批判学派的力作中，阿特休尔教授详尽阐述了一个基本观点：所有媒介——不论是过去的还是现在的，都不是独立的、自为的，而从来都是某种权力（power）的"吹鼓手"，"在所有的新闻体系中，新闻媒介都是掌握着政治和经济权力者的代言人"[②]。这些控制媒介的权力可能是宗教性的，也可能是世俗性的；可能体现为

---

① 林珊：《西方新闻理论的新作——写在〈权力的媒介〉中译本前面》，参见［美］赫伯特·阿特休尔：《权力的媒介》，黄煜等译，北京，华夏出版社，1989。

② ［美］赫伯特·阿特休尔：《权力的媒介》，黄煜等译，336 页，北京，华夏出版社，1989。

政治上的操纵，也可能表现为经济上的制约。不管表现形式如何，媒介总是某种权力的媒介，这也是书名 Agents of Power 之原由。不言而喻，这是历史唯物主义的基本原理。

北京大学李零教授看得更透，指出美国的"三个代表"，即金融华尔街、军工复合体、文化犹太人。其中，美国的新闻媒体、影视作品、娱乐产业、文化思想等，大抵操纵在犹太集团手中。所以，美国媒体看似独立，蔑视白宫，挑战总统，俨然所谓"第四等级"（the fourth estate），实际上归根结底都是美国"三个代表"的喉舌。至于英国首相卡梅伦上台仅一年便约见 26 次新闻集团总裁默多克，意大利花心领导人贝卢斯科尼、纽约市市长布隆伯格等都是媒体大亨等，更是"自由世界"司空见惯寻常事。语言学家乔姆斯基曾以大量事实揭露了美国军工联合体如何操控媒体，如何"制造共识"（manufacturing consent）。像"水门事件"这个被美国新闻界吵得沸沸扬扬、引以为荣的美谈，其实远非一两个孤胆英雄的记者，深入虎穴，探得真相，伸张正义那么简单——此类传奇不过是好莱坞大片桥段而已。实际上，把尼克松拉下马的真正力量并非媒体，而是权倾朝野的垄断资本如华尔街，在这场小题大做的新闻狂欢中，媒体与明星记者不过是马前卒。

以上分别透过显微镜和广角镜，对传播领域的控制机制作了微观与宏观的审视，控制分析的内容就讲到这里。

第六章　媒介分析：经何渠道

第一节　微观研究与媒介特性

前面不断提到媒介、大众媒介、大众传播媒介、新闻媒介、传播媒介、媒介组织等术语，这些不同的名称差不多指的是同一个东西——媒介（media）。

那么，说了半天究竟什么是媒介呢？简单说，媒介就是传递大规模信息的载体，是通讯社、报纸、杂志、书籍、广播、电视、电影、网络等总称，又称媒体或大众传播媒体（mass media）。其中新闻媒介（news media）指报纸、新闻性杂志、广播、电视、新闻网站；媒介组织是经营媒介的机构，如报社、电台、电视台、出版社、杂志社、电影制片厂。一般来说，媒介同传播媒介、大众传播媒介等相互通用。传播学还有一个类似概念——渠道。所谓渠道（channel），是指信息流通与扩散的形式、手段、方式、工具等，与媒介的意义相似。

与此相应，凡与媒介相关的研究，统称媒介分析。媒介分析也有微观与宏观之别。微观研究在于了解各种媒介的特性，发现各自优势，为更有效的传播提供依据："是否有一种传播媒介，不管它传播什么样的信息，在传播这个信息和影响受众方面，比其他媒介更有效？是不是在传播某种信息或者产生某种影响方面有一种媒介是最好的？这些问题对教育工作者、宣传人员和广告客户来说特别重要。例如，如果目的是要尽可能多地传递事实性信息，那么，讲演、印刷品、电影和录音带是否更有效？如果希望改变受众的态度，使用电视、招贴画、广播以及其他一些媒介是否更好呢？对于某一些受众，是否有一种媒介比其他媒介能达到更佳效果呢？"[1]

---

① ［美］梅尔文·L.德弗勒等：《大众传播通论》，颜建军等译，418页，北京，华夏出版社，1989。

不言而喻，媒介的宏观研究是从广阔的历史文化背景上考察媒介的社会功能，揭示媒介对政治变革、经济发展、文化习俗、生活方式的影响。媒介的微观研究就像是比较手枪、步枪、大炮等不同火器的特点和用途，而媒介的宏观研究则好比是剖析热兵器取代冷兵器的意义。

媒介的微观研究在媒介分析上占据大半，绝大多数媒介问题的探讨都在微观方面。对此不可能全面介绍，而且这类研究千变万化，得出的结论千差万别，甚至彼此矛盾，互相抵牾。这里只谈一组相关研究，管窥蠡测了解一下媒介的微观研究及其定位。

在一般印象里，电视无疑远比报刊广播的传播威力大。因为，报刊只诉诸人的视觉，并且信息主要是逻辑化、抽象化的文字；广播只诉诸人的听觉，在感受信息方面，听觉又不如视觉敏锐。电视则不仅同时调动人的听觉与视觉，而且还刺激人的全部感应器官，提供的又是具体的、生动的画面与场景，使人有身临其境之感，具有很强的吸引力。不过，诸如此类的常识之见，果真如此、不证自明吗？电视果真比广播和报刊更为优越吗？先来看一组与此相关的研究再说吧。

第一项研究，是由戴维·塞纳和威廉·麦克尤恩进行的。他们挑选一批大学生作为实验对象，把他们分成三组。实验开始时，让第一组看录像（相当于看电视），第二组听描述（相当于听广播），第三组读材料（相当于读报纸）。三组实验对象看到的、听到的和读到的东西是一样的，也就是说，他们感受信息的方式不同而感受到的内容一致。最后，请三组实验对象分别就他们看到、听到和读到的东西进行回忆，通过对回忆起来的信息进行比较，结果显示，三组学生回忆出来的信息大同小异，并无明显差别。换言之，视听媒介如电视并不比单纯的视觉媒介如报纸和听觉媒介如广播更有效力。这项研究的结论，"对那种认为电视必然比其他媒介更有威力的论断提出了挑战"[①]。

第二项研究比这一结论更出人意料。这项研究是由卡伦·布朗主持的。他把实验对象分为两组，让一组观看一部有关法庭诉讼的纪录片，让另一组阅读同一内容的文字材料。事先他已使两组实验对象的文化程度保持在相等水平，并尽量减少阅读材料的难度。当两组实验对象分别通过视听媒介和视觉媒介感受到相同信息后，布朗也请他们回忆各自感受的信息。出人意料的是，阅读材料的人比观看影片的人记住的信息更多，也更牢。这无异于表明，报纸要比电视的传播效力大，通过报纸传播的信息要比通过电视传播的信息给人留下更深的印象。这一结论同人们深信不疑的常识，如报纸远不如电视的感染力、传播力，简直是背道而驰。当然，这项研究同上一项研究得出的结论并不代表终极答案，可能会被更新的研究修正或推翻。这些研究的意义主要还不在于探明不同媒介的优劣利弊，而在于启发人们对媒介问题也不能想当然："对于那些动辄把未经证

明的推测（如"媒介即信息"、电视具有"天然威力"）或者其他一些未经检验的陈词滥调奉为永恒真理的人来说，这些研究是重要的制约。"①近些年，在新媒体席卷天下的滚滚风尘中，类似的推测之论想当然又改头换面，卷土重来，一波未平，一波又起。

第三项研究，被称作"零点方案"（Project Zero）。在这项由心理学家霍华德·加德纳主持的研究中，研究人员事先准备了一盘录像带和一套小人书。小人书讲的是三名歹徒结识一位漂亮的孤女后，幡然悔悟，改邪归正的童话故事，录像带是根据这个故事拍摄的影片。然后，他们把一群儿童分成两组：一组一边听大人念故事，一边看小人书；另一组则观看同一内容的录像带。结果显示，两组儿童表现出很多有趣的差别。看书的儿童不仅能回忆出较多的故事内容，而且还能准确引用故事中的不少原话，尤其值得注意的是，他们大都能结合自身经验复述故事的内容。与此相反，看录像的儿童顶多只能记住故事的大意，复述时既不能引用原话，又不能表现出富于创造性的联想。研究人员分析后认为，电视虽能提供生动有趣的画面与场景，但同阅读相比看电视只是被动的体验，视觉、听觉以及思维活动得亦步亦趋地跟着不断变换的镜头，不能懈怠，更不能走神。既然视听媒介始终使人的精神处于紧张而消极的状态中，他的注意力总是被原作的内容所吸引，那么他也就不可能发挥更多的主动性、积极性与创造性。相反，文字媒介则能为感受信息提供从容的时间、联想的空间与自由的想象。这项"零点研究"不仅有益于深化对媒介及其特性的认识，而且也有助于揭示媒介在塑造人们的思维方式上的不同作用。②

如前所述，此类研究及其结论千差万别，甚至彼此矛盾、互相抵牾，只宜作参考，切忌当定论。尤其是，不同媒介有不同特长，仁者见仁，智者见智，基于各人偏好难免所见不同。这种唯我独尊的心态也属自然，就像如今新媒体喜新厌旧，仿佛天下之美尽在网络、人间之道尽在微信，就像当初电影对电视的鄙薄：

> 电影对电视抱有浓烈的批判意识，不排除在潜意识中电影吃电视的醋的因素。大众传播学研究表明，电视几乎是作为电影的天敌来到这个世界的。作为一种大众媒介，电影想获得观众的专宠，一如孩子想独霸爸爸妈妈的爱心，然而某一天，这个孩子突然发现，妈妈的肚子又鼓了起来，又过了一段时间，一个无中生有的小东西贼头贼脑地来到世间。眼见爸爸妈妈的目光不再只停留在自己一个人身上，一股"汉贼不两立"的情愫油然而生，于是对天敌开始横挑鼻子竖挑眼起来。③

---

① ［美］梅尔文·L.德弗勒等：《大众传播通论》，颜建军等译，420页，北京，华夏出版社，1989。

② 同上，420~421页。

③ 张修智：《电影撞新闻：影像中的无冕之王》，172~173页，上海，上海书店出版社，2009。

第二节　拟剧论与游戏论

上一节的媒介比较研究，实际上都隐含着这么一个前提，即把媒介当成达到特定目的、实现特定意图的工具，好像学者案头的纸笔、战士身上的武器、工人手中的机械一样。由此展开的研究也旨在探明不同媒介的优势所在，以确定在何种条件下使用何种工具最有效，最能达到预期目标。这是一般共有的认识，姑且称之为媒介的工具论。

有趣的是，在《传播的游戏论》（*The Play of Communication*）一书中，美国心理学家威廉·斯蒂芬森（William Stephenson, 1902—1989）另辟蹊径提出一套新异的媒介论。在他看来，与其把媒介当成工具，不如将其视为玩具，人们关注媒介与其说是出于功利的考虑，不如说是为着游戏的目的。

在这部别具一格的著作里，斯蒂芬森探讨了传播的游戏性质。他依据荷兰学者赫伊津哈（Johan Huizinga）的游戏思想，先将人类的行为分为两种："工作是为了对付现实，为了谋生，为了生产。相反，游戏多半是为了自我满足，并不生产任何东西。"[①]然后，又区分了两种不同性质的传播：一种是工作性传播（work-communication），如自上而下的指令；一种是游戏性传播（play-communication），如朋友之间相聚闲聊。工作性传播带有任务，导致身心紧张，即所谓"传播－不爽"（communication-unpleasure）。举例来说，老师要求学生写篇作文，明天交卷，这对学生自然是一种压力和负担，心理上感到紧张，老师由于这一工作行为也不轻松。相反，游戏性传播没有什么功利目的，你一句，我一句，只是寻开心，找乐子，自然轻松愉悦，也就是所谓"传播－愉悦"（communication-pleasure）。就像《兰亭集序》里的赏心乐事："群贤毕至，少长咸集。此地有崇山峻岭，茂林修竹，又有清流激湍，映带左右，引以为流觞曲水，列坐其次。虽无丝竹管弦之盛，一觞一咏，亦足以畅叙幽情。"

斯蒂芬森把大众传播也视为游戏性传播，比如："阅读新闻是不要报偿的传播－愉悦行为。"[②]因而，不应把媒介视为工具，而应当作玩具，读报纸、听广播、看电视以及如今的网络手机等，就像儿童摆弄玩具过家家，主要在于消遣娱乐，以便把自身从成人化的工作环境中解放出来。了解一点社会学芝加哥学派及其理论，就不难看到斯蒂芬森的游戏论同戈夫曼的拟剧论（Dramaturgy）所见略同。

E. 戈夫曼（Erving Goffman, 1922—1982），美国社会学家，芝加哥学派代表人物。中国人爱说人生如戏，按照戈夫曼的拟剧论，人生也如演戏，社会好似舞台，每人都扮

---

① ［美］威尔伯·施拉姆等：《传播学概论》（第二版），何道宽译，26 页，北京，中国人民大学出版社，2010。

② 同前，29 页。

演一定的角色。其间，又有"前台"（front stage）与"后台"（back stage）之分。活动于前台展示给外人的是所谓主我（I），退到后台回归自己的是所谓宾我（me），主我演绎着人生戏剧，宾我则从人生戏剧中抽身出来，获得片刻休整。与此相应，前台属于工作性传播，后台则是游戏性传播。而斯蒂芬森的新奇理论，揭示了媒介的另一重要而被忽略的性质："一旦接触了他高明的游戏说之后，谁也不可能再忽视传播里的游戏 - 愉悦要素的重要意义了。"①

明白媒介的游戏性后，就不必总以"经国之大业，不朽之盛事"的标准看待媒介，媒介有时不过是一种玩具而已。斯蒂芬森曾不无调侃地说道，研究传播的理论家都背着一副沉重的精神十字架，双眉紧锁，忧心忡忡，希望媒介按照自己的价值观念做得好一些。由于忽视媒介的游戏性，他们免不了对媒介的凶杀、暴力、庸俗、浅薄问题满怀忧虑，抨击指责。斯蒂芬森对此不以为然，觉得人们沉溺其中就如同在棋盘上拼拼杀杀，在拳击场上大打出手，无非也是玩耍，也是游戏，不必大惊小怪。甚至，他觉得从功利角度研究传播是犯了方向性错误，于是力图把传播研究的注意力转到非功利性的游戏角度，发展他所说的游戏论而非信息论。2022 年，宗益祥结合数字时代谈及这一理论：在"用户视角""主观沉浸""互动游戏"等在线生活中，"新闻游戏"构成传播游戏观在当代的鲜明案例。不过，类似英国广播公司（BBC）2015 年推出《叙利亚之旅》的新闻游戏，让大家化身叙利亚难民亲历流亡之旅，虽然获得大量流量，但也遭到强烈质疑：把苦难的流亡化为新闻游戏就像人血馒头一样残忍。②

斯蒂芬森的游戏论虽有独到之处，但显然偏颇，因小失大。媒介诚然有玩具意味而不纯属工具，传播确有游戏成分而不仅是工作。但是，总体上媒介无疑属于工作性而非游戏性。否则，便无法解释政变者为什么总先控制广播电台，而没有视同游乐场、运动馆、夜总会等：

> 如果把诸如阅读杂货店广告、阅读自己的游泳场所遭到污染的消息、阅读关于一位选任官员在公开场合犯了愚笨可笑的错误的消息、阅读一则幽默故事、阅读五角大楼文件、阅读一位领袖遭到刺杀的消息、阅读一位朋友死亡的讣告、阅读对最高法院某项裁决的解释，这些各不相同的行为，都不加区别地归于他那种把阅读新闻列为游戏行为的范畴中去，而且把这样的游戏看作是一把很大的伞，足以覆盖住它们所有不同的功能和范畴，这样做究竟有没有好处呢？③

---

① ［美］威尔伯·施拉姆等：《传播学概论》（第二版），何道宽译，27 页，北京，中国人民大学出版社，2010。

② 宗益祥：《新闻游戏化及其伦理边界》，载《青年记者》，2022（15）。

③ ［美］威尔伯·施拉姆等：《传播学概论》，陈亮等译，31 页，北京，新华出版社，1984。

显然，阅读漫画同阅读总统遇刺消息的分量与感受完全不同。传播的游戏性与工作性，媒介的玩具性与工具性，信息的娱乐性与政治性——在此判然分明。

第三节　功能分析

关于媒介功能的探讨，属于媒介分析的宏观研究。它所关心的不是媒介系统自身的运行，而是媒介系统与社会系统的关系。因此，考察媒介功能的多为历史学家、社会学家、政治学家。一分为二看媒介社会功能，有正面与负面之别。媒介的正面功能，指媒介有益于社会人生的积极作用；媒介的负面功能，则针对其消极意义。在传统理论中，对正面功能的论述，以拉斯韦尔为权威；对负面功能的分析，以拉扎斯菲尔德与默顿为代表。

一、拉斯韦尔的正面论述

1948年，拉斯韦尔在《社会传播的结构和功能》一文中提出了有名的5W传播模式，同时也阐述了传播的三大功能：

（1）监视环境

（2）联系社会

（3）传递遗产

这三大功能虽然是针对整个传播系统而言的，但也可以作为媒介的功能来看待。第一种功能——监视环境，是指准确反映现实社会及其变化，客观再现现实世界及其动向。任何传播行为都包含来自客观事物的信息，因而或多或少地都起着监视环境的作用。如记者的报道、外交官的报告以及各方面的工作汇报等，均归这种"监视"。在人类生存环境日趋复杂多变的当代社会，监视环境的任务越来越多地由媒介承担。这里，监视环境的媒介恰似原始部落的哨兵，警觉地注视四周的风吹草动，并及时通报一切危险情况。用英国作家、记者丽贝卡·韦斯特夫人（Dame Rebecca West）的话说："社会需要新闻，正如人们需要眼睛，因为社会也得随时看清自己的去向。"（*Encyclopedia Britannica*之"Publishing"）这与梁启超的报刊如"耳目"之说不谋而合。施拉姆有个比喻"社会雷达"（social radar），指的正是媒介监视环境的功能。监视环境讲究准确、客观和及时。倘若来了两只老虎，部落哨兵却报告说只是两匹斑马，那么后果便不堪设想。

媒介的第二种功能——联系社会，是指把社会的各个阶层整合为有机的共同体，以应对环境的变化和挑战。毛泽东说过，国家的统一，人民的团结，国内各民族的团结，这是我们的事业必定要胜利的基本保证。而国家统一、人民团结、民族和谐等，都有赖于媒介这种包罗万象、无远弗届的联系功能。如果说监视环境主要体现在新闻报道上，那么联系社会就体现在时事评论中。监视环境的功能着眼于准确及时，联系社会的作用侧重在析疑解难。由于生存环境的复杂多变，仅凭报道并不能让人看清现实，这就需要评论、分析和解释。否则，面对纷繁复杂的现实，公众将无所适从。

第三种功能——传递遗产，是指延续社会的精神命脉。这里的所谓遗产，不是金银财宝、房地产，而是文化遗产，像科学知识、文学艺术、价值观念等。这种功能以往主要由人际网络承担，如祭司、长老、儒生、道士、高僧、说书人、游吟诗人、私塾、书院等。如今，传递文化遗产的功能日益转向媒介，如书籍、杂志、报纸、广播、电视、电影、网络等媒介，在传播知识、培养情趣、塑造思维模式和行为规范上，已起着越来越大的作用。按照拉斯韦尔的看法，外交官、驻外记者是监视环境的代表；编辑、评论员、演说家是联系社会的枢纽；家庭和学校则是传递遗产的场合。而所有这些功能，现在大都转向媒介。

总之，如果把社会看作一个人，媒介的监视功能就相当于他的眼睛与耳朵——眼观六路，耳听八方；联系功能好比他的大脑与中枢神经，以判断、反应、协调机体动作；至于传递遗产，则等同于他的遗传细胞，使其生命基因可以代代延续。

1959 年，美国社会学家赖特（Charles Wright）在《大众传播：一种社会学视角》（*Mass Communication: A Sociological Perspective*）一书中，对拉斯韦尔的功能说做了一项补充，增加了一大功能——提供娱乐。如此一来，就等于把媒介的工作性和游戏性结合起来，使媒介的功能观更趋完善。

如今，对媒介正面功能的认识尽管日益细化，但拉斯韦尔的三大功能说依然属于权威理论，各种媒介功能论都直接、间接受其影响。由于赖特的补充，这一认识似乎更成为不刊之论。

二、"双子星"的负面分析

1948 年，正当拉斯韦尔的《社会传播的结构与功能》一文为传播的正面功能作出经典阐述之际，另外一篇同时问世的文献则对传播的负面功能进行了透彻分析。这就是拉扎斯菲尔德与默顿的《大众传播、流行趣味与组织化社会行为》（*Mass Communication, Popular Taste, and Organized Social Action*）。同拉扎斯菲尔德一样，罗伯特·默顿（Robert C. Merton）也是一位颇有影响的社会学家，曾任拉扎斯菲尔德创办的哥伦比亚大学应用社会学研究所副所长。1941 年，他们一同来到哥伦比亚大学社会学系，此后三十年一直是学生心目中的"双子星"，他们联合应聘的故事也已成为学术史上的一个传奇[①]。

---

① 参见［美］伊莱休·卡茨等编：《媒介研究经典文本解读》，常江译，19 页，北京，北京大学出版社，2011。

在这篇文章中，他们也谈到媒介的三项功能：

（1）赋予社会地位（status conferral）

（2）促进社会规范（enforcement of social norms）

（3）麻醉精神（narcotizing dysfunction）

前两项属于媒介的正面功能，后一项属于负面功能。下面重点谈谈第三项功能，这部分内容主要由默顿执笔。他们认为，媒介是一种既可以为善，又可以为恶的强大工具；而总的说来，如果不加适当控制，则为恶的可能性更大。如果把人际传播比作手工操作，那么媒介传播就相当于机器作业。作为构造精密、功率强大的传播机器，媒介传播信息自然比人际网络迅速得多，广泛得多；因而，如果不加控制，一旦机器发生故障，那么后果也严重得多。好比坐飞机自然比坐牛车要快、要舒服，但飞机一旦出事儿，便非同小可。那么，媒介为恶的可能性具体表现在哪些方面呢？媒介的负面功能主要体现在哪里呢？从他们的分析中，可以大致归纳如下几点。

首先，现代媒介持续不懈的宣传会使人们渐渐丧失辨别力，从而不假思索地顺从现状。以美国为例，媒介都以大企业为支柱，而大企业又同现存制度密切关联，因而媒介便始终不渝地宣扬现存制度的合理性，久而久之人们觉得除了义无反顾地接受现状别无选择。这里尤为明显的不仅在于媒介反复传播某些内容，而且更重要的还在于对另一些内容不予传播。比如，美国媒介只对肯定或赞许现存制度的信息开放绿灯，而对触及这一制度要害的批判性内容漠然处之，置若罔闻，就像布里德的编辑部控制研究揭示的，"阶级""阶级斗争"等字眼在美国报纸上鲜能露面。对此，拉扎斯菲尔德在另一篇文章里写道：

> 既然大众传媒由根植于当下社会及经济体制的巨大商业利益支配，那么它必然要竭尽全力维护这一体制……大众传媒对受众的影响程度并不仅取决于"说了什么"，更重要的是"没说什么"。媒体不但勉力维持现状，更时刻避免触及针对社会结构的实质性问题……当然，媒体上偶尔也会出现针砭时弊的报刊专栏或广播节目，但这实在只是杯水车薪，不可避免地要被巨大的顺从性内容淹没……既然大众传媒倚赖商业赞助，促使人们不假思索地认同既存社会结构，那么在如此结构下我们绝不能指望传媒去促进社会变迁，哪怕只是微小的变化。[①]

如果不加说明，恐怕不会想到这是 70 年前的文字，因为它们具有如此鲜明的现实针对性，俨然说的就是当下的美国及其媒介。

---

① ［美］伊莱休·卡茨等编：《媒介研究经典文本解读》，常江译，26 页，北京，北京大学出版社，2011。

　　拉扎斯菲尔德与默顿的分析，同法兰克福学派哲学家马尔库塞在《单向度的人》（1964）一书中的观点一脉相通。作为批判理论的代表作，《单向度的人》揭示了现代文明把既有物质需要又有精神追求的双面人，变成完全受物质欲望支配的单面人，使过去一向具有批判功能的哲学及学术研究仅仅成为与现状协调一致的吹鼓手。在单面人眼里，现代文明的一切都是合理的、不容置疑的，科学是幸福的源泉，进步是历史的法则，丑恶、荒谬、痛苦都只是暂时的、偶然的，主宰现实的还是迷人的美惠女神。造成这一单向度的一大根源正在于现代媒介，在于媒介对现状不断肯定，媒介本身也由此成为失去批判功能的单向度的人。这是媒介的第一种负面功能——使人丧失辨别力，只知顺从现状，认同既定秩序。

　　其次，媒介是使大众的审美鉴赏力退化和文化水平下降的重要原因。这个问题是媒介专家经常讨论的话题，也是媒介的一大弊端或不容回避的现象。别的不论，单是广播中、电视上那些俗不可耐的"肥皂剧"就足以为证。拉扎斯菲尔德和默顿指出，过去文学艺术属于上流社会，有机会欣赏它们的只是少数贵族，他们能够培养起高雅精致的审美口味，精神与文化自然显得超凡不俗。随着现代媒介的兴起，具体说随着书报杂志的大量流行和广播电视的广泛普及，文学艺术的市场大为扩展，音乐、戏剧、舞蹈、歌剧、绘画、诗歌、小说日渐成为大众的共同精神食粮。既然曲高和寡的定律放之四海而皆准，那么过去的阳春白雪也就难免沦为下里巴人了。一份报纸不登通俗的侦探小说、廉价的爱情故事，而整日价谈论莎士比亚、歌德、托尔斯泰、李白、杜甫、陶渊明，那么市场也就可想而知了。同样，一家电台尽播贝多芬、莫扎特、巴赫、肖邦、德彪西而根本不睬港台歌曲、流行音乐，那么收听率就岌岌可危，广告商自然也就不会感兴趣了。由于迎合大众的口味，媒介不得不降低艺术的品位，久而久之，人们的审美鉴赏力只能日趋退化。这种情形可以用这么一个比喻来说明：高雅艺术好比陈年老酒，劲大味足，香气四溢；而大众文化就像在纯正的老酒中添加了水。陈年老酒固然浓烈醇厚，但能品尝到的人毕竟有限；而勾兑白水虽然冲淡了酒味，却使更多的人领略到它的滋味。问题是，经常喝这种稀释酒，人的鉴赏口味只会下降，正如醉心克莱德曼改编名曲而听不进卡拉扬指挥的贝多芬，则对古典音乐的审美品位很难提高是一个道理。

　　与此相关的一个问题是，媒介以低廉代价占用或剥夺了人们的自由时间。以往生计艰辛，人们整日操劳，很少有闲暇。如今随着现代化程度不断提高，可供人们自由支配的时间越来越多。然而，正当人们打算用几代人辛苦劳作而赢得的宝贵时间做些有意义的事情时，媒介却以诱人的廉价货色将其占用，使之在消遣、娱乐、平庸、无聊中化为乌有。不妨想想网络、微博、社交媒体等，不正是一地鸡毛充塞了生命空间吗。广播盛行时代，有人就打趣道：人们为争取休息自由、大众教育和社会安定所进行的斗争，原是希望自己一旦摆脱了种种束缚之后，就可以享受我们社会伟大的文化成果，如莎士比亚、贝多芬甚至康德，而现在却转向一拨儿一拨儿没完没了的歌星、影星、球星。多少代以来，人们为争取更多的自由时间而进行斗争，但是现在他们有了自由时间，却不是跟哥伦比亚大学打交道，而是跟哥伦比亚广播公司打交道。对媒介的这种负面功能，施拉姆曾用一个比喻概括。他说，媒介就像"时间窃贼"（the thief of time），一点一滴、不知不觉偷走人的一生。如今，只需看看"宅男宅女"泡在网上打发生命，就会一目了然了。

最后一项也是最关键的一项负面功能是所谓麻醉精神，这篇经典文献对媒介负面功能所做的最深刻、最有意义，也最富独创性的分析正在于此。所谓麻醉作用表现在两方面：一是媒介让人沉醉在虚幻的满足之中，二是由此剥夺人的行动能力。举例来说，某年在中央电视台举办的体育知识竞赛中，获前十名的选手竟无一人亲身投入体育运动，全是"君子动口不动手"。这些选手都属于被媒介深度麻醉的人：他们一方面自认为对体育非常热心，十分了解，因而感到志得意满；另一方面，虚幻的满足又使他们完全丧失参与体育运动的热心及能力。媒介的麻醉功能同酒精的麻醉作用颇为相像：喝醉酒的人也是沉浸在虚幻的满足之中，觉得自己无所不能，可实际上连走路的力气都没有了。为此，他们写道：

> 由于把越来越多的时间用于阅读报刊、收听广播和收看电视节目，他们用于参加有组织的行动的时间也就越来越少。人们阅读有关某些争论和问题的报道，甚至讨论各种行动方针。但是，这和有组织的社会行动只有理智上的联系，或可以说很少有什么联系，是不能化为行动的。一个对争论和问题有兴趣并有所了解的公民，可以因自己在这方面处于高尚的境界而自诩，但是他没有看到自己既不作决断也没有行动。总之，他与现实政治生活只有间接的联系，他只是阅读、收听和思考，却以为这可以代替决断和行动。他渐渐地误以为对当代的种种问题作些了解也就是为这些问题采取某种行动。……但是，当他进完晚餐、听完他最喜爱的广播节目，并看完当天的第二份报纸以后，上床睡觉的时间也该到了。
>
> 就这一点而言，大众传播可以算是最高尚、最有力的一种社会麻醉品。大众传播的麻醉作用可能十分有效，中毒的人甚至都不了解自己的病端。[①]

总之，媒介的麻醉功能就是使人误以为，只要对事情了解了、认识了、议论了，就等于亲身参与了，并采取行动了。用拉扎斯菲尔德和默顿的话说，"大众媒介诚然增进了广大人民对新情况的了解。然而，撇开意图不谈，与日俱增的大众传播品可能无意

[①]　中国社会科学院新闻研究所世界新闻研究室编：《传播学（简介）》，169~170 页，北京，人民日报出版社，1983。

中使人们的精力从积极地参与事件转变为消极地认识事件"。[①]

以上便是拉扎斯菲尔德与默顿联手而主要是默顿论述的媒介负面功能：把人变成顺从现状的单面人、导致审美情趣和文化素养的普遍平庸化、廉价占用人的自由时间、使人处于虚幻的满足状态从而丧失行动能力。正因如此，也有学者将默顿视为批判学派及其理论的先驱：

> （默顿）为这篇"经验"性论著平添了"批判"色彩。……拉扎斯菲尔德固然博学多才，却缺乏默顿那般宏阔的理论观与历史观；是默顿，在科学的历史社会学成果与涂尔干、韦伯和马克思以降一脉相承的社会理论之间搭建了桥梁。尽管从很多方面看，默顿都是一个自由主义者，但他同时也是 40 年代独树一帜的马克思研究专家，是他将批判理论的观念引入了"大众传播"领域。[②]

第四节　议程设置

一、构想

议程设置一语，源于英语 agenda-setting。agenda 有议事日程、会议事项等意；set 为安排、安置、设置等。所以，议程设置也译作议程安排。

传播学中的议程设置有特定意义，指的是媒介一项包罗广泛、作用突出的功能——决定人们谈什么和想什么。具体说来，所谓议程设置，是说媒介可以引导公众对特定社会问题予以关注，套用"你拍一，我拍一"的儿歌句式，议程设置的意思就是"媒介拍一，公众拍一；媒介拍二，公众拍二……"。比如，媒介大张旗鼓地报道奥运会，使之成为公众饭后茶余的热门话题，这就是媒介为大家安排了奥运会议程。再如，媒介把一场军事政变、一次总统遇刺或一位名人绯闻当成头条新闻，醒目的标题、突出的版面、号外、插播接连不断，于是公众便觉得这一新闻是当下最重要的事情，一时间围绕这个话题七嘴八舌，议论纷纷。大家之所以这么重视这一政变、谋杀或者绯闻等，这么热心地、急切地谈论它，并非它们真是当时最重大的问题，最值得关注的事情，而仅仅是由于媒介给予它们以突出的报道而已。也许，同一时间还有大量更重要的事情，对国计民生更有意义的事情，如食不果腹、衣不蔽体、居无定所、缺医少药以及生态恶化、环境污染、社会矛盾、战争阴云等，而由于媒介没有安排这些"议事日程"，公众也就无从谈起，无动于衷了。这里，媒介就像是会议主席，公众相当于与会成员；

---

① 中国社会科学院新闻研究所世界新闻研究室编：《传播学（简介）》，170 页，北京，人民日报出版社，1983。

② ［美］伊莱休·卡茨等编：《媒介研究经典文本解读》，常江译，33 页，北京，北京大学出版社，2011。

主席安排会议日程，大家根据他的安排展开讨论。费正清的第一位哈佛门生、抗战期间曾赴延安采访的名记者白修德（Theodore White），在 1972 年的《总统的诞生》（*The Making of the President*）一书中写道：

> 报纸在美国的力量是一种原生性的力量。它安排公众讨论的议程，而这种席卷一切的力量是不受任何法律的限制的。它决定人民要读些什么和考虑什么……当报界抓住一个大问题塞入到谈论的议程之中，它自己就会带来行动——环境问题，民权问题，越南战争的结束，而达到顶峰的水门事件，首先都是由报界列入议程中的。

一句话，媒介报道什么，公众便注意什么；媒介越重视什么，公众也就越关心什么。议程设置的基本意思无非如此。

关于议程设置的研究，可以追溯到 1948 年，拉扎斯菲尔德与默顿合作发表《大众传播、流行趣味与组织化社会行为》一文。如前所述，他们在这篇经典文献里论述了三项媒介功能，第一项是赋予社会地位，即媒介可使任何默默无闻、无足称道、名不见经传的事物，获得貌似显赫的知名度，从而引起广泛关注。如电视台某主持人可能胸无点墨，甚至人品有亏，但是通过电视媒介，天天露面，于是成了"人物"。而对此最先给予明确阐发的，一般归于美国政治学者伯纳德·科恩（Bernard Cohen）。1963 年，在《报纸与外交政策》（*The Press and Foreign Policy*）一书中，他写下两句言简意赅的话，这两句广为征引的名言便成为议程设置理论的滥觞。他说，媒介在使人们怎样想（what to think）这一点上很难奏效，但在使人们想什么（what to think about）这一点上却十分有效。换言之，媒介难以左右人们的思想方式，却易于操纵人们的思想内容。举例来说，对水门事件见仁见智，看法不一，美国人觉得天大丑闻，中国人看来鸡毛蒜皮，远比水门事件骇人听闻的内幕黑幕俯拾皆是，举不胜举，包括用一小瓶洗衣粉，就绕过联合国，不顾世界各国强烈反对，悍然发动血流成河、浮尸千里的战争。对世人的七嘴八舌、各执一端，媒介无能为力，因为它无法使大家按特定的、统一的思路看待水门事件，即媒介不能左右人们"怎样想"水门事件。但是，媒介却能通过大肆报道和频繁转播，使水门事件成为公众热议的话题，也就是说在使人们"想什么"上媒介起着决定性作用。

尽管科恩本人并不是议程设置这一术语的首创者，但他的观点却成为议程设置理论的基石，有关议程设置的研究正是从上述两句名言中演化出来的。

二、研究

作为一对学术搭档，美国学者麦库姆斯（Malcolm McCombs）和肖（Donald Shaw）

共同开创了议程设置的传播研究，成为这个领域常被提及的先驱，就像把关研究方面怀特的地位一样。议程设置这个术语就是由他俩首先使用的，1972年他们在研究总统大选基础上出版了《设置议程：大众媒介与公共舆论》（*Setting the Agenda: The Mass Media and Public Opinion*）一书，提出了这一概念及理论。这里我们就着重介绍他俩的研究。

议程设置研究，主要探讨三个方面的问题。第一方面，是媒介如何确定自己的议程，也就是媒介如何根据自己的标准如新闻价值，在纷繁复杂的现实事件中排出轻重缓急的次序。这方面涉及记者与编辑的双重把关，经过把关，媒介的议程就算形成了。比如，一期报纸上报道了几十条新闻，其中有的排在头条，而有的只是作为简讯，这种安排就是这家报纸当天的议程。第二方面，是把媒介议程传达公众，使大家了解媒介突出的事项及其分量。第三方面，是公众在媒介议程的影响下调整自己的议程，并使这个议程同媒介的议程相同步。

麦库姆斯和肖的研究主要是想搞清楚，媒介的议程对公众的议程有多大的影响。他们的核心假设是：公众会按照媒介对各种问题的重视程度来调整自己对这些问题重要性的看法，或者说媒介对某一事物的强调程度与公众对此的重视程度构成正比关系。为证明这一点，他俩利用1968年美国总统大选之机，在北卡罗来纳州搞了一次调查。

他们首先对当时当地的各种传播媒介进行了详尽的内容分析，把那些同竞选有关的问题分为15个类型，诸如外交政策、公共福利、财政金融、民权等，再分别统计这些问题在报纸杂志的版面上所占的篇幅、在广播电视的节目中所用的时间等。某类问题如外交政策占的版面越多、用的时间越长，就表明媒介对它越重视。经过这番分析与计算，麦库姆斯和肖画出一张表，显示着当时当地媒介所关注的主要问题以及这些问题孰轻孰重的次序。这就是媒介的议程。

然后，他们又对100名随机选出的当地居民进行访问，请他们列举出自己所认为的同竞选有关的重要问题，并根据问题的重要程度排出轻重缓急的次序。接着，依照多数居民的看法也画出一张表，显示着当时当地的公众所重视的问题及其轻重关系。这就是公众的议程。

最后，只需把媒介的议程与公众的议程进行比较，二者是否具有相关性以及具有多大相关性就一目了然了，从而也就可以确定媒介议程对公众议程的影响程度。如果二者完全一致，相关系数为1；如果完全不同，相关系数为0。所以，相关系数越是接近1，就表明二者越一致；相反，相关系数越是接近0，就表明二者越不相干。麦库姆斯和肖将调查中所获得的媒介议程与公众议程进行比较后，得出的相关系数高达0.967，也就是说二者几乎完全一致。他们由此得出结论：在特定的时间与地点，公众谈论的问题正是媒介突出的问题，而且公众视为最重要的事情也正是媒介最强调的东西。

通俗一点说，就是媒介拍一，公众拍一……麦库姆斯和肖把这种传播现象定义为"媒介的议程设置功能"（the agenda-setting function）。从此，议程设置一语便流传开来，作为先驱者的麦库姆斯与肖自然也被视为这方面的权威。其实，议程设置功能无非是此前 20 年默顿所论"地位赋予"功能的展开，作为一种理论，议程设置"所强调的内容默顿早在 1948 年便已揭示得一清二楚"[①]。

第五节　隐性功能

一、隐性功能与显性功能

何谓隐性功能？质言之，就是人们习焉不察而又无所不在的媒介功能。不言而喻，隐性功能（latent function）是同显性功能（manifest function）相对而言的。如果说显性功能是显而易见可知可感的，那么隐性功能就是隐约难辨似有似无的。我们不妨把前者看作心理学的意识，而把后者视为潜意识。

总体而言，经验学派对媒介功能的探讨大多集中于显性功能，而隐性功能几乎鲜有问津。这种一边倒的状况也由于显性功能实实在在，便于考察，而隐性功能缥缥缈缈，不易分析，所谓"海客谈瀛洲，烟涛微茫信难求。越人语天姥，云霓明灭或可睹"。

最早致力于传播研究的政治学家拉斯韦尔曾提出媒介的三大功能理论——监视环境、联系社会和传递遗产，后来社会学家赖特又增加一项功能——提供娱乐。拉斯韦尔以及赖特实际上都是从一元的前提出发考察媒介的功能，因而都把媒介的功能问题视为"正能量"。另外两位推进传播学的社会学家拉扎斯菲尔德和默顿，也曾专门论述媒介功能。在他们看来，现代媒介具有三项功能，即授予某人某事以显著的社会地位，促进社会准则的实行和麻醉人们的精神。其中前两项属于媒介的正面功能，后一项"麻醉精神"则是负面功能。这里他们已从辩证角度看待媒介功能问题，从而得出媒介既有积极作用，又有消极影响的结论。

上述功能观——无论是拉斯韦尔的，还是拉扎斯菲尔德与默顿的，都有一个共同之处：只在显性功能的圈子里转悠，尚未触及隐性功能的神秘王国。后来一些传播研究，包括议程设置、斯蒂芬森的游戏论以及下一节将谈到的麦克卢汉的媒介论等，虽然从不同侧面进抵隐性功能，可惜未作深入探讨，更未进行专题阐发。正像沙漠中的行旅偶然看见远方一片绿洲，但觉得不过是虚无缥缈的海市蜃楼，于是向绿洲投去匆匆一瞥后，又低头继续走路了。这同 20 世纪初弗洛伊德探究潜意识之际的心理学相似，当时

[①]　［美］伊莱休·卡茨等编：《媒介研究经典文本解读》，常江译，174 页，北京，北京大学出版社，2011。

心理学研究局限于可知可感的意识，而对不可捉摸的潜意识很少过问。事实上，媒介的隐性功能对人类社会和历史进程的影响丝毫不亚于显性功能，正如潜意识对人的作用。

二、身外世界与脑海图景

哲学家怀特海说过，所有欧美哲学都是对柏拉图学说的注释，因为柏拉图提出了迄今仍然占据他们神思的根本问题。这里所说的隐性功能，也可在柏拉图的思想中发现胚胎。柏拉图在《理想图》中讲过一个有名的洞穴比喻，借用罗素《西方哲学史》一书的概述：

> 那个比喻是说，那些缺乏哲学的人可以比作是关在洞穴里的囚犯，他们只能朝一个方向看，因为他们是被锁着的；他们的背后燃烧着一堆火，他们的面前是一座墙。在他们与墙之间什么东西都没有；他们所看见的只有他们自己和他们背后的东西的影子，这些都是由火光投射到墙上来的。他们不可避免地把这些影子看成是实在的，而对于造成这些影子的东西却毫无观念。最后有一个人逃出了洞穴来到光天化日之下，他第一次看到了实在的事物，才察觉到他前此一直是被影像所欺骗的。[①]

柏拉图的这个洞穴比喻，是对媒介隐性功能的一个绝妙的象征性阐释。这里的洞穴可以视为媒介化社会，囚犯就是社会公众，他们背后燃烧着的火相当于媒介。媒介把公众看不到的"背后的东西"投射到洞壁上，形成影像，而公众便借助这些影像去感知实际的存在。也就是说，在媒介化社会中，人们看到的不是实在之物而是其影像，这些影像经由媒介呈现在公众眼前。用柏拉图的话来说："他们只看见了自己的影子或别人的影子，那些都是火投射在对面的墙上的。"[②] 长此以往，人们便自然而然地把这些影子看成是实在的，而对于造成这些影子的实在之物反而熟视无睹，浑然不觉。换言之，在传播媒介异常发达的现代社会，人们早已习惯于把媒介折射的现实当成现实本身，而对真正的现实却漠然处之。

媒介诚然具有监视环境、提供娱乐、授予地位、设置议程等一系列显而易见的功能，但更重要的还在于媒介无意中为人们建构了一个"拟态环境"，并使人自然而然不自觉地视之为真切的实在环境，而对影像所自出的实性世界反倒麻木不仁，无动于衷。这正像人们确信无疑地认为天空是蓝色的，而几乎无人意识到天空的本色，更没有多少人会想到那层使天空呈现蓝色的缥缈大气层。由于媒介的这种功能表现得非常隐秘、似

---

① ［英］罗素：《西方哲学史》上卷，何兆武、李约瑟译，168 页，北京，商务印书馆，1963。

② 同上，169 页。

有若无，所以称为隐性功能。简言之，我们说的隐性功能是就媒介的这种作用而言的，即媒介能在我们同实性世界之间树起一道无所不在而又不易察觉的屏障，如同隔开我们与天空的大气层。

隐约发现这道隐秘屏障者，最早当数那位"声名赫赫开万户"的美国政论家李普曼（Walter Lippmann，1889—1974）。李普曼是 20 世纪一代名记者，与同为名记者的里德，即名作《震撼世界的十日》作者为哈佛同学。毛泽东主席不止一次称道李普曼的政治眼光。他一生著述甚丰，总计约 1000 万言，至今仍被研读的有百年前的《舆论》（Public Opinion），书的正文前面便印有柏拉图洞穴比喻的那段文字。《舆论》第一章的标题为"身外世界与脑海图景"（The World Outside and the Pictures in Our Heads）。这句话既是理解这部名著的钥匙，也是李普曼思想遗产的结晶。在他看来，我们的身外世界（实性世界）如今越来越变得广阔而纷杂，人们已经很难直接感知它、把握它、理解它，诸如关税、贸易、财政预算、经济危机、战争与和平等众多人们必须面对的问题，都远远超出大家直接接触、亲身感受的范围。因此，对绝大多数人来说，身外世界实际上已是"不可触、不可见、不可解"（out of reach，out of sight，out of mind）。

然而，人们毕竟得面对这个身外世界并与之打交道。那么怎么办呢？为此就需要建构一个可供感受、适合体验的间接环境，这就是脑海图景。脑海图景是个经过简化的"拟态环境"（pseudo-environment），其作用就在于把臆想的秩序及联系加诸庞杂混乱的身外世界，变无序为有序，为自身提供一个貌似"可触、可见、可解"的现实环境。由此不难发现，李普曼所说的脑海图景脱胎于柏拉图所讲的洞壁影像，而且脑海图景也同洞壁影像一样都被确信无疑地当作实性世界来看待。

至此李普曼似已窥见隐性功能，可惜他只是蜻蜓点水，便翩翩飞去，结果这个问题如流星在沉沉夜空中倏忽划过，便又没入黑暗之中。另外，李普曼是从舆论易被左右的前提下探究脑海图景的，而在隐性功能所及的包罗万象的虚性世界中，既有刻意为之的东西，如宣传、公关、广告等，又有更多无意为之的内容，这两者的比例犹如冰山的海上与海下部分。李普曼的分析只限于冰山露出海面的一角，尚未触及隐没海底的主体。换言之，他只看到虚性世界的一小部分，而忽略其中的大片领域。

我们认为，脑海图景是由隐性功能建构的身外世界的全貌，现代人基本上是对这一虚性世界进行感知、体验和反应的——如今的网民就是典型。或者说，现代媒介不知不觉地在我们同实性世界之间嵌入一个间接的、非实在的环境，李普曼把它称为脑海图景，我们姑且称之为媒介环境。

三、媒介环境

从柏拉图的洞壁影像和李普曼的脑海图景中，我们推出媒介环境这一核心命题。

所谓媒介环境，就是由真真假假的影像组成的虚性世界或曰拟态环境。这个虚性世界，正是媒介的隐性功能之所为。也就是说，隐性功能表现为建构媒介环境，正如显性功能表现为监视环境、提供娱乐、设置议程等。

诚如李普曼所言，当今时代的身外世界早已变得无比庞杂，远非个人所能亲历。当此时，现代媒介就把"不可触、不可见、不可解"的实性世界投射给人们，为大家提供了一个可知可感并仿佛也能亲身经验的虚性世界，即间接的、人为的、虚拟的媒介环境。麦克卢汉的奇谈妙论之一——媒介是人体的延伸，说的也是人们只有借助媒介的延伸作用，才能间接接触实性世界。传播学者居延安说得更干脆："我们看不到世界本身，看到的是被大众媒介选择和解释过的世界。"我们自以为同实际的现实环境保持着密切接触，其实无时无处不在同虚拟的媒介环境打交道。所以说，现代媒介在我们同世界之间竖起一道似实而虚的媒介环境。对此一般人自是浑然不觉，而媒介专家也未必考虑到它的存在及其意义。正如人们看见蓝天便以为天空本来就是蓝色的，而很少想到横亘在我们与天空之间那层难以察觉的空气。

媒介环境中有两个部分最引人注目：一是媒介事件（media events），二是媒介人物（media personalities）。它们一共构成媒介环境的主体。依照通常理解，媒介事件是美国历史学家丹尼尔·布尔斯廷（Daniel J. Boorstin）说的"伪事件"（pseudo-events），也就是有意安排的、非自然的人为事件，如记者招待会、公关活动、揭幕剪彩等。这样的媒介事件往往经过精心设计和组织，专供媒介报道之用。在媒介高度发达的现代社会，伪事件早已层出不穷。不过，这里讲的媒介事件远远不限于伪事件，我们是把所有经过现代媒介传播的事件通称为媒介事件，不管是人为制造的伪事件，还是自然发生的真事件。媒介事件可能为真也可能为伪，这并不重要；重要的是媒介事件都是事件本身的镜像。媒介人物也是如此。没有几个人能直接接触、亲自了解实际中的希特勒、罗斯福、戴高乐、丘吉尔，人们所见所知的不过是经过媒介折射的现实人物的影像。许多显赫一时的名流其实也都是借助媒介才得以大出风头，一旦被媒介遗忘便不再为人所知，即便近在眼前，也浑然不觉。举个例子，美国《新闻周刊》记者奥唐奈在《希特勒暗堡》一书中记述了一件事："1976年秋天，我和斯佩尔（希特勒的军备和战时部长——引者注）在这些重新栽种的树下散着步，进行我们最后一次长时间的采访谈话。从我们身边走过的柏林市民几乎没有人认得这个高高的浓眉男子，而他曾是这座城市的规划师，在战争的危机的三年中，他作为军备和生产部长，曾经管理过欧洲大陆大部分国家的经济。"[①] 作为第三帝国的要员，斯佩尔不是等闲之辈。然而，淡出媒介或历史后，当他漫步柏林街头，却几乎没人留意他。如此说来，人们感知到的斯佩尔只是他

---

① ［美］詹姆斯·P. 奥唐奈：《希特勒暗堡》，秦梅等译，306~307页，北京，世界知识出版社，1983。

的媒介形象，而对实际中的真人却视若无睹。这也说明媒介的隐性功能所造成的我们对实性世界的隔膜。

关于媒介事件与人物同实际事件与人物之不同，在一项著名的传播研究中得到有力证明。1951 年，库尔特·朗格和格拉迪斯·朗格（Kurt Lang and Gladys Engel Lang）——当时正在芝加哥大学社会学系攻读研究生的一对夫妇，借麦克阿瑟从朝鲜战场铩羽回国之际，对芝加哥的欢迎活动作了专题研究。他们事先选派两班人马，一班观看电视报道，一班分布在沿途迎候麦克阿瑟的人群中。这样安排便使一批人接触媒介事件与人物，另一批人直接感知实际事件与人物。结果显示，在现场欢迎麦克阿瑟的人并不怎么激动，甚至感到有些厌烦，因为等很长时间，而麦克阿瑟的车队开来时一晃而过，顶多看上两眼，跟着欢呼两声，便作鸟兽散，对整个过程感觉平平。与此相反，人们对电视媒介报道这一事件的感受则大不相同。麦克阿瑟其人一向喜欢出风头，装腔作势，自高自大，虽然在朝鲜被志愿军打得满地找牙，美国总统对其一再抗命也忍无可忍，最终解除其所谓"联合国军司令"一职，但依然不影响麦克阿瑟做戏作秀的热情。而当时，电视摄像机就架在紧随麦克阿瑟的车上，镜头时而朝向欢呼的人群，时而对着作微笑状的麦克阿瑟，推拉摇移，交替变化，给人以隆重热烈、光荣凯旋的印象。于是，观看电视转播的人自然比较兴奋，情绪难免激动，归来箪鼓竟，心潮逐浪高。

朗格夫妇的这项经典研究，对理解媒介环境颇有启发。这里的人是同一个人——麦克阿瑟，事儿也是同一件事儿——夹道欢迎，但一经媒介传播给人的感受与印象却迥然不同。需要说明的是，对此事的报道基本属实，即便如此，尚有这般悬殊，更不用说客里空式的媒介事件与人物了。如果人们经年累月听到的都是媒介事件，日复一日见到的都是媒介人物，那么久而久之便难免将媒介环境当成实际环境；如果人的主客观活动常常处于一种非实在的拟态环境中，那么此种环境对人类生存及社会发展的潜移默化作用便不容忽视了。如下数据，可知大概：

> 即使保守地估计，美国人接触"传统"传媒（听广播、看电视及读报章杂志）的日均时间是 360 分钟，再加上接触互联网等"新"传媒的 120 分钟，那么扣除睡眠、通勤与工作之后，他们在清醒的时候几乎就离不开新旧传媒组合而成的"环境"……所思所想及行为举止都会受制于这个环境。①

四、假作真时真亦假

媒介环境渗透到现代生活的方方面面，同现实中的一切存在千丝万缕的联系，其

---

① ［美］丹·席勒：《传播理论史：回归劳动》，冯建三等译，313 页，北京，北京大学出版社，2012。

意义无法估量。大略说来，媒介环境是一种潜移默化的无形巨网，对现代人而言，包罗万象的媒介事件与媒介人物正像铺天盖地、无孔不入的空气，无时无处不弥漫在日常生活中。从海湾危机到俄乌战争，从动物保护到环境污染，从非洲灾民到人口爆炸，从卡拉扬逝世到多明戈、帕瓦洛蒂、卡雷拉斯三大男高音联袂演出，从招工启事到售货广告，从群众来信到晴转多云……种种看似活灵活现的人物，许多仿佛实实在在的事情其实往往是实性世界的镜像，人们感受到的往往也是这些镜像。长此以往，人们便不知不觉将虚拟环境同实际环境混为一谈，有意无意把镜像当成实在或把实在当成镜像，正如《红楼梦》所言"假作真时真亦假"。

《纽约时报》名记者，以《长征——前所未闻的故事》驰名中国的索尔兹伯里（Harrison Evans Salisbury），在《天下风云一报人》一书中记述的几件美国总统里根的轶事，为具体认识媒介环境的意义及影响提供了生动例证。书中写道，有一次里根接受记者采访，当谈到美国的种族问题时信口开河地说道：我们美国真是一个妙不可言的地方！你们记不记得就在珍珠港事件后的一天，罗斯福总统一道命令就取消了美军中的种族隔离？记者一听不对头，美军中的种族隔离是到二战结束后，杜鲁门当政时才取消的嘛，为此还曾引起一场轩然大波。里根对记者的反驳并不介意，又耐心解释说：怎么不是，你忘了吗？当时珍珠港一艘军舰上有位黑人厨师，当全舰官兵都打光时，他抱起一挺机枪对空扫射，结果击落一架日本零式战斗机。于是，第二天罗斯福就下令取消美军中的种族隔离。听里根这么一说，记者才算明白是怎么回事："总统记得一点也不错，但那不是事实，而是一部电影里的情节。"

还有一次，以色列总理拜见里根之后，在白宫外面兴冲冲地告诉记者，里根对他讲了参与解放布痕瓦尔德集中营的往事。以色列总理又惊又喜地说："我过去倒不知道这件事。"回到使馆后，以色列外交官告诉总理，那件往事纯属子虚乌有。第二次世界大战期间里根先生根本没有到过欧洲，所谓解放集中营乃是发生在电影里的桥段，而并非发生在布痕瓦尔德。[①]

由此看来，就连里根在电视演播间因一句对苏宣战的戏言而引起举世震惊之事，也未始不可以追溯到媒介环境对他深层意识的作用。当他面对电视演播间的话筒时，焉知他的脑海图景里不正闪现着电影《星球大战》的镜头呢？怨不得索尔兹伯里揶揄他，说他不知道"什么是真的，什么是假的，哪里是实地，哪里是幻境"。

里根在好莱坞当演员时，拍过一部轰动一时的影片《国王大道》，他几乎因此获得奥斯卡金像奖。在这部电影里，里根扮演的角色做了高位截肢，双腿都被切除。他从麻

---

① ［美］哈里森·索尔兹伯里：《天下风云一报人——索尔兹伯里采访回忆录》，粟旺等译，309 页，北京，中国对外翻译出版公司，1990。

醉中醒来后，发现失去双腿，不由得大叫一声："我的其余部分哪儿去了？"这是里根银幕生涯中一句最动情、最得意的台词。他息影从政后，请人为他写过一部自传，书名就叫《我的其余部分哪儿去了》。这件事同上述两件事一样，都很耐人寻味。"我的其余部分哪儿去了"本是一句台词，但里根却视为真实经历，起码潜意识中信以为真。最后终于像漫游奇境的艾丽丝一样，再也分不清周围世界的真假虚实。所以，索尔兹伯里不客气地写道：

> 在他的头脑中，对白宫中的现实生活与他成年以来半生银幕所经历的幻境之间，有没有一条明确的分野呢？
>
> 里根先生不知是否了解，他所大声疾呼的"我的其余部分哪儿去了"这个问题的答案是有的，但很严峻：他所谓的其余部分，根本就不存在。[1]

里根的例子突出表明媒介环境及其潜移默化的影响。仔细想想，我们每个人不都能从自己的言行中找出"里根"的影子吗？如果说有什么不同，也仅在于程度的差异。身处一个被媒介环境所渗透的社会，面对网络等虚拟世界对日常生活的全面覆盖，有谁能够时时处处纤毫不爽地分清"什么是真的，什么是假的，哪里是实地，哪里是幻境"呢？

第六节　媒介生态

1959 年，一位文坛怪杰、名不见经传的马歇尔·麦克卢汉（Marshall McLuhan，1911—1980），在美国发表演讲《电子革命：新媒体的革命影响》，从此语言中有了新媒体一词。20 世纪末以来，随着"信息高速公路"遍布全球，新媒体迅速改变了传播生态，也不断改变着传播学的知识版图。从谷歌、脸书、推特，到百度、阿里、腾讯，更是极大影响了千家万户日常生活，全球网民如今已近 50 亿，"万物皆媒"的时代俨然来临。为此，或欢天喜地，或痛心疾首。而这一切的思想源头，都离不开麦克卢汉及其媒介观。

麦克卢汉在传播学领域无疑风头最健，他的媒介观也最是诡谲，一惊一乍。自传播学兴起以来，世界上还没有哪位传播学者像他那么引人注目，也没有哪套传播理论像他的媒介观那么广为人知。这种情形类似于爱德华·汉斯立克之于音乐美学。虽然麦克卢汉及其思想一度陷入沉寂，但随着网络新媒介的勃兴，他的一系列预言式谶言重新引起关注：

---

[1] ［美］哈里森·索尔兹伯里：《天下风云一报人——索尔兹伯里采访回忆录》，粟旺等译，315 页，北京，中国对外翻译出版公司，1990。

时间证明，麦克卢汉在电子媒介环境以及电子媒介对精神、神经系统、文化和社会结构的影响等许多方面都是正确的，这就是今天很多人转而关注他的作品的原因所在。……麦克卢汉的才华之光已经使人们看到了媒介、传播、文化和技术的无形环境。他提高了我们的洞察力和理解能力。①

作为传播学界的"奇人"，麦克卢汉身上披着一系列光怪陆离的印记：电子时代神谕者、连线杂志守护神、通俗文化的江湖术士、电视机上的教师爷、走火入魔的形而上巫师、传播学大师……而作为传播学的"奇谈怪论"，他的一系列惊世骇俗的论断，尤其是"媒介即讯息"等观点，至今仍像斯芬克司之谜，逗引人的好奇，激发人的想象，困扰人的思路。

一、麦克卢汉：媒介"三论"

1960 年代，正当现代传播开始走向全面繁盛，特别是全新的视听媒介崛起之际，北美大陆爆出一部谈论媒介的"奇书"，这就是麦克卢汉的成名作《理解媒介：人体的延伸》（*Understanding Media: The Extensions of Man*）。这部非同寻常之作使他声名鹊起，在北美以及欧洲风靡一时，不仅学术界、思想界为之心旌摇荡，就连民间都刮起一阵麦克卢汉旋风。美国《新闻周刊》1967 年一篇文章盛赞他"思路开阔""他的传播理论不啻对于过去、现在和将来的一切人类文化提出一种解释"。《纽约先驱论坛报》甚至把他列为牛顿、达尔文、弗洛伊德和爱因斯坦之后"最重要的思想家"。由于麦克卢汉其人其说的巨大反响，媒介这个专业术语才一举而为天下知。同时，也正如有人所言，"正是媒介把麦克卢汉从一位不知名的学者变成一位国际名人"。至于他的"地球村"（global village）、"信息时代"（age of information）等概念，如今更是家喻户晓。

屠格涅夫说过："在一切天才身上，重要的是我敢于称之为自己的声音的东西。是的，重要的是自己的声音，重要的是生动的、独特的、自己个人的音调，这些音调在其他任何人的喉咙里是发不出来的。"在繁星点点的传播学界，麦克卢汉堪称屠格涅夫所说的这样一位天才。对于媒介问题，他发出的也是"自己的声音"，唱出的正是"生动的、独特的、自己个人的音调"，而且这些音调在其他任何传播学者的喉咙里都发不出来。

那么，麦克卢汉媒介观"奇"在哪里，"怪"在何方呢？简言之，他的奇谈怪论概括起来有三论，可以称为媒介延伸论、媒介凉热论和媒介讯息论。媒介延伸论涉及媒介的功能，媒介凉热论涉及媒介的分类，媒介讯息论涉及媒介的本质。

---

① ［美］兰斯·斯特拉特：《媒介生态学与麦克卢汉的馈赠》，胡菊兰译，载《江西社会科学》，2012（6）。

　　按照媒介延伸论，媒介功能不仅在于通常理解的传播信息，而且更在于拓展人与社会的联系与交往，媒介既是传播信息的交流渠道，更是延伸人体的社会器官。在他眼里，凡是具有延伸人体功用的东西均属媒介，如印刷文字是眼睛的延伸，广播是耳朵的延伸，衣服是皮肤的延伸，车轮是腿脚的延伸，电力技术是中枢神经系统的延伸，等等。拿每人每天都少不了的服装来说，乍一看似乎不可理解，服装怎么会成为媒介呢，拘泥于书籍报刊、广播电视一脉思路确实难以将服装同媒介相提并论。然而，若是跳出这一思路就不难发现，无论从理论上讲，还是从现实中看，服装自古及今始终都是社会交往的重要媒介。就像作为时装重新流行的"汉服""唐装""旗袍"等，无论当年还是当下无不体现着特定的生活方式与社会风尚，包含着某种精神寓意与思想内涵，如峨冠博带的汉服就与君子之国、礼仪之邦一脉相通。同样，孙中山先生设计的中山装，则通体散发着三民主义气息。而改革开放以来，国人竞相穿西服、打领带，更是流露着一种"国际接轨"的社会文化心态。因此，西方记者往往喜欢通过中国领导人的着装，揣摩社会政治气候的蛛丝马迹。1987年，中共十三大闭幕后，新任领导人同中外记者见面时还谈到服装问题。当时，有记者问，怎么看待穿西装，他的回答后来上了西方各大报的头版：穿西装很好，穿西装不打领带就更好。

　　麦克卢汉认为，每一种媒介即每一种人体的延伸，都将改变人们感知世界的方式，从而也改变人们的生存方式。换言之，任何一种感觉的延伸都改变着我们思想和行为的方式——我们感知世界的方式。以15世纪德国古登堡的印刷技术为例，这种新媒介就迫使现代人用一种他所谓的"划一性"（uniformity）、"持续性"（continuity）和"直线性"（linearity）的思维来理解和把握世界，由此导致统一的民族国家的诞生，近代工业生产流水线的形成，以及千篇一律的生活时尚的风行等。用《理解媒介：人体的延伸》的说法，我们今天认为理所当然的商品一致性与固定的价格系统，若没有印刷媒介为其奠下基础，是不可能出现的。

　　麦克卢汉的媒介延伸论同其媒介观的基本思路是一致的，即强调和突出媒介本身对人类社会和历史丕变所起的决定性作用，而这种作用同媒介传播的具体信息无关或关系甚微。正如 J. W. 凯瑞在《英尼斯和麦克卢汉》一文所言：媒介是巨大的社会隐喻（vast social metaphors），它不仅传递信息，而且还告诉我们世界的存在方式；它不仅刺激并娱悦我们的感官，而且通过改变我们对各种感官的使用比例，实际上改变着我们的性格。

　　麦克卢汉不仅对媒介功能的理解与众不同，而且在媒介的分类上也别出心裁。依照他的看法，所有媒介分属两类：一类称为热媒介（hot medium），一类称为凉媒介（cold medium）。所谓热媒介，是指传播的信息明确清楚，或曰清晰度高（high definition），因而接受者的参与度相对降低的媒介。相反，凉媒介是指传播的信息模糊含混，或曰清晰度低（low definition），因而接受者的参与度随之提高的媒介。以照片与漫画为例：照片的清晰度高，画面一目了然，无需多做"补充"，意思已很明确，故看照片的参与度低——是为热媒介；与之相反，漫画的清晰度低，意思相对模糊，人们得调动想象力予以"补充"，才可能完整理解其中含义，故看漫画的参与度高——是为凉媒介。属于热媒介的还有广播、电影、书籍、演讲、报纸等（麦克卢汉所说的媒介既指传播工具，又指传播方式如演讲、讨论会、座谈等），它们都是信息的清晰度高而受众的参与度低的媒介；属于凉媒介的还有电视、电话、交谈、讨论会等，它们都是信息的清晰度低而受众的参与度高的媒介。由于不同媒体有不同特性，因而也就有不同的适用范围，举例来说：

> 肯尼迪竞选时，精神分析学家预言他在无线电广播辩论中在某些州会输给尼克松，这是因为他声音太高，外加他的"哈佛口音"的缘故。在这些州尼克松的有点粗犷的低音将被接受者认为是真诚的声音。人们劝肯尼迪只要有可能就不要使用无线电广播，而要利用电视，因为在视觉形象上尼克松稍逊一筹。选举后对各类听众和观众的投票进行分析，证明分析家的推测是正确的。[①]

如果说麦克卢汉的媒介延伸论饶有新意，发人深思，不失为新奇立论；那么他的媒介凉热论则显得有些信口开河，似是而非，有标新立异之意，无寻幽探奇之实，只要稍加追问便漏洞百出。别的不说，单以广播为热媒介，电视为凉媒介而论，恐怕就难以自圆其说。因为，根据凉热界定推论，广播同电视相比由于没有视觉刺激，从中感应的信息就不如从电视中接收的信息那么清楚明白，所以理应属于低清晰度而高参与度的媒介——凉媒介，怎么反倒成为热媒介呢？同样，电视与广播相比毫无疑问应属高清晰度而低参与度的媒介，即观众无需再对电视画面的信息内容多做"补充"，也就是热媒介，怎么反倒成为凉媒介呢？这岂不是自相矛盾吗？对此麦克卢汉的解释是，在电视屏幕上一秒钟闪现数百万个光点，而人眼只能感应其中的 60 至 70 个光点，并且观众还得将它们在大脑中依次组合成原先的图像，这样电视便成为低清晰度、高参与度的媒介即凉媒介。这种解释奇则奇矣，但有违常情常理，难以服人。怨不得乔治·H.道格拉斯反驳说，媒介凉热论究竟是"理论"（theory），还是"修辞"（rhetoric）？

在麦克卢汉的媒介"三论"中，最奇特、最费解、最引起争议的还数媒介讯息论。提到此论便使人不由得想起珀尔在谈及海森堡的测不准原理时说过的那段名言：毫无疑问，一种疯狂的理论摆在了我们面前，但问题是要想成为正确的理论，它是否足够疯狂！翻开麦克卢汉的《理解媒介：人体的延伸》一书，扑面而来的就是那句先声夺人、

---

① ［俄］谢·卡拉-穆尔扎：《论意识操纵》（上），徐昌翰等译，90 页，北京，社会科学文献出版社，2004。

石破天惊的"奇语"——"媒介即讯息"（The medium is the message）。此语一出，举世哗然！这已不仅仅是标新立异的问题，乍一听简直就是梦呓与疯话。谁不清楚媒介与讯息完全是不同的两码事：媒介是传播信息的工具，正如车辆是运输货物的工具；而讯息则是媒介传播的内容，正如货物是车辆装载的东西。媒介与讯息泾渭分明，判然有别，怎么能说媒介是讯息呢？假如承认媒介就是讯息而不是传播讯息的载体，那么也该承认车辆就是货物而不是运货的工具，或者承认大脑就是思想而不是进行思维的器官，这不是荒谬绝伦吗？由此看来媒介讯息论之谵妄乖谬岂不昭然若揭吗？然而，"媒介即讯息"这一看似不合情理的论断，却仿佛大智若愚、深含哲理的妙论。钱钟书在接受电视剧《围城》剧组的采访时，就曾再三引述麦克卢汉的这句名言。

麦克卢汉的媒介延伸论与媒介凉热论尽管奇异独特，别具一格，但还属于正常立论，不管接受与否也总能理解。而他的媒介讯息论则属于反常之见，令人耳目一新，更令人百思不得其解。"媒介即讯息"这句突兀的奇语问世以来，虽经反复阐释，至今仍像一句古奥玄妙的佛家禅语，使人纵然感到其中蕴藏大道，但总归似懂非懂，懵懵懂懂。媒介为什么是讯息，媒介即讯息的真谛何在？这一论断就像传播学的一个斯芬克司之谜。

二、媒介即讯息：传播学的斯芬克司之谜

媒介讯息论是麦克卢汉媒介观的核心，是凝聚其传播奇想的结晶。提到麦克卢汉，就会想到"媒介即讯息"；正如提到尼采，便会想到"上帝死了"。迈尔斯·奥维尔谈及麦克卢汉的这句话时写道："自从爱因斯坦发表他的著名公式（指 $E=mc^2$，即能量等于质量乘以光速的平方）以来，还没有哪个知识分子如此紧密地与单独一句话联系在一起。"[①]

大概是出于对印刷媒介所循逻辑原则的鄙弃，麦克卢汉不屑于条分缕析的推论，对构筑严谨周密的理论体系敬而远之。所以，他的思想尽管灵光乍现，使人兀然而醒，然而若想穷根究底地从中抒出一条前因后果的逻辑线索，探明他那些奇思怪想的来龙去脉，又往往羚羊挂角，无迹可求。怨不得李金铨说："麦克卢汉是个预言家，严格说不能算是社会科学家。他没有严谨的理论，只有思想的火花。他喜欢玩弄文字游戏，令人难以捉摸他的意思。他又鄙夷研究证据，认为这是印刷媒介的偏见。所以如果想认真地用实证方式检查他的论据，常是徒劳无功的。"[②]

这种"没有严密的理论，只有思想的火花"的情形，十分鲜明地体现于他的媒介

[①]　迈尔斯·奥维尔：《从另一个角度看马歇尔·麦克卢汉》，载《交流》，1982（4）。

[②]　李金铨：《大众传播理论》，73 页，台北，三民书局，1983。

讯息论。事实上，他只提出媒介即信息这一命题，而并未对它展开有条有理的论证和逻辑缜密的阐发。给人感觉仿佛有一阵神风自天而降，使他得到灵感和启示，从而瞿然憬悟，提出这样一个玄奥奇妙的思想。无怪乎当人们"想认真地用实证方式检查他的论据"，进一步深究为什么媒介就是信息时，碰到的不是有理有据、头头是道的解析，而多为飘忽不定的思路和波诡云谲的行文。当然，麦克卢汉也不时旁敲侧击一二，让人窥见一缕电光石火，如《理解媒介：人体的延伸》第一章中开宗明义："若说媒介即讯息而不把二者截然分开，人们定会惊异不已；其实这只是说媒介乃是我们人体的延伸，一种新媒介对个人与社会的影响是由于新的尺度所造成，这种新尺度是由我们身体的延伸或由新技术引进到我们事务之中。"同一章另一处，他又写下一段被人广为征引的话：

> 媒介的影响力所以如此强大，就是因为随着媒介而来的"内容"（即讯息）又是另一种媒介。电影的内容可能是一部小说、一出戏剧或一部歌剧；但是电影的影响力却与它的内容毫不相干。

在《理解媒介》第二版前言里，他写道：

> 就电子时代而言，"媒介即讯息"意味着一种完全崭新的环境被创造出来。这一全新环境的"内容"是工业时代固有的机械化环境。然而，这一全新环境又从根本上使旧的环境再生，正如电视从根本上使电影再生一样。因为电视的"内容"就是电影。电视是环境的，且不易察觉，如周围所有的环境一样。我们只感觉到"内容"或原有的环境。

在1967年出版的《媒介即按摩》（*The Medium Is the Massage*）一书中，他也同样说道：

> 社会的形成在更大程度上总是取决于人们相互交流所使用的传播媒介的性质，而不是传播的内容。
>
> 一切传播媒介都在彻底地改造我们，它们在私人生活、政治、经济、美学、心理、道德、伦理和社会各方面的影响是如此普遍深入，以致我们的一切都与之接触，受其影响，为其改变。媒介即讯息。

这些奇诡之论犹如划过夜幕的流星，足以令人警觉，却不足以彰显黑暗笼罩下的全部奥秘。也许，他是想说，每一种新媒介都会创造一种全新的环境，这种环境对人的各种感知系统将发生全面的、深刻的、潜移默化的影响。比如，汽车出现后，就带来公路、桥梁、加油站、修理厂等一系列相关设施，从而形成完全不同于马拉步行的交通格局。媒介也是如此，一种新的媒介出现后，总会逐步催生一种新的媒介生态，从而对人们的社会生活产生决定性作用，至于媒介所传播的信息，从广泛的、长远的历史角度看反倒无关大局。为此，他喜欢引用诗人艾略特的一个比喻——"诗歌很像是一片滋味鲜美的肉，撬门贼用它来涣散看门狗的注意力"[①]。也就是说，媒介的内容不过是窃贼（媒介）手里的肉，目的在于转移受众（看门狗）的视线，最终实现打家劫舍目的——影响整个社会历史及其进程。

就拿上引论述而言，它们实际上都在谈媒介本身对社会历史的影响，包括影响的产生、影响的方式、影响的范围等。用居延安的话说，麦克卢汉企图表达这样的思想：传播的媒介可以比传播的内容对人产生更为持久、更为集中、更为强烈的影响。问题是，媒介的影响即便大得难以估量，即便同媒介所传播的讯息内容互不相涉，但还是不能证明媒介就是讯息，也就是说从媒介的影响得不出媒介即讯息的结论。"先知"既然并未对此作出透辟说明，"信徒"便只好按照各自的思路阐释其微言大义。施拉姆就曾把麦克卢汉的奇谈怪论喻为古希腊德尔斐神殿发出的"神谕"。既然是神谕，如同殷商时期龟甲兽骨的卜辞，那么怎么铺排敷衍似乎都能说得通。不过，每当人们面对传播学的这一斯芬克司之谜——媒介即讯息时，总是难免落入影响说的窠臼。比如，李金铨就曾把媒介的影响当作媒介讯息论的主要根据：

> 质言之，媒介是一种科技、一种形式，它本身便是信息；而"内容"则是科技的"使用"。形式重要，内容不重要。麦氏说，每一个媒介的"内容"并非它本身，而是另一种媒介，假如印刷（媒介）的"内容"是话（另一种媒介），电影（媒介）的"内容"则是小说、戏剧及歌唱（另外的媒介）。重要的是：电影这一个传播媒介，改变了人类的感官能力，把我们从连贯的世界拔出来，带入一个有原创性的图画结构之世界；电影本身便是"信息"，把直线型的联系变成非直线性的图画，它的影响力是不假外求的，至于装的是什么内容则不关紧要。不但电影如此，其他传播媒介皆然。[②]

如此论述似乎是说，我们不必在字面上穷根究底，说穿了媒介即讯息乃是强调媒介形式远比媒介内容重要，真正影响人类行为、支配历史进程、制约社会变迁的并不是媒介所传播的具体讯息，而就是作为一种现实存在的媒介本身。所谓媒介即讯息，不过是凸现媒介这一巨大而潜在的存在，是"技术决定论者"的一种巧妙而偏激的理论修辞。

至于对麦克卢汉其人其说嗤之以鼻者，则干脆直截了当地把媒介即讯息这一命题

①　［加］菲利普·马尔尚：《麦克卢汉：媒介及信使》，何道宽译，41 页，北京，中国人民大学出版社，2003。
②　李金铨：《大众传播理论》，69 页，台北，三民书局，1983。

及其意义一笔勾销，不屑一顾地斥之为文字游戏。在批评家眼里，媒介即讯息根本不是科学立论，只是玩弄押头韵的修辞手法。这类批评虽然浅白，但也并非全无道理。媒介即讯息本来已经物议汹汹，啧有烦言，而麦克卢汉似乎还嫌不够惊世骇俗，居然又仿照同样句式提出一句不无黑色幽默的"媒介即按摩"（The medium is the massage），进而拆解为"媒介即大众时代"（The medium is the mass age），从而为持押头韵的批评者提供了绝好的证据。如果说媒介即讯息尚不失为富有启示的"神谕"，那么媒介即按摩则纯属刘勰所斥的"不原大理，唯字是求"了。

目前看来，无论麦克卢汉本人，还是其信徒或批评者都未对媒介讯息论作出令人信服的解释。他们或者只点睛不画龙，或者不去围城而在野外作战，不深入怪圈的内部而只在它的四周徜徉。于是，这一斯芬克司之谜依然困扰着一个个新的过客，对媒介讯息论可以说世人"指点到今疑"。

我们认为，媒介讯息论是麦克卢汉站在思想家的高度对媒介本质的哲学概括，其中蕴含着不无深刻而睿智的见地，并非纯然耸世惊听的"花言巧语"。只有破译此谜，才能揭示麦克卢汉媒介观的真谛。奇论自当奇解。下面不妨用另一种奇论作参照，来探究麦克卢汉的媒介讯息论，这就是汉斯立克的音乐美学观。

三、汉斯立克：道破谜底的俄狄浦斯？

爱德华·汉斯立克（1825—1904），是奥地利杰出的音乐评论家，也是颇负盛名的音乐美学家，一生中结识了当时欧洲许多著名音乐家。他的音乐评论具有一言九鼎的权威性，他的声音同那个时代音乐生活融为一体，构成不可分离的声部。虽说他的形式主义音乐美学观念已开 20 世纪音乐艺术摒弃情感、淡化内容、崇尚形式的风气之先，但他真正欣赏、诚心褒扬的却是带有维也纳古典乐派和早期浪漫乐派风格的作品。他在同时代的作曲家中最推崇勃拉姆斯，勃拉姆斯的音乐使他感到"一片美的世界"；而勃拉姆斯正是古典音乐的"最后一位莫希干人"，维也纳古典乐派那种成熟而典雅的音乐艺术的集大成者。

在汉斯立克的著述中，以《论音乐美》（旧译《论音乐的美》，详见蒋一民《音乐美学》）最为奇崛。它在当时即已引起很大反响，今天更被公认为一部经典名著。在汗牛充栋的音乐美学著述中，汉斯立克 29 岁写下的这部不足 10 万言的小册子简直像是一座高标拔世的奇峰，正如麦克卢汉《理解媒介》在林林总总的传播学论著中兀然耸立。之所以如此，固然是由于汉斯立克文笔优美，思路明晰，论辩犀利，但更重要的是他在自己的领域也发出"生动的、独特的、自己个人的音调"，而且"这些音调在其他任何人的喉咙里（也）是发不出来的"。

无独有偶，汉斯立克的《论音乐美》同麦克卢汉的《理解媒介》一样，均属惊世骇俗之作，都曾引起一波未平一波又起的笔墨官司。一般来说，人们并不把他俩的认识同公认的观点"看作两种意见的争执，而是看作异端和教义之间的争执"（汉斯立克语）。麦克卢汉以其"媒介即讯息"而悚世惊听，同样汉斯立克也曾发出一声思想霹雳——"音乐的内容就是乐音的运动形式"①。在汉斯立克的音乐美学中，这是一句至今聚讼纷纭的断语，恰以媒介即讯息之于麦克卢汉的媒介观。麦氏的媒介讯息论涉及媒介的本质，而汉斯立克的这一论断也涉及音乐美的本质，二者有异曲同工之妙。

在汉斯立克前后，人们大抵都把音乐视为表达情感的艺术形式，正如迄今人们依然把媒介当作传递信息的方式而不会视为信息本身。比如，《辞海》（2022）对音乐的解释就是："艺术的一种。通过一定的音响组合，表现人们的思想感情和生活情态。"在一般人眼里，音乐的内容就是情感，或叫情感讯息；至于音响的变化组合、乐音的排列运动等，都只是用来传达特定情感的形式，或曰传播情感讯息的媒介。也就是说，音乐的内容与形式是截然不同的两个范畴，正像广播这种媒介与播放的内容是判然分明的两回事一样。

汉斯立克认为，这种对待音乐的通行看法完全是错误的，把音乐当成交流感情的中介并以此来欣赏音乐更是病态的而非审美的。在他看来，音乐的内容就是被人视为表现形式的音响组合，就存在于并且只存在于乐音的前后流动、上下翻飞之中，除音响的变化之外，音乐别无其他内容可言。换言之，在音乐中除了被人当作媒介、中介、载体而看待的乐音形式，再没有什么其他内容。所谓音乐表达的种种情感，无非是多愁善感的人一厢情愿附会到音乐上的，就像何占豪与陈钢的小提琴协奏曲"梁祝"表现了爱情的喜悦与悲哀，舒曼的《天鹅》表现了难以排遣的忧郁和感伤，贝多芬的《A大调第七交响曲》第四乐章表现了酒神狂欢一般的兴奋与陶醉，用萧伯纳的话说："可以引起最黑最黑的舞蹈家拼了命地跳下去。"（《贝多芬百年祭》）诸如此类的理解都同音乐本身无关。因为，音乐没有内容，如果非要给它找出什么内容，那么这个内容不是附会的各种情感，而就是乐音自身的运动形式。换成传播学的说法，音乐这种媒介并不传达特定讯息如情感，如果硬要给它配上相应讯息的话，那么这个讯息不是别的，而就是音乐媒介自身的运动变化。一句话，音乐的内容就是音乐的形式，或者说音乐讯息即音乐媒介。对此汉斯立克有一段著名论述：

> 音乐美是一种独特的只为音乐所特有的美。这是一种不依附、不需要外来内容的美，它存在于乐音以及乐音的艺术组合中。优美悦耳的音响之间的巧妙关系，它们之间的协调和对抗、追逐和遇合、飞跃和消逝，——这些东西以自由的形式呈

---

① ［奥］爱德华·汉斯立克：《论音乐的美》，杨业治译，50页，北京，人民音乐出版社，1980。

现在我们直观的心灵面前，并且使我们感到美的愉快。①

汉斯立克强调，对音乐美的本质进行探讨时，人们一向忽视"运动"这一概念，而它却是至关重要的关键所在。"音乐的内容就是乐音的运动形式"，正是基于这一点而提出的。按照他的思想，乐音之间的"协调和对抗、追逐和遇合、飞跃和消逝"这些运动形式本身，就已经构成音乐艺术的全部内容，人们不能也不应在此之外另去寻求其他所谓"内容"（如情感）。他以贝多芬的《普罗米修斯》序曲为例，对乐音的运动形式就是音乐的内容这一命题作出详尽阐发：

> 一个注意倾听的艺术爱好者在序曲中连贯地听到的东西，大约可以描写如下：第一小节的乐音掉落到下四度之后又迅速而轻悠地往上回升，第二小节完全是重复第一小节；第三、第四小节只是以更大的幅度做了同一的进行，往上跃起的喷泉似的水珠又滴落下来，后四小节展开同一音型和同一音型组合。……旋律、节奏以及和声三者之间的相互呼应产生了一幅匀称而又富有变化的图画，这幅图画通过各种不同乐器的音色和乐音的强度的变化而得到更丰富的明暗对比。②

在进行这番描述后，汉斯立克接着说道："除了上述的内容外我们看不出主题有什么别的内容，更说不上它表现什么情感，或者在听众心中必然会激起什么情感了。这种剖析当然使红颜玉貌化为枯骨，它能把所有的美，但也能把所有的虚假的解释摧毁。"③

汉斯立克对音乐美的本质所做的奇特分析，为理解麦克卢汉对媒介的本质所下的怪异断语——媒介即讯息，提供了颇有启发的参照系。不难看出，汉斯立克与麦克卢汉演奏的是同一乐曲，只不过汉斯立克是用单一的乐器即音乐媒介来演奏，而麦克卢汉是用整个乐队即所有媒介来演奏。如果把汉斯立克的名言倒过来变成"乐音的运动形式就是音乐的内容"，那么同麦克卢汉的命题——传播的形式（媒介）就是传播的内容（讯息），不是如出一辙，毫无二致吗？对照汉斯立克的音乐美学观，可从麦克卢汉语焉不详的论断中抟出如下意义：所谓媒介即信息，乃是讲媒介的内容（讯息）也不假外求，而就在于媒介自身，就体现为媒介的运作；而媒介运作的真正功用是延伸人体，从而决定人对世界的感知方式，而非传播过眼烟云一般的具体信息。这里，媒介的运作就是媒介的全部内容，也就是说媒介本身就是讯息。

无论汉斯立克的音乐美学观，还是麦克卢汉的媒介讯息论，都难以为常人所理解和接受。因为，他们的立论同常识和经验相去甚远。汉斯立克摒弃音乐的内容（情感）尚

---

① ［奥］爱德华·汉斯立克：《论音乐的美》，杨业治译，49 页，北京，人民音乐出版社，1980。

② 同上，32~33 页。

③ 同上，33 页。

有情可原，无论如何音乐的情感内容的确不是明明白白、显而易见，不是确定无疑而是见仁见智。然而，媒介传播的具体"讯息"却是实实在在的，无法否认。如果媒介本身就是讯息的话，那么无数经由媒介传播的具体"讯息"该如何打发呢？对此，汉斯立克的一段否认音乐有表情达意内容的话或许不无启发：玫瑰发出芳香，但它不是以"芳香的形式"为它的内容；森林散布阴凉，但它并不"表现阴凉"。言外之意，音乐作用于情感，但并不以表现情感为内容。同样，从媒介讯息论看，媒介传播"讯息"，但并不以此为内容。前面提及的那个耐人寻味的比喻，有助于理解这一点：媒介传播的具体"讯息"，就像小偷手里拿着一块肉，目的在于诱骗看家狗，转移它的视线。倘若人们注意力都集中在那块肉即媒介传播的具体讯息上，而忘记小偷即媒介的真正用意——延伸人体、塑造感知方式以及生存环境等，那岂不是因小失大，捡了芝麻丢了西瓜。

正因如此，麦克卢汉对只专注于小偷手中的肉而忽视小偷本人的传播研究即内容分析视若敝屣，他在《理解媒介》中曾断言：内容分析根本无法揭示潜在的神秘。因为，从电视媒介播放的节目内容上去探究电视媒介的功用及意义，就好比是"试图通过解释古登堡印刷《圣经》的内容来认识15世纪印刷机的影响一样徒劳无益"。接受音乐美的本质在于乐音的运动形式这一观点的困难，是排除欣赏音乐时的感情体验；同样，接受媒介即讯息这一命题的困难，是摒弃接触媒介时的切身感受，如翻开报纸会读到白纸黑字的消息，打开电视会看到栩栩如生的画面等。正是为了将人的视线从表面的讯息引向隐含的媒介，为唤起大家对小偷本人而非小偷手里那块肉的注意，麦克卢汉便故作惊人之语："媒介即讯息"！

总之，如果说汉斯立克的著作《论音乐美》开辟了一个专注音乐自身的新方向，那么麦克卢汉的《理解媒介》则打开了透视媒介本体的新天窗。

四、师承与师传：英尼斯与波兹曼

谈及麦克卢汉的成就及影响，不能不提到他的师承与师传，特别是英尼斯与波兹曼。

麦克卢汉曾经两次负笈英国剑桥大学，获得文学博士学位。他的两位剑桥导师里查兹（I. A. Richards）和利维斯（F. R. Leavis），均为20世纪西方文论的名家。利维斯是里查兹的门生，他的同学燕卜荪（William Empson）解放前曾任北京大学和西南联大教授。麦克卢汉一生，差不多一直在多伦多大学执教。正是在这里，他结识了加拿大政治经济学家、传播研究先驱哈罗德·英尼斯（Harold Innis, 1894—1952）。英尼斯的两部传播学名著《帝国与传播》（1950）与《传播的偏向》（1951），对麦克卢汉的媒介观产生了深刻影响，如英尼斯的"时间媒介""空间媒介"等。

至于深受麦克卢汉影响的门生弟子则难以计数了，其中最为突出的当数尼尔·波兹曼及其媒介生态学。2010 年，孙玮在一次学术研讨会上提出四个相关问题："①一种媒介在多大程度上有助于理性思维的应用和发展？②媒介在多大程度上有助于民主进程的发展？③新媒体在多大程度上能够使人获得更多有意义的信息？④新媒体在多大程度上提高或削弱了人类的道义感，提高或削弱了我们向善的能力？其中波兹曼对于第三个问题的回答是，在过去的一百多年里，人类执着地追求快速提供信息的机器，结果，我们被淹没在信息的汪洋大海里，新媒体让我们的国家成为信息垃圾的堆放场。"① 这些问题的着眼点源于媒介生态学，即尼尔·波兹曼 1968 年所定义的"将媒介作为环境的研究"（Media ecology is the study of media as environments）。

尼尔·波兹曼（Neil Postman, 1931—2003），麦克卢汉的思想传人。1955 年，默默无闻的麦克卢汉应邀来纽约的哥伦比亚大学做报告，当时还是研究生的波兹曼到场聆听，他后来记述说：

> 我从来没有听说过，哪一位教授是这样回答问题的。但是，我邻座的朋友 C. 韦因加特纳（C.Weingartner）和我并没有生气。我们很高兴。我们仿佛等待了一辈子，终于等到了这样的事情和这样的人。我们明白，他的所作所为是要给我们指明思考媒介的一种方法，包括双关语和俏皮话。重要的不是要他证明他所说的话。我们学到的一课，与其说是"媒介即是讯息"，不如说是"方法即是讯息"。②

在波兹曼看来，这种方法与马克思、弗洛伊德、尼采相似，都是一种宏大的历史哲学："用这样宏大的假设武装起来之后，我就踏上了自己的路子，我走了 40 年，努力作出自己的解答。一句话，这就是麦克卢汉对我的启迪——把我送上一辈子从事的事业，去寻求我自己的答案，无论这些答案是好是坏。"③1971 年，在麦克卢汉的建议和鼓励下，他创办了纽约大学媒介生态系，开创了媒介生态学（Media Ecology）。1997 年，他自豪地说道："到 1996 年，我们有一百多位学生拿到了博士学位，四百多人拿到了硕士学位。我担保，他们都知道，自己是麦克卢汉的孩子。当然我也认为自己是他的后代，不是很听话的一个孩子，可是这个孩子明白自己从何而来，也明白他的父亲要他做什么。"④

所谓媒介生态学，顾名思义就是将媒介及其所处的时代与社会，作为一种生态环境予以关照与考察，体现了一种有机的、整体的、系统的思路。这是一种媒介与社会的

---

① 孙玮：《媒体融合与新闻传播学术创新》，载《国际新闻界》，2010（12）。
② ［加］菲利普·马尔尚：《麦克卢汉：媒介及信使》，何道宽译，"序"，2 页，北京，中国人民大学出版社，2003。
③ 同上，2 页。
④ 同上，7 页。

系统论，既不同于某种单一媒介的考察，也有别于传播史、媒介史的视角，而是将媒介置于人类历史与社会生活的动态运行之中的跨学科关照。举例来说，依据一项研究，二战前，"一个人在其生活的头二十年里所听到的所有词中，十个词有一个是从某个'中央'来源——在教堂、学校、军队中听到的，而九个则是从某个实实在在具体人那里听到的。今天，比例倒过来了，十个词有九个是从'中央'来源那里得知的，通常这些词是从麦克风里听到的"①。

远的不说，媒介生态学的前世可上溯斯宾格勒的历史形态学，包括受其影响的汤因比及其《历史研究》，而其今生则是英尼斯与麦克卢汉的媒介理论。由于着眼于媒介对人类文明的长远效果和对社会生活的总体影响，因此，媒介生态学与其说是传播学，不如说是历史学或社会学。传播学者梅罗维茨（Joshua Meyrowitz）在《消失的地域》（*No Sense of Place:The Impact of Electronic Media on Social Behavior*）一书里，从媒介生态学角度对 1960 年代女权运动的解释就是一例：

> 在书写文化下，不同类型的读者很容易被分割。比如人们在为小孩写书的时候用的是小孩语言，叙述的是被认为是小孩才能看的内容；在为妇女写书的时候用的也是妇女的语言和妇女关心的内容。在这种阅读文化下，许多妇女对以男性为对象的书籍和文章或者没有兴趣或者干脆就看不懂。这样，男性和女性即使有着相似的教育水平，他们所接受的信息也大相径庭。由于信息资源分配不公，女性在社会中就趋于保守和依赖，男女不平等在社会上因此就得以维持。但是电视属于一种以图像和口语为核心的传播方式，图像的直观性和话语的通俗性使电视节目很难搞得像文字作品一样深奥。这就是为什么与印刷品相比，电视节目更容易做得男女老少皆宜。……电视媒体兴起后，男女开始看相同或者说类似的作品和接受相似的文化了。这就大大降低了男性和男子文化在女性面前的神秘感，提高了女子的自信心，从而促进了女权运动的兴起。②

波兹曼 20 余部著作中最负盛誉的有两部，一是 1982 年的《童年的消逝》（*The Disappearance of Childhood*），一是 1984 年的《娱乐至死》（*Amusing Ourselves to Death*）。他的著述延续麦克卢汉的思路，从生态学的视角探讨媒介的社会历史功用，尤其是电子媒介对当代社会及其变迁的意义，思想渊深，知识广博，行文生动，通俗易懂。不过，他的思想灵感虽然源于麦克卢汉，但最后的走向却与麦克卢汉分道扬镳。如果说麦克卢汉属于媒介技术乐天派，那么波兹曼就是悲观派；如果说麦克卢汉为电子媒

---

① ［俄］谢·卡拉-穆尔扎：《论意识操纵》（上），徐昌翰等译，110 页，北京，社会科学文献出版社，2004。
② 转引自赵鼎新：《社会与政治运动讲义》，270~271 页，北京，社会科学文献出版社，2006。

介与未来社会"歌功颂德"，那么波兹曼则对这一切深怀殷忧。所以，麦克卢汉成为时代潮流的弄潮儿，而波兹曼则将自己划入未来世界的落伍者。1997年，他在为《麦克卢汉：媒介及信使》一书作序时写道：

> 我们许多人学着去理解媒介，为什么要转向麦克卢汉而不是转向其他人呢？也许有许多原因吧。但是这里有一个我认为最能够说明问题的原因：伊尼斯（即英尼斯——引者注）、芒福德和艾吕尔全都是他们这个世纪的敌人。麦克卢汉却是其朋友。……把麦克卢汉从头读到尾，你也找不到多少暗示，说本世纪是一个大屠杀的世纪，其规模是大洪水以来所仅见的。
>
> 说起来，我那时年轻，痴迷于麦克卢汉的故事，他给我新的思想，给我激励。我现在老了，不过我从来没有真正相信过他那个故事。我无意在此把自己放进与上述巨人——伊尼斯、芒福德和艾吕尔——比肩而立的行列，但是我必须说，在一个方面，我的确像他们。我也是本世纪的敌人，如果我有幸活到下一个世纪，我想也会成为下个世纪的敌人。[①]

这也就是他所说的自己"不是很听话的一个孩子"的意思。那么，波兹曼到底怎么"不听话"呢？他又是如何同麦克卢汉分道扬镳呢？下面就来看看他对电子媒介的阐释。

波兹曼的《童年的消逝》和《娱乐至死》虽然论题有所不同，但主旨都在于探讨以电视为代表的电子媒介及其深层意义，进而揭示电子媒介对社会、历史与文化的影响。《童年的消逝》认为，随着电视媒介取代印刷媒介，成为主导当代媒介生态的龙头老大，天真烂漫的童年就永远消逝了，童年与成年的界限也不复存在了。因为，电视媒介的特性是看（look），而不是读（read），不需要深入的思考与透彻的理解。显而易见，对于儿童和成人来说，观看在认识论上并无本质的差异。而印刷媒介则完全不同："由于印刷和社会识字文化的出现，一种新的传播环境在16世纪成形了。印刷创造了一个新的成年定义，即成年人是指有阅读能力的人；相对地便有了一个新的童年定义，即儿童是指没有阅读能力的人。"[②]以电报为先导的电子媒介出现后，特别是20世纪50年代电视在美国家庭牢牢扎根后，这个信息等级制度的基础就崩溃了，他举了一个习以为常的广告为例：

> 在广告上，我们看到分别为母亲和女儿的两个女人。观众受到要猜测哪个是

---

① ［加］菲利普·马尔尚：《麦克卢汉：媒介及信使》，何道宽译，"序"，6页，北京，中国人民大学出版社，2003。
② ［美］尼尔·波兹曼：《童年的消逝》，吴艳莚译，26页，桂林，广西师范大学出版社，2004。

母亲、哪个是女儿的挑战。她俩看上去都不到 30 岁，年龄上没有多少差别。我把这则广告当作一异常明确的证据，来证实成人和儿童之间的区别在消逝的观点。虽然许多其他广告的含义也很明显，但这个例证直截了当，切中要害。在美国文化中，母亲看上去跟女儿一样年轻，或者女儿看上去跟母亲一样成熟，现在已经成为人人期待的事了。①

所以，他说印刷媒介创造了童年，而电子媒介则使之"消逝"。

至于《娱乐至死》，顾名思义是对当代社会普遍娱乐化趋势的反思，而这种无所不在的娱乐化是同电子媒介日甚一日息息相关。他分析道，印刷媒介的话语清晰周详，逻辑严密、富有理性，而电子媒介的话语支离破碎，语无伦次，琐屑无聊，像儿童玩的"躲躲猫"（Peek-a-Boo）："在这个世界里，一会儿这个、一会儿那个突然进入你的视线，然后又很快消失。这是一个没有连续性、没有意义的世界，一个不要求我们、也不允许我们做任何事的世界，一个像孩子们玩的躲猫猫游戏那样完全独立闭塞的世界。但和躲猫猫一样，也是其乐无穷的。"② 法兰克福学派的批判学者洛文塔尔，曾将歌德一首讽刺小诗一字不差地用于电视：

> 胡扯一通，
> 甚或胡写一通，
> 既不伤身也不伤神，
> 所有一切还将原封不动。
> 但这些废话，放在你眼前，
> 就有了不可思议的力量：
> 因为它束缚了感觉
> 心灵仍是一个奴仆。③

当现代文化由文字本位转向影像本位后，当印刷媒介被视听媒介取代时，社会文化的隐忧并非来自乔治·奥威尔在《一九八四年》里的可怕预言，所谓"老大哥"（Big Brother）全面控制人们的思想言行，而是来自赫胥黎在《美丽新世界》（1932）里的深刻预见：

> 奥威尔害怕的是那些强行禁书的人，赫胥黎担心的是失去任何禁书的理由，

---

① ［美］尼尔·波兹曼：《娱乐至死》，章艳译，141 页，桂林，广西师范大学出版社，2004。

② 同上，102~103 页。

③ ［德］洛文塔尔：《大众文化与艺术》，曹卫东译，载《山西师范大学学报》，2005（6）。

因为再也没有人愿意读书；奥威尔害怕的是那些剥夺我们信息的人，赫胥黎担心的是人们在汪洋如海的信息中日益变得被动和自私；奥威尔害怕的是真理被隐瞒，赫胥黎担心的是真理被淹没在无聊琐碎的世事中；奥威尔害怕的是我们的文化成为受制文化，赫胥黎担心的是我们的文化成为充满感官刺激、欲望和无规则游戏的庸俗文化。①

同麦克卢汉的观点相反，波兹曼认为，在阅读过程中，读者看到的都是冷静的抽象符号，所以阅读本质上是严肃而理性的活动："书本一行一行、一页一页地把这个世界展示出来。在书本里，这个世界是严肃的，人们依据理性生活，通过富有逻辑的批评和其他方式不断地完善自己。"②而电视媒介的本性则在于观看，不在于理性思考，在思考过程中，观众没有东西可看，这也就是电视之所以称为"电视"的原因。于是，在电视媒介主宰一切之际，一切也就越来越趋向于娱乐化，以便在电视屏幕上显得"好看"——专业术语叫作"上镜"。所以，"电视只有一种不变的声音——娱乐的声音"③。以电视新闻为例：

> 即使是报道悲剧和残暴行径的新闻节目，在节目结束之前，播音员也会对观众说"明天同一时间再见"。为什么要再见？照理说，几分钟的屠杀和灾难应该会让我们整整一个月难以入眠，但现在我们却接受了播音员的邀请，因为我们知道"新闻"是不必当真的，是说着玩的。新闻节目的所有一切都在向我们证明一点——播音员的姣好容貌和亲切态度，他们令人愉快的玩笑，节目开始和结束时播放的美妙音乐，生动活泼的镜头和绚丽夺目的各类广告——这一切都告诉我们，没有理由为电视上的不幸哭泣。简单地说，新闻节目是一种娱乐形式，而不是为了教育、反思或净化灵魂，而且我们还不能过于指责那些把新闻节目作此定位的人。他们播报的新闻不是为了让人读，也不是为了让人听，他们的新闻是让人看的，这是电视自身所指引的方向，他们必须遵循。④

由此可见，波兹曼的思想虽然遵循麦克卢汉"媒介即讯息"的思路，但同麦克卢汉的媒介观与社会观却迥异其趣。如前所述，麦克卢汉的思想不仅具有鲜明的"媒介决定论"色彩，而且充满乐观的情绪。他对电子媒介尤其情有独钟，简直将电子媒介视为人类一切福祉之所系，就像接受《花花公子》杂志采访时侃侃而谈："我展望未来

---

① ［美］尼尔·波兹曼：《娱乐至死》，章艳译，2页，桂林，广西师范大学出版社，2004。
② 同上，81页。
③ 同上，106页。
④ 同上，214~215页。

时心潮激荡，充满信心。我觉得，我们站在一个使人解放和振奋的世界的门槛上。在这个世界里，人类部落实实在在会成为一个大家庭，人的意识会从机械世界的枷锁中解放出来，到宇宙中去遨游……"①而波兹曼的感觉正好相反，他对电子媒介以及技术宰制下的美国社会忧心忡忡。在他看来，电子媒介带来的不是人类解放的福音，而是精神奴役的凶信。同质疑现代文明、操心人类生存的伟大灵魂一样，波兹曼透过电子媒介也在追问同一个问题："一个文化如果允许现代科技全面主宰它的命运，那么它能保留原有的人道价值，同时创造新的价值吗？"②对此，麦克卢汉以及鼓吹"第三次浪潮"的阿尔文·托夫勒等，无不回答"能"。而乔治·奥威尔、赫胥黎以及波兹曼等，则回答"不能"：

> 在赫胥黎的预言里，"老大哥"并没有成心监视我们，而是我们自己心甘情愿地一直注视着他，根本就不需要什么看守人、大门或"真理部"。如果一个民族分心于繁杂琐事，如果文化生活被重新定义为娱乐的周而复始，如果严肃的公众对话变成了幼稚的婴儿语言，总而言之，如果人们蜕化为被动的受众，而一切公共事务形同杂耍，那么这个民族就会发现自己危在旦夕，文化灭亡的命运就在劫难逃。③

如今，距离麦克卢汉的"理解媒介"差不多一个甲子了，距离波兹曼的"娱乐至死"也快40年了，21世纪以来互联网、新媒体强势崛起，更不断提示着他们的欣悦或殷忧，所谓"数字化生存"——大数据、云计算、人工智能、万物皆媒，也进一步展现着他们的思想或思虑："悲观者可能会担心人类终将毁于自己所造之物。但乐观者会坚信人类的智慧与理性能够御风而行。"④在嘈嘈切切的媒介狂欢中，"人生三论"前所未有地逼近每个人：我是谁，从哪里来，往哪里去。面临百年未有之大变局，更需要千年第一思想家的暮鼓晨钟：关键不在于谁都参与传播，所谓"人人都有麦克风"，而在于谁在掌控传播。因此，"为什么人"的问题，依然是放之四海而皆准的根本问题、原则问题。

---

① ［加］埃里克·麦克卢汉等编：《麦克卢汉精粹》，何道宽译，403页，南京，南京大学出版社，2000。
② ［美］尼尔·波兹曼：《童年的消逝》，吴艳莛译，204页，桂林，广西师范大学出版社，2004。
③ 同上，202页。
④ 之江轩：《"万物皆媒"时代的传播》，"浙江宣传"微信公众号，2022-11-14

第七章 受众分析：对谁传播

中国有两句古话，说的都是传播活动的对象问题即受众问题，一句叫对牛弹琴，一句叫无的放矢。凡是不问对象、不看受众的传播，都可以用这两句话来形容。毛泽东在《反对党八股》中就谈到这个问题："射箭要看靶子，弹琴要看听众，写文章做演说倒可以不看读者不看听众吗？"要看读者，要看听众，自然就得了解他们。既要了解他们的普遍情况，又要了解他们的特殊心理，更要了解他们的喜闻乐见。一句话，打仗得知己知彼，才能百战不殆，传播何尝不然。这一讲就来了解一下传播的对象——受众（港台地区统称"阅听人"），而受众分析就是针对受众的研究。

受众一词，顾名思义就是接受信息的公众。按照《中国大百科全书·新闻出版》卷的解释："接受信息传播的群众。原指演讲的听众，引入传播学后，泛指报刊、书籍的读者，广播的听众，电影电视的观众。"这个定义的前一句是内涵，后一句是外延。简单说，受众是指传播中接受信息的一方，主要包括读者、听众与观众三种类型。由于新媒体的兴起，又增加了一种类型，即清华大学何威博士概括的网众（见其博士论文《网众传播》）。

一般来讲，受众大多用于大众传播，而很少用于人际传播。因为，人际传播一般没有受与众，比如俩人交谈，谁是受者、谁是传者并不固定；同时，人际传播也多在有限范围，而鲜有"大庭广众"。事实上，大众传播兴起之后，才有受众这一既包含明确的接受意向，又指明众多的接受对象之术语的出现及流行。这里还需特别指出，受众一词及其内涵一般适用于经验学派及其研究，而批判学派的思想理论不仅鲜见受众，而且受众的意味恰恰也是批判学派锋芒所向的目标之一。在批判学派看来，受众一词本身就隐含着操纵传播的权力关系，以及人的异化和主体性沦丧等。

在美国经验学派的传播研究里，研究受众的受众分析与研究传播效果问题的效果分析盘结缠绕，难解难分，就像《刘三姐》里唱的"树缠藤，藤缠树"。因为，关心受众为的是获得良好的传播效果，而检验传播效果又必须从受众方面衡量。受众分析与效果分析，犹如鲜花与其散发的芬芳。所以，受众问题同效果问题形影不离，密不可分。这一章单讲受众而不管效果，并不表明事实上可以进行如此这般截然分割，而只是为着阐述起来更方便、更清楚。瑞典经济学家古纳尔·米达尔说得好："一个科学事实就是通过武断性的定义和分类从一个复杂而混乱的现实中抽象出来的一种结构。"

第一节　中弹即倒的受众

早期传播理论含有两个基本认定：一是现代媒介具有无往不胜、难以抵御的传播威力，二是受众处于被动挨打、不堪一击的弱势地位。而这两个认定又互相关联、互为因果：正因为媒介威力无边，所以受众才显得软弱可欺；也正因为受众一触即溃，所以媒介便更加为所欲为。这种受众不堪一击的假设，源于 20 世纪初的大众社会观念。

一、大众社会与乌合之众

20 世纪初，资本主义以及工业文明浪潮汹涌澎湃，席卷世界。随着列强炮舰横行无忌，随着机器喧嚣日甚一日，许多严重的社会问题也越来越充分暴露。为此，富有良知的学者纷纷对工业化及其弊端进行反思，展开批判，如社会学家涂尔干（Emile Durkheim, 1858—1917）、韦伯（Max Weber, 1864—1920）、滕尼斯（Ferdinand Töennies, 1855—1936）等。在对资本文明与工业革命所造成的社会失调进行反思与批判之际，当时的思想界、知识界有意无意都将以往的社会浪漫化、理想化。在他们看来，工业革命犹如历史进程中的一座分水岭：之前的社会是美好的、动人的、充满诗情画意；之后的社会则是丑陋的、鄙俗的、索然无味。在他们心头，似乎充溢着一种"前不见古人，后不见来者"的伤今怀古之情。这里我们具体剖析一下滕尼斯的观点。

滕尼斯是活跃于 20 世纪初的德国社会学家，与法国那位以《论自杀》闻名的社会学家涂尔干和德国那位名列现代思想大家的社会学家韦伯并称。滕尼斯的代表作，是1887 年问世的《礼俗社会和法理社会》（Community and Society）。礼俗社会和法理社会这两个中文佳译，出自社会学家费孝通，一般通译"共同体与社会"。这是一对集中概括滕尼斯社会学思想的重要范畴，也是许多反思工业文明的思想家共同关怀的思想命题。所谓礼俗社会或共同体，是指工业化之前的文明形态；法理社会或社会，则指工业化之后的现实状况。借用韩少功一组形象对比，前者是"一盏路灯，一阵冷雨，一个面包店的胖大娘，好像都与你神交了多年"；而后者则是"高楼取代田园，街灯取代明月，电话取代笔墨，飞机取代马帮，超级市场取代市井集市，电子媒体取代道听途说"[1]。滕尼斯之所以提出这样一对学术范畴，也同他自己的童年生活有关。按照一位传记作家的描述：

> 滕尼斯是在风景如画、一望无际、仅仅受到水平线的限制的……一个湿地的农家大院的菩提树下成长起来的，是一个农村地区快乐的孩子。备受宽宏大量的父母的呵护……与他的家庭和村庄共同体有着密切的关系，可能由于乡村生活还处在传统的约束中和安全里，他在这里感受了亲情的温暖，深受启迪。这些启迪远远地影响到他的基本理论的构思。[2]

按照滕尼斯的理论，礼俗社会不靠政权机构和法律条文维系，而是建筑在亲情、传统、血缘等关系之上。在礼俗社会中，人们尊崇习俗，敬畏祖先，由于彼此之间存在着千丝万缕的人际纽带，七大姑八大姨，大家相互关照，社会关系带有浓郁的人情味。沈从文的小说《边城》，描绘的也是这样一个未遭工业文明侵蚀的典型的礼俗社会。那里的人们遵循世代相沿的传统，善良淳朴，重义轻利，过着一种"优美、健康、自然"（沈从文语）的田园生活。陈忠实的《白鹿原》与此类似，在现代化浪潮冲击前，在革命、造反、新文化、新生活的"风搅雪"袭来之前，白鹿原上的生活也带有这样一种浓郁的礼俗社会味道，天高皇帝远，一切人情世故和社会关系都有赖乡里乡亲、乡规民约等。

与之相对，法理社会是由工业化造成的。由于工业化以及专业分工，人情薄凉，关系隔膜，社会生活无法再靠传统、血缘、亲情来支撑，而必须建立起一整套强制性的契约关系，以明确个体的社会角色及其职责。苏联作家艾特玛托夫在童话般小说《白轮船》中，有一段对城市人的描写，可视为法理社会的缩影。作品中的护林员莫蒙爷爷，有一回进城看望女儿时发现："她有了新家，有两个女儿。她将她们送进了幼儿园，一星期只能见一次面。她住的是一座大楼，但是只住了其中很小的一间，小得没有地方转身。在院子里谁也不认识谁，就像在市场上一样。回到自己房里，马上将门一关。——大家都是这样过日子。天天关起门来坐着，像坐牢一样。"这段描写看似漫不经心，却传神地展现了法理社会的面貌及其精神状态。

与滕尼斯的这对范畴相似的，还有涂尔干的无机关联和有机关联、韦伯的传统权威和官僚权威，以及当代人类学家格尔茨（Clifford Geerts）的原始关系和公民关系。

---

① 韩少功：《暗示》（修订版），23 页，北京，人民文学出版社，2008。

② ［德］乌韦·卡斯腾斯：《滕尼斯传——佛里兰人与世界公民》，林荣远译，1~6 页，北京，北京大学出版社，2010。

这些学术概念与理论，都内含着传统社会与现代社会的对比。过去的人们生活在农耕社会中，人与人之间要么是血缘关系，要么是邻里关系，大家相互了解，彼此信任。如今，随着现代化，传统的生活方式与人际关系都发生了巨变。比如，在一家新建工厂及其社区里，人们来自五湖四海，以前没有任何交往，彼此也没有什么了解。于是，像过去那样只有口头承诺就行不通了，什么事情都必须依靠契约与合同。再如，在一座新兴城市，成千上万的陌路人聚集到一起，无亲无故，举目无亲，心理上势必陷入一种孤立境地。这些变化和境况，便使人的关系日益疏离，日益隔膜，大家各行其是，孤苦伶仃，除了工作，再没有什么联系与交往，就像一盘散沙。这就是所谓的大众社会（mass society）。大众社会（mass society）的大众，原指"乌合之众"（mass）。所谓乌合之众，是说生活在法理社会中的芸芸众生，成分复杂，互不相干，彼此之间既没有亲情纽带，也没有友情基础，只有冷冰冰的法律和契约关系，每个人都以孤零零的身份投身社会，心理上不免陷入孤苦伶仃、无依无靠状态。所以，这种乌合之众就被称为"孤独的群体"。李金铨说，"这是'比邻若天涯'的世界，不是'天涯若比邻'的世界"。今天，人们已经习惯"大众传播""大众媒介"等术语，以为它们一直是在面向大众的意思上使用的，殊不知大众（mass）源于大众社会所指的乌合之众（mass），即孤独的群体。

1895 年，法国社会心理学家勒庞（Gustave Le Bon, 1841—1931），出版了《乌合之众——大众心理研究》（*The Crowd: A Study of the Popular Mind*）。1947 年，芝加哥学派的社会学家布卢默（Herbert Blumer, 1900—1987），又对大众做过四层描述：（1）大众分布广泛；（2）大众是个不知名的群体；（3）大众互不往来，谁也不知道别人的存在；（4）大众独断独行，很难采取一致的行动。布卢默的分析，也代表着当时学界共识，这就是把现代社会中人视为一群各自为战的乌合之众。而所谓大众传播，最初正是针对乌合之众的传播。

因此，早期的受众分析基本围绕着乌合之众而展开，其中最有代表性的理论便是把媒介信息看作神奇的"魔弹"，而把受众视为应声而倒的"靶子"。

二、魔弹论与靶子论

早期的受众理论既然是以乌合之众为基点，把受众视为一盘散沙，他们彼此疏离，互不关联，那么对付这种形单影只的传播对象，现代媒介自然不费吹灰之力，横扫千军如卷席，打遍天下无敌手。于是，就有了传播学中盛极一时的魔弹论（bullet theory）或靶子论。

魔弹论或靶子论的问题，在于过分夸大了现代传播与现代媒介的影响力，觉得受众在这种强大的传播攻势下除了束手就范，别无选择。在魔弹论或靶子论看来，媒介内容就像射出的一发发威力强大的魔弹，受众好比射击场上孤零零的靶子，无遮无拦，束手待毙，任由媒介扫射，毫无抵御能力，只要被魔弹击中，便会应声而倒。也就是说，媒介的信息只要传到受众那里，就会对他产生预期的效果："情况就像在一个射击场里那样：所需的就只是对准靶子射击，靶子就会倒下。"①

早期的这套受众理论属于机械的刺激反应论。刺激反应原是行为科学的术语，指对某个对象施加一定刺激，便会引起一种固定的、可以预见的反应。早期的传播研究正是把受众当成一个机械的反应体，只要媒介对其施加某种信息刺激，受众就会做出相应的反应。比如，媒介说吸烟有害，瘾君子听到后，马上就会把烟戒掉。这里我们讲个真人真事，对魔弹论就略知一二了。此人是美国导演兼演员奥森·韦尔斯（Orson Welles），此事是他的广播剧《星际战争》引发的一场社会骚乱。1938 年的万圣节来临之际，韦尔斯突然心血来潮，想把 H. G. 威尔斯的科幻小说《星际战争》（1898）改编成广播剧播出。当时，他每周日晚上在哥伦比亚广播公司（CBS）主持一小时的广播剧，发明了许多讲故事的生动办法。他的声调变化多样，解说富有感情，能把剧情和场面描绘得活灵活现，有声有色。

1938 年 10 月 30 日晚 8 点整，CBS 开始播出韦尔斯改编的广播剧《星际战争》（*War of the Worlds*）。节目以柴可夫斯基《降 b 小调第一钢琴协奏曲》拉开序幕。为了取得逼真的演播效果，在韦尔斯的指挥调度下，采用了许多假戏真做的办法。其中最迷惑人的就是在节目播出中间，突然插入一段新闻简报，煞有介事地报道火星人入侵美国锐不可当的消息。接着，又不时插播最新动态，而且处理得非常逼真。比如，

> 汽车喇叭声，轮船汽笛声，一位新闻记者有气无力地说，"我在纽约广播大厦阳台上向诸位报告。各位听到钟声吗，这是敦促居民赶紧疏散……没法防守了……我们的军队已经全部消灭……记者要在这里坚守岗位到底……下面的教堂里有许多人在祈祷。"

> "看见敌人来了……五个大机器……第一个正在渡河……涉过赫德逊河，跟一个人涉过小溪的情形很像。已经上岸了。他就站在那里望……跟摩天大楼一样高……喷出烟来了……许多人死了，死得像苍蝇。黑烟现在飘到第六街了，第五街（咳声），离我们已有一百码了。寂静。（听众明白这位记者已被毒烟熏死了。）②

这种演播效果，自然使许多听众信以为真，感到大难临头，末日来临。当时，许多家庭抱成一团，哭天抹泪。不少人吓得失魂落魄，开上车四下飞奔。火车站里，人山

---

① ［美］威尔伯·施拉姆等：《传播学概论》，陈亮等译，201 页，北京，新华出版社，1984。
② 蓝鸿文主编：《外国新闻通讯选评》（下册），134~135 页，北京，长征出版社，1985。

人海，惊慌失措，买上票就走，也不管车开到哪里去。某大学的一群女生抱头痛哭，一个个打电话跟爹娘诀别。某地一位妇女冲入教堂，向正在祈祷的人们大喊大叫："世界末日来了，纽约已经没有了！"街头秩序混乱，教堂人群拥挤，到处大呼小叫，一片哭哭啼啼。一名中学女生后来写道：

> 当时，我正在做一道历史题。楼上的女孩子来找我，让我到她那儿去。大家都非常激动。我感到我要发疯了，不住地说："我们怎么办呢？早晚还不是个死？"我们互相拥抱在死亡面前，一切似乎都无关紧要了。我怕死，一直听着广播。[①]

有位成年人事后记述说：

> 我害怕极了，一头钻进汽车，开着车去找牧师，以便在临死前和上帝讲和。接着我开始想，也许这是个故事。但是，我又否定了自己的想法，因为电台说，是一则特别新闻。[②]

第二天，报上登出许多刺目的大标题：

> 电台宣布：火星人进攻地球
> 全国大惊失色
> 全国大恐慌，如狂潮突起
> 电台进行荒诞广播，居民纷纷向警察局询问真相

事后，社会学家坎特里尔（Hadley Cantril）对此进行了专项研究，由此产生美国传播学的经典研究之一《火星人入侵》（*The Invasion from Mars*），其中对广播听众惊恐状态作出如下概述："在节目结束以前，遍及整个美国，都有人在祈祷、哭泣和疯狂的逃窜以躲避火星人带来的死亡威胁。有些人开始去寻找相爱的人，另外的人则打电话请假或给朋友提醒，奔跑着去给邻居报信，去报社或广播电台的编辑部寻找信息，或者呼唤着救护车和警察的巡逻车。至少有600万人收听广播，其中至少有100万在为恐惧祈祷或忧虑不安。"[③]

从这个广播节目所引发的大规模恐慌中，既可以看出大萧条年代美国人的心态，又可以见到广播媒介在当时所具有的巨大而神奇的魔力。这次恐慌虽无一人死亡，但成千上万的美国人都觉得自己像傻瓜一样受到愚弄。为此，CBS受到指控，人们要求赔偿

---

① ［美］梅尔文·L.德弗勒等：《大众传播通论》，颜建军等译，301页，北京，华夏出版社，1989。
② 同上，301页。
③ ［法］阿芒·马特拉：《世界传播与文化霸权》，陈卫星译，73页，北京，中央编译出版社，2001。

75万美元。后来，美国为此颁布一项法规：禁止播放虚构新闻。然而，四年之后，智利圣地亚哥的一家电台，又用西班牙语重播了这个节目，而智利听众的反应跟美国一样。这一回，愤怒的人们焚烧了这座电台。

如今，魔弹论作为过时的传播理论已被修正，但在20世纪上半叶，却是人们普遍尊奉的信条。如前所述，当时的流行看法是把现代社会视为大众社会，社会成员都是"比邻若天涯"的乌合之众。如此互不相属的一盘散沙，在二三十年代兴起的广播以及稍后问世的电视铺天盖地的信息面前，自然只有招架之功，而无还手之力。另外，盛极一时的刺激反应论同乌合之众的偏见相结合，也对魔弹意识的风行起到推波助澜的作用。按照行为主义的刺激反应论，媒介只要发出一个刺激信号，受众就会给予相应的反应。

魔弹论或靶子论的问世及盛行，也同两次世界大战的大规模宣传战，以及大量宣传研究相关，魔弹论或靶子论正是这种宣传战及其研究的理论结晶。1914年至1918年的第一次世界大战，不仅是人类有史以来的第一场全球性战争，而且也是一场规模空前的宣传战。当时交战各方都调动一切手段，包括飞机抛撒传单这种最新方式，大张旗鼓地开展宣传活动，极尽耸动夸张之能事，力求骇人听闻之效果。比如，从战争爆发的第一周起，德国的报纸上便充斥着比利时人"反抗的残酷行为"的故事，如"武装的教士带领着一帮一帮抢劫掠夺的市民，无恶不作……奸诈阴险地伏击巡逻兵，哨兵的眼睛被挖了，舌头被割了"。德国人同样被协约国描绘成人面兽心的东西：洗劫城市，枪杀妇女儿童，破坏文物古迹，像古代匈奴王阿提拉一样野蛮残忍。后来美国出兵的一大因素，也在于这种战争宣传所形成的社会舆论。一战后，许多人便针对宣传问题展开研究，拉斯韦尔的博士论文《世界大战中的宣传技巧》（1927）更是典范。

1930年代随着法西斯主义的崛起以及新的战争威胁的迫近，宣传问题更引起研究者的关注。处在凄凄惶惶、大难将临的时代氛围中，人们不由自主地夸大宣传的效力，把许多问题归结为媒介影响。当成千上万民众如醉如痴地聆听希特勒的广播演讲，歇斯底里地向纳粹党魁欢呼致意时，魔弹论还有什么值得怀疑的呢？麦克卢汉不是也相信没有广播，便没有希特勒的发迹吗？

第二节　联合御敌的受众

认为受众中弹即倒的早期认识，不久便被实证研究——推翻。人们逐渐发现现代受众并不是一群各行其是的乌合之众，一排束手待毙、任人狂射的靶子。事实上，他们同样存在着十分密切、广泛交往的社会联系，就像一张无形网络把彼此联成一个牢固整体。媒介发出的信息不是直接射到受众身上，而是先经过一系列群体网络的缓冲与迟滞，最后到达受众时已成强弩之末，力不能入鲁缟。也就是说，此时信息的刺激已变得微乎其微，不足以对受众本人产生多大影响了。用李金铨的话说：

> 媒介与受众之间有些"东西"——一些"缓冲体"（buffers）或"过滤器"（filters），把媒介的信息加以解释、扭曲、压制，信息一旦到达受众身上，已经和原面目不同了。[①]

在他看来，20世纪五六十年代，传播研究的主要工作就在于发现这些"缓冲体"。依据当时社会学和社会心理学的有关研究，受众与媒介之间的缓冲体大致分属三个方面：个人差异、社会类型和社会关系。

一、个人差异（individual differences）

在魔弹论看来，受众之间没有什么个性差异，只要信息的刺激相同，每个人的反应就会相同："魔弹理论认为，一条讯息以相同的方式传给每一只眼睛或耳朵，产生基本相同的反应。至于这是谁的眼睛或耳朵，那就无关紧要了。"[②]比如，对同一个水门事件，民主党与共和党，中国人与美国人的看法大致相同，显然，这不符合实际情况。后来的传播研究也表明，人们之间的差异不容忽略。而这种差异使受众对同样的信息产生不同的理解，或者说同样的信息对不同的受众会产生不同的影响。比如，在有些人看来大为感动的作品，在另一些人看来可能无动于衷。如果把媒介的信息看作一排平射的子弹，那么由于受众的个头有高有低，身材有胖有瘦，于是有的人中弹倒地，而有的人则安然无恙。

二、社会类型（social categories）

社会类型是个人差异的扩展。个人差异强调的是不同的个人对相同信息的不同反应，社会类型强调的是不同的群体对相同信息的不同反应。比如，英国作家拉什迪的小说《撒旦诗篇》在伊斯兰世界引起极大愤慨，被当成亵渎真主的邪恶之作，为此伊朗甚至悬赏几百万美元以取拉什迪的首级。而对非伊斯兰教徒来说，《撒旦诗篇》可能只是一部小说，许多人都懒得翻一翻。由于个人差异及社会类型而导致的理解分歧，第四章做过详细阐述，这里就不再多谈了。

三、社会关系（social relation）

受众分析既要对个人进行单体解剖，更是将其置于一定的社会关系中综合考察。

[①] 李金铨：《大众传播理论》，90页，台北，三民书局，1983。

[②] ［美］梅尔文·L.德弗勒等：《大众传播通论》，颜建军等译，303页，北京，华夏出版社，1989。

早期的受众理论囿于受众的个人因素，而忽略其广泛的社会联系，就难免把人当成挨打的活靶子。从社会关系上考察受众的典范，当属社会学家拉扎斯菲尔德进行的一系列传播研究。特别是舆论领袖与两级传播的发现，对揭示受众的群体关系网络及其制约尤有启发。后来的许多研究，如提出创新扩散理论的罗杰斯和休梅克，正是沿着拉扎斯菲尔德的思路开掘，使得社会关系的认知更趋细密明朗。从他们的研究成果中不难看到，盘根错节的人际网络把受众结成一个牢固整体，进则同进，退则同退，信息若想打动个人，首先必须作用群体，而影响群体显然要比影响个体困难得多。

总而言之，受众并不像早期认为的那样只是一些毫无差异、联系松散的乌合之众，任凭大众媒介随意摆布，叫你向东就不能向西；相反，受众通过各种社会网络而组合成一个坚不可摧的联合阵线，他们手挽手、肩并肩、齐心协力、同仇敌忾，使媒介无法为所欲为，就如想打谁，谁就应声而倒，想改变谁的态度，谁就随声附和。

与这种新的受众观相应的传播理论，不再把媒介的效力看得十分强大，而取媒介作用有限的保守观点。如果说早期魔弹论属于媒介万能论，那么新的认识可谓有限效果论。用陈韵昭的话说："这种新理论认为大众传播的效力是有限的。它要对受传者产生影响，必须通过一系列中介因素。这些中介因素包括有个人接受信息必经的选择过程（包括选择性注意、选择性理解、选择性记忆）、群体规范形成的压力以及各种个人影响等等。"（《传学讲座》）

在媒介万能论中，受众作为靶子处在没遮没拦、被动挨打的地步，因而信息都是百发百中，无往不胜。而在有限效果论中，受众身上穿着好几件防弹衣，能够有效地削弱媒介的影响力，因而信息的命中率与效力就大打折扣。这两种情形可以用两个模式分别显示如下：

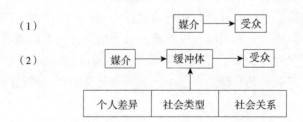

模式（1）显示的是媒介万能论中的受众，模式（2）显示的是有限效果论中的受众。在前一个模式中，媒介长驱直入，气吞万里如虎，受众毫无防卫；而在后一个模式中，媒介遭到一系列中间环节的干扰、阻挠与迟滞，受众则由于联合御敌而使自身的防卫力量大为增强。这两个模式展示了受众观的历史发展，代表了受众研究的两种取向：一是将受众视为中弹即倒的靶子，一是把受众看成坚不可摧的整体。正如陈韵昭所言：

20 世纪初，鼓噪一时的"魔弹论"把受众看成毫无抵御能力的"靶子"，以为传播可以像子弹一样必然地命中受方，使他们一个个应声倒地。现在，传播学者已经大量实验证明，受众在信息面前绝不是驯服的奴隶，而是具有高度自觉的主人。他们掌握着自主权，不但选择信息，而且还自行解释、自行决定吸取还是舍弃。因为作为传播媒介的报纸、广播、电视，已无法继续盲目自信其无上权威，他们承认自己面对的受众是很难征服的，如果不设法研究受众的需求，努力提高传播技艺，是无法提高命中率的。(《传学讲座》)

至此所谈的受众观，不论中弹即倒的受众，还是联合御敌的受众，有一点基本一致：那就是它们都有意无意把媒介当成进攻的一方，而把受众视为防卫的一方；都假定媒介通过传播信息而影响受众，而受众通过接收信息而受到影响。区别仅仅在于魔弹论认为攻方取胜容易，因为守方孤立无援，坐以待毙；而有限效果论认为攻方胜算不大，因为守方联合御敌，众志成城。这种以媒介为攻、以受众为守，以媒介施加影响、以受众接受影响为取向的受众理论，大抵都属传统型的受众研究。

现代型研究则把这种攻守之势颠倒过来，把受众变为主动者，而把媒介视为被动者；在传播活动中，受众不再只是信息的接受者，而成为信息的寻求者。也就是说，现代型研究强调的是受众而不是媒介在传播中的主导地位。

第三节　使用与满足论

所谓使用与满足（uses and gratification），是指受众使用媒介以满足自己的需求。使用与满足论是受众分析的后起之论，同传统的媒介传播信息以影响受众的思路大相径庭。其中，一个立足于媒介，一个立足于受众，攻守之势，迥然相异。

一、固执的受众（obstinate audience）

人类的认识活动很像钟摆，当朝一边摆到极点的时候，就该朝另一边摆过来。对受众的认识就是如此。20 世纪 60 年代以前，美国传播学基本上把受众当成传播的"被动客体"，只是消极接受信息。这种认识也体现于拉斯韦尔的 5W 模式：谁→说什么→通过什么渠道→对谁说→产生什么效果。在这个经典模式中，传播者明显掌握着主动权，他发出信息，他控制媒介，他操纵传播，他摆布受众；而受众只能俯首听命，奉命唯谨，任由宰割，听天由命。这里，谁是发号施令的主人，谁是唯命是从的奴仆，一目了然。这种认识，可以称为"传者第一论"或"传者本位论"。

当认识的钟摆朝传者第一的方向摆到极点的时候，有人便开始反其道而行之：不再从信息怎样施加受众上看问题，而改由受众如何使用信息上做文章；不讲信息怎样给予受众，而讲受众怎样寻求信息。如此看来，传播活动的主动权就由受众而非传者所掌握，受者便成为主人而传者则沦为奴仆。准确地说，受众犹如顾客，而传播者只是听命于顾客，提供所需服务的侍应生。这种认识，不妨称为"受众第一论"或"受众本位论"。

对受众第一论或受众本位论的兴起产生首屈一指影响的，是一位哈佛大学教授鲍尔（R. A. Bauer）。1964 年，他在《美国心理学家》杂志上发表了一篇论文，题为《固执的受众》（*The Obstinate Audience: the Influence Process from the Point of View of Social Communication*）。他指出，以往传播研究总是站在传播者角度，从传播者如何影响受众的态度这种思维定式上考虑问题。在他看来，这种研究犯了方向性错误，传播研究应该站到受众而非传播者的角度，着重探讨受众对信息的处理以及对整个传播过程的决定性作用。他有两句话说得很巧妙，常被征引：以往的研究总是问"讯息如何作用受众"（What can the message do to the audience），而现在的研究则应问"受众如何处理信息"（What can the audience do with the message）。两句话反映了两种迥然不同的研究方向：一个从讯息到受众，一个从受众到讯息；一个关心讯息的效应，一个关心受众的需求；一个认为传者最重要，一个认为受众最关键。总之，不是讯息影响受众，而是受众驾驭讯息。

鲍尔的论述在强调受众主体的同时，也敲响了魔弹论的丧钟。按照魔弹论的观点，受众很容易受讯息影响，由媒介摆弄，传者尽可以对他们随意揉搓。而鲍尔却提出，受众是"顽固"的，不是那么好对付的。对顽固的受众来讲，讯息不是被动接受的，而是主动发现的。既然受众顽固不化，执着己见，那么媒介就不可能随心所欲地左右受众，所谓魔弹论、靶子论也就无法成立：

> 到 20 世纪 20 年代末，许多书籍的研究足以表明，所谓枪弹不可抗拒的看法是没有根据的；1964 年，雷蒙德·鲍尔（Raymond Bauer）发表了为它敲响丧钟的论文《固执的受众》（*The Obstinate Audience*）。文章证明，几十年前的结论是正确的：民众并非射击场里的靶子；被宣传弹射中时，他们并不倒下。他们不接受枪弹；或起而抵抗，或另作解释，或将其用于自己的目的。受众是"固执的"，他们拒绝倒下。况且，传播的讯息也并不像枪弹。它们没有打进受众的身体，而是被放在方便的地方，受众想用时才会利用。①

---

① ［美］威尔伯·施拉姆等：《传播学概论》（第二版），何道宽译，189~190 页，北京，中国人民大学出版社，2010。

二、"自助餐厅"（cafeteria）

传播研究若干理论学说，每每导源于一句不无启发的话语。比如，卢因的把关一语引发后来的把关研究，这在卢因本人恐怕也始料未及。再如，政治学家科恩的那句话——报纸在让人们怎样想上难以奏效，但在使人们想什么上却非常有效，也开启了议程设置研究。这里所谈的使用与满足论，同样肇始于鲍尔的那句名言：不问讯息如何作用受众，而问受众如何处理信息。

关于使用与满足，施拉姆有个比喻说，受众参与传播如在自助餐厅就餐，每个人都根据个人的口味以及当天的食欲来挑选不同的食物，而自助餐厅供应的五花八门饭菜就相当于媒介提供的林林总总讯息。这个比喻表明，受众是传播的主角，他使用媒介以满足自己的特定需要，正像人们使用自助餐厅以满足自己的口腹之欲；而媒介只是为受众服务，提供尽可能充足、尽可能可口的饭菜，至于受众吃什么、吃多少，媒介无能为力，也就是说无法强求受众接受特定的讯息，因而也就难说影响受众。从这个比喻也可见，信息不是强行加诸受众，就像把饭菜硬塞进人的嘴里，而是由受众自行选择、自行处理的。总之，使用与满足论乃是从受众方面看待传播活动的理论学说，强调受众的作用，突出受众的地位，认为受众通过对媒介的积极使用实际上制约着整个传播过程，而受众的使用媒介都是基于自己的需求，为了满足自己的愿望。这就是使用与满足论的基本意思。

举例来说，"文革"时期，政治运动泰山压顶，"两报一刊"影响巨大，宣传教育无所不在。即使如此，受众的主动性、选择性依然在所难免：

> 比方说吧，一部表现西方工人罢工的纪录片播放过了，控诉西方资本制度的解说词也许被人们淡忘，但屏幕中工人们的皮鞋、手表、卡车以及便携话筒却让人过目难忘，不能不让很多人震惊：他们戴上了手表还罢什么工呢？
>
> 又比方说，一部表现中国重返联合国的纪录片播放过了，歌颂伟大新中国朋友遍天下的解说词也许被人们忽略，但屏幕中纽约的摩天大楼却让人目炫，人家住什么房子，坐什么车，穿什么衣服，还有女人有什么发型，这一切同样让很多人震惊。[①]

使用与满足论并无深奥之处，每个人在日常生活中对此都有切身体会。一张报纸到手，谁都会拣自己感兴趣的东西先看，而且各有各自的看法，正像每人都有各自的饮食习惯。同样，人们听广播、看电影电视、翻阅图书杂志，更不用说如今的上网浏览

---

① 韩少功：《暗示》（修订版），190~191 页，北京，人民文学出版社，2008。

也都如此。这个节目对味就多听一会儿，那个片子没意思就换个频道，就像在自助餐厅里挑挑拣拣一样。万一觉得今天的东西一无可看，或者由于不舒服、没情绪、工作忙而顾不上，那么完全可以不理媒介的茬儿，正如餐厅饭菜都不可口，人们可以不在那里用餐，或者买个汉堡、冲块方便面。总之，受众与媒介乃是使用与被使用的关系，使用顺手，令人满意，那就继续使用；否则就终止使用。

六七十年代兴起的这一传播研究思路，从更广阔的时代背景看，也应和着学术思想的潮流与趋势。单就引领西方思想的"文论"而言，六七十年代恰属"接受美学"风生水起之际，姚斯（Hans Robert Jauss）的"期待视野"理论、费什（Stanley Fish）的"读者反应"理论、伊泽尔（Wolfgang Iser，1922—2007）的"审美响应"理论等，均为这一新思潮的典范。他们的共同特点，都在于思考重心的转移——由原来的作者中心论，到后来的文本中心论，再到当下的读者中心论。他们主张，文本的意义既不取决于作者，也不取决于文本，而取决于读者。拿《红楼梦》来说，其思想内涵究竟是什么，曹雪芹说了不算，作品本身也不算数，只有读者才有发言权。法国文论家罗兰·巴特1968年发表《作者之死》，更是产生广泛而持久的影响。处于这种时代背景，浸淫如此学术思潮，传播学"受众本位论"的兴起也就不足为奇了。

三、矫枉未免过正

使用与满足论虽然推进了传播研究，丰富了传播理论，拓展了人们对传播问题的认识，但在理论上也存在明显的偏颇。比如，过分强调受众对传播活动的主导意义，把受众的能动性夸大到不适当程度，虽对早期理论不无矫枉之功，同时也未免过正。具体来说，使用与满足论至少在以下几点上值得推敲。

第一，使用与满足论假定受众都知道自己的需求是什么，并知道如何在使用媒介中满足其需求。如此一来，使用与满足的研究便需要依赖个人对自己心理需求所做的主观报告，而这种主观报告的随意性很大，以此作为科学研究的依据值得推敲。正如传播学者赛佛林与坦卡德所言："自从弗洛伊德以来，许多研究已经指出人类动机的复杂和隐蔽性，使用与满足研究利用自我报告来确定人们的动机，未免有点简单和天真。"[①]

第二，使用与满足论的前提是受众可以随心所欲地选择讯息，依照自己的愿望，根据自己的心意对讯息进行取舍。假如没有这个基本前提，使用与满足论便如失去地基的大厦无法成立。然而，问题恰恰就在于这一前提上。受众果真能够任意选择讯息吗？

---

① ［美］赛佛林、坦卡德：《传播理论——起源、方法与应用》（第5版），郭镇之等译，256页，北京，中国传媒大学出版社，2006。

从特定时空看，受众有这种自由，今晚的电视没意思就可以不看，电台的节目乏味就可以不听。但从更为广阔的社会背景上看，受众其实并没有多大选择余地，因为，整个传播环境实际上早被报社、杂志社、出版社、广告社、通讯社、电台、电视台、电影制片厂、网络等媒介所垄断，人们的生存空间早被铺天盖地、滚滚涌来、无穷无尽、大同小异的讯息所充斥，躲得了初一，躲不了十五，人们迟早都会受到媒介影响，在信息大潮中终究难逃灭顶之灾。由此可见，鲍尔所说的"顽固的受众"在个人心理层面上讲不无道理，而一旦放在社会历史层面上看就大成问题。尤其处在当今媒介繁盛、信息泛滥的时代，受众在传播活动中的自主权形同虚设，所谓使用与满足往往不过是自欺欺人。批判学派哲学家阿多诺就断言："听众根本没有选择余地。产品是加诸其身的。他的自由不存在。"以他所说的音乐为例，如今不论是报章杂志，还是广播电视，更不用说"黄钟毁弃，瓦釜雷鸣"的新媒体，触目所见、充耳所闻的多是流行音乐及其讯息，谁想躲避这种音乐的熏染几无可能。常在河边走，哪能不湿鞋。在这种情形下，听众的自主权仅限于是英国甲壳虫，还是美国麦当娜，是台湾邓丽君，还是香港刘德华，而这些选项之间并没有本质区别。既然人们的选择余地很小，已被千篇一律的讯息层层包裹，那么还有什么使用与满足可言呢？

第三，使用与满足论的最大问题还在于把受众个人同社会系统相分离，只讲自己对媒介的使用，只谈满足自己的需要，而根本忽略了受众个人与社会群体的关系。西方马克思主义者干脆认为，使用与满足论简直是问错了问题，至少问的不是最重要的问题。他们认为，光问人们怎样使用媒介以获得满足，不但琐碎无意义，而且客观上也在帮助维护不合理的传播体制。在他们看来，传播研究的当务之急在于揭示媒介由谁掌握，讯息由谁控制，以及披露权势集团操纵传播的意图。

另外，值得一提的是，"接受美学"等新潮文论，自问世以来也不断受到质疑和批评，对其"深刻的片面"与"片面的深刻"问题更是啧有烦言。学界素享令誉的《文史哲》杂志，2013年刊发文章《接受理论的悖论》，则被视为中国学者"第一次旗帜鲜明地向世界接受美学的学术挑战"。文章作者、山东大学终身教授袁世硕认为，"文学和文学史研究增加读者接受的维度，是应有之义，但丢开作者生产和作品表现的维度，就由一种片面性走向另一种片面性，而且是更大的片面性"。"如果文本真的对读者阅读没有作用，一切取决于读者的头脑，那么文本岂不就只是一页页白纸，成了中国古代《西游记》小说中所说的那种蒙骗取经人的'无字经'"！在他看来，接受美学之所以本末倒置，原因在于对马克思商品生产与消费理论的误解。接受美学变相抹杀马克思生产（作品创作）是"实际的起点，因而也是起支配作用的因素"等思想，过度突出消费（接受、效果）对生产（创作）的决定性作用，从而主张作品的生命在于读者的接受之中。

这一认识"不仅在理论上是片面的，就文学实际而言更加是片面的"。[①]诸如此类的理论反思，对我们解剖"受众本位论"的症结也颇有启发。

受众分析先谈这么多。由于受众问题同效果问题十分密切，下面讲效果分析时还会从不同侧面涉及受众。这里，主要是从传播研究的历史角度探讨了受众理论的演进，分析了对受众问题的基本认识。概括起来，早期的受众观是把受众当成不堪一击的靶子；后来人们发现受众并非一盘散沙的乌合之众，而是联合御敌的牢固群体，媒介其实无法对他们施加多大影响；再后来甚至觉得不是媒介作用受众的问题，而是受众左右媒介的问题，于是出现使用与满足论。这种理论虽然别开生面，但陷入另一种更严重的理论偏差与思想误区，就像批判学派揭橥的"消费主权论"，即以一种虚幻的、满足受众消费的堂皇名义，遮蔽传播领域的权力关系、媒介控制、意识形态等核心命题。

---

① 《〈文史哲〉刊文挑战西方接受美学》，载《中华读书报》，2013-03-06。

第八章　效果分析（上）：劝服艺术

在经验学派的传播研究中，以如何取得最佳效果为核心的效果分析一向最受青睐，实际上成为传播学作为一门学科赖以安身立命的根基，正如麦奎尔等写道的："大众传播理论之大部分（或许甚至是绝大部分）关心的是效果问题。"①

效果分析在传播学的学术体系中，特别是经验学派的研究框架中处于百川归海、众星拱月的位置，其他方面的研究最终无不归结到效果方面，正像大小河流不管怎样千曲百折，如何互不相干，最终都注入大海一样。如果不是为了传播效果，那么传播活动就失去意义；同样，如果不探讨效果问题，那么传播研究便成为无的放矢。这同战争颇为相像。战争中，调兵遣将，施计用诈，都是为着最终取得胜利；传播中，分析传者，把握受众，了解媒介，也都是想着预期效果。不为效果而从事传播以及传播研究，如同不为胜利而进行战争一样不可思议。事实上，从大战到冷战，美国传播学无不直接间接服从服务于美国国家战略，特别是与社会主义阵营抗衡并维护垄断资本霸权统治这一核心战略，后来苏联解体、东欧剧变以及一系列"颜色革命"等，无不表明这种"文化冷战"及其战略战术的意图，也显示了美国传播学图穷匕首见的学术政治。

效果分析中最令人感兴趣，也最具实际应用价值的当数劝服艺术，因为它直接涉及什么样的传播最有效，怎么样的方式最能达到预期目的，在可供选择的几种方案中哪一种最能打动人、说服人，运用何种技巧才会让尽可能多的人接受某种事物，相信某种观念，等等。最早对劝服艺术展开系统研究并产生广泛影响的，就是以传播学四大先驱之一霍夫兰为首的耶鲁学派。

---

① ［英］丹尼斯·麦奎尔等：《大众传播模式论》，祝建华译，53 页，上海，上海译文出版社，2008。

第一节　霍夫兰与耶鲁研究

第一章讲传播学的起源时，我们曾对霍夫兰及其耶鲁学派做过介绍。耶鲁大学是美国一流名校，霍夫兰毕业于耶鲁，后又终生执教于耶鲁。以他为核心的学术流派称为耶鲁学派，他们的研究称为耶鲁研究，研究成果汇集成为所谓耶鲁丛书。在传播研究的早期阶段，耶鲁学派举足轻重，代表着传播研究的主流与正宗。

依照霍夫兰等人的说法，耶鲁研究的宗旨在于：提出科学的见解，以辨别哪些条件可使这类或那类劝服性传播的效果有所增强或减弱。他们的研究具有三个特点：第一，致力于理论探讨与基础研究；第二，从心理学及相关学科引申出理论上的创见；第三，强调通过控制性实验来测试研究命题。霍夫兰既是美国传播学的先驱，更是社会心理学的开创者之一。作为社会心理学家，霍夫兰毕其一生都在孜孜探索态度的形成与态度的改变，由于他的成就，态度研究遂成为"当代美国社会心理学中最有特色和最不可或缺的"（戈登·阿尔波特）。研究态度问题自然少不了研究传播以及劝服艺术，因为这些正是形成或改变某种态度的方式及手段。由此不难理解霍夫兰的代表作何以取名《传播与劝服》（*Communication and Persuasion*）。

既然霍夫兰及其耶鲁学派的研究是以态度问题为主攻方向，那么在此就有必要先弄清态度的涵义。态度是社会心理学的一大范畴，一般是指个人或团体对某人某事或某种观念的心理倾向。比如，你崇拜拿破仑，那么你对拿破仑就持有肯定的态度；你讨厌日本，那么你对日本就带着否定的态度。再如，你愿意学小提琴，那么你对练琴这件事就持有积极的态度；你不爱打麻将，那么你对麻将就抱有消极的态度，等等。

霍夫兰认为，态度由三部分组成——认知、情感和行为。认知是对态度对象如拿破仑的认识了解，情感是相应的情绪反应，行为是由此引发的实际行动。举例来说，一个人立志从事新闻工作，他对这种职业就怀有积极肯定的态度。他认为新闻工作激动人心，做一名新闻记者很有意思，"天地间尽是新闻，新闻中另有天地"——这就是态度中的认知成分。认知或许是一种客观了解，或许是一种主观信念，不管什么都属于对新闻工作的认识。基于这种认识，他对新闻工作心驰神往，提起记者生涯眉飞色舞，兴奋不已——这可以视为情感成分。为实现这一理想，他投考新闻专业，发奋攻读，希望毕业后进入新闻媒体——这就是态度中的行为成分。

态度中的认知成分是基础，没有对某事某物的认识，就不会形成特定态度。比如，大街上随便找个陌生人，问你是不是喜欢他，你肯定无言以对，因为你根本不认识，不了解。态度中的认知成分不一定都是科学的、正确的，许多情况下认知往往表现为偏见或成见。比如，纳粹极端仇视犹太人，这种否定性态度就植根于一种根深蒂固的偏见。

虽说认知成分是态度的基础，但起关键性、支配性作用的还数情感成分。态度的形成诚然需要理性的根据，但这种根据往往不过是借口，许多时候都是先有态度，后找根据，而不是先有根据，再有态度。也就是说，许多态度都是感情用事的产物。比如，你也知道中日友好源远流长，你也明白中日间的战争是日本军阀挑起的，但你还是照样讨厌日本。这种否定性态度从道理上讲不清，而受制于微妙的情感。再如，对民族劣根性恐怕没有比鲁迅先生看得更透、认识得更清楚了，按理说鲁迅应该鄙弃这个民族才是，也就是说形成一种否定态度。然而，事实上鲁迅先生却是那么挚爱这个民族，所谓"我以我血荐轩辕"，正因如此，先生去世时灵柩上当之无愧地覆盖着"民族魂"。日常生活中，你明明知道一个人不错，可就是不喜欢；相反，你很清楚另一个人不地道，可偏爱厮混在一起。这些事情似乎不合逻辑，却又很正常、很常见，因为决定一种态度即心理倾向的关键因素在情感而不在理智。正如社会心理学家 W. 巴克所言："态度扎于感情之中，所以可能变得很持久。虽遭非难，人们仍倾向于坚持自己的心理倾向。增加的材料（即认知的深化）几乎不会改变人们的态度。"

至于态度中的行为成分，则是情动于中而发于外的自然结果。一般来说，有什么样的态度，就有什么样的行为。邓世昌将军对倭寇的深恶痛绝自然使他在激战中，英勇果敢，视死如归，上演一幕冲撞日舰的英雄壮举。而汪精卫对日本的好感，最终使他投敌叛国。不过，有时态度与行为并不完全一致。比如，你心里很讨厌他，可照样握手言欢，虚与委蛇。对此，拉皮埃尔（R. T. Lapiere）的一项有名研究很有说服力。这项研究是 1934 年进行的。当时，美国社会对亚裔人怀有很深的歧视与偏见。于是，拉皮埃尔决定同一对中国留学生夫妇周游美国，以观察这种偏见在行为上的表现。他们一行在各地的饭店、旅馆用餐住宿共计 251 次，除一次遭到拒绝外都得到礼貌周全的接待。时隔半年，拉皮埃尔给他们曾光顾的饭店、旅馆寄去一份问卷，询问他们是否愿意接待中国人。结果 90% 以上的回答都是不愿意。

以上就是社会心理学所讲的态度，同平常说到的态度不尽相同。霍夫兰及其耶鲁学派主要探讨态度的形成与改变，甚至被视为"态度改变研究最杰出的创举"。耶鲁研究主要涉及劝服艺术，即用什么样的传播方式能够最有效地形成或改变某种态度。对此，他们主要从三个方面进行了大量而细致的实验：一是传播来源，二是传播方式，三是传播对象。下面就分别谈谈这三个方面的情况及研究。

第二节　从传播来源看劝服

从传播来源方面，可以区分三种变量——可信度、知名度和动机。三者都对劝服的效果具有制约作用，恰当把握这三种变量，就能获取预期的劝服效果。

一、传播来源的可信度

1951 年，霍夫兰设计过一个实验，以检验信源的可信度同态度改变之间的关系。他先选出四个在当时引起争议、为人熟知的问题，即没有医生的处方可否出售名叫抗组胺的药丸，美国眼下能否建造核潜艇，近来钢铁紧缺的责任是否在于钢铁行业，电影院的数量是否会因家庭电视的增加而减少。

再选出一批实验对象，把他们分为人数相等的两组。每位实验对象都拿到一本小册子，里面有四篇文章，分别就上面四个问题进行论述。比如，对第二个问题，文章的观点是建造核潜艇不可行。霍夫兰告诉第一组实验对象，说文章都出自可信度较高的信源，而对第二组则说出自可信度较低的信源。比如，对第一组说，建造核潜艇的文章是原子弹之父奥本海默撰写的；对第二组则说，文章是从苏联的《真理报》上摘录的，而《真理报》在西方早已污名化，所谓"《真理报》没真理，《消息报》没消息"。

实验对象本人对这四个问题的态度，在阅读文章之前已经通过问卷做过测量。等他们看完文章后，再对他们的态度进行检验。这样，就可以看出可信度不同的传播来源，对态度转变的作用。实验结果表明，可信度高的传播者比可信度低的传播者更能说服人，更能使传播奏效。在这项实验中，那些相信文章出自奥本海默的实验对象大都改变了原先的态度，而那些认为文章来自《真理报》的实验对象则不为所动。

这项实验得出的结论并不意外，同生活常识正相吻合。谁不愿听正人君子的话？谁肯相信出尔反尔的骗子？霍夫兰这项实验的真正有趣之处在于，四个星期之后再测量实验对象的态度时，发现两组人员对问题的看法竟然趋向一致，当初两组之间的态度差别已不复存在。比如，四周前实验对象甲不相信美国眼下能建造核潜艇，因为他读到的文章就是这么说的，而这篇文章据说是出自奥本海默；而实验对象乙则不怀疑美国建造核潜艇的能力，因为他对那篇据说出自《真理报》的文章不屑一顾。也就是说，甲和乙当时看到的东西完全一样，只不过由于可信度高的信源与可信度低的信源作用不同，于是甲就相信文章的观点而改变态度，而乙则不相信并坚持己见。可是，等四周之后，甲与乙的看法或态度又趋向一致，比如他俩都认为现在造核潜艇不现实，因为他俩读到的文章都是这么说的。

霍夫兰把这种现象称为"休眠效应"（sleeper effect）。他认为，产生这种现象的原因，是由于时过境迁，实验对象对传播来源的印象逐渐淡漠，而保留下的记忆只有传播内容。简单说，人们只记得某个话，至于这话是谁说的已经由于时间关系而淡忘了。这恰似人们酣然而睡，忘却一切的情形，因此被称为休眠效应。以这项实验为例，实验对象乙四周前并不相信文章的观点，因为他把那当成《真理报》的看法；可时隔一月，他已不记得那篇文章出自何处，而只记得文章的论点，即美国不宜建核潜艇，于是他便由四周前的怀疑趋于相信。这时研究人员如果再提醒他，那篇文章选自《真理报》，他便像从酣睡中兀然而醒，重又回归原先的怀疑态度上。

休眠效应的存在，使得人们对传播来源的可信度在传播中的意义需要重新估量。按照一般常识，好人说的话容易让人信服，而坏蛋说的话很难奏效，哪怕说得合乎情理。然而，由于休眠效应的存在，不论是好人说的，还是坏蛋说的，过一段时间都变成"中性"人说的，也就是说人们对好人、坏蛋的话都一视同仁。这时，人们只对此话本身感兴趣，至于此话来源与出处已经淡忘，也不在乎。好人的话并不因为是好人说的而使人信服，坏蛋的话也不因为是坏蛋说的而让人怀疑。尤其处在信息爆炸时代，人们每天接触大量信息，有的来自可信度高的信源，有的来自可信度低的信源。面对如此庞杂、蜂拥而来的信息，人们不可能总惦着这是好人说的，那是坏蛋说的，这话可信，那话可疑。随着时间，许多信源都被遗忘，保留在记忆中的仅剩下信息本身。

霍夫兰这项研究给传播者的启发，可以概括为两点。第一，为了进行有效劝服，提高传播效果，需要重视传播来源的可信度，尽量挑选可信度高的传播者。比如，请水利专家介绍三峡工程，找经济学家分析当前经济形势，让企业家谈经营之道等。事实上，许多广告正是由此入手做文章的，比如找年轻漂亮的电影明星为一种化妆品做广告，说她自己经常使用该化妆品，因而青春常在；再如让运动员喝一种饮料、吃一种小食品，告诉人们说常喝、常吃这类东西就能健康，等等。

第二点启发更重要，这就是取得最佳效果的关键还在于传播内容本身。因为休眠效应会使人们忘却传播来源，而最终只对感受的信息内容保有印象。倘若信息内容不能说服人、感染人、触动人，那么就算可信度高的信源也会打折扣。反之，信息本身有新意、有道理，那么即便同可信度不高的信源相关，过一段时间也照样可能形成或改变人们的某种态度，达到劝服目的。我们不是经常听到这类话么："忘了是谁说的了……"

二、传播来源的知名度

耶鲁研究证实，传播来源的知名度同传播来源的可信度一样，都与传播效果成正比：知名度越高，传播效果就越大；知名度越低，效果就越小。知名度与可信度往往合为一体，统称为"威信"——威是知名度，信是可信度。传播者威信越高，劝服力度就越大，效果也就越佳。对这一点，早在先秦诸子以及古希腊哲人都曾做过论述，而人们在日常生活里也不难体察。

这方面的研究中，社会心理学家阿伦森（Elliot Aronson）参与的两项实验比耶鲁研究的有关实验，提供了更有趣也更有说服力的论据。第一项实验是请一群女大学生读几首现代诗人的诗作，再请她们自由地发表评论。当她们认为某一首诗写得不好时，研究人员就告诉她们有人觉得这首诗相当不错。不过，他们对一部分女生说，作出这种高度评价的是现代派诗人、诺贝尔文学奖得主 T.S. 艾略特，对另一部分女生则说出自一位名不见经传的女大学生。这时，再让所有参加实验的女生重新评估那首刚才她们都认为写得不好的诗，结果不出所料，一些实验对象改变了原来的看法。在态度改变者中，受艾略特影响的人远多于受无名女生影响的人。第二项实验是请两组六年级小学生分别听同一个人做的同一个演讲，内容是讲学习算术的用途及重要性。不过，对第一组学生介绍说，演讲者是名牌大学毕业的工程师；对第二组学生介绍说，是一位在饭馆洗碗碟的工人。实验结果显示，在影响学生对算术的态度上，所谓工程师远比所谓洗碗工的劝导更为见效。这两项实验都从科学上证实了人们从常识中得到的结论，即威信高的传播者比威信低的传播者更能左右人们的态度。换言之，知名度高比知名度低的传播来源更具有劝服优势。广告商之所以爱拉名人做广告，道理正在于此。

不过，是不是名人的现身说法都能奏效？不一定。请著名舞蹈家为推土机做广告，人们就很难相信广告词了。这里就涉及传播来源的动机问题。

三、传播来源的动机

传播者的动机如果关乎个人利益，那么劝服功效就难免削弱。人们看到舞蹈家为风马牛不相及的推土机做广告，就会怀疑是不是捞取广告费，也就对所谓"美言"难以置信了。

为检验传播来源的动机与传播效果之间的关系，阿伦森等人也曾做过一项实验。他们请一批挑选出来的实验对象看一份剪报，上面是一篇虚构的报道，说的是一名罪大恶极的惯犯接受记者采访。在一种实验条件下，罪犯争辩说法律应该更宽大，判刑应该更和缓；而在另一种条件下，罪犯认为现行的司法体制过于软弱，对犯罪活动打击不力，主张执行更严厉的判决。实验结果显示，在前一种情况下，即当他认为法庭对罪犯应该更加宽容时，他的话对实验对象完全无效；但在后一种情况下，即当他要求更严厉制裁犯罪时，他的话便特别奏效。这项实验表明，当传播者的动机同本人的利益相悖时，劝服作用最大，传播效果最佳。在这种情况下，即使传播者威信不高，也能促使人们态度发生改变。设想一下，运动员宣传"生命在于静止"，肯定比参禅打坐的和尚更能让人信服。

综上所述，传播来源的可信度高固然有利于提高劝服效果，但休眠效应又抵消了这种优势；传播来源的知名度高也有助于态度改变，但传播者的动机又会制约其优势。如何协调这些变量之间的平衡关系，是一项颇费心思的系统工程，运用之妙，存乎一心，这里只能把问题点出来，使大家注意到诸如此类"压下葫芦浮起瓢"的矛盾关系，而对立统一的矛盾是世间万物的普遍法则。

第三节　从传播方式看劝服

耶鲁研究从传播方式上对劝服的探讨，可以归纳为四个命题：一是只说一面之词好，还是正反两面都说好；二是先说为好，还是后说为好；三是结论由传播者明白给出好，还是由受众自己得出好；四是理智型的说服好，还是情感型的宣传好。这四个命题都围绕着一个主题，我怎么说，你才相信。而怎么说的问题可谓耶鲁研究的重心所在，事实上耶鲁研究的特色与贡献也正在于怎么说的问题，也就是对传播方式做了大量不无实用价值的研究，为获取最佳传播效果提供了依据。

一、一面还是两面

对任何事物来说，往往都会存在正反两方面的意见。比如，对三峡工程，一种意见认为弊大于利，一种看法认为利大于弊，几十年来争论不休。再如，对锻炼和运动，多数人都认为有利于身心健康，但也有人觉得有害于身体。此类例子举不胜举。问题在于宣传一种主张时，是只论证这种主张的合理合情，把理由摆得十分充分，无懈可击；还是在讲自己的观点时，也把反对者的不同看法一并交代，这两种做法究竟哪一种更有效，更能达到传播者的预期目的，更能使人接受呢？比如，谈社会主义优越性时，是只讲好的，还是既讲好的又不回避问题，更容易使人信服呢？再如，谈帝国主义的腐朽没落时，是光说战争、寄生性、吸毒、种族歧视、国际恐怖主义等，还是兼顾物质繁荣、科技发达等更具有说服力呢？

霍夫兰及其助手的研究，为这一问题提供了四种答案：

（1）如果对方一开始就倾向于反对传播者的观点，那么把正反两面的意见都提出来，比只谈一面之词更为见效。因为，这样做人家会觉得你是站在比较客观公正的立场上看问题，因而容易认可你的意见。

（2）如果对方原来就倾向于接受传播者的观点，那么只讲正面比正反两面都讲更好。因为这时对受众来讲，正面之词等于投其所好，进一步巩固其固有认识。

（3）对教育程度高的受众，应将正反两方面的意见一并陈述为好。假如只讲一面之词，人家会觉得传播者轻视其理解力与辨别力，同时认为传播者怀有偏见，内心发虚，无力面对反面事实。当然，正反都说并不意味着各打五十大板，不置可否。而是宣传正面主张时，举出主要的反面论点，并进行分析与反驳。

（4）对教育程度低的受众，最好只说一面之词。因为，把正反两方面的意见都摆出来，会使他们感到混乱，迷惑不解。特别是当反面的观点也表达得十分充分，显得振振有词、理直气壮时，情况就更糟。他们会觉得正面意见固然很好，而反面意见似乎也不错。真是公说公有理、婆说婆有理，到底谁是谁非，他们可能比接受传播之前更加迷惑，不知所措。因此，对他们最好只讲一面之词。

总之，是说一面之词，还是说两面之词，主要得看受众方面的情况而定。受众可从两点上区分：一点是按他们固有的立场分为赞成者和反对者，一点是按教育水平分为程度高和程度低。对反对者和教育程度高者，宜说两面之词；对赞成者和教育程度低者，则只说一面之词。

二、先说还是后说

根据一般的心理规律，人们对事情的开头与结尾往往印象较深。比如，对一场学术报告，大家印象较深的往往少不了开场白和结束语。再如，一篇故事的起因和结局总是令人难忘，而过程记得就不那么清楚了。心理学家把这种现象称为首因效应与近因效应。首因效应指对开头的记忆较牢，近因效应指对结尾的印象较深。

当传播者需要摆出正反两面之词时，他应该侧重首因效应，还是近因效应呢？换句话说，他的正面观点究竟是一开始就摆出来好，还是等到最后再说好呢？包括耶鲁研究在内的众多研究对此提出种种见解，总的看法是，表达的先后顺序与效果的优劣利弊之间存在诸多复杂因素，不能一概而论。

那么，其间有哪些因素最值得重视呢？概括地讲，先说后说的问题，涉及学习和记忆两个方面。众所周知，学习新知总是先入为主，新鲜感一开始表现得最强烈，而随着时间推移，学习的兴趣、精力及心理注意都会逐渐衰减。所以，首因效应在学习上占优势。但是，在记忆上近因效应则表现得更明显，也就是说时间上离得最近的东西记得最牢，刚刚发生的事情显然比去年的事情印象深刻。

由此看来，放在前面的观点容易引起注意，而放在后面的观点更容易得到记忆。如果目的在于让人了解自己的观点，那么先说为好；如果想让人记住，那么后说为佳。新闻写作中有所谓金字塔结构与倒金字塔结构。倒金字塔结构是把最重要的情况放在新闻的开头，金字塔结构则是把最重要的情况放在结尾。倒金字塔结构追求首因效应，而金字塔结构获得近因效应。换言之，前者有利于唤起注意，后者有利于加深印象。

关于首因效应与近因效应，这里谈的只是基本原则，在具体实践中还需根据情况灵活运用，切忌胶柱鼓瑟。比如，同样是竞选演说，如果你与对手的发言是安排在同一时刻，那么你先说似乎占便宜；而如果一个演说定在今天，另一个定在明天正式投票前，那么后说更有利。

三、明示还是暗示

为使人们接受或改变某种态度，传播者应该把结论明明白白地说清楚，痛痛快快地给出来，还是含蓄暗示，让人们根据摆明的事实自己得出来呢？耶鲁研究的回答是：明白优于含蓄。传播者把结论直截了当地告诉受众，要比让他们猜出结论更为有效。其实，在日常传播活动中，人们大都遵循着这条原则。不论是报刊上的文章、广告，还是课堂上老师的讲授；不论是父母对子女的劝导，还是各种各样的情况汇报，问题无不力求说得清楚明白，结论也无不讲究一目了然。

不过，结论由受众自己得出也并非一无可取，相反有时效果更佳。因为，自己得出的结论比别人告诉的结论更容易消化，也记得更牢，更难动摇。启发式教学的根据也在于此。有个真实的故事颇能说明这一点。二战期间，盟国根据众多迹象，判定纳粹德国正在研制原子弹。这个情况，非同小可。许多科学家认为，必须把这个十万火急的信息告诉罗斯福总统，盟国必须尽快动手，赶在纳粹之前造出原子弹。怎么才能让罗斯福相信此事关系重大、刻不容缓呢？人们请流亡美国的爱因斯坦给罗斯福写了一封信，详细说明了原子弹的威力，清楚阐述了研制原子弹的必要性与紧迫性。此信通过关系转到总统顾问萨克斯手里，然后由萨克斯亲自读给总统听。可是，罗斯福听完后不以为然，觉得此事目前为时尚早。

眼看事情将被搁置，萨克斯一时不知所措，他要求第二天早上再来陈述建造原子弹的理由，总统点头答应。这一夜，萨克斯翻来覆去，无法入眠，他几次走出房门，面对漫漫长夜苦思冥想，后来终于在黎明时想出一个好主意。于是，早餐时他对罗斯福讲起一段历史：当年，美国发明家富尔顿发明了一种用蒸汽推动的快船。他带着这项发明去见拿破仑，可拿破仑不屑一顾，觉得是个没有实用价值的玩意儿。假如拿破仑采用富尔顿的发明，用汽船对付最终使拿破仑陷入绝境的英国海军，那么本来是有望占据上风、掌握制海权，并最终获胜的，那样一来历史就可能改写。罗斯福听后想了想，说道："你想别让希特勒把我们全都炸死，对吧？"

"一点不错。"萨克斯答道。

接下来的事情就不用多说了，反正盟国建造原子弹的计划由此启动。在这个故事中，结论一开始是以明白无误的方式告诉罗斯福的，并且是由爱因斯坦亲自出面，可罗斯福不为所动。后来萨克斯用含蓄的手段暗示他，让他自己得出应有的结论，从而使罗斯福不仅心悦诚服，而且立即付诸行动。诸如此类的例子都表明，结论由对方按照传播者提供的线索得出，有时会产生更佳的效果。

总之，还是那句老话，一切得从实际出发，因地制宜。对一点即通的人，含蓄暗示固然见效；但对不愿费神的人，还是干脆把结论直接告诉为好。

四、理智还是情感

理智型劝服，是以充分的事实、周密的逻辑、冷静的分析为特点；情感型劝服，则不大顾及前因后果、来龙去脉，而主要调动人的感情，鼓动人的情绪以求达到传播目的。理智型劝服以科学报告为典范，情感型劝服以牧师布道为代表。

一般来说，情感型劝服比理智型劝服更加奏效。希特勒煽起举国狂热时，就主要依靠一套驾驭人们情感的法术。中国的新闻报道一向讲究"用事实说话"，西方记者更把"讲故事"作为专业信条，前者诉诸理智，后者作用情感。前面讲过，态度包括认知、情感和行为三种成分。在态度的形成与改变中，关键因素在于情感。虽然认知和行为有时也能导致态度的变化，比如，通过逐渐加强了解而改变对某人的看法，再如，原来不喜欢开车，后来开的时间长了也就慢慢喜欢这一行了。但大多数情况下，左右人们态度的还是情感。而情感型劝服作用的正是态度中的情感部分，正如理智型劝服影响的是认知成分。认知变化并不一定导致态度变化，就好比道路的转弯并不一定意味着汽车的转向，如果地面平坦还可以照直开下去；而情感的变化则必定引起态度的变化，就好比方向盘一拐，汽车就非得跟着拐不可，即便拐过来无路可走，甚至是万丈深渊。当然，如果把理智与情感综合起来，那么效果就比单纯的理智或情感更好。

对传播方式，耶鲁研究以及受其影响的相关研究做了大量实验，这里所谈的不过是一小部分。之所以不愿在此多费口舌，一来由于许多实验都过于琐碎，甚至互相矛盾；二来更主要的是对耶鲁研究那种只讲手段而不顾目的的研究不以为然。他们总是一味研究怎么说，而根本不问说什么。也许，忽略传播的内容而专注于传播的方式，正是耶鲁学派的研究难以深入的主要原因。索尔·贝娄的名作《赫索格》里有段话，可以说是对耶鲁研究这一弊端的绝妙讽喻。那段话说，格斯贝奇与人聊天时口若悬河，滔滔不绝，"他的语调是那么抑扬顿挫，目光是那么生动感人，看上去又是那么机智聪明"，这些都使人忘记问一问他说的到底是不是废话。

第四节　从传播对象看劝服

除了从传播来源与传播方式的角度探讨劝服艺术，耶鲁研究还从传播对象方面分析了影响劝服效果的一些变量，其中主要有三点比较突出。

一、听从性（persuasibility）

生活经验告诉我们，有些人向来好说话，有些人天生偏脾气，认死理，一根筋。传播研究也表明，不论传播目的何在，也不管传播方式如何，总有一些人容易听劝，总有一些人比较固执。这里都涉及传播对象的一个重要特征，即所谓听从性。好说话的人，听从性就比较大；而难说话的人，听从性就比较小。

决定听从性大小的，是对自己的主观评估。自我评估低的人比自我评估高的人，更容易接受别人的指教、听从别人的劝导。或者说自我感觉不佳的人比自我感觉良好的人，内心谦卑的人比自视甚高的人，更倾向于听从——当然首先得以传播者的论点合情合理为前提。因为，自我评估低的人对自己的观点不太坚信，并不认为自己的看法一定正确，因而面临不同的、有说服力的见解时，也就愿意放弃原有立场，遵从他人。相反，自我评估高的人充满自信，当今之世，舍我其谁，认为自己高人一筹，我干吗要听你的，因而立场坚定，我行我素。

除自我评估之外，霍夫兰、贾尼斯（I. L. Janis）等人还根据多次实验，提出以下一些决定听从性大小的个人特征。

第一，心怀敌意的人比心怀善意的人，更难接受他人的影响。因为，他在内心深处总把他人当成对立面，怀着本能的拒斥。比如，莎士比亚戏剧《威尼斯商人》中那个刻薄的夏洛克，不论别人怎么劝、怎么求情，他都寸步不让，一味坚持己见，非要按照原先的约定割下对手胸脯上的几斤肉。

第二，想象力贫乏的人比想象力丰富的人较难劝服。因为，想象力丰富的人碰到相反的观点时，能够从中发掘有益的东西，举一反三，灵活变通；而想象力贫乏的人难免钻牛角尖。

第三，内向性的人比外向性的人更不容易说通。因为，内向的人都比较看重自己，不免孤芳自赏；而外向的人更重视群体价值与社会规范，乐意随大流。因而，前者常常拒斥别人，而后者总是追随别人。

第四，具有进步倾向的人比遇事保守的人更易接受劝服。因为，具有进步倾向者从另一个角度看也就是喜欢变变花样的人，只要劝服者提供的新选择有理有利，那么何妨一试呢。而遇事保守者往往固执成见，宁肯遵从传统，也不愿轻易变革，因而大都难以劝服。

二、恐惧诉求（fear appeal）

所谓恐惧诉求，指劝服信息中夹杂着威胁性成分，使受众产生惧怕心理，借以达到预期效果。这里的问题在于威胁性成分是多多益善，还是适可而止？举例来说，想让司机注意安全，防止事故，那么是让他们看车祸遇难者血肉模糊、惨不忍睹的图片，并警告他们肇事者将难逃法律制裁更为见效呢？还是只让他们看扭曲的汽车挡泥板、撞坏的人行道栏杆，并指出肇事司机将被没收执照更为有效呢？对此，一种意见认为，轻微的恐惧能产生最大的效果；一种意见则认为，只有强烈的恐惧才能触动受众、影响受众，从而促使其态度发生转变。这两种认识哪一种更有道理呢？下面结合一些研究实例来看看。

第一项实验是由霍夫兰的弟子贾尼斯等人设计的。他们找了一班中学生做实验对象，把他们分为四组，其中三个组是实验组，第四组是用来同实验组进行比较的控制组。然后，他们围绕着保护牙齿、预防蛀齿这个劝服主题，设计出三种恐惧程度不同的宣教材料，用来分别针对三个实验组。比如，对实验对象介绍牙齿保健方面的知识时，让第一组看到的都是结构完好的牙齿图片，让第二组看到的是有一般性毛病的牙齿图片，而让第三组看到的则是牙齿溃烂、变色、出现空洞、齿龈肿胀等可怕画面；与此同时，让第四组即控制组听一个关于保护牙齿的讲座。实验开始的前一周和结束的后一周，实验对象都收到一张问卷，主要是检验他们对保护牙齿的重视程度，也就是看他们对牙齿保健这件事所持的态度。把同一实验对象的两张问卷一比较，就能看出他在接触到不同程度的恐惧信息之后态度发生变化的幅度。研究结果表明，态度改变最大、人数也最多的是第一组学生，即没有接触任何恐惧信息的实验对象；其次是第二组即接触轻微恐惧信息的实验对象，而效果最不明显的是第三组，即感受到强烈恐惧信息的实验对象。

贾尼斯等人的这项实验表明，在宣传一种主张时，轻微的恐惧比强烈的恐惧更有效。对此的一种理论解释是，过度恐惧会引发心理的抑制反应。比如，当人们突然受到惊吓时，总是张口结舌，说不出话来，这就是语言功能受到抑制。同样，强烈的恐惧信息也会抑制人们对信息的注意与理解，因而也就削弱了信息的影响力。

可是，正如有矛必有盾，有人根据实验提出与上述结论相反的主张——最强的恐惧最有效。也就是说，受众受的惊吓越大，态度改变的可能及幅度越大。这项实验是由社会心理学家戴伯斯（J. M. Dabbs）与利文撒尔（H. Leventhal）在1966年进行的，其形式同上述贾尼斯等人的实验相仿，不过这一次是向一群大学生讲解有关接种破伤风疫苗的重要性。实验对象也被分成几组。对第一组被试，他们生动而明确地描述了破伤风的严重症状和发病过程，使被试感到非常可怕。对第二组被试，主要介绍破伤风的基本情况，并不特别强调其症状，从而使实验对象处于轻微的恐惧之中。对第三组被试，只谈接种破伤风疫苗的种种好处，而不涉及破伤风的严重后果，这样便把实验对象置于毫无恐惧感的条件下。结果第一组的学生，即接受到高度恐惧信息的实验对象对破伤风的看法改变最大，而且去校医院接种破伤风疫苗的人数也最多。

那么，到底是让受众感到极度恐惧，还是轻微恐惧？哪种条件下传播效果更好呢？从恐惧诉求的研究中，似乎得不出确定答案。看来实际情况多种多样，决定恐惧度强弱的主要因素又在于具体的传播内容。如果问题关系到身家性命，那么越强的恐惧当然越有效，否则就会给人危言耸听之感，结果可能适得其反。也许恐惧诉求的价值只是提出一个颇有意义的问题，至于答案则需因地制宜了。

三、接种免疫论（inoculation theory）

以上所谈的耶鲁研究都是站在传播者角度，着眼于如何改变受众态度；而接种免疫论，则站在受众立场，着眼于如何抵御传播者的宣传与劝服，如何保持既定态度。

接种免疫论的创始人，是耶鲁学派的宿将威廉·麦奎尔（W. J. McGuire）。他的免疫研究可追溯到霍夫兰关于一面之词与两面之词的探讨。霍夫兰曾指出，接受正反两面信息的受众比只接受正面信息的受众更能抵御反面信息，在反面信息的冲击下更能站稳立场，不为所动。比如，我给你介绍一位对象，只说他如何如何好，而丝毫不提他的毛病，那么你一旦了解到他的一些缺点，对他的态度就可能改变；而假如一开始在介绍他的长处时，也把他的缺点告诉你，使你有思想准备，那么当你听到对他的微词时就不会太介意，你会觉得这些我早就知道，不算什么大问题。接种免疫的研究思路与此相似。

人的身体要想抵御疾病的袭扰，一般来说有两种办法。一是保证营养、加强锻炼、增加自身的抵抗力；一是进行预防接种，比如种牛痘。同样，人的思想要想抵御反面的宣传攻势，方法也有两种。一是加强正面宣传，增加思想上的抵抗力；一是进行适当的反面教育，就像种牛痘。在医学上，预防接种是指有意把少量病毒注入人体，使人体先对这种病毒产生免疫力，这样一来，当真的感染这种病毒时，就不会生病了。与此相似，思想上进行适当的反面教育，也是指有意识地向受众灌输一些反面信息，使他们先对这类反面信息产生适应性与抵抗性，如此则一旦真正面临反面信息的大举侵袭时，便不会轻易动摇了。用阿伦森的话说："把呈现两方面的、反驳性的宣传作为一种宣传技术来运用，通常不仅更有效力，而且如果能灵活熟练地运用，还可以不断增加接受者对于随后反宣传的抵抗力。"

为了证实接种免疫的效果，麦奎尔曾做过一项实验。他先选出一些被人深信不疑的观点，如精神病不会传染。然后，把实验对象分为三个组。对第一组从正面强化那些被当作常识看待的观点，如各种研究都表明精神病的确不会传染，这就像只给人的身体增加营养。而对第二组实验对象则给予轻微的、很容易驳斥的反面信息，如告诉他们百分之一的人同精神病人常年生活在一起有可能染上精神病，这就等于给他们进行预防接种。至于第三组，既不支持他们的观点，也不反驳他们的观点，就是说既不给营养，也不给接种。最后，研究人员用似乎雄辩的材料对所有实验对象在这一问题上的看法，进行强有力的反驳。结果，第一组和第三组的实验对象大都随风而倒，纷纷放弃原来的观点，接受了新的认识；而只有第二组，也就是事先已接触到少量反面信息的实验对象，大都依然如故，不为所动。麦奎尔由此得出结论，为使人们坚持某种信念，有必要使他了解这种信念的软肋，只有事先经受轻微的反驳，才有力量抵御日后更强烈的攻击。施拉姆举过一个中国例子，用来说明接种免疫论：

> 20世纪50年代，毛主席决定向经过挑选的人提供一份4页的报纸（指《参考消息》——引者注），刊发译成中文的美联社、合众国际社、路透社和法新社等西

方通讯社的消息。后来他解释了为什么要这样做。就我们所知，他并没有读过西方研究这个问题的任何材料，但他使用了我们谈的"免疫"这个词。他说，既然我们打防疫针预防危险的疾病，为什么不能打防疫针抵制危险的思想呢？①

以上三节所谈的都是霍夫兰及其耶鲁学派在劝服艺术上的探讨。要想取得良好的传播效果，就不能不注意这些劝服艺术，不能不留心耶鲁研究所涉及的一系列传播环节。不过应该指出耶鲁研究的弊端也很明显。比如，他们过于拘泥实验数据，而实验环境大多是人为的，同实际的、千变万化的传播环境相距甚远。因此，他们的理论听起来头头是道，可一旦付诸实践，便破绽百出，顾此失彼。再如，耶鲁研究总在某个孤立的变量上用心思，下功夫，而忽视事物之间普遍而有机的联系。因此，他们的结论单独看似乎在理，可整体讲却支离破碎，有些结论甚至互相矛盾，令人无所适从。总之，耶鲁研究的功过都很突出，既为人称道，又遭人诟病。

---

① ［美］威尔伯·施拉姆等：《传播学概论》（第二版），何道宽译，219~220 页，北京，中国人民大学出版社，2010。

第九章 效果分析（下）：态度改变

传播研究，尤其是美国经验学派的研究曾长期依附于社会心理学，从社会心理学引入大量概念、命题、理论及方法。这种依附情形集中体现于效果分析。事实上，传播学许多效果理论都是直接、间接地从社会心理学借鉴来的。

社会心理学对传播学的影响，体现在两种研究思路上：一是学习论（learning theory），一是一致论（consistency theory）。这两种不同的研究思路，都指向同一个问题——态度及其改变。而态度改变又正是效果分析所感兴趣的，因为传播效果最终都显示为受众态度的变化。

学习论的研究以霍夫兰及其耶鲁学派为代表。在他们看来，人们可以通过了解与认识而形成对某种对象的特定态度。比如，你不断听人说苹果电脑如何如何好，慢慢自然会产生好感，也就是说对苹果电脑形成肯定态度。再如，你对萨达姆原来并不了解，后来读了报纸，看了电视，于是就形成对他的好感或恶感。由此说来，要想使人形成或改变某种态度，只需要提供相应的认识材料，或者说态度形成或改变的过程是个学习的过程。

与学习论相对的一致论，则把态度问题放在认知一致的基础上进行探讨。所谓一致，乃指人们的言谈举止力求和谐，保持统一，否则难免心理紧张，感到别扭。伊索寓言里，讲到一只贪吃的狐狸，由于够不着墙上的葡萄，便说葡萄是酸的。想吃葡萄与吃不上之间，构成一种矛盾和心理紧张，为保持一致性，狐狸只好说葡萄是酸的，不好吃。狐狸对葡萄的态度由开始的垂涎欲滴到后来的不屑一顾，正体现了一致性的心理趋势。按照一致论，态度的变化总要适应一种整体性的认知结构，而一致论所关心的正是这种认知结构如何达到一致的问题，由此涉及怎样处理不一致的信息、面临不一致的信息时态度会朝什么方向变化等问题。

就传者与受众而言，学习论更关注传者，因为传者能提供相应的知识，使受众对事物的认识有所变化，从而导致态度转变。而一致论则更看重受众，因为这里的态度变化并不取决于感受的信息，左右态度及其改变的关键在于保持自身认知的一致与和谐。从大众传播与人际传播上看，学习论更倾向于大众传播，一致论更侧重于人际传播。学习论是上一章耶鲁研究重点，一致论及其特点则是本章的主要内容。下面就来谈谈一致论的学说。

第一节　平衡论与和谐论

一、海德的平衡论

美国社会心理学家弗里茨·海德（Fritz Heider, 1896—1988），是最早致力于一致论研究的学者，他提出的平衡论（balance theory）成为一致论的先驱者言。

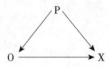

图9-1　平衡论模式

所谓平衡论，讲的是涉及第三者时，两人之间的关系可能呈现的状态及其变化。海德曾用一个模式予以说明（见图9-1）：

这个模式由P、O、X三个要素组成，其中P和O代表两个人，X代表两人共同关心的对象——既可以是一个人，也可以是一件事或一样东西。图中的箭头代表着一种肯定的态度，比如丈夫P喜欢妻子O，而他们夫妻又都喜欢孩子X。海德认为，这种关系就是平衡的。除此之外，还有三种平衡状态（见图9-2）：

图9-2　另外三种平衡状态

这里的虚线表示一种否定态度。举例来说，在第一个模式中，丈夫P不喜欢妻子O，也不喜欢孩子X，而妻子却喜欢孩子；在第二个模式中，丈夫P不喜欢妻子O，而喜欢孩子X，妻子却不喜欢孩子；在第三个模式中，丈夫P喜欢妻子O，他俩都不喜欢孩子X。这三种状态在海德看来都是平衡的，因而不存在态度改变问题。拿最后一个模式来说，夫妻双方关系和好，他们都不喜欢孩子，在这个问题上态度一致，于是夫妻双方都不需要改变看法。假如他们现在一方喜欢孩子，另一方不喜欢孩子，那么平衡状态就打破了，这时若想恢复平衡，就得调整认识，或者一方由喜欢孩子变成不喜欢孩子，或者另一方由不喜欢变成喜欢。总之，按照海德的平衡论，P、O、X三者的关系如果都是肯定的，或者两种否定一种肯定，则均为平衡状态。

如果三者的关系都是否定的，或者两种肯定一种否定，则为不平衡状态。不平衡状态也有四种，如图9-3所示。

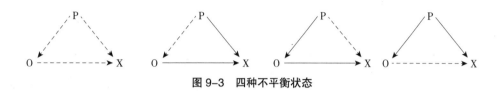

图9-3 四种不平衡状态

海德认为，不平衡状态会使人感到心理紧张，由此产生力求恢复平衡状态的心理趋势，如此一来便可能导致态度变化。以第二个模式为例，丈夫P与妻子O关系不和（虚线显示），可他们都想要孩子，这就是一种不平衡状态，它使丈夫和妻子都觉得不舒服。为了从不平衡状态恢复到平衡，要么丈夫与妻子和好，就像平衡状态的第一个模式显示的那样；要么丈夫与妻子有一方改变对要孩子的态度，就像平衡状态的第二个和第三个模式显示的那样。总之，不平衡状态会造成心理紧张，而这种紧张"只有在情况起了变化因而使平衡得以建立后才会消除"（海德）。

海德的平衡论引起传播学者的兴趣，因为它暗示着一种态度改变方面的新思路：不平衡状态向平衡状态转化时，总伴有某一方的态度改变；而平衡状态由于稳定不变，则能抗拒任何形式的态度变化。不过，平衡论的局限也显而易见。有研究者早在1960年就指出，某些不平衡状态也有可能维持稳定，不一定非产生趋向平衡的压力。举例来说，某人P喜欢英国人O，但讨厌英国的传统体育项目板球X，用平衡论的模式来显示就如图9-4所示。

这在海德看来显然属于不平衡状态。依照平衡论，此人会在心理压力下，或者改变对英国人的肯定态度，或者改变对板球运动的否定态度，以求达到平衡（见图9-5）。

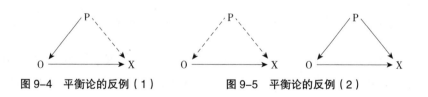

图9-4 平衡论的反例（1）　　图9-5 平衡论的反例（2）

然而，事实上世上有许多人对英国和板球持有不一致的态度。也就是说，一个人喜欢英国人，并不见得非得喜欢英国人钟爱的板球，爱屋不见得及乌；同样一个人厌恶英国人，也不一定非得连带着厌恶板球。处在这种不平衡状态下，人们并不见得有什么心理压力，因而也就不会产生由不平衡向平衡的态度转化。类似的情形在其他不平衡模式中也都存在。

　　尽管存在上述问题，海德的平衡论仍然由于诸多优越性而受到重视。这些优越性概括起来大致有四点：（1）在概念上易于掌握；（2）以简洁明了的方式显示出态度变化的趋向；（3）把注意力集中在人际关系上；（4）证明不一致性可用不同方式来解决。

二、奥斯古德的和谐论

　　和谐论（congruity theoty），是美国心理学家奥斯古德（Charles Egerton Osgood, 1916—1991）等人提出的，是从平衡论中发展出来的。如果说平衡论概括的是一种普遍现象，那么和谐论关心的则是其中的一种特殊情形。平衡论讲的是人际网络中的双方与第三者的关系，和谐论讲的是受众与信源双方同事件的关系。这种关系分为和谐与不和谐，而和谐与不和谐各有四种情况。比如，图9-6是两种和谐的情况。

　　这两种和谐情况用奥斯古德等人的话来解释，就是"我们所喜欢的信息源应该总是提倡我们所喜欢的主张并谴责我们所反对的主张"。假如受众所喜欢的媒体对某事的态度同受众相抵触，那么就会出现不和谐（见图9-7）。

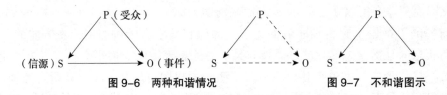

图9-6　两种和谐情况　　　　　图9-7　不和谐图示

　　为了恢复和谐，群众要么否定事件，要么否定信源，否定媒体（如图9-8，图9-9）。

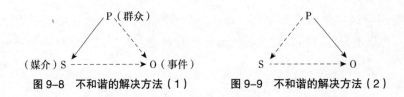

图9-8　不和谐的解决方法（1）　　　　图9-9　不和谐的解决方法（2）

　　美国社会心理学家阿伦森说过，人们对付坏消息的一种古老做法是杀死送信人："据野史记载，中亚古国花剌子模有一种古怪的风俗，凡是给君王带来好消息的信使，就会得到提升，给君王带来坏消息的人则会被送去喂老虎。于是将帅出征在外，凡麾下将士有功，就派他们给君王送好消息，以使他们得到提升；有罪，则派去送坏消息，顺便给国王的老虎送去食物。花剌子模是否真有这种风俗并不重要，重要的是这个故事所具有的说明意义，对它可以举一反三。"[①]而"斩信使"的现代表现，就是责怪那些给人

---

　　①　转引自王小波：《花剌子模信使问题》，载《读书》，1995（3）。

们带来痛苦的、不协调信息的媒介。

奥斯古德等人对传播研究的贡献，不仅在于继海德平衡论之后提出新的一致论学说——和谐论，而且更在于他们发明的一种对态度进行量化测定的"语义差异量表"。它是数种测量态度的主要量表之一，最大优点是构造比较容易。它由一系列正反相对的修饰语组成，诸如好与坏、喜欢与厌恶、进步与落后、赞成与反对、好感与恶感等；在两个极端之间，再划分出 7 个依次递增的层次，其中从 1~3 属于否定范围，从 5~7 属于肯定范围，而 4 则属中性区域。拿好与坏来说，如图 9-10 所示。

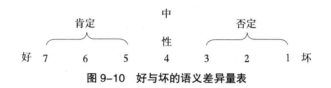

图 9-10 好与坏的语义差异量表

用这么一个量表，便可对某人在某事上的态度进行测量。比如，让读者给报纸的星期刊打分，如果他打的都在 3 以下，那么他的态度就是否定的；如果在 5 以上，就是肯定的；如果是 4，那就是不置可否。另外，在否定中如果打 1，那就是极度否定；如果打 3，那就是轻微否定；介乎二者之间的就是 2。肯定的情形也是如此。举例来说，你认为秦始皇十分伟大就划 7，比较伟大就划 6，还算伟大就划 5，既不伟大也不渺小就划 4。当然，实际测定一种态度不会这么简单，而是需要设计多种正反情况。比如，对一项活动进行民意测验，可以设计这些量表：可行与不可行、有利与不利、赞成与反对等。不论多少，得分越高都表明态度越肯定，得分越低则显示态度越否定。

第二节 均衡论与 ABX 模式

一、纽科姆的均衡论

纽科姆（Theodore Mead Newcomb，1903—1984），也是一位美国社会心理学家。他的均衡论（symmetry theory），同海德的平衡论具有相近的亲缘关系。由于纽科姆的理论更强调传播的作用，故在传播学领域也更知名。

与海德一样，纽科姆也认为双方对第三者的态度需要保持一致，他把这种一致性称为"趋向均衡的努力"（strain toward symmetry），所谓均衡论即由此得名。严格说来，均衡论不是关于态度改变的理论，而是探讨人际关系的理论。正因如此，纽科姆把传播视为一种维护人际关系的互动过程。在他看来，传播活动会扩大相互一致的范围。

他说："传播的基本功能是使两个或更多的个体之间对外部环境的物
体同时保持意向。"他用一个模式表示，如图 9-11 所示。

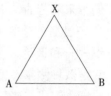

图 9-11　ABX 模式

这就是所谓 ABX 模式。在这个模式中，三角形的三个点分别代
表两个个体 A 与 B，以及他们共同关注的事物 X。这里，A 与 B 相当
于海德的 P 与 O，X 则等同于海德的 X。纽科姆这一 ABX 模式，说的
是 A 与 B 的关系同他们对 X 的态度密切相关，三者形成牵一发而动
全身的结构，而传播活动属于这个结构是否稳定与变化的关键。同海德的平衡论一样，
ABX 三者之间也可分为四种均衡和四种不均衡状态。ABX 模式以及均衡论的基本设想在
于，人与人之间要求态度与关系一致的压力将会刺激传播，在 ABX 三者关系处于不均衡
的条件下，传播交流活动将会"更加频繁"（纽科姆）。

举例来说，我与你是好朋友，一天我俩一起去看一部新电影，散场后我很兴奋，
觉得今天看了一部难得的好影片，而你认为没有太大意思、不过如此。这时候，我（A）
与你（B）的关系由于对影片（X）的看法，发生了分歧，失去了均衡。这种状态给我们
双方都造成心理上的紧张感，彼此都觉得别扭、不舒服。为此就需要交流，以便逐渐缩
小分歧，尽量求同存异，以便恢复原先的平衡状态即友好状态。众所周知，人都爱与志
同道合的人交朋友，其中一个原因就是想寻求人际支持，以巩固自己的立场与态度。纽
科姆的 ABX 模式及其均衡论也隐含着或预示着这样的观点：人们总是注意与其现存立场
相一致的信息源，并寻求能支持和证实其实际行为的信息。由此看来，纽科姆关注的与
其说是态度的改变，不如说是态度的维护。

纽科姆的 ABX 模式固然有名，但其价值也许主要还是体现在它所启发的另一个 ABX
模式上，这就是韦斯特利与麦克莱恩的 ABX 模式。如果说纽科姆的 ABX 模式着眼于人际
传播，那么韦斯特利与麦克莱恩的 ABX 模式则适用于大众传播。

二、韦斯特利与麦克莱恩的 ABX 模式

提出这一模式的韦斯特利和麦克莱恩（B. G. Westley and M. MacLean），都是纽科
姆的学生。他们的 ABX 模式脱胎于纽科姆的 ABX 模式，并对它做了较大的扩充、发展与
修正。韦斯特利与麦克莱恩的本意并不在于提供一个更为完善的传播模式，而是想通过
一个"简单的、概括的又比较实用的模式"，对当时零乱庞杂的传播研究进行系统整合。
1957 年，他们在提出这一模式时写道：

　　　传播的研究及其理论是近年来从许多不同学科中胚胎发芽的。传播领域的探
　　求者们有的致力于理论研究，有的则关心于"实际"问题。因而，今天人们所能
　　看到的，一方面是些杂乱无章的概念、概念体系，另一方面则是大批未经消化的、

不足以说明问题的实验性数据。……我们试图提出一个单一的、也许能对迄今所有发现作出归纳的传播模式，它也可能提出一个概念体系：这个概念体系将指引出新的相互关联的研究方向，熔以往各家理论、学科的不同观点于一炉，从总的方面给混乱的局面创立起一定的秩序……①

下面就来具体看看这个模式的虚实深浅。如上所述，韦斯特利与麦克莱恩的 ABX 模式是从纽科姆的 ABX 模式扩展出来的，这种扩展可分两步来看，第一步如图 9-12 所示。

这个模式反映的是人际传播的基本情况。其中 A 是传播者，B 是接受者，X 系列则代表众多的事件、观念、人物等。这里，A 从一系列 X 中选定某个 X，再把它传递给 B，而 B 通过反馈环节 F_{BA}（F 是英文反馈 feedback 一词的第一个字母）对此作出反应。此外，接受者 B 还可不经过传播者 A，直接了解某件事、某个人或某种观念，这就是 X_1B 所显示的情形。这是第一步的扩展。

第二步扩展是在人际传播的 AB 中间，加进一个媒介 C 如图 9-13 所示。

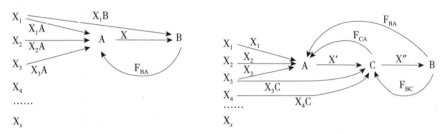

图 9-12　麦斯特利与麦克莱恩对纽科姆 ABX　　图 9-13　韦斯特利与麦克莱恩的 ABX 模式
　　　　　模式的第一步扩展

这个模式反映的是大众传播的常见情况。其中，X 系列是实际存在或发生的事情，A 是感知到这些事情的信息来源如新闻事件的目击者，C 是媒介组织，B 是受众。所谓韦斯特利与麦克莱恩的 ABX 模式，就是指这一模式而言。韦斯特利和麦克莱恩把 A 描绘成一个"鼓吹者"，他们怀有各自的意图，希望通过传播而改变受众 B 对 X 的态度，像政治家、宣传家、广告商、公关组织、新闻发布者等均属此类。与 A 不同，传播媒介 C 则是无意图的传播者，其任务仅仅是选择并传递受众所需的信息，用韦斯特利和麦克莱恩的话说就是充当 B 的"代理人"。如果哪个 C 不能胜任这一角色，比如一家报纸尽登些说教性的文章，或者总是登广告而鲜有公众感兴趣的内容，那么受众 B 就会不客气地抛弃它，另找其他的 C 来充当自己在获取信息上的代理人。面对激烈的市场竞争，这等

①　［美］赛弗林、坦卡德：《传播学的起源、研究与应用》，陈韵昭译，227 页，福州，福建人民出版社，1985。

于置媒介 C 于死地。所以，媒介 C 不能像鼓吹者那样，一心只想着如何打动受众、如何影响受众，而不必顾虑受众的反感与厌弃，媒介 C 得时时处处考虑受众 B 的需要，为 B 的利益着想，就像辩护律师为自己的委托人算计谋划一样。C 不仅从众多的信息来源 A 那里获取并选择信息，而且还直接从现实环境中捕捉受众 B 所需的内容，这就是 X_3C 与 X_4C 所显示的情形。另外，C 作为一道把关环节，对接受的信息自然免不了进行一定的过滤与加工，故它之前的信息输入为 X′，之后的信息输出则成为 X″。总之，C 在韦斯特利与麦克莱恩模式中处于核心地位，它表明由于媒介而使人们的感知视野大为拓展，用麦克卢汉的妙语来说就是"电视延伸了人的视觉，广播延伸了人的听觉"。

韦斯特利与麦克莱恩模式虽然源于纽科姆的 ABX 模式，但同纽科姆模式用以说明的均衡论以及一致论并无多少关系。只是由于这个模式在理论与实践两方面均有价值，而又是由纽科姆的 ABX 模式直接启发的，故而在此一并介绍。

纽科姆的均衡论同上节所谈海德的平衡论以及相似的和谐论，对传播研究中的效果分析不无启发，它们都在提示这么一条思路：传播效果往往取决于传播内容对受传者固有信仰、观点、态度的干扰或强化程度。

第三节　认知不协调论

在一致论的研究中，认知不协调论也许是最新颖独特，也最令人感兴趣的学说。至于它在态度及其转变问题上展示的研究思路，更使传播研究受到启发。认知不协调论（theory of cognitive dissonance），是由美国社会心理学家费斯廷格（Leon Festinger，1919—1989）提出来的。费斯廷格是传播学四大先驱之一卢因的学生，在艾奥瓦大学获得博士学位。他的认知不协调论，最初也正是受到卢因认知理论的启发："费斯廷格的认识不和谐理论既受到勒温（即卢因——引者注）的场论的影响，受到勒温柏林时期的格式塔观点的影响，也受到 F. 海德（Fritz Heider）的平衡理论和奥斯古德 - 坦嫩鲍姆（Osgood-Tannenbaum）的协调原则的影响。"[①]

一、认知与认知不协调

那么，什么是认知？单从字面看，认知是指人们对客观事物的主观认识，但在学术话语里，认知既针对主观认识，又涵盖客观行为。比如，你认为吸烟有害健康，这种看法自然属于一种认知；而你也从不吸烟，这种行为同样属于一种认知。所谓认知，既指言谈，又指举止，人的一言一行、一举一动无不归于认知的概念。简言之，认知就是

---

① ［美］E.M. 罗杰斯：《传播学史——一种传记式的方法》，殷晓蓉译，371 页，上海，上海译文出版社，2002。

人们对事物的理解与反应。

因此，认知不协调就是指一个人同时持有两种不一致、不协调、互相矛盾的认知。比如，你觉得传播学意思不大，但作为必修课又不得不学，于是你在传播学上的认识与行为之间便形成一种认知不协调。再如，一位医生明明知道吸烟致癌，可还是忍不住大吸特吸，于是，他在吸烟上的第一种认知——了解吸烟危害，与第二种认知——照吸不误的行为之间，也处于一种认知不协调的状态。

费斯廷格认为，认知出现不协调就会在心理上形成紧张与冲突，从而促使人们设法消除或减轻不协调而重建协调。打个比方，心理上的紧张犹如生理上的饥渴：饿了渴了都不是滋味，所以得设法吃点食物、喝点水，以消除或减轻饥渴；同样，心理紧张也不舒服，也得尽力使不协调的认知重新协调起来，以消除或减轻心理紧张。而重建认知协调的过程，总是涉及对事物的态度，往往还伴随着某种态度的变化。还以选修传播学的例子来说明。你对传播学的态度是否定的，也就是说你内心并不愿意学，可要应付考试你又不得不学，这种认知不协调使你感到别扭。为了重建协调就得尽量说服自己，改变对传播学的原有认识，一旦觉得传播学并非意思不大而是大有名堂，那么你在传播学上的认知即你的主观理解与实际行为之间便恢复认知的协调状态。在这个重建协调的过程中，你对传播学的态度便由原先的否定变为现在的肯定了。医生吸烟的例子也是如此。医生要么是保持对吸烟的认知——吸烟致癌，于是把烟戒掉，以求达到认知的协调；要么还继续吸烟，只是不再相信吸烟与癌症有关的说法。不管怎么做，都涉及他对吸烟的态度：要么维护原来的态度，要么改变这种态度。传播研究之所以对费斯廷格的认知不协调论感兴趣，原因就在于此，它将态度改变问题与认知协调与否联系起来，从而为效果分析开辟了新的进路。

二、重建协调与态度变化

认知从不协调变为协调的途径有二：一是自我辩解，一是态度转变。两者都同态度相关，自我辩解是维护固有态度，而态度转变则是改变既定态度。一般来说，人们面临认知不协调时，总是先为某种认知辩解，如果实在无法辩解，才会改变某种认知，反正不能处于认知不协调而造成的心理紧张之中。

1. 自我辩解

自我辩解就是按照自己的愿望，把不协调的认知尽量解释得似乎协调一致而不矛盾。这样做一方面可维护自己所持的态度而不必改变它，一方面又可避免陷于认知不协调的煎熬。

举例来说，假定你是一家烟草大公司的副总经理，负责公司的广告与销售业务，日常工作就是让尽可能多的人尽可能多地抽烟，当然是抽你推销的烟。你推销的烟越多，人们抽你的烟越多，就表明你的工作越出色。现在的问题是，如果吸烟能够导致癌症，那么你岂不是要对许多人的疾病以及死亡负责吗？你自认为是个善良正派的人，而你的工作却无异于谋财害命，你的自我评价同你的工作行为岂不是形成尖锐的认知不协调吗？为了消除这种不协调，可设法改变第一种认知即你是正派善良的人。如果你把自己看作一个唯利是图、不顾他人死活的家伙，那么这种认知同工作行为便协调一致了。可是有谁肯把自己看成这样的人呢？即便是坏蛋，内心恐怕都不愿意承认自己是坏蛋，更何况一般人呢。于是，要消除认知不协调，就只有在第二种认知上想办法。如果能够证明吸烟同癌症并没有因果联系，使人们和自己都相信吸烟不仅没有什么害处，相反倒是人生的一大乐趣，可以缓解工作的疲劳、身心的痛苦、精神的紧张等，那么你推销香烟的工作便成为造福社会、惠及人生的一大善举，这样一来就同你把自己视为善人的认知相互协调起来了。

诸位不要以为这个例子纯属假设，事实上它是出自《华盛顿邮报》1971 年 11 月的一篇人物专访，其中的采访对象杰克·兰德里正是美国与世界第一大烟草公司，也就是生产万宝路牌香烟的那家大公司主管销售业务的副总经理：

> 杰克·兰德里从桌上两包万宝路香烟里抽出一支，这是他今天吸的第 30 支烟了。他划着火柴凑近香烟并讲了他如何不相信那些有关香烟与癌症和肺气肿有关系的报道。
>
> 他刚刚开始为美国菲利普·莫里斯公司推销另一种香烟，并对前景感到非常乐观。
>
> 然而，他怎么使良心与第二年在美国各州为诱使人们吸他们的新牌香烟而准备花费的 1000 万美元相一致、相协调呢？
>
> "不是那么回事，"菲利普·莫里斯公司负责推销的副总经理兰德里说，"这个国家的成年人中有半数抽烟，这是他们最基本的日用品，我正为满足一种需要而工作。"
>
> "有些研究是相当著名的医学和科学权威进行的，其中有一项是关于紧张理论的研究。它研究出许多人如果不用吸烟来解除紧张和痛苦，其处境会更糟糕。还有许多有根据的研究指明，吸烟和所有的疾病都无关。"

这位副总经理的一席谈，就是一种典型的自我辩解，旨在消除认知不协调而重建协调。正如社会心理学家阿伦森指出的："如果人们赞成一种态度，而宣传者提供的信息又引起不协调，通常减少不协调的最好办法就是拒绝和歪曲那些证据。一个人赞成一种态度越深，他拒绝引起不协调的证据的倾向性越大。"一个热爱中国，对中华民族与华夏文明满怀崇敬的人，对全盘西化的东西就会产生强烈的拒斥与厌弃心理。由此可见，要想通过传播改变人们的某种态度有时会遇到多大的困难与阻力，而传播者要想获得预期效果就不能不考虑受众的自我辩解心理，不能不考虑认知不协调所带来的心理问题。

2. 态度改变

当自我辩解无法消除认知不协调的时候，态度改变就成为不得不面临的选择了。按照费斯廷格的假定，认知越不协调，消除它的内驱力就越强，因而态度改变的可能及幅度也就越大。关于这一点，前面一致论的学说其实也都从不同角度涉及，因此没有必要再做解释。这里只就认知不协调论在这方面的一个较为新奇的研究多说两句，这项研究是关于报偿与态度改变的。

研究报偿与态度改变，是想弄清这么一个问题：报偿高与报偿低——态度改变的可能与幅度在哪一种情况下更大。换言之，态度的改变究竟是在高报偿的情况下容易发生，还是在低报偿的条件下更加常见。1959 年，费斯廷格等人针对这个问题进行过一项有名的实验。他们先请实验对象干一件单调无聊、枯燥乏味的工作，比如把螺丝钉拧进去，旋出来，再拧进去，再旋出来，这样一遍遍地重复，直到干满一小时，然后请他们告诉别人，说自己刚才做的事情非常有趣，他们很愉快。作为言不由衷的报酬，一些实验对象得到 20 美元，另一些实验对象得到 1 美元。事后，研究人员询问他们，他们内心对反复拧螺丝这类事情到底有多喜欢，再让干的话他们是否愿意。结果真是出人意料，认为这项实验有趣并且还想参加的不是那些得到 20 美元的实验对象，而是得到 1 美元的那些人。也就是说，报偿越低，对乏味工作的态度变化就越大，报偿与态度变化呈反比关系。

为什么会是这样的结果呢？费斯廷格分析说，干一件很没意思的事儿却要对人说很有意思，这就形成强烈的认知不协调。获得 20 美元的实验对象由于撒个无伤大雅的小谎而得到一笔数目可观的现金，因而也就有了为自己的行为进行辩护的充分理由，于是无需改变对乏味工作的态度就能消除认知不协调。可是，1 美元的报酬不足以成为撒谎的理由，所以只得 1 美元的实验对象为重建协调就只有改变对乏味工作的态度，从心里感到拧一小时螺丝的确是件兴味盎然的活儿。既然干的是有趣的活儿，那么说它有趣就不存在什么矛盾，心理从而恢复平衡。总之，费斯廷格等人的这项实验表明：报偿越高，态度改变越小；报偿越低，态度改变越大。

这项实验引起人们的浓厚兴趣，后来不少研究者又做过类似实验，并且也都得出相似结论，即态度改变总在报偿偏低的条件下出现。

以上我们介绍了一致论的四种主要学说，即海德的平衡论、奥斯古德的和谐论、纽科姆的均衡论和费斯廷格的认知不协调论。这些学说尽管名称各异，重点有别，但基本思想却是相通的，就像海上的一群岛礁，表面看各自独立，互不相涉，而水下却联为一体。一致论说到底是关于认知结构一致性的理论，预示着保持一致、恢复一致的心理趋向对传播效果的制约作用。同时还应指出，一致论仅仅代表社会心理学的一家之言，它所讲的一致性并不具有普遍的、绝对的意义，现实生活中存在许许多多不一致、不协调，甚至自相矛盾的地方，而它们并不非得趋向一致。相反，事物的矛盾存在却是十分普遍的现象或法则，否则就无"当面一套，背后一套""翻手为云，覆手为雨""浪子回头金不换""真相还在穿鞋系带，谎言已经走遍天下"等问题了。最后，用《十日谈》的一个故事作结，从中可以一窥理论与生活的认知不协调。

这是《十日谈》第一天第二个故事，说的是巴黎有位大商人，心地善良，助人为乐。他的莫逆之交，是一位忠诚正直的犹太富商。巴黎商人看到自己的朋友如此聪明能干，可惜没有正确的信仰，善良正直的灵魂难免沉沦。出于怜悯与同情，他整天推心置腹地劝说犹太富商抛弃犹太教的谬误，皈依基督教的真理。犹太富商坚定不移，怎么规劝都不动心。而巴黎商人诲人不倦，愚公移山似的晓之以理，动之以情。最后，犹太人终于拗不过他，便提出一个条件：皈依你们的宗教前，我必须先去一次罗马，看看上帝派驻人间的代理人，瞻仰一下教皇、红衣主教和教士们的风采。如果他们真像你说的那样好，我就照你的话做。

巴黎商人一听，不禁暗暗叫苦，心想："坏了，要是他真的赶到罗马教皇的宫廷，亲眼看到教士中人不堪入目的腐化堕落生活，别说他不会改信基督教，就连本来信基督教的，也会改信犹太教了。"可不管他怎么劝犹太人别去，人家就是不听。犹太人打定主意，"如果要我改信你们的基督，那我非得到罗马走一遭不可；否则我是不会信奉基督教的"。巴黎商人见他主意已定，无从劝说，只好说道："去吧，祝你一路平安！"但心里很不自在，因为他知道，一旦犹太人看到教皇宫廷里的种种淫乱情形，就再也不肯信奉基督教了。

犹太人到罗马后，一边应酬朋友们的款待；一边暗中留神察访教皇、红衣主教以及其他教廷人士的生活。耳闻目睹后，他彻底明白了，这是一群寡廉鲜耻的家伙，从上到下，淫乱好色，不但喜欢女人，还好男色，根本不知道人间有羞耻二字。在罗马想办什么事，都得走妓女与娈童的门路。这帮家伙日日笙歌，夜夜美酒，爱财如命，贪心不足。他们售卖教会神职，美其名曰委派。他们把佳肴珍馐做成斋饭，弄虚作假。凡此种种，犹太人都大为摇头，最后失望地打道回府。

巴黎商人听说他回来了，便来看望老朋友，心里明白他绝对不会改宗基督教了。然而，犹太人下面的一番话让他大喜过望，又大惑不解：

照我看，天主应该惩罚这班家伙，一个都不饶。要是我的观察还准确，那么那儿的教士没有一个谈得上什么圣洁、虔敬、德行，谈得上为人表率。那班人只知道奸淫、贪欲、吃喝，可以说无恶不作，坏到不能再坏的地步。罗马是个容纳一切罪恶的大熔炉，而不是什么"神圣的京城"。照我看，你那位高高在上的"牧羊者"以至一切其他"牧羊者"，本该做基督教的支柱和基础，可他们却日日夜夜，千方百计，处心积虑，不遗余力、一门心思就想着把基督教早早搞垮。

可是，不管他们怎样拼了命地想把基督教搞掉，它还是屹然不动，反而日益发扬光大。这让我不得不得出一个结论，那就是你们的宗教一定有圣灵作基础和支柱，因此比其他宗教更神圣、更正宗。以前我顽固不化，任凭你怎样劝导都漠不动心。现在，我公开宣布，再没有什么可以阻挡我做一个基督教徒了。我们这就去教堂吧，我要按照你们的宗教仪式接受洗礼。

诸位想一想，这算怎么回事呢。起初，好说歹说，磨破了嘴皮子也劝不动人家。后来，说要亲眼看一看再说，按说一看就彻底绝望了，而事实上也确实很失望。然而，意想不到的是，一番失望的实地考察，反而导致"态度改变"。这恐怕是一致论难以解释的，而又恰恰体现了现实生活的真切、驳杂、矛盾的面貌。

第四节　群体压力与从众

从众，是社会心理学的研究课题。由于这方面的探讨为态度改变问题提供了新视角，而且从众研究又同认知一致性问题密切相关，故在介绍一致论后，再谈谈从众问题。

一、从众现象

什么叫从众（conformity）？从众就是随大流，用学术语言表述就是：由群体的真实或臆想的压力所引起的个体态度的变化。换言之，遵从群体的意志，屈从群体的压力。美国幽默作家詹姆斯·瑟伯（James Thurber，1894—1961）有一段描写，生动展现了从众现象：

> 突然，一个人跑了起来。也许是他猛然想起了与情人的约会，现在已经过时很久了。不管他想些什么吧，反正他在大街上跑了起来，向东跑去（可能是去马拉莫饭店，那里是男女情人见面的最佳地点）。另一个人也跑了起来，这可能是个兴致勃勃的报童。第三个人，一个有急事的胖胖的绅士，也小跑了起来……十分钟之内，这条大街上所有的人都跑了起来。嘈杂的声音逐渐清晰了，可以听清"大堤"这个词。"决堤了！"这充满恐惧的声音，可能是电车上的一位老妇人喊的，或许是一位交通警说的，也可能是一个小男孩说的。没有人知道究竟是谁说的，也没有人知道真正发生了什么事情。但是两千多人都突然溃逃起来。"向

东！"人群喊了起来，东边远离大河，东边安全。"向东去！向东去！"

一个又高又瘦、目光严厉、神色坚定的妇女从我身边擦过，跑到马路中央。而我呢？虽然所有的人都在喊叫，我却不明白发生了什么事情。我费了好大劲才赶上这个妇女，别看她已经快六十岁了，可跑起来倒很轻松、姿势优美，看上去还相当健壮。"这是怎么了？"我气喘吁吁地问她，她匆匆地瞥了我一眼，然后又向前面望去，并且稍稍加大了步子，对我说："别问我，问上帝去！"①

这段漫画式文字勾勒了一幅从众画面。开始，一两个人由于某种个人原因小跑起来；后来，别的人看见后也跟着一起跑起来；最后，满街的人都莫名其妙地瞎跑起来——这就是典型的从众。大家都在跑，不跑的人就显得很傻，万一大堤真的决口，不跑就会更傻。

现实生活中，从众是一种普遍现象，许多事情上都有从众的影子。比如，赶时髦就是典型的从众：大家都这么做，我也就跟着做吧。理论上讲，从众是一种人的天性或社会性。因为，水里的鱼虾，地上的走兽，天空的飞禽，离开同类照样可以生存；而人必须结成群体、组成社会，离开同类就难以生存，更不用说发展。所以，斯宾诺莎把人称为社会化的动物，而马克思更把人视为一切社会关系的总和。既然人们必须生活在社会环境中，那么就不能不遵从群体规范，不能不受制于群体压力，久而久之便形成心理上的从众倾向。于是，一事当前总想看看大家都怎么做，会怎么做，然后决定自己怎么做。不过，有矛就有盾，与人的从众性相对的还有另一面，即人的自主性、独立性。人既得遵从群体的压力，又得屈从个体的冲动。否则，人便沦为社会亦步亦趋的木偶了。在《社会性动物》一书中，阿伦森特别写道："人是社会性动物，这一事实使得我们生活在两种准则相互矛盾的状态中——一种是与个性有关的准则，另一种是与从众有关的准则。"

以往的态度改变研究，不论是学习论，还是一致论，主要都着眼于人的自主性、独立性，而忽略或无视人的从众性。在那些研究看来，似乎信息只要能对个体心理发生影响，态度就会发生变化。然而，一旦考虑到从众性一面，关注到个体与社会的关系总和，就会发现问题并不那么简单。第二次世界大战后期，在盟军展开的强大心理攻势面前，许多纳粹官兵感到大势已去，内心也发生动摇。就是说，经过有效传播，他们个人心理都已受到影响。按说这时在明白真相、看清前途后，他们的态度理应发生变化，或弃暗投明，或停止抵抗。然而，事实上投降的德军官兵并不多，尽管继续与盟军作战的人不少都清楚这种顽抗徒劳无益。那么原因何在呢？其中一个重要因素就在于从众。德

---

① ［美］E. 阿伦森：《社会心理学家入门》，郑日昌等译，18～19页，北京，群众出版社，1985。

军官兵作为我行我素的个体可以受盟军心理宣传的影响，甚至可以改变对这场战争以及自身义务的态度；可这种个体又都处在特定的群体之中，比如一个班、一个连、一个团、一个师等，大家的命运又都系在一起，不论是出于纪律还是出于自愿，大家都得采取一致行动。由于这种从众心理，纳粹官兵虽已军心动摇，却鲜见真正放下武器的。既然那么多部队、那么多弟兄们还在继续战斗，我当然得跟着他们一起干到底；大家都不投降，我也不投降：这就是他们明知无望而依然负隅顽抗的心理。也就是说，他们态度是否变化还得受制于群体的压力。

从众的本质在于个体对群体压力的遵从或屈从。那么，个体为什么要遵从群体的压力呢？人的社会性固然决定了人的从众性，但从众的直接原因则在于两点：一是消极意义上担心遭到群体的惩罚，二是积极意义上希望得到正确行事的指导。所谓惩罚，并非指罚多少钱，罚干什么活儿，而是指作为异己分子遭遇冷落、拒斥、厌弃，就像对精神病人、艾滋病人、麻风病人等"敬而远之"。人们之所以遵从群体的压力，首先就在于从众可以得到群体的接纳与赞赏，而一意孤行难免被当作"异类"，受到群体排斥。有一项社会心理学的实验很能说明这一点。这项实验是请一组互不相识的实验对象，让他们选出一名代表去参加一个活动。活动的内容是回答主持人的问题，如果回答得不正确，那么参加者就将受到一次电击。这种痛苦的事儿自然谁都不愿去。在这组素昧平生的被试选派这名代表之前，研究人员先告诉他们被试中的某某一向不大合群，总爱我行我素。实验结果不出研究人员所料，那位所谓不合群的被试被大家一致推选，去参加那项吃力不讨好的活动。这项实验表明不从众者会受到群体的惩罚。

从众的第二个原因是说人们更倾向于相信多数人的意见，认为多数人正确的概率更大。比如，你在商店里看中两件款式都很合意的服装，你拿不定主意究竟买哪一件，这时如果你发现其他顾客都要某一件，那么你的选择八成会与大家一致。W. 巴克在《社会心理学》里写道："实验资料表明，个人能被别人诱惑而感到不相信由自己感官得来的证据，这是不足为奇的。遵从的压力确实能迫使个人接受大多数人的判断，这不仅在模棱两可的情况下是如此，而且对任何一个正常的人来说，在判断的错误是明显的、肯定无疑的情况下也是如此。"

二、阿西的从众研究

阿西（S. Asch）是美国社会心理学家，以研究群体压力与从众问题而著称。

1955 年，阿西进行过一项有名的实验。他请一位实验对象与他的四位助手一同回答一个并不难判断的问题。不过，这位实验对象事先并不知道与他共同回答问题的四个人都是阿西的助手，而四个人在实验中又都故意并一致作出错误的判断。实验开始后，阿西先给五位实验对象（其中只有一位是真的）出示一条直线 X，再在这条直线的旁边标出另外三条高度各不相同的直线 A、B、C，如图 9-14 所示。

然后，阿西请五个人分别判断一下 ABC 三条直线中，哪一条同 X 线的高度最接近。现在让我们假定你就是那位真正的实验对象：

图 9-14　阿西的从众实验直线图

这个判断对你来说是很容易的，显然 B 线是正确答案，而且当你要回答时，你肯定会说是 B 线。但现在并没有叫你回答，而是先叫了别人。第一个人仔细看了看，回答说："A 线。"他的回答使你惊讶地张开了嘴，怀疑地看着他，并且自言自语地说："他怎么会认为是 A 线呢！他一定要么是瞎子，要么是一个疯子。"现在轮到第二个人了，他也选择了 A 线。这时你开始感到自己好像仙境中的艾丽丝。"怎么可能呢？"你问自己，"难道两个人都瞎了或疯了？"但是，当第三个人同样回答是 A 线时，你就会重新看看这些直线。"可能我才是唯一脑子糊涂的人吧？"你默默地叨念着。现在轮到第四个人了。他也判断 A 线是正确的。这时你会出一身冷汗。最后，轮到你了，你声明说："当然是 A 线，我早就知道了。"

这段叙述并非假想的，它是阿伦森教授对阿西那项著名实验的生动描绘。本来，阿西的问题很简单，答案也一目了然。如果让自己单独判断，谁都会认为 B 线与 X 线的高度最接近。可是，当大家都选择 A 线时，群体的压力竟使个人放弃明白无误的选择，而遵从大家的意见。人的从众性没有比在阿西这项实验中表现得更为明显了。阿西本人事先也不曾料到遵从群体压力的倾向会如此强烈，也不曾想到上述描写中的"你"会很多。谁知实验结果远远超出他的预计。在 123 位参加过实验的被试中，有 33% 的人即37 人都遵从群体压力，选择了错误答案。后来阿西又用不同形式重复类似实验，结果大同小异，并且又有新的发现。比如，他逐渐增加那个故意选择错误答案的群体规模，从 1 人直到 15 人，结果发现 3 个人形成的群体压力便已达到饱和点，人数再增加即便达到 15 人，实验对象由于从众而出错的次数都基本维持在面临 3 人压力时的比率上，如图 9-15 所示。

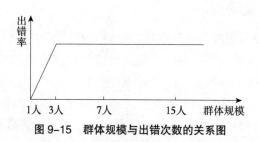

图 9-15　群体规模与出错次数的关系图

也就是说，3 个人的多数就足以使个人的从众性达到极点。

我国古代有句成语叫"三人成虎"，说的是大街上本非老虎出没之处，但有三个人相继喊老虎来了，人们便信以为真，竞相奔逃。这则出自《战国策》的寓言故事，其实讲的正是阿西从众研究所揭示的三人多数规律。《战国策》的另一则寓言"曾参杀人"也涉及这一问题。它讲的是一个同曾参同名同姓者杀了人，由于三个人的通报，最终使曾参的母亲都不由得相信儿子真杀人了：

> 有与曾子同名族者而杀人，人告曾母曰："曾参杀人！"曾子之母曰："吾子不杀人。"织自若。有顷焉，人又曰："曾参杀人。"其母尚织自若也。顷之，一人又告之曰："曾参杀人。"其母惧，投杼逾墙而走。夫以曾子之贤与母之信也，而三人疑之，则慈母不能信也。

曾参是孔子的得意门生，素以贤良仁义著称。所以，当第一个人报信说曾参杀人时，他母亲根本不为所动，继续织布，坦然自若。过一小会儿，第二个人又来说曾参杀人，曾母依旧不相信，还照样不慌不忙地织布。可等第三个人说曾参杀人后，曾母便再也坐不住了，慌忙扔下织布梭子，翻墙而逃。寓言的作者不由感慨道：曾参的贤良有目共睹，曾母的慈祥有口皆碑；然而有三个人说曾参的不是，他的母亲便不能再保持对儿子的信任了！

"三人成虎"与曾参杀人原是说谎言问题，但从中也能看到阿西的结论，即三人多数就足以使人屈从于显而易见的谬误。

另外，阿西在实验中还发现，如果不让实验对象当着大家的面回答问题，而是用保密的形式作出自己的判断，那么实验对象都能选择正确的答案。这进一步说明，造成实验对象判断失误的原因来自群体压力，这种压力一旦消失，实验对象的从众心理便大为减弱。

总之，阿西的研究有力证明：人们宁愿追随群体的意见而不大相信自己的判断，即便这种判断正确无疑而群体的意见明显错误。

三、从众与态度改变

前面提到从众研究为态度改变问题提供了新的启发，而它又同一致论的探讨密切相关。现在可以对此做进一步的解释与阐发。

我们已经知道，一致论的基本思想在于个体要保持认知的和谐与一致。从海德的平衡论到纽科姆的 ABX 模式，再到费斯廷格的认知不协调论，这种思想一脉相承。遵从群体的压力归根结底也是为着认知的一致性，避免由于个体同群体的认知发生矛盾冲突而导致的心理紧张。比如，大家都选择 A 线，而你独自选择 B 线，即使你坚信自己正确，依然难免觉得孤立，心里别扭。当个体为求得认知的一致而遵从群体的意愿时，他的态度就会随之发生变化，这同一致论所说的认知失调而出现的态度变化相同。

由于群体压力对个体态度的形成与转变具有如此强大的作用力，因而媒介都自觉不自觉地借助从众心理，通过置个人于群体压力场的方式，促成某种态度的形成或变化。例如，有一种电视广告词这样说：我敢打赌你的许多熟人都用这种牌子的染发剂，只不过你还不知道罢了！再如，"可耐可耐，人见人爱""车到山前必有路，有路必有丰田车"等，潜台词都是：既然大家都喜欢，你何不一试。

德国传播学者伊丽莎白·内勒-诺伊曼（Elisabeth Noelle-Neumann），提出了一个有名的传播理论"沉默的螺旋"（the spiral of silence），对从众与态度改变问题做了有力说明。如图 9-16 所示。

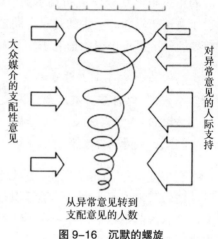

大众媒介的支配性意见

对异常意见的人际支持

从异常意见转到
支配意见的人数

图 9-16　沉默的螺旋

这个理论及模式本是说明舆论是如何形成的。她认为，在大众传播时代，舆论的形成受到三股力量的作用——大众媒介、人际交往和从众意识。当一种观点得到大众媒介持续不断的宣扬，从而成为支配性意见时，持有相反观点者便逐渐陷入沉默，同时放弃己见而追随流行看法的人也会不断增多。于是，形成一种螺旋式趋势：一种观点一旦得势便越来越走红吃香，越来越为世人所接纳；而一旦失宠，便越来越凄清潦倒，越来越为公众排斥。在上述模式中，那个越转越大的螺旋，显示的正是受到群体压力而改变态度的人越来越多。举例来说。媒介总把流行音乐当成主流，奉之为音乐艺术的正宗，这么一来原来讨厌流行音乐的人由于担心孤立，怕被人视为不合潮流的落伍者，于是便越来越多地保持沉默。与此同时，流行音乐就愈发显得理直气壮，不容置疑，人们愈发趋之若鹜，纷纷改变对流行音乐的态度，从而使流行音乐的声势更加壮大，追随它的人也就越来越多。

随着所谓"新媒体""自媒体"等兴起，诺伊曼的"沉默的螺旋"模式俨然得到进一步的验证，这种一哄而起、一哄而散的传播现象也就越发突出。人们常常看到，某种网上信息或舆论，在某个舆论领袖推动下，不旋踵就形成海上明月共潮生的汹涌之势。一边是貌似真理在胸笔在手、无私无畏即自由的"教主"及其起哄架秧子的"教徒"，一边是惹不起还躲不起、多一事不如少一事的广大"良民"，在特定的技术、社会、传播与心理氛围下，就迅速形成一种舆论的螺旋过程：相对于十几亿中国人实在微不足道的网上"活跃分子"居然频频掀起舆论热潮——其中虽然不乏有益于公众的动机或效果；而大多数网民，且不说几乎不怎么与网络打交道的"芸芸众生"则纷纷失声，陷入沉默。近年来的一系列网络热点，基本上都受制于沉默的螺旋。这些热点只与部分"网民"及其所见所闻与个人利害相关，而"无名无姓""无拘无束"的网民又不同于"有名有姓""有头有脸"的"公民"，于是所谓热点仅仅只是一己之见，甚至一己之私，同天下苍生及其所思所想与身家性命往往风马牛不相及。以之研判社会状况与国计民生，难免差之毫厘，谬以万里。一个健全的社会如果总是受制于这样的舆论场，抽风似的大起大落、忽冷忽热，显然是不正常的，甚至是病态的。

诺伊曼与她的导师杜威发（Emil Dovifat，1890—1969），在学术上颇似阿伦特与其导师海德格尔。比利时的李漫教授在《批判与实证：德国传播研究的路径及其反思》一文里谈到，德国的传播研究经历了一个从魏玛传统到美国实证传统的变化过程，前者的代表是杜威发，后者的代表就是诺伊曼：

> 杜威发是魏玛时期报刊学的创立者，很有学术地位，他的报刊理论教科书《报学》（*Zeitungslehre*）出版后一时洛阳纸贵。他身高近两米，不怒自威，很有学者的派头，他发言时雄辩有力，加之其独特的个人气质，他的观点往往令听众为之折服。作为杜威发的博士生，诺伊曼年轻而有主见，在 1950 年代初，她的"阿伦斯巴赫舆论研究所（Institut für Demoskopie Allensbach）"就因其实证研究而闻名德国。然而，正是杜威发的这位高徒，比任何其他学者都更坚决果断地反对她导师的研究路径。他们之间的辩论言辞激烈，路线之争近乎拔刀相见，但二人的私人关系却并不因学术分歧而受到任何伤害，他们将学术分歧与私人生活清晰分割，这一点足为后世学者楷模。[①]

以上我们用两章介绍了效果分析方面的传播研究，此类研究涉及的内容很多，这里仅仅是浮光掠影。作为经验学派苦心经营数十年的大本营，效果分析的研究成果堪称丰硕，对有效传播的意义也显而易见。不过，需要指出的是，传播研究提供的只是思路，而不是胶柱鼓瑟的教条。因此，可把它们当作指导作战的兵法，却不能视为不容置喙的命令。赵丽宏在其《网》一诗中写道：

> 在地图上，经线和纬线，
> 织成了一张巨大的网，
> 网住大陆，也网住海洋……
> 幸好，那并不是真的，

---

① 李漫：《批判与实证：德国传播研究的路径及其反思》，载《山西大学学报》，2013（1）。

否则，我们只能在网里彷徨。

呵，在我清醒的视野里，

大海，是那样的自由和宽广，

任你遨游，任你飞翔！

传播定律同传播实践的关系也如地图与实际的大陆和海洋，我们也不要被传播研究所勾画的经线和纬线所网住，应该看到传播的大海也是"那样的自由和宽广""任你遨游，任你飞翔"！

第二讲传统理论就到此结束。作为两次世界大战期间兴起、冷战时期繁盛的美国经验学派及其传统理论虽然风光不再，但依然尚属传播学"主流"，如同美国政治学、经济学、社会学、法学等学科的影响和地位。也因此，国内一些院系依然把施拉姆的《报刊的四种理论》奉为经典，把美国的传播学期刊文章视作"国际发表"，把美国的传播学会议当成"国际会议"，等等。应该看到，美国传播学或冷战传播学同其他西方社会科学一样，既有政治属性，又有科学属性，政治属性在于维护资本主义体制以及国家利益，科学属性在于揭示一些普遍存在的传播规律。所以，对此应该一分为二，分清其中的政治属性与科学属性，既不因政治属性而否定科学属性，也不因科学属性而忽略政治属性。同时，今天看得越来越清楚，科学属性的西方传播学也分精华与糟粕，也需要取其精华，去其糟粕，如同对待西方的庸俗经济学。马克思主义经济学家吴易风的提点同样适用于此：

在我国，研究西方经济学存在两种错误倾向：一种是只看到西方经济学的阶级性而看不到它在特定条件下的实用性，另一种是只看到了西方经济学在特定条件下的实用性而看不到它的阶级性。这两种倾向都是将西方经济学极端化、片面化的结果。完全肯定和完全否定都是错误的，因为这两种认识都不符合实际。既然西方经济学具有二重性，就应该用一分为二的观点对它进行科学的和全面的剖析，分清哪些是意识形态成分，哪些是特定条件下有用的成分。对于前者，要进行必要的批判和揭露；对于后者，要借鉴和吸收。借鉴和吸收也需要科学的态度，借鉴是把他人的经验和教训当作镜子，而不是照抄照搬；吸收是要经过消化系统的分解和吸收功能来摄取有营养的成分，而不是囫囵吞枣。[①]

---

① 张林：《吴易风教授访谈录》，载《经济学动态》，2017（10）。

第三讲

批判理论

第十章　鸟瞰

前面谈过，传播学有两大学派——经验学派（Empirical School）和批判学派（Critical School）。20 世纪 80 年代，西方传播学界针对两大学派还展开一场讨论，公说公有理，婆说婆有理①。如果说经验学派以及传统理论是初等数学，那么批判学派及其理论不妨视之为高等数学，或者说前者是平面几何，后者是解析几何。

作为一种学科流派与学术思想，批判学派自动乱、革命、反叛的 20 世纪 60 年代兴起以来，一直与当代各种思潮交相呼应，形同一体，从中汲取批判性学术资源：符号学、解释学、结构主义、解构主义、女权主义、存在主义、后殖民主义、后现代主义，特别是西方马克思主义。在传媒与当代社会的日益形同一体的背景下，人文社会科学诸如哲学、史学、文学、法学、政治学、社会学、心理学等，纷纷从批判性立场涉足传播研究，从批判性视角审视传播现象，形成一种交叉态势和一个全新领域。而这个领域也就是传播学批判学派赖以生成的学科土壤，正如现代媒介在政治、经济、文化、心理等方面一系列触目惊心的问题是批判学派赖以存在的现实土壤一样。

为此，我们不妨将批判学派视为广狭两义：广义的批判学派是个包罗广泛的开放领域，狭义的批判学派是从学科角度展开研究的学术流派。这一讲拟用两章探讨一下批判学派，一章是全景扫描，一章是深入剖析。

第一节　三个层面

说到批判学派，往往得与经验学派一起讨论，因为两大学派在传播学中构成基本的对立统一关系，就像政治学的敌我之辨、经济学的盈亏之别、美学关心的美与丑、伦理学讨论的善与恶等。基于这种"我与你"似的关系，我们可从三个层面透视批判学派。

---

① 《传播学刊》（*Journal of Communication*）1983 年第 3 期专号"本研究领域中的争鸣"（*Ferment in the Field*）。

一、两种人生哲学

古往今来，人类仿佛受制于两种冲动：一是风风火火走向世界的欲望，即尼采所说的"酒神精神"；一是清清爽爽走向内心的追寻，即尼采所说的"日神精神"。两种冲动代表着两种人生哲学或人生观：走向世界，故渴望成功；走向内心，故追求超越。前者有儒法，后者有老庄。

西哲曾以"幸福"与"尊严"，概括这两种相辅相成的冲动——人生哲学人生观。当年北美殖民地为了切身利益，与母国撕破脸皮之际，发表了一篇《独立宣言》，开宗明义："我们认为如下真理不言而喻，人人生而平等，造物主赋予他们某些不可剥夺的权利，其中包括生命权、自由权和追求幸福的权利……"其间表达的正是幸福观。而有人认为，人生在世的意义，首先在于追求精神的价值如尊严。文天祥的千古绝唱《过零丁洋》，体现的正是这种人生观："人生自古谁无死，留取丹心照汗青。"德国哲人席美尔（Georg Simmel，1858—1918），曾用"金钱哲学"与"生命哲学"概括这两种人生观。席美尔的学生、西方马克思主义（简称"西马"）先驱卢卡奇，则用"现实生命"（das Lenben）与"真正生命"（das Lenben）表达同样的意思。

以幸福为核心的人生观就像夸父逐日，即中国老百姓说的所谓"奔命"：

> 夸父与日逐走，入日；渴，欲得饮，饮于河、渭；河、渭不足，北饮大泽。未至，道渴而死。弃其仗，化为邓林。（《山海经·海外北经》）

以尊严为核心的人生观，以庄子的一则寓言为典型：

> 子贡南游于楚，反于晋，过汉阴，见一丈人方将为圃畦，凿隧而入井，抱瓮而出灌，滑滑然用力甚多而见功寡。子贡曰："有械于此，一日浸百畦，用力甚寡而见功多，夫子不欲乎？"……为圃者忿然作色而笑曰："吾闻之吾师，有机械者必有机事，有机事者必有机心。机心存于胸中，则纯白不备。纯白不备，则神生不定，神生不定者，道之所不载也。吾非不知，羞而不为也。"（《庄子·天地》）

如果说夸父逐日体现了人类为生计驱遣而不停奔走至死方休的命运，那么庄子寓言则包含了人类对生计本身的超越和反思。那位老丈意识到另一种不同于奔命的生存状态，故气定神闲，陶然忘机。他并非不了解机械的便利，也不是不明白技术的优越，只是他更懂得这种便利与优越对大道的遮蔽，更懂得由机械而机事、由机事而机心的隐患。

显然，这两种人生及其人生观都不可或缺。不管是个人还是人类，都不能不奔命，否则就无法生存与发展。然而，人又不能仅仅满足于没完没了地奔命，其内心总有更高的向往，否则就无法从原始走向文明。概括起来，就是脚踏实地，仰望星空。

那么，两种人生观与批判学派有什么关系呢？简言之，经验学派秉承的是前一种意志——奔命的酒神精神；批判学派延续的是后一种气质——超然的日神精神。经验学派追求事功，批判学派体现超越；经验学派的一切作为，都是为了把传播搞得轰轰烈烈，有声有色，而批判学派的所有思考，则是对人类传播特别是现代传播的超越性反思。借用冯友兰的表达，经验学派是"入世的哲学"，批判学派是"出世的哲学"：

> 站在入世哲学的立场看，出世的哲学过于理想化，不切实际，因而是消极的。从出世哲学的立场看，入世哲学过于实际，也因而过于肤浅。它诚然积极，但是像一个走错了路的人，走得越快，在歧途上就走得越远。[①]

这是理解批判学派的第一个层面——人生观层面：批判学派归根结底体现了一种超越性价值与诗意化追求。

二、两种现代思潮

批判学派与其说是一种特定的学术流派，不如说是一个开放的思想领域。在西方现代化进程中，始终存在着两股道魔相长的强劲思潮。一是尊崇发展这一现实取向的科学主义，一是追求意义这一永恒主题的人文传统。这一双峰并峙的态势，集中体现在工具理性与价值理性的二元关系上。由工具理性开出传播研究的经验学派，由价值理性开出传播研究的批判学派。经验学派关注传播的科学性问题——"如何"传播，批判学派思考传播的价值性问题——"为何"传播。

不言而喻，对现代化来说，工具理性与价值理性同样不可或缺。如果说科学主义和工具理性是现代社会的驱动系统，好比引擎、车轮等，那么人文传统和价值理性就是操纵系统，恰似方向盘、刹车等。只有驱动系统而无操纵系统，但闻马达轰鸣，车轮飞转，该慢时慢不了，想停时停不下，后果自然可想而知。反过来说，只有操纵系统而没有驱动系统，那么车子只能待在原地，停滞不动。

正因如此，伴随现代化的迅猛发展，特别是随着一系列严峻的社会问题如两次世界大战和自然问题如生态恶化，批判性思潮也随之发生越来越强劲、越来越深刻、越来越广泛的反作用。比如，西方的新闻事业在 19 世纪获得突飞猛进的发展，通讯社的网络已经伸展到整个世界，大众化的报纸更是铺天盖地，与之相应的报刊自由主义理论也仿佛如日中天，气焰逼人。然而，就在这样的历史背景下，一大批包括马克思在内的思想家，开始对此进行冷静的反思与犀利的批判。20 世纪以来，更是不绝如缕，莘莘大

---

① 冯友兰：《中国哲学简史》，赵复三译，7 页，北京，新世界出版社，2004。

观者包括：法兰克福学派及其后裔哈贝马斯；法国结构主义及其流变，如罗兰·巴特（Roland Barthes，1915—1980）、福柯（Michel Foucault，1926—1984）；各路后现代主义，如詹明信（Fredric Jameson）对资本主义文化逻辑的思考、鲍德里亚（Jean Baudrillard）对后现代传播理论的建构、萨义德（Edward W. Said，1935—2003）对"东方学"以及文化帝国主义等反思。这些学术思潮各以开宗立派的理论，对传播研究的批判学派发生影响，从而在传统的经验学派之外开出一个全新的学科领域。

批判学派正是在这样一个大的历史传统和文化背景下，秉承这样一脉人文传统及其价值理性而发展起来的。它与秉承科学主义及其工具理性而兴起的经验学派，在关注的问题、研究的范式、使用的方法等诸方面无不大异其趣。比如，就研究方法来说，按照经验学派的看法，传播活动就摆在那里，我们只需用一套客观的、科学的、实证的方法对它进行调查、统计与分析，就能描绘它的面貌、揭示它的规律。而在批判学派看来，所谓科学方法，不过是自欺欺人的把戏，即使纯粹的自然科学领域，不同于牛顿经典物理学的现代物理学都已表明，对自然现象的研究尚且存在一个"测不准"问题，更何况同人的存在、人的利益、人的情感息息相通的社会科学了。所以，批判学派认为，只有以历史的、总体的、联系的方法，才能透视传播活动的内在本质与外在联系。

这是理解传播学批判学派的第二个层面：批判学派不仅属于传播学的一大流派，同时更属于左右现代文明的一大思潮。

三、两种学术判断

各路人文社会科学研究，都旨在作出某种事实判断和价值判断，前者的问题可归结为知识论，后者的问题可归结为价值论。进而言之，前者是描述性的，后者是规范性的；前者关心"是什么"的问题，后者思考"为什么"的问题。

比如，史学一方面需要对史实进行叙述，曾任燕京大学历史系主任的洪煨莲归纳为五大要素——人物（Who）、时间（When）、地点（Where）、原因（Why）与过程（How），类似于新闻5W——何人（Who）、何事（What）、何时（When）、何处（Where）、何因（Why），这些要素大多属于事实判断。同时，史学家又不能不对史实进行是非善恶的价值评判，从《春秋》《左传》《战国策》，到司马迁《史记》、司马光《资治通鉴》，从欧洲"历史之父"希罗多德《历史》，到吉本的《罗马帝国衰亡史》，古今中外，莫不如此。堂吉诃德一般富于理想与激情，一生不屈不挠挑战美国主流秩序的乔姆斯基（Noam Chomsky），在《海盗与君王》（*Pirates and Emperors*）里讲的故事，也表明这一点——事实与价值密切相关：

古希腊亚历山大质问被俘的海盗："你凭什么横行海上？"

　　海盗说："你凭什么横行世界？就因为我有一条小船而你有一支强大的舰队，我被骂成贼人而你被尊为帝王。"

　　与此相似，在传播研究领域，同样存在事实判断与价值判断。一般来说，经验学派着眼于事实判断，目的在于揭示传播活动的本相，进而把握其中的运行规律；而批判学派着眼于价值判断，目的在于探究传播活动的意义，从而为传播活动提供价值标高。比如，面对当下红红火火的新媒体，经验学派谈的是信息传播如何迅捷，怎样便利，人人都有麦克风。而批判学派想的是，与过去有部电话都是奢侈的情况相比，如今手机不离身、一网通天下的确不可同日而语。可就在信息革命、信息爆炸的滔滔洪流中，在移动互联越来越缠绕着人类社会时，又有多少东西是真正值得留心留意的呢？泡沫般翻涌不息的信息，对人的存在以及有意味的生活到底有多大价值呢？20年前，《哥伦比亚新闻学评论》的编辑迈克尔·马辛（Michael Massing），在题为《痴迷于互联网的媒体》（*The Media's Internet Infatuation*）一文中，就从批判角度谈及网络是否让记者变成"傻瓜"：

　　网络作为有重大意义的存在，在美国出现也已经20多年了，在此期间，美国却变得更加不平等了，上层少数人变得更富有，而中产阶级的生活却遭遇巨大压力。这些现象之间是否有某种关系呢？互联网是否成为不平等加剧的帮凶呢？现在做出明确的判断或许还太早，但是，至少可以肯定地说，互联网产生了一个新的富豪阶级，他们的财富等于甚至超过了传统的华尔街大亨。但是，正如斯蒂夫·乔布斯的职业生涯显示的，记者对这些豪富的机智和潇洒赞不绝口，却很少考察他们聚敛的巨额财富及由此带来的政治和经济影响力。[①]

　　关于事实判断与价值判断及其在传播研究中的意味，可用19世纪哲人、《瓦尔登湖》作者索罗的一段轶事来说明。一次，有人兴冲冲告诉索罗：某地与某地通了电报，从此两地就可以通话了。索罗听后，冷冷说了句：要是两地无话可说怎么办？这里，两地通话是个事实，属于事实判断。索罗针对这个事实发表的意见，表达的是一种好恶，属于价值判断。他所谓无话可说的"话"，显然无关家长里短，而是关乎有价值有意义的人生。拿索罗的这个轶事来说，经验学派只关心把话传出去，传得越快越好，越广越好，效率就是传播及其研究的目的；而批判学派则关心"话"的意义、意味与意蕴，价值才是传播及其研究的核心。

　　这是理解传播学批判学派的第三个层面：批判学派与其说是对传播现象的一种知

[①]　迈克尔·马辛：《痴迷于互联网的媒体》，吴万伟译，载《青年记者》，2003年2月上（总第408期）。

识性、学问性的事实判断，不如说是一种意义性、超越性的价值判断。《道德经》讲："为学日益，为道日损"。用在这里，或有启发。拿求学问道来说，经验学派致力于形而下的学识，批判学派侧重于形而上的大道。

以上从历史角度，谈了把握批判学派的三个层次，即两种人生哲学、两种现代思潮与两种学术追求。下面再从现实角度，谈谈批判学派的具体研究内容。

第二节　三路研究

批判学派迄今形成三种研究路径：话语与权力（discourse and power）、传播政治经济学（political economy of communication）、文化研究（cultural study）。他们就像批判阵营的三路人马，分进合击，冲开经验学派苦心经营的"安乐窝""大本营"，为传播研究开辟了新的学术空间。三路研究虽然不尽相同，有时甚至不无矛盾，犹如亚非拉三大洲风貌各异，但其学科源头都可上溯马克思主义道统，特别是秉承马克思对资本主义的批判意识与批判精神，在透视现代社会及其传播的思想取向上如出一辙，又似亚非拉三大洲近代以来遭遇的共同命运。

一、话语与权力

一提权力，难免想到肉食者，"肉食者谋之，又何间焉"。不过，现代社会的权力范围与含义远比"朝廷命官"丰富多样：如马克思揭示的资本体系，韦伯揭示的科层制度，葛兰西揭示的文化领导权即霸权，潮起潮涌后现代揭示的日常生活隐秘权力如男权，等等。作为一种支配力或影响力，权力已经成为现代社会的普遍症候。如果说传统权力离不开暴力或强制，那么现代权力则首先体现为头头是道的知识与言说，也就是所谓话语。如果说传统权力主要是"动手"，那么现代权力首先是"动口"：谁能说话，谁会说话，谁的话有人听、有人信，谁就更能掌握权力、行使权力，话语权就是领导权。以"规训""话语权""知识考古学"著称的福柯一语中的：中世纪愚蠢的封建主用铁链捆绑奴仆，而现代资产阶级则用话语束缚他们。也因此，批判学派的核心关切总是不离权力与话语、意义与解读、机制与背景，犹如经验学派的基本思路总是围绕信息与传播。

1. 知识就是权力

话语、权力等听起来很抽象，其实均属社会政治与现实生活的常态。古往今来，说话都是最简单、最普遍的传播活动，而深究起来，话又不是想怎么说就怎么说的。就像各民族、各文化都有一套自己的禁忌语，知书达理有教养的人是说不出口的，如脏话。只有那些突破社会规范者如土匪、流氓、黑社会，才可以口无遮拦，肆无忌惮。这里，谁在说、说什么、怎么说等，既离不开一套头头是道的说辞，包括黑话；更离不开说话人的角色、地位、背景等，也就是说话人的社会关系网络。老子对儿子说的话，同儿子对老子说的话自然不同，之所以不同，并不在于话语本身，因为话语说出来都是一个意思，而在于其间的社会关系与权力关系。诸如此类无不体现着传播活动习焉不察的要害：话语就是权力——支配力或影响力。

两耳不闻窗外事，一心只读圣贤书；风声雨声读书声、声声入耳，家事国事天下事、事事关心……对知识以及知识分子，中国人向来心存敬畏，一直尊崇有加，仿佛知识意味着高洁、神圣、清心寡欲、超凡脱俗，先生的称谓、敬惜字纸的习俗、天地君亲师的排位无不如此。事实上，知识不仅仅是探求新知、揭示规律、满足好奇，任何知识及其言说过程——话语，追根溯源无不基于现实诉求与利害关系，无不关联着活生生的社会关系与权力网络。如东林党人与明末党争[1]、现代科学与征服自然等，不仅均有一套自成一体的知识或话语体系，而且隐含实实在在的现实利益。说白了，知识的形态原是权力的形态，话语的意志也是权力的意志。怨不得，法语的知识（Savoir）与权力（Pouvoir）具有同一词根 voir，培根更是直言不讳"知识就是权力"（knowledge is power）。这句名言由于译为"知识就是力量"，在中国家喻户晓，而培根本意在于表明知识与权力（power）的关系：你中有我，我中有你，你就是我，我就是你。

比如，世界最高峰珠穆朗玛峰一名出自藏语，意为神女峰。19世纪，英属印度殖民地的一个测量局局长，名叫埃弗勒斯，对珠穆朗玛峰进行了遥测，于是英国皇家学会便用其人其名命名珠峰，至今外国文献中，珠峰依然称为所谓埃弗勒斯峰（Mount Everest）。为此，新中国一成立就明文规定，废止这个无视中国主权、蔑视藏族文化、带着帝国主义与殖民主义烙印的"伪称"。再如，前些年，香港动乱暴乱期间，有所谓建制派与民主派说法，而动乱暴乱者居然号称"民主派"，话语与权力的关系昭然若揭。

至于长官命令、领导批示、总裁发话、父母训导、艺术家的创作、科学家的研究、记者的新闻报道、学者的著书立说等，在日常生活中更是习以为常的各种话语，说到底都离不开特定的权力关系。也就是说，这些话语并非说说而已，说的过程也是"言出法随"的过程，无所不在地隐含着社会关系与权力意志。即使貌似自娱自乐的自媒体，同样不可能脱离社会关系与权力意志，同样受制于各种关系与权力网络，"说到"往往意味着"做到"。由此也就不难理解话语的定义：

> 话语是制造与再造意义的社会化过程。
> 话语是社会化、历史化及制度化形构（formations）的产物，而意义就是由这

---

[1]　参见顾诚：《南明史》，160~168页，北京，中国青年出版社，2003。

些制度化的话语所产生的。

话语是结构化的、相互关联的；某些话语比其他话语更具有威信、更符合正统，因此更"毋庸置疑"，另一方面总有话语在为赢得任何一点承认而进行艰巨的斗争。因此，话语体现着权力关系。进而言之，我们所属的许多社会化的意义形成过程——在媒介中、在学校里、在交谈间——都经历了话语之间的意识形态斗争：一个颇能说明问题的当代例证就是，（合法化的、自然化的）父权与（新兴的、边缘化的）女权间展开的话语之争。①

如果说经验学派的焦点在信息，那么批判学派的焦点就在话语。如果说信息就像自由主义谈论的"抽象人性"，那么话语则如马克思揭示的"社会关系的总和"。挪用赵一凡的一个妙喻，信息宛若冰清玉洁、仙袂飘飘、不食人间烟火的仙女，话语则如仪态万方、风情万种、活生生的美人。因此，传统理论信息论专注于前不着村、后不着店的"文本"（text），而批判理论话语论则倾心于七大姑、八大姨的"语境"（context）。换言之，信息论的信息是中性的、普世的、抽象透明的、放之四海而皆准的，如所谓新闻是客观的、中立的、服务于全体公众的，故传播及其研究只图信息传播最大化，包括收视率、点击率、票房收入等。这种貌似不讲政治而只讲科学的"传播"，其实本身就是一种政治及其价值，如经验学派的动因恰恰在于权倾天下的美国政府公关、军事宣传、商业广告、以美国有线电视新闻网（CNN）为代表的电视、以《纽约时报》为代表的新闻、以好莱坞为标志的流行文化等，冰清玉洁的处子原来并非遗世独立，而是一直巴望着门第高贵的皇亲贵胄。相反，批判学派的话语论自来否认信息的"普世价值"，认为任何信息都充盈着饱满的社会政治蕴涵，浸淫于实在的历史文化语境，从而任何传播都不能不交织着密密麻麻的社会脉络与权力关系，就像一个人不是孤零零地在人间，而是处于家人、亲戚、朋友、同学、同事、领导以及国家与时代的天罗地网中。对此，马克思、恩格斯、列宁、毛泽东等都有精辟论述与深刻思想，多年前张友渔等新闻学家也提出"新闻是阶级斗争的工具"：

社会本身既是阶级斗争之社会，因而成为社会的一现象之新闻，也不能不是阶级斗争之一表现，故所谓新闻，不外是阶级对立的人类社会中之阶级斗争的武器。即压迫阶级，用新闻维持他的支配地位，被压迫阶级，用新闻反抗压迫阶级，还有同一阶级，在分解过程中有时也用新闻互相攻击。②

---

① ［美］约翰·费斯克等编撰：《关键概念：传播与文化研究辞典》（第二版），李彬译注，84~85 页，北京，新华出版社，2003。

② 张友渔：《张友渔学术论著自选集》，305 页，北京，北京师范大学出版社，1992。

这个观点一度成为新闻实践及其研究的主导话语。超越简约的阶级分析，可以说迄今为止的新闻实践——无论中国还是外国，无论历史还是现实，无不表明新闻话语同社会政治与权力意志密不可分。新闻不见得都是阶级斗争的工具或武器，但新闻无疑是现代意义的权力工具或武器，包括政治权力、经济权力、文化权力、社会权力等。因此，唯物史观新闻观注重新闻话语的社会性、政治性、人民性：马克思向往报刊成为"人民千呼万应的喉舌"，毛泽东在重庆谈判时为新记《大公报》题词"为人民服务"，新中国一代名记者穆青将"勿忘人民"作为座右铭……新闻理论家甘惜分先生谈及1957年的新闻论争时，一方面反省一些"极左"问题，一方面坚持上述核心原则：

> 我与王中同志的根本分歧是在怎样看待新闻与政治的关系。王中竭力想使新闻与政治分离，或者说，在新闻工作中淡化政治。我则认为新闻与政治是分离不了的，新闻与政治紧密相连，虽然不能说报纸上每一角落都与政治有关（例如有些娱乐性的版面、关于自然界的版面以及广告之类），但就一张报纸的整体来说，很难说与政治无关。问题是什么样的政治，是资产阶级政治，还是马克思主义政治；是先进的政治，还是保守落后的政治，报纸总是与某一政治立场相联系。不为这种政治服务就为另一种政治服务。报纸的董事会、董事长、总经理、总编辑，甚至每个编辑记者，都是搞政治的。如果他们说自己只是编辑，不懂政治，那他们不是装蒜，就是傻瓜。①

总之，"把某种事物定义和描述成这样而不是那样，制造出这样而不是那样的事物，赋予事物这样而不是那样的价值，这是支配心灵的最有力的政治"②。

话语与权力的批判性思路，源于马克思的"虚假意识形态"思想，同时吸取了现代学术资源。其间，又分为两种进路，一是理论建构，一是现实探究。

2. 理论建构

关于话语与权力的理论性建构，有苏联马克思主义语言学家巴赫金的"话语理论"、西马先驱葛兰西（Antonio Gramsci，1891—1937）的"文化领导权"、法国哲学家阿尔都塞的"意识形态国家机器"、福柯的"心灵规训"、布尔迪厄的"文化资本"、萨义德的"东方学"等。其中，葛兰西的文化领导权思想更具思想影响力，对传播研究也最富理论启发性。

葛兰西，意大利共产党领袖，晚年在墨索里尼的法西斯监狱度过。坐牢期间，写下大量富于洞见的思想札记，后来结集出版，成为一部名作《狱中札记》。赵一凡在哈佛

---

① 甘惜分：《一个新闻学者的自白》，20~21页，香港，未名出版社，2005。
② 赵汀阳：《每个人的政治》，36页，北京，社会科学文献出版社，2010。

大学攻读博士学位时，老师一次开列了八部西方马克思主义的名著，其中三部被学生们视为"天书"，包括葛兰西的《狱中札记》、本雅明的《历史哲学论纲》与阿多诺的《否定的辩证法》。由于均为遗作，赵一凡恭称为"三坟"，其余五部则为"五典"①。

"曲终人不见，江上数峰青。"无论对当代学术，还是对传播研究，葛兰西的《狱中札记》都是一座绕不过去的理论高峰。他在总结欧洲无产阶级革命经验基础上凝结而成的市民社会、有机知识分子、文化领导权等思想，更成为欧美传播学界不可多得的理论资源。所谓文化领导权（hegemony），也译霸权或文化霸权，他在分析资本主义社会时，区分了两种控制权力，一种是由国家机器，如军队、警察和监狱承担的硬性"强权"；一种是由市民社会，如学校、家庭、民间社团等在自觉自愿且不知不觉中实施的软性"领导权"。按《关键概念：传播与文化研究辞典》的解释：

> 由葛兰西在1930年代详细阐述并用于文化研究的概念，主要是指统治阶级在某些历史时期实施社会与文化领导权的能力，通过这种方式——而不是对下层阶级的直接高压统治——以保持他们在国家经济、政治与文化方面的权力。霸权概念的关键内容不在于强迫人民违背自己的清醒意志或良好判断而将权力让渡给掌权者，而在于它揭示出一种情景，其间所积极寻求的乃是人们对理解世界的那些方式的认可，而这个世界"恰好"符合拥有霸权的阶级联盟或权力集团（power bloc）的利益。因此，我们越是积极介入对自己、对社会关系以及对广大世界的理解活动，结果我们就越是在自己的依附状态中与统治阶级形成共谋关系。……霸权是在意识与表述的领域发挥作用；当社会、文化与个人的经验总和能够按照由权力集团定义、确立并付之流传的术语予以理解之际，霸权才最有可能获得成功。简言之，霸权将历史上属于某个阶级的意识形态予以自然化，使之成为一种常识。其要害在于权力不是作为强权而是作为"权威"而得到行施……②

简而言之，文化领导权的关键词，一谓协商，一谓认同。所谓协商，是指不依赖强制性的暴力机制，而通过家庭、教会、学校、传媒等文化形态形成共同信仰与核心价值；所谓认同，则是指心理上、意识上以及行为上，心甘情愿地接受既定的社会规范与权力关系。若以中国历史作比，文化领导权近于"王道"而异于"霸道"。hegemony 一词，本来源于希腊文的hegemon，意为手执火炬的光明使者，引领众人步入神殿、宣誓加盟③。因

---

①　赵一凡：《从卢卡奇到萨义德：西方文论讲稿续编》，523 页，北京，生活·读书·新知三联书店，2009。

②　［美］约翰·费斯克等编撰：《关键概念：传播与文化研究辞典》（第二版），李彬译注，122~123 页，北京，新华出版社，2003。

③　赵一凡：《从卢卡奇到萨义德：西方文论讲稿续编》，462 页，北京，生活·读书·新知三联书店，2009。

此，强世功说，"政治支配权的最高境界是'不战而屈人之兵'的文化领导权"①。

葛兰西的文化领导权思想既对马克思主义有所贡献，为国际共产主义运动留下一笔精神遗产，又为人们认识世界和改变世界提供了新的认识论与方法论。以欧美为例，文化领导权在两个历史节点上尤为凸显：一则凯旋而一则落败，一则归来箫鼓竞而一则去时儿女悲。归来箫鼓竞的凯旋，是中国社会科学院研究员程巍，以其博士学位论文《中产阶级的孩子们：60年代与文化领导权》谈及的历史：欧美资产阶级虽在近代相继获得政治领导权和经济领导权，但直到20世纪60年代才赢得了文化领导权。当时，以青年大学生为主力的一批中产阶级孩子们，扯旗造反，惊天动地，搅得周天寒彻。这一看上去闹哄哄、乱糟糟的社会动荡，原来并不是吸大麻、性乱交、无厘头的胡闹，也不是反社会、反传统的"重估一切价值"，而是以低廉的代价发起的一场资产阶级文化革命，并由此夺得对生活意义和社会政治的定义权、解释权或话语权——文化领导权，从而使资本主义最终获得政治上的正当性与道德上的合法性。从此以后，以往耳熟能详的、巴尔扎克笔下贪婪啬刻的"葛朗台""高老头"，便华丽转身，摇身一变为好莱坞阳光明丽的"克莱默夫妇"，甚至除暴安良、拯世救民的"超人"。尤为突出的变化是话语及其意义，之前一系列引发"剥削""压迫""革命"等联想的话语，均被一套所谓"价值中立"的话语替代：以"蓝领"替代"工人阶级"，"白领"替代"小资产阶级"，"代理"替代"买办"，"全球化"替代"西方化""殖民化"，"劳动密集型企业"替代"血汗工厂"，"国际社会"替代"西方资本主义社会"等。其中最典型、最足以说明问题的，是以"中产阶级"替代"资产阶级"：

> 本来，"中产阶级"（middle class）和"资产阶级"（bourgeois）是同时出现的词，是英国贵族和法国贵族对新崛起的市民阶层的命名，与德语中的"市民阶级"（Bürgertum）同义，当初都有贬义色彩。它们在法语和英语中分别还有一个更带讽刺意味的同义词——"nouveaux riches"和"newly rich"（"暴发户"，又译作"新贵"）。
>
> 但60年代运动后，"资产阶级"和"中产阶级"却成了两个词：前者被认为是一个左派政治术语，是一个历史词汇，由于它已经渗透了左派意识形态、历史罪恶和历史联想，因此实际上被"价值中立"的新社会学废止了，免得它激发政治意识。60年代之后，我们难得再看见这个词，除非是在历史的意义上。另一方面，"中产阶级"这个词却流行开来，变成了一个中性词，后来就越来越获得了一种褒义。……如今，有谁会认为做一个"中产阶级"是一件在道德上有愧疚感、在美学上有自卑感的事？

---

① 强世功：《中国香港：政治与文化的视野》，79页，北京，生活·读书·新知三联书店，2010。

新社会学对资产阶级的重新命名获得了巨大的成功，甚至连左派情感浓厚的第三世界也接受了这种说法，以西方的中产阶级来指代本国的新富阶层（尽管它只占总人口少部分），仿佛只要中产阶级在本国人口中达到一定比例，民主政治就获得了坚定的未来保证。对中产阶级的这种期待，使本来一身铜臭的资产阶级变得和鸽子一样纯洁……①

至于去时"儿女悲"的文化领导权落败，则是1991年苏联解体的故事。苏联解体固然交关显在的内政外交痼疾，如穷兵黩武、霸权主义、民族矛盾、特权阶层等，同时更与潜在的文化领导权流失溃败息息相关。对此，美国学者的《来自上层的革命》和俄罗斯学者的《论意识操纵》，均以触目惊心的论述发人深思。苏联解体的历史经验，既从反面印证了葛兰西的思想——文化领导权的失落迟早必然导致政治领导权的丧失，也为中国提供了警钟长鸣的历史教训：

> 在苏联，文化领导权也经历了一种微妙的转移，从苏联官方意识形态家手中旁落到了反苏联的苏联知识分子和西方意识形态家的手中。一旦文化领导权旁落，那苏联意识形态家的任何表述，即便是如实的表述，都被当作谎言，而反苏联的人士的任何言论，即便是不实之词，都被看作真理。②

3. 现实探究

话剧《伊索》里有段情节，为话语问题提供了生动例证。奴隶主命令奴隶伊索，上街去买"最好的东西"，没想到伊索带回的是舌头，主人正待发怒时，伊索一通解释令他转怒为喜：舌头可以唱出美妙动听的歌曲，道出情意绵绵的恋人絮语，先知的语录、诗人的作品、民间的神话传说等，也无不通过舌头流播人间……奴隶主乘着高兴，又让伊索去集市上买来"最坏的东西"，结果拿来的还是舌头，主人的震怒可想而知，而伊索的一番话又让他不能不涣然冰释：流言蜚语、恶语中伤、挑拨离间、指鹿为马、颠倒黑白、造谣污蔑、深文周纳、指桑骂槐、口诛笔伐、众口铄金、挑起争端、引燃战火等，哪个能够离开舌头。

无独有偶，武王《机铭》上也有一句"口戕口"。钱锺书先生解释说，前一个

---

① 程巍：《中产阶级的孩子们：60年代与文化领导权》，261~264页，北京，生活·读书·新知三联书店，2006。早在19世纪中叶，恩格斯完成《英国工人阶级状况》时，就曾在序言最后声明："我总是用 *Mittelklasse*［中等阶级］这个词来表示英文中的 middle-class（或通常所说的 middle-classes），它同法文的 bourgeoisie［资产阶级］一样是表示有产阶级，尤其是和所谓的贵族不同的有产阶级，这个阶级在法国和英国是直接地、而在德国是作为'社会舆论'间接地掌握着国家政权。"（《马克思恩格斯文集》第1卷，387页，北京，人民出版社，2009。）因此，中央编译局中文译本说明，*Mittelklasse* 一词在多数场合译为"资产阶级"。

② 程巍：《中产阶级的孩子们：60年代与文化领导权》，456页，北京，生活·读书·新知三联书店，2006。

"口"字指口舌之口，后一个"口"字指人口之口，凡用口舌、用话语伤人毁人杀人者，均属"口戕口"（《管锥编》）。在先秦典籍以及汇集古人奇思妙语的《古诗源》里，类似箴言比比皆是：

> 溺于渊，犹可援也；溺于人，不可救也。
> 陷水可脱，陷文不活。
> 千夫所指，无病而死。
> ……

俗话说，人言可畏，吐沫星子淹死人。溺水之人，尚可施救，而一旦落入流言蜚语千夫所指，就只能眼睁睁看着溺毙而爱莫能助。为此，钱锺书慨叹"文网语阱深密乃尔"，赵一凡对这八个字推崇备至，认为简明透彻足抵西人连篇累牍的话语理论。

话语与权力的现实探究，针对的便是此类问题。这方面虽不像理论建构那般排兵布阵，气象森严，但也是声势浩大，气吞万里。由于涉及实际案例，事实如山，铁证如磐，加以游击战、破袭战、持久战一路水银泻地手法，更是一点点瓦解着现代性主流话语，包括"普世价值""新闻自由""专业主义"等，搅得其无法心安理得传播，专心致志宣谕，不能不时时应对这些星星点点、无法回避的铁证。这方面代表人物及其代表作，有乔姆斯基（Noam Chomsky）的《制造共识》（*Manufacturing Consent*）、巴格迪肯（Ben Bagdikian）的《媒体垄断》（*The Media Monopoly*）、席勒（Herbert I. Schiller）的《思想管理者》（*The Mind Managers*）、麦克切斯尼（Robert W. McChesney）的《富媒体 穷民主》（*Rich Media, Poor Democray*）、俄国学者穆尔扎的《论意识操纵》，等等。此类研究与著述一言以蔽之："今天的大众传媒不是信息，而是意识形态的工具。"[①] 下面仅以《论意识操纵》的案例为主，提示若干习见现象与手法，管窥蠡测，略见一斑。

——语言游戏术

曾国藩围剿太平军时，屡屡失利。一次，幕僚起草拟呈朝廷的战况中，有一句"臣屡战屡败"，曾国藩大笔一勾，变成"臣屡败屡战"，意思顿时两样了。现代传播及媒介，更是手法娴熟地变幻此类语言戏法：溃退称为"转进"——调转方向前进；经济停滞甚至衰退称为"负增长"——反着增长也是增长。美军在越南大开杀戒，屠杀妇孺，称为"绥靖"（pacificate），于是媒体上就出现如此报道："由于一个村庄顽强地抵抗绥靖，最后不得不摧毁它。"同样，在越南，二噁英污染的死亡地带称为"防疫圈"

---

① ［俄］谢·卡拉-穆尔扎：《论意识操纵》（下），徐昌翰等译，986页，北京，社会科学文献出版社，2004。

(sanitary cordon)，圈起老百姓的集中营成为"战略村"(strategic village)。曾任英国BBC记者的奥威尔，在《政治与英语》(*Politics and the English Language*)一文里，讨论了现代政治对英语的影响，如空洞无物的陈词滥调：some jackboot（暴政）、Achilles' heel（阿喀琉斯之踵）、hotbed（温床）、acid test（严峻考验）、veritable inferno（真正地狱）等。事实上，仅据福柯的历史考察，19世纪时，欧美国家还普遍使用绞刑架、断头台、裂尸轮等刑具，"自由、民主、博爱"的法国大革命前后，酷刑展示与民众狂欢仍是家常便饭，如用炙红铁钳撕裂罪犯胸膛，然后从伤口浇入硫酸，最后五马分尸，焚尸扬灰。至于曾受中央情报局训练的"自由战士"，现在称为"恐怖分子"，更是佐证了奥威尔在《一九八四年》里嘲讽的"自由即奴役，和平即战争"。

类似的语言游戏，如今在一些中国媒体中也开始出现。比如，建立"公民社会"云云，好像中华人民共和国不是"公民"组成的社会。再如，"公共知识分子"一词，由于"公共"，再加"知识"，便如天使一般纯洁动人，既无私心，更无野心，只有公心了[①]。特别耐人寻味的是"公（行政）权力"，难道人世间还有"私（行政）权力"不成。

——数字魔法术

由于数字貌似具有不容置疑的科学性、可靠性，于是只要提供具体数据，人们一般就深信不疑，也不再穷根究底。斯大林时期的镇反人数、六十年代的非正常死亡等均属此类。这些数据大多似是而非，耸人听闻，竞相攀比，而往往经不起推敲和深究。俄罗斯社会大学校长、科学院院士茹科夫，2010年在中国社会科学院演讲时就指出："有关苏联大清洗的历史就存在人数造假的情况。最新研究表明，在大清洗历史上有很多不可信的数据。如赫鲁晓夫认为斯大林时期全国被镇压的人数超过700万人，苏共政治局委员雅科夫列夫认为被镇压人数达到1300万人。其他一些人由于算法不同，有2000万、3000万甚至7000万人的说法。在这个问题上人们似乎在比赛谁算得多。"[②] 实际上，截至1953年1月1日，这个数据是172.797万人[③]。再如，索尔仁尼琴《古拉格群岛》讲述的骇人故事以及数据一直广为流传：

> 在他的笔下，古拉格"岛民"历年的动态，包括徒刑死刑、释放调转、患病死亡等方面的情况，逐年均有详尽研究，列表资料也堪称卷帙浩繁……而整个文化界的人士则几乎是把这些东西作为集中营社会学学术研究资料来看待的。他所造成的意识裂变真可谓拍案惊奇：一个人读了那种似乎言之凿凿的纪实材料，就

[①] 参见吉方平：《透过现象看本质——析"公共知识分子"论》，载《解放日报》，2004-11-15。

[②] 茹科夫：《对俄罗斯一些重大历史问题的反思》，载《红旗文稿》，2011 (7)。

[③] ［俄］谢·卡拉-穆尔扎：《论意识操纵》（下），徐昌翰等译，676页，北京，社会科学文献出版社，2004。

会听而信之，而且更会相信他那"4000万人被枪毙"的说法。[1]

与此同时，另一些公认的数据却总被漠视或忽略。还以茹科夫所谈情况为例：

> 斯大林领导苏联总共33年，在整个斯大林时期被判处死刑的总共是78.6万人，即年平均判处大约2.6万人死刑。从政治镇压角度看这一数据相当巨大，但这不是一些历史造假者论著上提到的数据。与现在相比，今天的俄罗斯每年死于车祸的人数达到4万人，每年死于各种犯罪的人数是5万人，每年自杀的人数大概是6万人，俄罗斯每年非自然死亡的人数达到34万人。[2]

再如，西方媒体一方面喋喋不休报道萨达姆、卡扎菲等"极权政府"草菅人命，一方面对其"人道主义制裁""人道主义干预"而导致的死伤枕藉、饿殍遍野鲜置一词。据联合国权威机构统计，仅伊拉克战争以来，死于战乱以及饥饿和营养不良的儿童就达数十万乃至上百万[3]。至于当今世界触目惊心的贫富差距以及历史上一系列血淋淋数据，更是难以进入各路主流媒体的议程，因而也就无法进入公众视线：

> 1701—1810年，共有6200万非洲人贩卖到美洲（死于途中船舱里的人数，据认为高达这个数字的10倍）。在1811—1870年……人道主义的欧洲人又把1900万黑人贩卖到了美洲……[4]

国内一度热播的《大国崛起》《公司的力量》等电视节目，就看不到此类数据。

——张大其词术

按照普通人的潜意识，视角容或有所不同，但事实纵然不确，总不至于太离谱吧。然而，恰恰在应该铁板钉钉的事实上存在太多不靠谱，而且越是重大，就越是离谱。美国在发动对萨达姆政权的攻击前，信誓旦旦传播了多少"大规模杀伤性武器"的信息，这些武器最终证明全是子虚乌有。后冷战时代，北约发动一次又一次的战争时，也散布一个又一个骇人听闻的"大屠杀""万人坑""种族清洗"等新闻，就连"最伟大的持不同政见者"乔姆斯基，在反战文章里都不免落入此类指控。这正应了西方一句谚语：撒谎，撒弥天大谎。因为撒小谎，不免起疑，而撒大谎，反倒容易相信。穆尔扎的亲历故

---

① ［俄］谢·卡拉－穆尔扎：《论意识操纵》（下），徐昌翰等译，547页，北京，社会科学文献出版社，2004。

② 茹科夫：《对俄罗斯一些重大历史问题的反思》，载《红旗文稿》，2011（7）。

③ 世界医学杂志《柳叶刀》2006年调查报告称，伊拉克战争造成65.5万伊拉克人死亡。美国布朗大学沃森国际问题研究所的报告显示，截至2011年，几场战争共造成12.5万伊拉克平民、1.17万阿富汗平民、3.56万巴基斯坦平民死亡，另有350万伊拉克平民、300万阿富汗平民、100万巴基斯坦平民沦为难民。

④ ［俄］谢·卡拉－穆尔扎：《论意识操纵》（上），徐昌翰等译，118页，北京，社会科学文献出版社，2004。

事，在新闻史中已是司空见惯：

> 1991 年夏天我在西班牙，阿拉贡的主要报纸请我答记者问。和我谈话的是国际部的编辑，这是一个聪明的、惹人喜爱的年轻人，叫 R. 卡尔洛斯。谈话涉及的范围很广，卡尔洛斯很满意，分手时我们已经成了朋友。8 月 19 日，莫斯科发生了"叛乱"，第二天卡尔洛斯给我打电话，说他马上要飞抵莫斯科，问我能否安排他与一些头面人物见面。在我的帮助下，他与"两个阵营"的著名活动家都进行了谈话。特别是他们都向他证明莫斯科军方没有采取任何暴力行动，也没有任何人向他们下达采取暴力行动的命令。卡尔洛斯走了。9 月，我又来到西班牙，他兴高采烈地递给我一份根据他在莫斯科的采访出版的新报纸。我一看，整个第一版全是彩色照片：莫斯科、坦克、士兵、手挽手的人群、被打伤的人从头到脚鲜血直流。上面还有题字："苏联军阀的靴子又钉上了铁掌……"等等。我惊奇地问道："卡尔洛斯！你当时就在莫斯科！你是知道的，事实根本就不是这样！"他带着真挚的疑惑望着我："这有什么两样？整个欧洲的报纸全都刊登这样的照片。我们是买来的。这是报纸，不是科学杂志。"[①]

——视觉冲击术

在视听媒体充天塞地、图像符号汹涌澎湃之际，这种意识操控术也是家常便饭，屡见不鲜。随举一例：

> 90 年代一场一场"奇怪的"战争，导致一个更加沉重的结论：许多血腥的戏剧性事件最初都是在电视上先搞起来的。无论是"沙漠风暴"，还是南非共和国对布尔人的屠杀，还是"战斧"巡航导弹飞向塞尔维亚的多瑙河大桥，如果不能在电视中播出，似乎都成了没有必要的东西。似乎所有这些行动，都是精心准备的演出，其目的不外乎是向各家各户搞电视转播。在这个意义上，1986 年美国空军对的黎波里的轰炸行动表演得最精彩……导弹落在城里时正值美国电视台开始播报晚间新闻，于是，电视台得以当即报道这次行动，并且接通了电视台在的黎波里的采访记者，让观众能够直接在荧屏上观看到美国炸弹和导弹在"敌人巢穴"爆炸的情况。[②]

值得提及的是，当时国际法专家辩论此次轰炸后的结论是：轰炸一个主权国家的首都属于侵略行为（联合国安理会也倾向于此），或者属于国际恐怖主义。

——静默消音术

一方面集束轰击，张大其词，连篇累牍，不厌其详；一方面不闻不问，视若无睹，

---

① ［俄］谢·卡拉－穆尔扎：《论意识操纵》（上），徐昌翰等译，332 页，北京，社会科学文献出版社，2004。

② 同上，379 页。

装聋作哑，不置一词——这也是现代传播中常见的情形。席勒在批判学派代表作《思想管理者》（1973）中，对美国《国家地理杂志》的内容进行专题探讨后发现："在过去五十年里写到美国东南部的文章，都没有提及种族隔离、儿童的营养不良、3K 党（the Ku Klux Klan）、私刑拷打、静坐示威或自由乘车运动（freedom rides）……"[①]

再如，中国人更熟悉的一个例子是 1948 年解放战争如火如荼之际，《国家地理杂志》刊发了一篇中国报道，其中只字不提搅动全中国的人民解放战争，其实也是一场即将改变整个世界格局的巨变。怨不得 1970 年《纽约时报》的一位记者写道：完全依靠《国家地理杂志》的读者，会得出玛丽·安托瓦内特在凡尔赛宫里得出的同样结论。这位在法国大革命中命丧断头台的美丽王后，得知民众没有面包时说了一句何不食肉糜的话：那让他们吃蛋糕吧。

——断章取义术

一次，罗马教皇访问某国，有人问他："你对妓院有何看法？"教皇说："难道你们这里还有妓院吗？"于是，第二天报上出现如此报道："教皇一踏上我国土地，第一句话就问我们这里是否有妓院？"此类传播现象及其手法同样举不胜举，不足为奇。因为，如前所述，人是社会关系的总和，而体现社会关系与权力意志的话语，当然也就不能不打上各种社会政治的烙印。比如，颇有中国学者与媒体喜欢援引一句马克思的名言——每个人的自由发展是一切人自由发展的条件。这句话出自马克思恩格斯的《共产党宣言》："代替那存在着阶级和阶级对立的资产阶级旧社会的，将是这样一个联合体，在那里，每个人的自由发展是一切人的自由发展的条件。"[②]问题在于引用者只讲后一句，而略去前一句。与此相似，十八大前，某些媒体与领导热衷于传播邓小平南方谈话中的一句话：不改革就死路一条。而邓小平的原话是：

> 要坚持党的十一届三中全会以来的路线、方针、政策，关键是坚持"一个中心、两个基本点"。不坚持社会主义，不改革开放，不发展经济，不改善人民生活，只能是死路一条。[③]

——移花接木术

同上述手法一样，移花接木术在政治传播、广告宣传、新闻报道中，也是无奇不有，让人目眩神迷。举例来说："1996 年美中之间就台湾问题呈现出紧张局势。西方电视台节目主持人的反华评论和带有强烈谴责情感的镜头——死亡的场面——同时出现。

---

① Herbert I.Schiller：《思想管理者》，王怡红译，107 页，台北，远流出版事业股份有限公司，1996。
② 中共中央编译局编译：《马克思恩格斯文集》第 2 卷，53 页，北京，人民出版社，2009。
③ 《邓小平文选》第三卷，370 页，北京，人民出版社，1993。

主持人预报说：现在我们要播放一个可能使您的神经感到极其沉重的场面，于是，电视观众一个个都被荧屏吸引住了。的确是一个令人感到沉重的场面——那是中国枪毙毒品贩子的场面。他们跪在地上，枪打中了他们的后脑勺。左下角的日期看得清清楚楚——1992 年。但观众是不会去看这些的，他把枪决的镜头同 1996 年的台湾以及航空母舰开往台湾救助联系起来了。"①

20 世纪以来，传播科技、社会思潮、生活方式、国际冲突的不断演化，为现代传播及其话语权催生了充足条件，提供了现实平台：从弗洛伊德的潜意识到维纳的控制论，从广播电视到数字媒体，从广告宣传到公共关系，从心理战到信息战……特别是后冷战时代，话语权问题更为突出。1993 年，当资本福音传教士福山（Francis Fukuyama）欢呼雀跃"历史的终结"时，法国解构主义思想家德里达（Jacques Derrida）在美国发表了"不合时宜"的演说——《马克思的幽灵》（*Spectres de Marx*），面对高天滚滚寒流急的世纪末射出一道电光石火的思想之光：

> 如今资本主义太嚣张！它受到三种"文化装置"支撑：[1] 由资产阶级政客主导的官方话语；[2] 麻痹民众的大众传媒；[3] 与资本主义合谋的学术文化。如此恶劣形势下，"人们必须接受马克思主义遗产"。②

对普通人来说，穆尔扎的一个建议具体实在，简便易行："抗御操纵的主要原则之一，就是拒绝使用潜在操纵者阐述问题时所使用的那种语言。不接受他的语言、他的术语、他的概念！把他说的话以别的方式再说一遍，避免使用任何意识形态范畴。复述时尽管语言粗糙，不那么流畅，但决不使用那些似是而非的概念，完全可以把它们换成实实在在的、看得见摸得着的形象：面包啦，热量啦，出生啦，死亡啦。"③ 这既是延安整风清理"党八股""洋八股"的路数，也是"白猫黑猫，抓住老鼠就是好猫"的家常逻辑，用李书磊的话说："语言从来就不仅仅映射现实，它还塑造现实，塑造社会，塑造我们群体乃至多个个人的生存。语言本身就是一种政治，不仅是政治工具，还是政治本身。我们依靠语言建立秩序，借助语言定义世界与自我，根据语言展开我们最重要的行动……修改政治、改善生存必得从改善语言开始。"④

二、传播政治经济学

传说，北欧的神祇托尔（Thor）下凡，遇到一个人。此人一见天神，立刻意识到

---

① ［俄］谢·卡拉－穆尔扎：《论意识操纵》（上），徐昌翰等译，377 页，北京，社会科学文献出版社，2004。
② 转引自赵一凡：《从卢卡奇到萨义德：西方文论讲稿续编》，804 页，北京，生活·读书·新知三联书店，2009。
③ ［俄］谢·卡拉－穆尔扎：《论意识操纵》（下），徐昌翰等译，1006 页，北京，社会科学文献出版社，2004。
④ 李书磊：《再造语言》，载《战略与管理》，2001（2）。

这是一个机会，于是突然用手卡住托尔的脖子，威胁说："告诉我生命的秘密，我才放开你。"托尔想了想说："如果你愿意用一只眼睛来跟我交换，我就告诉你生命的秘密。"为了得到这个秘密，此人一狠心，用手挖出自己的一只眼睛，递给托尔："现在你可以告诉我生命的秘密是什么了。"接过眼睛后，托尔告诉他："生命的秘密就在于：用两只眼睛看世界。"

这个故事是加拿大传播政治经济学者文森特·莫斯可（Vincent Mosco），2005 年在香港浸会大学传理学院演讲时讲的。在他看来，这个神话非常适用于理解政治经济学和文化研究的关系：二者如同人的两只眼睛，虽然各有侧重，角度也不同，但就重要性而言则不分主次：

> 总的来说，政治经济学注重传播的权力、社会关系和市场结构的问题，文化研究则侧重主体的意义建构的问题，即人类特有的理解世界的能力，其关心的是在政治经济学的社会阶级划分以下的更小的社会群体，比如不同的性别群体对传媒的接收和阐释。政治经济学着眼于自上而下的决定因素，而文化研究则关注自下而上的解读。在传播学研究中，两者完全可以结合起来，帮助人们更加全面的理解复杂的传播现象。[1]

恩格斯在马列主义里程碑的著作《反杜林论》的政治经济学一编中，开宗明义写道："政治经济学，从最广的意义上说，是研究人类社会中支配物质生活资料的生产和交换的规律的科学。"[2] 照此说来，传播政治经济学从最广的意义上说，就是研究人类社会中支配精神的物质生活资料的生产和交换的规律的科学。具体说来，传播政治经济学立足唯物史观，分析和揭示现代媒介的所有制结构，探析其间的权力关系，考察精神产品的生产与消费如好莱坞大片，拆穿各种传播迷思与神话，如客观、公正、多元化、新闻自由等。这方面研究以加拿大的斯迈思（Dallas W. Smythe）[3] 与美国的席勒（Herbert Schiller）为先驱，以 1968 年英国莱斯特大学（University of Leicester）成立的大众传播研究中心为重镇，默多克（G. Murdock）、戈尔丁（P. Golding）等堪称典范。另外，英国格拉斯哥大学媒介小组（Glasgow Media Group）、法国的马特拉（Armand Matterlart）等也颇有国际影响。下面就看看莱斯特大学大众传播研究中心的一项研究。

---

① 莫斯可、黄煜：《传播政治经济学与文化研究在传播学领域的关系与应用》，载《中国传媒报告》，2006（2）。

② 《马克思恩格斯选集》第三卷（第三版），525 页，北京，人民出版社，2012。

③ Smathe 的中文译名"斯迈思"，出自《世界姓名译名手册》。此外，还有其他一些译名也在流传，不知所本。据笔者观察，新一代专业译者似乎不太理会翻译的行规，包括必须参考的各种"译名手册""地名手册""机构名称手册"等，以至于同一人物、同一地点、同一机构的译名往往言人人殊，徒增读者困惑。如传播学者 James Curran，按照规范的译名手册通译为柯伦，而坊间颇见"卡伦"之谓。再如，美国的 Texas 应为得克萨斯，而林林总总的出版物上常见所谓"德克萨斯"。

1970 年，大众传播研究中心的哈洛伦等，就英国媒体对 1968 年伦敦反对越战大游行一事所做的"歪曲"报道展开专题研究，完成《示威与传播：一个个案研究》（*Demonstrations and Communication: A Case Study*）。这次反战示威游行原本组织有方，秩序井然，只有极少数参加者后来去了美国大使馆，与警察发生冲突，导致个别人受伤。"然而，英国的媒体报道与实际情况却大相径庭。报纸和电视几乎无一例外地将报道的焦点放在美国大使馆附近发生的极个别的冲突上，将一个总的来说组织严密的和平示威游行描绘成一个充满暴力的事件。"[1]

哈洛伦等对此进行研究后，得出一些令人深思的结论。他们指出，在媒体垄断不断加剧的时代，所谓民主社会的多元信息渠道正日益趋向非民主化。"事实上，商业竞争非但没有给媒体内容带来繁荣和多样，反而经常使它们呈现出千篇一律的面孔，其标新立异也只能在类似的媒体诠释和观众预期的框架中进行。就二十七日的反战大游行而言，作者们发现，他们研究的报纸和电视台在报道中还相互参照相互肯定。……结果，极其不公正的报道像滚雪球似的越滚越大，在缺乏其他说法的情况下，观众根本无法判断其真实性和全面性。"[2]众所周知，西方媒体主张所谓新闻专业主义，为什么在这件事情上以及许多类似的报道上，会与他们津津乐道的专业理念相去甚远呢？在哈洛伦等看来：

> 自十八世纪后期开始，英国（以及其他西方国家——引者注）出现了以赢利为目的的廉价商业报纸，并逐步取代了过去的政党报纸。在激烈的市场竞争中，商业报纸为了赢利而必须取悦尽可能多的读者，因此故意避免鲜明的政治立场，标榜价值中立和客观报道。久而久之，所谓的不加任何主观价值判断的事实报道，即缺乏背景介绍的硬新闻便成了报纸的主角。电视新闻不但继承报纸新闻这一实践规范，更将它推到极致，与电视作为视觉听觉媒体的技术特点相适应。突发事件成了新闻报道的主要对象，事实的过程往往被忽略了。就二十七日的大游行而言，记者们等待的突发事件就是这一过程中为数极少的暴力冲突事件，是视觉上刺激和精彩的镜头和照片，而不是事件的全部过程及其社会意义。[3]

在批判学派的研究中，《示威与传播》一书是个里程碑。按照北京大学传播学者赵斌的话说，"开创了英语世界批判传播研究的先河，打破了以往几十年传播学的伪科学倾向及其对媒体效果的行为主义研究，提倡将传媒还原到大的社会和历史背景之中，而

---

[1]　赵斌：《依旧怀念一九六八——传播媒体与反对示威》，载《读书》，1999（9）。

[2]　同上。

[3]　同上。

不是将它们孤立起来分析"。^① 这项研究所体现的批判性取向、总体性思路和综合性方法，至今仍是批判学派沿袭的"学术规范"。

20 世纪 90 年代以后，在市场化改革的驱动下，中国媒体的经济属性、政治取向以及专业认同发生一系列潜移默化的嬗变。以莫斯可《传播政治经济学》中译本 2001 年问世为契机，有关研究也在中国逐渐展开，如王维佳的博士论文《作为劳动的传播——中国新闻记者劳动状况研究》（2011），不仅浸淫着传播政治经济学的思想观念，而且针对中国问题细致剖析，展现了开阔的理论视野和鲜明的问题意识：

> 在新闻实践领域内，1980 年代"新启蒙"运动所完成的去政治化任务为自由市场机制的引入创造了必要条件。……新闻业改革与生产方式变化的一个主要逻辑是在不放松制度性宣传管理的前提下，放权让利，让媒介面对市场经营，以广告创收为主要利润来源。这使得大众媒介的经营管理者和新闻从业者同时面临国家和资本的双重政治力量，国家与资本力量之间错综复杂的关系直接影响着新闻界的发展走向；与此同时，变"单位"为"企业"，变"文化干部"为"职业记者"的改革则在新闻界中塑造了一批掌握重要文化资本、社会资本和经济资本的中产阶级文化新贵。……在这一过程中，出现了以"南方报系"为代表的大量有意识地与沿海都市中产阶级进行有机文化政治联接的新闻媒体，并出现了大批以"南方报系"的实践范式为楷模，以"南方报系"的意识形态为基准的中产阶级职业记者。可以说，历时 30 年的这种由生产关系到文化意识的变革深刻地影响着当今新闻工作者的整体文化意识和政治认同。
>
> 在一个后发现代化国家，特别是农民和贫困人口仍然占据多数的国家里，新闻传播系统的都市化和中产阶级化实际上带来了一系列不容忽视的文化矛盾和发展困境。^②

三、文化研究

此一路径的研究既源远流长，又包罗广泛。大略说来，从西马鼻祖卢卡奇的"物化"思想到法兰克福学派的批判理论，从葛兰西的"文化领导权"到阿尔都塞的"意识形态国家机器"，从法国结构主义符号学到英国伯明翰大学"当代文化研究中心"（CCCS），从贝尔的"资本主义文化矛盾"到詹明信的"资本主义文化逻辑"……其中为人熟知的前有法兰克福学派，后有伯明翰学派，而后者的代表人物威廉斯

---

① 赵斌：《依旧怀念一九六八——传播媒体与反对示威》，载《读书》，1999（9）。

② 王维佳：《作为劳动的传播——中国新闻记者劳动状况研究》，208~281 页，北京，中国传媒大学出版社，2011。

（R.Wlliams）、霍尔（S.Hall）更如文化研究的标志：

> 文化研究不是我们通常字面上所理解的那种对"文化"的讨论，也不是在各种传媒学科的名目下发展起来的一般意义上的大众传媒理论，而是特指近几十年以来，在英国的"伯明翰学派"推动下成熟起来的一种跨学科研究；这种研究不仅涉及 20 世纪资本主义的文化生产，而且涉及当代资本主义的意识形态建构和新的结构性压迫的形成，涉及它们和文化、经济生产之间的复杂关联。可以说，文化研究已经成为人们对自己生活其中的当代社会进行反省和思索的一个最具批判性的认识活动。①

清华大学曹书乐博士的学位论文《论英国传播研究：一种马克思主义学术传统的考察》（2009），对包括伯明翰学派的批判性传播研究进行了系统论述。依据她的分析，在英国文化研究领域，R. 威廉斯、R. 霍加特、E.P. 汤普森是三大奠基人，如同美国传播研究的四大先驱，后来发挥重要作用的 S. 霍尔在三人功成名就时尚属年轻，曾为霍加特在伯明翰现代文化研究中心的助手。

威廉斯的成名作，是 1958 年出版的《文化与社会》。此书虽然艰涩难懂，却获得巨大反响。其中，威廉斯对文化概念作出全新定义，提出有名的"生活的总体方式"（whole way of life）思想。他认为，文化并不是由一系列艺术品与人造物（artefact）构成的身外之物，而是生活方式的总和，接续马克思所言人是一切社会关系的总和。对文化而言，需要研究的不是人造物的价值，而是创造这些人造物的生活、经验与社会实践。《文化与社会》的意义就在于确定一种新的文化观念，并提出一种文化研究的思路与方法。值得关注的是，威廉斯还谈到四种传播模式，即威权式、家长式、商业式和民主式。他的四种模式和施拉姆等"报刊的四种理论"几乎同时提出。可见，在文化研究发轫期，媒体与传播问题已经提上研究日程，并置于权力关系之中予以关照，呈现出不同于美国冷战传播学的面貌。

霍加特的学术贡献，主要在三个方面。第一，代表作《识字的用途》（*The Uses of Literacy*），堪称英国文化研究奠基石。第二，建立伯明翰大学当代文化研究中心，与霍尔一同推动文化研究的发展。第三，担任联合国教科文组织助理总干事（Assistant Director General），将有关学术思想付诸实践。他的《识字的用途》比《文化与社会》早一年问世，即 1957 年，试图回答：流行报刊与其目标读者——工人阶级的关系是什么？这种商业报刊怎样改变了工人阶级的态度和价值观？工人阶级究竟如何使用他们的"识字能力"？霍加特将工人阶级文化视为严肃的核心主题，从自己的生活经验出发

---

① 参见李陀：《大众文化研究译丛》序，北京，中央编译出版社，2001。

对工人阶级所思所想进行了细致阐释。1964 年，霍加特创立当代文化研究中心（CCCS）并出任中心主任。这是文化研究的一个标志性事件，就像当年法兰克福大学成立社会研究所并由霍克海默出任所长而标志着法兰克福学派的诞生一样。

当然，最能体现英国文化研究的学科意义，并代表伯明翰学派学术思想的还数文化研究中心后期领军人物霍尔（1932—2014）。当代文化研究中心的研究人员多年来一直不超过三位，开始十年仅有霍加特和霍尔。1970 年，霍加特离开伯明翰大学，前往联合国教科文组织担任助理总干事，才使中心继任主任霍尔得以施展抱负，终于将文化研究推向高峰。霍尔 1979 年离开当代文化研究中心，前往开放大学任社会学教授，这十年间堪称当代文化研究中心的黄金年代。之后，中心以及文化研究就开始走下坡路，影响也渐行渐弱。2002 年，当代文化研究中心的最后一块阵地被伯明翰大学正式撤销，一时引发国际学界震动，一个时代就此落幕。[①]

2012 年，八十高龄的霍尔接受《卫报》采访，多年沉寂，一朝显身，不免恍若隔世。北京语言大学黄卓越教授在《读书》杂志发文《向霍尔致敬——也为斯图尔特·霍尔八十寿辰贺》，最后谈及文化研究与政治经济学尤为警策：

> 在经历了新自由主义的强劲风暴及英国二〇一一年发生的大规模骚乱事件之后，霍尔的思想又有了新的蜕变，在佐伊·威廉斯女士的采访录中，霍尔明确地告之，与三十年前相比，他对当代政治的悲观不是减少了，而是更有递增。骚乱事件几乎可在很大程度上被看作七十年代 CCCS 中心所标示的"仪式的抵抗"的一种当代翻版，这也自然会强烈地触动了霍尔的心灵，因此而使之再一次将反思与批判锋芒指向了新自由主义及与其结盟的霸权政治模式，并重新意识到一种经济不平等带来的巨大社会反差与颠荡。这等于是说，无论霍尔对自己创建的文化政治路径抱有怎样的信念，也不得不重新从政治经济学的视角去诠释这一迁变。（《读书》2012 年第 11 期）

在黄卓越看来，霍尔身上重叠着三重角色，即学者、理论家、政治家。作为英国"新左派"的创始人之一，对他的"理解"，始终离不开与马克思主义的关系，"马克思也是投在霍尔前进之路上的一个最为巨大的背影（其次可能便是葛兰西了）"[②]。怨不得，霍尔在考虑身后事时，也选择葬在马克思墓的周边。如果把马克思主义视为"政治经济学"，那么霍尔的文化研究就是"文化政治学"。

---

①　以上内容参考了曹书乐博士的学位论文《论英国传播研究：一种马克思主义学术传统的考察》（2009），并获本人认可，在此一并说明，恕不一一标注。

②　黄卓越、［英］戴维·莫利主编：《斯图亚特·霍尔文集》前言，北京，中国社会科学出版社，2022。

在文化研究领域，霍尔以"编码 / 解码"（encoding/decoding）理论而独树一帜。这个理论关注的是意义如何生成，而非讯息如何传递。霍尔 1973 年撰写的《编码 / 解码》一文既是他的代表作，也属文化研究的主要学术贡献。这篇文章最初刊于中心的油印论文集，后经修改节选发表在开放大学的教材《文化、媒体、语言》，从此不断得到援引。这篇不过数页的短文，在传播思想的历史回音壁上留下不绝如缕的反响。按照编码 / 解码的理论，信息及其意义是被建构出来的，是一个积极的、阐释性的社会事件，信息的接收行为同样也是如此。在此基础上，霍尔提出三种对信息进行解码的类型。按照文化研究学者费斯克（John Fiske）等人解释：

> Hall 等在 1980 年编辑的书中提出三种关于电视文本的主要解码方式或解读方式，它们所针对的是读者对其社会条件而非文本结构的反应。具体说来：
>
> （1）主控 - 霸权式解读（*dominant-hegemonic*）：这种解读按照编码者的设定而"彻底地、直接地"接受文本。
>
> （2）协商式解读（*The negotiated reading*）：这种解读承认主控符码的合法性，但通过调整使解读适应自己的特殊社会条件。
>
> （3）反抗式解读（*The oppositional reading*）：它产生的是一种激进的解码，与倾向性解读完全对立，因为它源于一种替代性的对立意义系统，即 Parkin 所说的激进意义系统。
>
> 举例来说，把女人描述为性感对象、时装模特或母亲形象的广告，可能得到我们的不同解读。基于主控 - 霸权符码的倾向性解读，接受并赞同这种描绘，视之为自然的、准确的和迷人的。协商式解读可能出自中产阶级的职业女性，一般来说她们接受倾向性解读，但"适用别人而不适用我"。她保留自己对广告进行解读的权利，这与其作为独立女性的社会条件相一致。反抗式解读则可能出自女权主义者，她们将这种广告视为对女性的侮辱、贬损、限制以及男性压迫女性的证据。做出第一类解读的女性会去购买广告上的产品，第二类女性有可能去，如果产品能够符合她们的需要，而第三类女性则不去。[①]

文化研究后来也颇受诟病。一方面是因为费斯克等晚近学者过于强调受众解读的快感、愉悦、自主性，引发人们对文化研究批判性何在的质疑，对比文化研究初期的批判性、政治参与性以及对严肃社会政治议题的学术关怀，当下"轻飘飘"的、往往无关痛痒的文化研究，往往迷失在一大堆符号与意义的解读中，消融在后现代主义和

[①] ［美］约翰·费斯克等编撰：《关键概念：传播与文化研究辞典》（第二版），李彬译注，219~220 页，北京，新华出版社，2003。

相对主义的虚论里，日渐失去批判性力量。另一方面也是因为英国的文化研究已经成为一种显学，来自世界各地的学人前往伯明翰"朝圣"，希望学到文化研究的"真经"，以推进本土的文化研究。特别是美国和澳大利亚的文化研究一度繁盛，有数目庞大的院系与学者从事这方面的教学科研，也有不少相关的学术期刊与会议。这一学科化、体制化的趋势与状况，同当代文化研究中心成立时旨在跨学科、反建制、开放性的学术追求南橘北枳。在为费斯克的《理解大众文化》中文版所写导言里，赵斌教授就批评道：

> 放弃了严肃的社会学分析，将被分裂为能指和所指的符号拿来摆积木游戏，结果肯定是社会现象的严重误读。就费氏企图认识流行文化而言，其关键错误在于他将两种性质根本不同的权力混为一谈，资本的支配权与普通人在市场上对商品行使的选择权被当成同一回事，无视商品的选择需要购买力支撑这一最简单的事实。"买不起的人"在费氏的符号解读体系中就成了"选择不买的人"，而且这些人仍然能享受到选择的快乐。事实上，政治经济实力处于绝对劣势的黑人孩子，盲目抵抗白人主流社会的教育体制，结果只能令他们长大后在白人支配的社会里前途更加渺茫；深受男权压迫的妇女，在男权社会结构没有根本改变的前提下，即使选择了生活在婚姻之外也未必就能得到真正的解放。如此这般的抵制、反抗和放弃在一些文化研究者眼里，就成了进步的亚文化的组成部分。主观意愿和客观结果在这种理论诠释中彻底脱节，这恰恰是符号解读替代社会分析的结果。当然，符号学分析并非一无是处，它至少向我们揭示了所谓能指和所指之间的关系从根本上讲是任意的。但是必须指出的是，在每一个具体的现实社会里，这种关系往往已经或多或少被规定下来了，这种约定成俗相对稳定，迫使多数人墨守成规。因此，符号学可以为分析文化和社会现象提供一种工具，但它不能代替政治经济分析，更不能对文化和社会现象提出严格意义上的历史诠释和批判。[①]

为此，英国传播政治经济学的先驱默多克主张废弃"文化研究"一词，而代之以对急剧变迁的社会和文化的分析。[②]

以上三种批判研究虽然各有侧重，但思路基本一致，大抵以马克思主义特别是西方马克思主义为依托，对资本主义传播体制及其运作进行冷静反思和尖锐剖析，无论其具体理论和学说如何参差百态，说到底无不表现出深刻的忧患意识和怀疑精神，无不体

[①] ［美］约翰·费斯克：《理解大众文化》，王晓珏等译，北京，中央编译出版社，2001，赵斌"中文版导言"：《社会分析和符号解读：如何看待晚期资本主义社会中的大众文化》，第Ⅳ～Ⅴ页。

[②] 赵斌：《文化分析与政治经济——与默多克关于英国文化研究的对话》，载李陀：《视界》第5辑，石家庄，河北教育出版社，2002。

现着强烈的人文关怀或终极关怀。所以，与经验学派相比，他们的立场更倾向于批判现实而非维护体制，他们的研究更注重凸现问题而非贡献方略，他们的方法更着眼于深度剖析而非表层量化。

第三节　中国回响

中国自七八十年代引入传播学，四五十年来大多承袭以美国为典范的经验学派，而轻忽以欧洲为中心的批判学派：

> 2006 年 10 月 31 日，赵月枝教授在与中国人民大学教师学术沙龙的一次交流中提到，就在施拉姆计划访华的同时，赫伯特·席勒也在策划他的中国之行。由于种种原因，席勒最终没有成行。施拉姆的来访对中国传播学的建立产生了极大影响，在很长时间里，他所提出的传播学体系成为中国学者想象"传播学"的主要参照，而席勒及批判理论则处于"缺席"状态。[①]

刘海龙为此提出一个假设：如果当初不是施拉姆而是席勒最先来到中国，中国的传播学还会是今天的格局吗？[②]

事实上，依据有关回忆以及历史考察，传播学进入中国大陆之初，两大学派原本齐头并进，难分轩轾。批判学派不仅同时在场，而且同样显豁。略举几例，即知大概：

——最早到访中国的国际著名传播学者，不是施拉姆而是北美批判学派先驱斯迈思。他于 1971 年 12 月至 1972 年 1 月，前来中国研究意识形态、科技发展和中国道路。关于此次学术之旅，曾与之交往的赵月枝后来写道："斯迈思以批判性视角对当时的国际传播政策进行了反思，特别是认识到发展中国家有必要建立起'文化屏障'来过滤西方资本主义的文化流入。"[③]

——此次北京之行，斯迈思还应邀在北京大学做了一场传播研究的报告，题为《大众传播与文化革命：中国的经验》（*Mass Communication and Cultural Revolution: Experiences in China*）。之后，斯迈思将报告手稿赠予当时校方负责人周培源教授，这位曾任北京大学校长的学者认为讲稿的学术价值较高，继而转给北京大学图书馆收藏。曾任中国传媒大学新闻学院院长的刘昶教授，1983 年作为即将进入北京广播学院攻读研

---

① 刘海龙：《"传播学"引进中的"失踪者"：从 1978 年—1989 年批判学派的引介看中国早期的传播学观念》，载《新闻与传播研究》，2007（4）。

② 同上。

③ 赵月枝：《传播与社会：政治经济与文化分析》，244 页，北京，中国传媒大学出版社，2011。

究生的一位北大学子，在图书馆搜求传播学资料时发现了这份手稿。

——改革开放初的 1979 年，斯迈思再度访问中国，并就所见所思写了一份报告《自行车之后，是什么？》。斯迈思"将它作为一份来自国际社会主义运动阵营一名'家庭成员'的友好批评与建议书，提交给了中国政府有关官员。斯迈思生前之所以从未将之发表出版，是因为他觉得'有义务将我的批评局限在大家庭内部'"。①

——1985 年 5 月 12 日至 21 日，英国莱斯特大学传播研究中心主任、时任国际传播协会主席的詹姆斯·哈洛伦访问中国人民大学新闻系，给新闻系做了三次报告，系统介绍了批判学派，同时批判了传播学的行政管理研究。

——积极推介传播学的学术期刊《国际新闻界》，20 世纪 80 年代译介了不少批判传播学，包括席勒的《思想管理者》（全书连载）、巴格迪肯的《媒体垄断》（多章摘译）、甘斯的《决定什么是新闻》（部分章节）等。即使介绍性文章中，批判学派也同样占据突出位置。如伦敦传播与文化中心主任怀特的文章《大众传播与文化：向一个新模式过渡》，对方兴未艾的"文化研究"做了清晰梳理，介绍了雷蒙德·威廉斯、斯图尔特·霍尔和詹姆斯·凯瑞的主要理论。②

总之，正如刘海龙指出的："在传播学早期的引介中，批判学派不仅没有缺席，甚至对席勒思想的介绍不仅时间早，而且在篇幅上也超过了来华的施拉姆……其他批判理论的介绍，也与当时国外批判理论的演进基本保持同步（比如甘斯的《决定什么是新闻》出版同年就摘译到中国，文化研究在世界范围受到重视也是在七八十年代）。这说明在面对不同学派时，内地的早期引介者不仅没有厚此薄彼，反而出于政治敏感，有意地要保持平衡（介绍欧洲甚至发展中国家的'传播学'）"。③

那么，两大学派后来为何出现此厚彼薄一边倒的局面呢？这个问题不仅涉及专业认知与学科建制，而且关乎社会政治与文化思潮。简言之——借用清华大学汪晖教授的说法，这也是一个典型的"去政治化的政治"及其结果④。大略说来，在反思"义革"与解放思想的时代氛围中，新闻界一方面对既往过度政治化的新闻传播学及其实践弃如敝屣，结果倒洗澡水时也将孩子一并倒掉了；一方面又将貌似不讲政治而只谈科学，实则渗透冷战意识形态的美国传播理论及其实践奉若神明⑤。

---

① 赵月枝：《传播与社会：政治经济与文化分析》，244 页，北京，中国传媒大学出版社，2011。

② 刘海龙：《"传播学"引进中的"失踪者"：从 1978 年—1989 年批判学派的引介看中国早期的传播学观念》，载《新闻与传播研究》，2007（4）。

③ 同上。

④ 参见汪晖：《别求新声：汪晖访谈录》，北京，北京大学出版社，2009。

⑤ 关于美国传播学的政治背景与冷战意味，参见胡翼青：《传播学科的奠定：1922—1949》，北京，中国大百科全书出版社，2012。

追溯起来，除台湾传播学者张锦华、冯建三等对批判理论做过系统阐发之外，大陆方面最早关注批判学派的当数中国社会科学院新闻研究所资深研究员张黎先生，她在 20 世纪 80 年代初曾对此做过开启山林的探究。1986 年，中国人民大学新闻学院研究生王志兴，在第二次全国传播学研讨会上宣读了一篇颇受瞩目的论文——《欧洲批判学派与美国传统学派的分析》（刊发于《新闻学刊》1986 年第 6 期），对批判学派第一次予以详细评析。翌年，负笈东瀛的郭庆光又在《新闻学论集》第 11 辑上发表了《大众传播学研究的一支新军——欧洲批判学派评介》，进一步论述了批判学派及其学术思想。

20 世纪 90 年代初，随着邓小平南方谈话的发表和第三次全国传播学研讨会的召开，在传播学重整旗鼓之际，批判研究也浮出水面。其间，我在吴文虎教授主编《传播学概论》里，撰写了"传播学的批判学派"一章，同时发表了一组批判学派的论文，论述了批判学派的源流、研究、方法以及两大学派的差异。在此前后，中国人民大学新闻学院研究生黄煜等翻译了美国批判学派的晚近力作——阿特休尔的《权力的媒介》（华夏出版社，1989），张黎先生的研究生王怡红为台湾"传播馆"丛书翻译了席勒的《思想管理者》（1996）。新世纪以来，有关译著日渐其多，几套译丛尤为突出，如北京大学出版社的《制造共识：大众传媒的政治经济学》《传播学批判研究：美国的传播、历史和理论》《依附之路：传播、资本主义、意识与加拿大》《传播思想史：回归劳动》。

1997 年传播学列入学科目录后，一批新生代学者在批判领域精耕细作，对传播政治经济学、文化研究、文化帝国主义等颇多涉猎。如下著述不仅推进了传播学研究，而且也为批判学派提供了中国视角、中国问题与中国理论：如中国传媒大学电视学院徐培喜博士的学位论文《全球传播秩序的辩论：从世界信息与传播新秩序到信息社会世界峰会》（2007）、清华大学新闻与传播学院曹书乐博士的学位论文《论英国传播研究：一种马克思主义学术传统的考察》（2009）、北京大学新闻与传播学院王维佳博士的学位论文《作为劳动的传播——中国新闻记者劳动状况研究》（中国传媒大学出版社，2011）等。

如果说上述探讨构成中国批判研究的前沿阵地，那么既然批判学派属于开放领域，其他学科基于当代媒介的显赫功能与丛生乱象，自然也从各自角度介入传播问题，从而构成批判研究的纵深阵地。20 世纪 90 年代，伴随市场化高歌猛进以及各路思潮风起云涌，广义的批判学派在中国越来越受到思想界和学术界的重视，尤以西方哲学、文艺理论、现当代文学等学科较为活跃。在社会转型与文化变异之际，文化研究以及意识形态更成为批判学者的核心关切。1994 年《读书》的人文精神大讨论，堪称这一批判浪潮的先声。世纪末的"新左派"与"新右派"（"新自由主义"）激辩，则将秉承马克思主义道统的批判意识推向新的高度。当此时，批判学派的纵深阵地进一步拓展，思想影响进一步扩大。一批政治学者、社会学者、人文学者更以深厚的学养与底蕴，关注并探究媒体与社会问题，洞悉幽微，丝丝入扣，条分缕析，步步为营，给人以不同寻常的启发与憬悟。

　　综合目前国内外研究状况，在中国开展批判学派研究，一方面固然需对西方学术的演化脉络、经典学说、基本思想等进行系统研究；另一方面，更需要如周宁教授所言"如何以真正的'中国思想'面对真正的'中国问题'"[①]。也就是说，针对中国媒介与传播境况，结合自身文化传统与历史实践进行透视和分析，形成自成一体的思想或思路，并融入中国化的传播实践。概言之，批判学派具有理论与实践两方面的意义。就理论而言，还只是涉及学科建设如何均衡发展的小问题；就实践而言，则关乎中国媒体推进民族复兴的大问题。

---

① 周宁：《跨文化形象学：问题与方法的困境》，载《厦门大学学报》，2012（5）。

第十一章 透视

上一章是对批判学派概貌的鸟瞰，这一章将对批判学派的内涵进行透视。这里也准备讲三个问题，一是批判学派的历史沿革，二是批判学派的研究内容，三是两大学派的差异比较。

第一节 历史沿革

传播学的批判学派大致经历了两个时期，一是孕育时期，二是勃兴时期。

一、孕育（1930—1960 年代）

从学科渊源看，经验学派托庇于科学化的社会科学，如政治学、社会学、心理学、统计学等；批判学派隶属于精神化的人文学科，如哲学、文学、史学、语言学等。经验学派是科学家，兴奋点在于传播的规律；批判学派是哲学家，关注点在于传播的意义。批判学派的滥觞，是在 20 世纪西方哲学思潮中占一席重要地位的法兰克福学派。同时，在西方现代化进程中，批判性思潮源远流长，从莎士比亚到巴尔扎克，从浪漫派到现代派以及后现代，无不表现出鲜明的批判意识，而马克思的深刻批判更是人们耳熟能详的。虽然马克思与各路资本主义社会的文人雅士不可同日而语，但所有这些文化遗产，无不构成孕育批判学派的肥沃土壤。

1. 法兰克福学派（Frankfurt School）

说到哲学上的法兰克福学派，不得不先从西方马克思主义谈起。吴康在《法兰克福学派的宗师——阿道尔诺》（即阿多诺——引者注）"译者前言"中，对西方马克思主义有一段全景式描绘：

> 马克思主义自它产生以来，迄今为止，大致经历了三个大的发展阶段。第一阶段为十九世纪中后期，可称为马克思、恩格斯时期，

即马克思主义创立时期。在这一时期中，为了创立自己的学说，尽管马克思以其宏大的气魄吸收了德国古典哲学与法国空想社会主义的思想养料，但为了纠正长期以来的唯心主义偏见，确立唯物主义的坚实基础，他不得不把自己的理论重心放到了现存物质领域——资产阶级国民经济学——的批判方面，并从此出发来解释人们的精神活动。惟其如此，第一代马克思主义者都更多地强调了社会经济的首要地位，并把它当作人类精神活动的最终基础和根源。因而，第一代马克思主义者几乎都首先是一位经济学家。

第二阶段从本世纪初至第二次世界大战期间，可称为列宁主义时期，它的显著标志是俄国革命。面临十月革命和革命胜利后保卫新生的无产阶级政权的现实任务，列宁主义把政治革命、阶级专政与国家、建党学说当作自己的核心课题，因而与第一代马克思主义者不同，在上层建筑领域中把政治提到了极为重要的位置，"政治是经济的集中表现"，列宁这句名言最充分地代表了这一阶段中列宁主义的主要特点。基于这一特点，上层建筑领域的其他方面都被不同程度地从理论和现实上纳入了政治第一的框架。

第三阶段从第二次世界大战前后至现在，在这一阶段，马克思主义阵营产生了极大的分化，大致分为两大阵营：东方社会主义阵营（包括苏联和东欧）和"西方马克思主义"。前者主要从现实性上探索发展社会主义经济、改革不适应的国家体制、建立适合各国国情的马克思主义理论体系的道路。后者面对晚期资本主义的种种新的特征，主要从理论上探索马克思主义的新的发展，或对马克思主义作出符合时代特征的解释。与前两个阶段的马克思主义不同，西方马克思主义把理论重心移到了上层建筑的各个领域，移到了诸如心理、社会、文化、艺术等精神领域，并把它们视为一个"总体"，认为支撑现代社会的既非经济，也非政治，而是人类文化总体的辩证运动。[①]

简言之，西方马克思主义是马克思主义的一个分支；西方马克思主义的核心问题，既不是经济，也不是政治，而是文化。

钱锺书先生嫡传弟子赵一凡的《西方文论讲稿续编》（2009），学识淹博，纵横捭阖，颇有乃师之风，其中，"西马英雄传"重点谈了"西马"的代表人物：

西马养育出一批欧洲血统的革命文人，从卢卡奇、葛兰西、阿多诺，直到萨特、阿尔都塞、马尔库塞。这些"在剧烈迁徙中"成长起来左派理论家，虽因革命退潮而悲观失望，却造就了"前所未有的批判理论、全新开放的知识体系"。

---

① 〔美〕马丁·杰：《法兰克福学派的宗师——阿道尔诺》，胡湘译，1~2页，长沙，湖南人民出版社，1988。

这批"头方命薄"的骨鲠之人，不仅思想激进、学识非凡，而且个个身世跌宕、久经考验。他们出生入死的斗争经历，足以给20世纪欧美思想史，留下一派血染风采。[①]

在西方马克思主义思潮中，法兰克福学派是持续时间最长、影响范围最广的一大思想流派。虽然匈牙利共产党领导人卢卡奇与意大利共产党领导人葛兰西均属公认的西马鼻祖，卢卡奇的《历史与阶级意识》更被推崇为"西马圣经"，赵一凡甚至认为，"20世纪哲学桂冠，分属维特根斯坦《逻辑哲学论》、卢卡奇《历史与阶级意识》、海德格尔《存在与时间》"[②]。但正如中国社会科学院学部委员徐崇温先生所言，"无论是在战前还是战后，占据着西方马克思主义的舞台中心的，都始终是法兰克福学派"。法兰克福学派一向自视为马克思批判理论的思想后裔，他们把马克思1843年9月致卢格的信，奉为座右铭："要对现存的一切进行无情的批判，所谓无情，就是说，这种批判既不怕自己所作的结论，也不怕同现有各种势力发生冲突。"[③]1932年，青年马克思的代表作《1844年经济学哲学手稿》面世，更对法兰克福学派及其社会批判理论产生决定性影响：

> 法兰克福学派的"社会批判理论"与早期的"西方马克思主义"相比，又具有如下新的特点：把哲学与社会学、心理学等学科结合起来，对社会作综合性的研究；把对资本主义的研究归结为对资本主义社会的批判，强调"批判"是理论的主要功能；强调要彻底否定资本主义社会，把"否定辩证法"作为"社会批判理论"的方法论；把实证主义视为资本主义制度的主要辩护士，并加以系统讨伐。[④]

法兰克福学派缘起于1923年。那一年，在德国诗人歌德的诞生地美因河畔的法兰克福，成立了一家由富商捐助的社会研究所。研究所名义上隶属于法兰克福大学，实际上是独立的，旨在研究马克思主义与工人运动史：

> 1923年夏，研究所在图宾根举办"马克思主义工作周"。到会者有卢卡奇、柯尔施、蔡特金，还有苏联特工佐尔格。第一任所长格吕堡，迅速为研究所建起一座办公楼，内设工作间、大教室、图书馆。他又通过梁赞诺夫（苏共中央马列

① 赵一凡：《从卢卡奇到萨义德：西方文论讲稿续编》，419、418页，北京，生活·读书·新知三联书店，2009。

② 同上，422页。

③ 《马克思恩格斯文集》第10卷，7页，北京，人民出版社，2009。

④ 陈学明：《20世纪初西方三大马克思主义思潮的先后问世与相互角逐》，载《北京联合大学学报》，2012（3）。

研究院院长——引者注），与苏共中央马列研究院保持联系。20 年代中后期，该所大量搜集马克思手稿抄本，源源送往莫斯科，有力支援了《马恩全集》的编译工程。①

1931 年，哲学家霍克海默（Max Horkheimer，1895—1973）接任研究所所长，法兰克福学派的思想锋芒开始显露。霍克海默 35 岁晋升法兰克福大学教授。他任所长后，聚集了一批文学者：美学家本雅明（Walter Benjamin，1892—1940）、心理学家弗洛姆（Erich Fromm，1900—1980）、哲学家马尔库塞（Herbert Marcuse，1898—1979）、文学批评家洛文塔尔（Leo Lowenthal，1900—1993）、经济学家格罗斯曼（Henryk Grossmann，1881—1950）——他曾预言资本主义会在某年某月崩溃等。其中最重要的还数阿多诺（Theodor Adorno，1903—1969）和马尔库塞，他们与霍克海默同为法兰克福学派的标志性人物。1970 年代末，马尔库塞有一次接受 BBC 采访，对相继作古的霍克海默和阿多诺做过这样的评论：

> 霍克海默是研究所所长。他不仅是一个基础扎实、学识渊博的哲学家和社会学家，而且——说来也怪，还是一个理财能手，把研究所的"物质基础"料理得有条不紊、丝丝入扣，不仅在德国是这样，后来到了美国也是如此。真是一个怪杰。研究所期刊上以及后来发表的那些文章，篇篇都是先同他讨论后才成文付印的——当然还有其他合作者。阿多诺——一个天才。我只能称他为天才，因为——正像你已经说过的——我从未见过任何一个人能像他那样，同时在哲学、社会学、心理学和音乐的领域里纵横驰骋、挥洒自如。不论他是否天才人物，总之令人叹为观止。而且此公谈锋犀利，出口成章，录下即可付印。②

霍克海默在多方网罗人才的同时，又在 1932 年创办了社会研究所的专刊《社会研究杂志》，由洛文塔尔任主编并规定：每一篇论文发表前，均须经过集体讨论，"法兰克福学派"由此兴起。

希特勒上台后，社会研究所主要成员由于多为犹太人而辗转迁往美国，1934 年在纽约哥伦比亚大学重建社会研究所。巧的是，传播学经验学派的先驱拉扎斯菲尔德也是从欧洲来到哥伦比亚大学，并在此创办了应用社会学研究所，而经验学派与批判学派的第一次合作与冲突也正是发生在此时此地。二次大战结束后的 1949 年至 1950 年，应联邦德国政府邀请，霍克海默等人由美国返回西德，在法兰克福恢复了社会研究所，霍克

---

① 赵一凡：《从卢卡奇到萨义德：西方文论讲稿续编》，506 页，北京，生活·读书·新知三联书店，2009。
② 麦基编：《思想家》，周穗明等译，67 页，北京，生活·读书·新知三联书店，1987。

海默与阿多诺一同担任所长。不久，霍克海默就任法兰克福大学校长，研究所便由阿多诺负责。

法兰克福学派的中坚人物返回德国重整旗鼓之际，马尔库塞则留在美国，悄然从事他的哲学思考。20世纪60年代欧美学生运动风起云涌时，他一夜之间成为新左派的思想导师与精神领袖。激情昂扬、热血澎湃的青年学生到处刷写他的语录，向世界宣称自己的目标就是要把马尔库塞的思想变成现实。当时，学生运动的一句口号，就源自他的思想："我越革命，我越恋爱；我越恋爱，我越革命！"作为举世瞩目的人物，马尔库塞同马克思、毛泽东并称为"三M"。由于马尔库塞的巨大影响，法兰克福学派更是声名鹊起。

2. 传统理论与批判理论

在学术思想上，法兰克福学派以社会批判理论著称。在霍克海默看来，当代一切思想学说都分属两大类型，一曰传统理论，一曰批判理论。1937年，霍克海默在《社会研究杂志》上发表了一篇为法兰克福学派奠定思想根基的论文，题目就叫《传统理论和批判理论》。这篇重要文章不仅是法兰克福学派社会批判理论的宣言，而且也是当今西方所谓批判思潮的源头。

何谓传统理论？简言之就是貌似价值中立或价值无涉（value-free）的实证主义，其特征与弊端大略如下：

（1）传统理论家迷信科学逻辑，排斥社会历史。

（2）顺应资本主义发展，传统理论一手标榜科学中立，一手征服自然、操纵经济。

（3）晚期资本主义阶段，传统理论日趋反动，乃至凝结为"物质化的意识形态"，即以一种精巧的"非历史方式"，抵制社会变革、维护资本秩序。[①]

何谓批判理论？对霍克海默来说，批判理论就如马克思主义的代名词。他认为，马克思的思想主线就是批判，马克思许多重要著作都名为"批判"，如《黑格尔法哲学批判》《国民经济学批判大纲》《哥达纲领批判》《神圣家族，或对批判的批判所做的批判》等，至于耗费毕生心血的巨著《资本论》，副题也是"政治经济学批判"。为此，他不赞成马克思学说从开始的批判性向后来的科学性转移[②]，而力主恢复马克思主义作为批判理论的本质，这就是他把马克思主义以及他自己的理论称作"批判理论"的原因。

---

① 赵一凡：《从卢卡奇到萨义德：西方文论讲稿续编》，509~510页，北京，生活·读书·新知三联书店，2009。

② 列宁说过，马克思主义是科学性与革命性的统一，革命性当然包括批判性。毛泽东也指出，马克思主义的道理千头万绪，归根结底，就是一句话："造反有理。"根据这个道理，于是就反抗，就斗争，就干社会主义。

表面看来，批判理论与传统理论格格不入：传统理论把自己置于现存社会之中，旨在帮助社会的再生产过程，而批判理论则把自己放在既定秩序之外，旨在批判这个再生产过程。所以，传统理论从既定的事实出发，通过实证性研究，得出同现存社会秩序相调和的顺从化结论；批判理论首先质疑既定秩序，"目的在于把人从奴役中解放出来，使每个人的自由发展成为一切人自由发展的条件"①，为此，批判理论以否定的姿态出现，正如传统理论以肯定的面目示人。

举例来说，秉承传统理论的传播学经验学派——又称传统学派，就是把资本主义的传播体制视为天经地义、不容置疑的事实全盘接受下来，然后对其展开实证性、经验性的研究，以期从中发现运行规律，从而指导媒介开展更有成效的传播。至于这个体制是否有问题，传播是否有意义，则不在他们的学术视野，就像出谋划策的参谋只管提供作战方案，至于战争是否正义并不操心。而批判学派立足于现行传播体制之外，分析它的矛盾，解剖它的弊端，从而使之多少能够回归或具有资产阶级启蒙时期的人本与人文精神。

也就是说，法兰克福学派以及西方马克思主义实际上对资本主义社会已经无伤大雅，充其量属于"书斋里的革命"（朱学勤），即西方主流社会乐观其成并不难收编的，从而与马克思的"解释世界、改变世界"，即列宁所说"科学性与革命性"有机统一分道扬镳。如同"文青""小资"或"公知"，西马可以继承青年马克思的批判精神，热情拥抱自由民主等人本意识，但摒弃马克思主义的灵魂——无产阶级专政与共产主义理想。有学者形象比喻道：西马不过是用绣花针扎一扎资本主义的肚皮，不同于巴黎公社、十月革命等用铁锤砸向资本主义的脑壳。换言之，西马文青们只想诗意地表白"每个人的自由发展是一切人的自由发展的条件"，就像时下流行的传播研究"具身性"，而回避这一动人愿景的前提条件——"代替那存在着阶级和阶级对立的资产阶级旧社会的，将是这样一个联合体，在那里，每个人的自由发展是一切人的自由发展的条件"。正因如此，毛泽东时代提倡"认真看书学习，弄通马克思主义"之际，对看似批判资本主义的西方马克思主义始终高度警惕，统称之为"修正主义"。所谓修正，就是阉割了马克思主义的灵魂。不仅如此，根据法裔哲学家加布里埃尔·罗克希尔（Gabriel Rockhill）的研究，法兰克福学派还与中央情报局眉来眼去，暗通款曲：

> 法兰克福"图伊"学院的领导人得到了包括美国国家安全机构在内的资本主义统治阶级和帝国主义国家的充分资助和支持，最终成为与资本主义和解的全球反共政治的代言人。尽管他们有时会非常详细地批判消费社会的弊端，但他们还是拒绝对此采取任何实际行动，因为他们的基本假设是：社会主义对这种不幸的

---

① 陈学明：《20 世纪初西方三大马克思主义思潮的先后问世与相互角逐》，载《北京联合大学学报》，2012（3）。

治疗比疾病本身更糟糕。^①

传统理论与批判理论、传统研究与批判研究、传统学派与批判学派的矛盾对立，在阿多诺与拉扎斯菲尔德的一次半途而废的研究中得到具体展示。我们知道，拉扎斯菲尔德是经验学派的一大先驱，提出两级传播模式；而阿多诺是法兰克福学派社会批判理论的宿将，"在法兰克福学派的社会研究所由德国迁移到美国期间，其地位和作用越来越重要"（徐崇温），特别是其代表作《否定的辩证法》（1966），对充满危机的现代文明作出了深刻批判。正是这两位"苏秦张仪"当年走到一起，共同进行了一项不欢而散的传播研究。

1938 年，应霍克海默邀请，阿多诺由牛津前往美国，被推荐到拉扎斯菲尔德领导的"广播研究室"从事音乐方面的研究（阿多诺在音乐方面造诣很深，同现代音乐的鼻祖勋伯格关系密切），直到 1941 年。在此期间，拉扎斯菲尔德建议同阿多诺一起搞一项社会学研究，结果研究进展到一半便难以为继。拉扎斯菲尔德是典型的经验型、应用型学者，在研究中注重量化，强调实证，也鼓励阿多诺采用经验学派惯用的方法。而阿多诺以及法兰克福学派同这套抽样、统计、定量的路数形格势禁。他们认为，实证研究由于"崇拜事实"，阻止认识超越现象层面而把注意力局限于"客观地"描写既定现象，结果导致对现状的顺从，正如欧阳谦在其硕士论文《人的主体性与人的解放》一书中所言：

> 经验科学对事实的描绘是局部的、不完整的，许多决定性的事实为它所排斥；经验科学是非批判的和意识形态的，因为它提供的是理想化的社会分析，即承认现状的合理性；经验科学是单面的压抑制度中的稳固化因素，它对事实的描述性分析阻碍了对事实的认识，从而成为维持事实的一种意识形态的因素。^②

与之相对，批判理论坚持在理解各种"事实"之前，必须先把握社会的"总体"，而经验科学、实证科学对这一"总体"却无能为力。霍克海默认为，批判理论与传统理论的最大区别就在于对总体性的强调，而总体性又包括主体性与历史性。按照复旦大学哲学系陈学明教授的分析："主体性是指，它研究处于特定处境和特定语境中的人；历史性是指，它研究人的处境和语境的历史变动，以及人本身的生成过程。"^③

拉扎斯菲尔德与阿多诺在学术思想与研究方法上存在如此分歧，他们的合作半途而废便不足为怪。1941 年，拉扎斯菲尔德总结这次经历后，写下一篇文章《论行政管

① Gabriel Rockhill. The CIA & the Frankfurt School's Anti-Communism. Los Angeles Review of Books, The Philosophical Salon. 2022-06-27. https://thephilosophicalsalon.com/the-cia-the-frankfurt-schools-anti-communism/

② 欧阳谦：《人的主体性和人的解放——西方马克思主义的文化哲学初探》，85 页，济南，山东文艺出版社，1986。

③ 陈学明：《20 世纪初西方三大马克思主义思潮的先后问世与相互角逐》，载《北京联合大学学报》，2012（3）。

理式传播研究和批判式传播研究》（*Remarks on Administrative and Critical Communication Research*），发表在法兰克福学派的英文版学刊《哲学和社会科学研究》上。文章中，他区分了两种不同的研究以及研究取向，一是以他及其美国同行为代表的"行政管理式研究"，即"为服务于公共或私人的经营机构而进行的那种类型的研究"；一是以法兰克福学派为代表的"批判式研究"。

以上对批判性学术思潮的历史缘起、发展脉络以及传统理论与批判理论间的矛盾对立所作的简略描述，为传播学批判学派的来龙去脉勾勒了一幅总的思想背景。如果说经验学派的形成归功于 20 世纪三四十年代四位先驱人物，那么批判学派的兴起则与同一时期的法兰克福学派息息相关。从一定意义上说，没有美国传播学的所谓四大先驱，就不会有传播学的经验学派；同样，没有法兰克福学派及其批判理论，也很难设想会在传播学中出现批判学派。

二、勃兴（1960 年代以来）

带有批判意味的传播研究虽说由来已久，不绝如缕，但是作为传播学领域同传统的"牛顿体系"即经验学派相抗衡的"爱因斯坦体系"，批判学派则是在 1960 年代中期才开始崭露头角的。

"四海翻腾云水怒，五洲震荡风雷激。"批判学派崛起于 1960 年代就像珠峰耸立在青藏高原自然而然。因为那是一个风起云涌、波涛起伏的时代，一个动荡的时代、造反的时代、批判的时代，这个时代的西方社会与同时期的中国的"文化大革命"不无相似，也是否定既有的传统，颠覆现存的秩序，重估一切的价值，一句话就是"反潮流"。所以，颇有学者将东西方同时发生的"动乱"联系起来，作为一种世界性现象进行考察。正是在这么一个"武器的批判"时代，作为"批判的武器"的批判理论风行一时，不仅成为欧美激进运动的思想旗帜，而且锋芒触角几乎深入所有学科，在思想界、学术界、文化界掀起批判浪潮，传播研究自然也不能不受其影响：

> 从 60 年代末 70 年代初开始，当时在西方世界方兴未艾的批判社会学（critical sociology）将其矛头指向了大众传媒。批判社会学的兴起和发展与其历史背景和社会基础是分不开的，亦即战后资本主义"黄金时代"的结束。一系列社会动荡取代了平衡发展，包括人们熟知的西欧青年学生运动，美国黑人公民权利运动，以及反对越战示威游行。突如其来的社会动荡，进一步动摇了长期以来作为英美社会科学基础的实证主义哲学，从而也将社会学从安于现状的结构功能主义中解放出来，迫使其成为社会批判的工具。在西欧，马克思主义以及后来被统称为西方马克思主义的各种流派，为批判社会学的迅速发展提供了丰富的思想源泉；在美

国，以威伯伦（Thorstein Veblen）和米尔思（C. Wright Mills）为代表的非马克思主义的本土批判传统也得以宏扬。当时正在蓬勃发展中的大众传播媒体自然也成了社会学批判分析的对象之一，批判传媒研究（critical media research）从此得以在70年代迅速发展壮大起来。（赵斌《英国传媒文化》）

20世纪60年代，英国有两股学术势力，最早酝酿了传播研究的这场变革：一是1966年成立的莱斯特大学大众传播研究中心（Centre for Mass Communication Research），以及以默多克和戈尔丁为代表的一批政治经济学者；一是1964年成立的伯明翰大学当代文化研究中心（Centre for Contemporary Cultural Studies），以及以霍加特、霍尔为代表的一批文化研究学者。前者以马克思上层建筑与经济基础的理论，探讨媒介的所有制结构及其控制问题，着眼点在政治经济方面，所以默多克、戈尔丁一派在批判性传播研究中，又被称为"传播政治经济学派"。霍尔一派主要从社会存在和社会意识的关系方面展开研究，将传播活动同文化现象联系起来考察，立足点在于当代文化，所以又被称为"社会文化学派"。这些批判研究星火燎原波及欧陆，受到一向自视甚高、不甘屈居美国传统研究之后的欧洲学界青睐，加之60年代批判思潮的勃然涌起，批判性传播研究蔚然成风。

与此同时，在经验学派大后方的美国，也掀起批判性传播研究的狂飙，如席勒、斯迈思以及语言学家乔姆斯基等。1981年，《大众传播批判研究》（*Critical Studies in Mass Communication*）创刊。到了20世纪末，批判学派终于形成一种"国际现象"，代表人物有巴黎大学的马特拉（Armand Matterlart），芬兰坦佩雷大学的努登施特伦（Kaarle Nordenstreng），荷兰海牙社会研究所的哈默林克（Cees Hamelink），美国哥伦比亚大学的吉特林（Todd Gitlin），加拿大皇后大学的莫斯可（Vincent Mosco）、西蒙弗雷泽大学的赵月枝，以及法兰克福学派第二代传人哈贝马斯等。

如今，批判学派已无可置疑地成为传播学的一大流派，同"主流"的经验学派昂然抗衡。针对经验学派的国际性学术机构"国际传播协会"（The International Communication Association，简称ICA），批判学派也成立了自己的国际组织"大众传播研究国际协会"（The International Association for Media and Communication Research，简称IAMCR）。

第二节　研究内容

爱因斯坦提出狭义相对论的第二年即1906年的夏天，对一些毕生从事经典物理学研究的科学家来说，是个不幸的季节。就在那年夏天，奥地利物理学家玻尔兹曼，一个人悄悄到森林里自杀了；几乎同时，德国科学家德鲁德也自杀身亡……科学史现已查明这些科学家的死因：他们是由于牛顿建立的经典物理学大厦面临土崩瓦解之势，自己一生为之奋斗的东西眼看过时，深感绝望，由此产生厌世情绪而走上绝路的。

传播学的"爱因斯坦体系"即批判理论提出后，虽然没有产生像物理学中那么强烈的效应，但其全新的视野和深邃的思想对传播学的"牛顿体系"即经验理论同样产生巨大冲击。在经验学派看来，批判学派也如一场发聋振聩的暴风雨，涤荡了自己苦心孤诣数十年的"家园"。那么，批判学派究竟有哪些"批判的武器"呢？

一、传播与意识形态

关于意识形态，有诸多定义和理解。在批判学派看来，意识形态就是以常识流行的观念，通过种种符号作用人的言行，特别是以习焉不察左右人的意识与潜意识。用法兰克福学派哲人弗洛姆的话说：

> 在这个控制论世纪，个人越来越多地受到操纵。人的工作、需求、空闲时间均要受到广告和意识形态的操纵……人在社会过程中失去其责任重大的积极作用；他会变成一个完全"被调整好的人"，并且要学会感觉，如果他不能把一切（比如行为、动作、思想）纳入总体，那就会给他造成极大的不便……[1]

西方马克思主义一向把革命斗争的问题归结到意识形态上，把政治实践归结为文化批判。在他们看来，马克思预言的无产阶级革命之所以没有在发达资本主义国家发生，原因就在于资产阶级的意识形态无孔不入，左右着人们的心灵，使他们自觉认同既定现实，把资本主义当成永恒秩序。因此，无产阶级革命要想取得成功，就必须首先动摇占统治地位的资产阶级意识形态。从这个意义上讲，观念的解放是第一位的。

卢卡奇在 20 世纪 20 年代的《历史和阶级意识》一书中，曾提出一个重要概念——"物化"，并用全书一半篇幅分析了支配当代多数人头脑的物化意识。"物化是生活在资本主义社会中的每个人的必然的直接现实"，其集中表现就是商品拜物教。这种虚假意识犹如"社会水泥"，构成资本主义制度的保护层。与此同时，葛兰西则提出有名的文化领导权理论。在他看来，资本主义的国家机器，如军队、警察、法院等犹如有形的前沿阵地；文化领导权辐射的领域，如家庭、学校、社区、教会等，则好比无形的大后方或广阔的战略纵深。欧洲无产阶级革命之所以屡屡受挫，一方面固然在于前沿阵地力量十分强大，一方面更在于战略纵深地带固若金汤——资本主义的核心价值体系得到民众普遍认同。为此，葛兰西特别关注文化政治与文化领导权问题，包括这方面关系重大的

---

① 转引自［俄］谢·卡拉-穆尔扎：《论意识操纵》（上），徐昌翰等译，96 页，北京，社会科学文献出版社，2004。

知识分子问题，他的"有机知识分子"（organic intellectuals）概念更是广为人知。所谓有机知识分子，按照复旦大学哲学系陈学明教授的解释："一方面是从他们所属的那个阶级中有机地产生出来的，另一方面他们又使得自己所属的这个阶级获得了明确的自我意识。"[①] 结合中国革命与中国共产党的语境，可以把有机知识分子理解为人民知识分子，如延安时代的学问家范文澜、文艺家丁玲、音乐家冼星海、美术家古元，以及《解放日报》记者穆青等。

法兰克福学派承袭卢卡奇、葛兰西等人的思想，进一步探讨了这一问题。他们认为，一切意识或理论不只是现实的映像，而且还是现实的组成部分，对社会结构和历史发展产生制约作用。他们也觉察到，在当代资本主义社会，统治阶级越来越依赖于意识形态的操纵，无产阶级越来越同化于富裕社会的消费观念，异化现象的无所不在已导致批判意识的消逝，而所有意识形态又都服务于既定的资本主义秩序，使之神圣化、普遍化。这里，法兰克福学派的思想家弗洛姆的理论颇有代表性。他认为，在西方工业社会里，人们并不是生活在一个真实的世界里，而是生活在一个虚幻的世界里。比如，许多人自认为享有真正的自由，而其实不过是在连自己也意识不到的潜在力量驱使下，像木偶一样在生活的舞台上扭来扭去。由于受到这种"幻想"锁链的束缚，人们已很难对生存问题作出正确回答。那么，这种幻想是怎么造成的呢？弗洛姆的回答是"意识形态"。在他看来，意识形态的功能主要有两个：一是制造并传播种种幻想和神话，从而把人们淹没于其中；二是把历史真相压入无意识领域，阻止人们觉察社会的本质。

在当代发达资本主义社会中，意识形态更是无比强大，无所不在，通过家庭、学校、教会、电影、电视、报刊、广播等，从童年起就不断强加于人，一步步控制人的头脑。人们以为自己的思想是自己思维的产物，实际上不过是受某些潜在的力量的驱遣，他们思考的不过是被允许思考的东西。弗洛姆对此有个比喻，说明任何来自生活的实际经验或体验在上升到意识层面前，都必须首先经过"社会过滤器"的筛选与过滤。社会过滤器分为三个层面，一是语言，二是逻辑，三是禁忌。其中，禁忌最为重要，因为它不允许某些经验或体验进入意识领域，即使进入也被遣送回无意识，而禁忌正是由意识形态执行的。所以，包括弗洛姆在内的法兰克福学派学者都强调，追求人类解放，首先必须砸碎幻想的锁链，摆脱意识形态的操纵，弗洛姆代表作《在幻想锁链的彼岸》说的就是这个问题。

传播学批判学派对传播所做的思考，基本上继承的就是上述西方马克思主义的思想传统。显然，西方马克思主义的论述更具哲学的深度和历史的维度，而批判学派的研究则更为具体、更为实在。斯迈思在《批判传播学研究的新方向》一文中指出，对传统研究说

---

① 陈学明：《20世纪初西方三大马克思主义思潮的先后问世与相互角逐》，载《北京联合大学学报》，2012（3）。

来，诸如意识形态、文化领导权等概念如果不被视为非科学的，因而无助于学术探讨，那么至少也被当成无意义的，而这些概念在批判学派那里恰恰是问题的关键。正是针对经验学派以"多元"为据否定意识形态的存在及其作用这一倾向，批判学派坚持认为传播与意识形态的关系密不可分。在媒介日复一日的海量信息中，无不包含着意识形态要素，潜移默化地铸造了资本主义文明机器上运转自如的一个个"齿轮和螺丝钉"，用阿尔都塞的话说，就是"再生产"资本主义的生产关系（《意识形态和意识形态国家机器》）。

2012 年，冯小刚执导的影片《一九四二》使美国记者白修德为人所知。这位 1943 年最先披露河南灾情，批评国民党草菅人命的《时代》周刊记者，为中国革命留下一部新闻经典《中国的惊雷》（*Thunder Out of China*）。不过，他后来跻身美国主流社会，成为肯尼迪家族的"叭儿狗"记者，以一部《1960 年总统的诞生》开创了一种新的报道体裁。这部作品如同当年的"惊雷"，再次使他爆得盛名，并获得普利策奖。无论这部作品还是后来几部"总统的诞生"，均属典型的意识形态的"幻象"，一位为其作传的作者就将书名定为"白修德与作为幻想的新闻"（*Theodore H. White and Journalism as Illusion*），还针对《1960 年总统的诞生》写道："他将总统竞选描绘成一个充满英雄、悬念和冒险的故事，一个充满白修德对美国理想化认识的故事。他成功地将总统竞选中的肮脏交易美化成一部史诗，并刻画出一些伟大和高尚的使命，也即：将世界从共产主义的魔掌中挽救出来。"[①]

批判学派在揭示传播与意识形态问题之际，还对经验学派为既定意识形态效力的实质进行了剖析，如霍尔 1982 年的《意识形态再发现》（*The Rediscovery of Ideology: Return of the Repressed in Media Studies*）。在这篇文章中，他通过回顾美国传播学从20 年代萌芽到 40 年代形成，再到五六十年代全盛的历史而指出，这一过程同行为主义理论在社会科学领域确立统治地位的过程是同步的，而貌似中立的行为主义其实隐含着意识形态背景，这就是为统治阶级服务的多元观。多元观同马克思主义的阶级观相对抗，回避资本主义社会的阶级和阶级对立，认为资本主义社会由多元的社会群体和个人所构成。其中，起决定作用的不是私有制基础上的阶级关系与阶级矛盾，而是社会每个成员对社会价值和规范的共同意向，即所谓"广泛的社会合意"，而媒介无非是它的反映和表现。

霍尔指出，多元主义掩盖了"经济资本和政治权力的集中垄断，以及由此所造成的物质财富和精神财富分配的巨大不平等"。所谓"广泛的社会合意"，只是一种人为虚构，是由媒介编织的童话。在资本主义社会，意识形态非但不像美国学者宣称的成为"一个古典问题而不复存在"，相反愈发广泛渗入社会大众的思想，而在意识形态的总体构成中媒介成为重要一环。霍尔一针见血地指出，在经验学派研究领域，多元主义

---

① ［美］乔伊斯·霍夫曼：《新闻与幻象——白修德传》，胡友珍等译，148 页，北京，新华出版社，2001。

与"野蛮而顽固的行为主义和实证主义相结合，在'纯粹科学'的招牌下提出了一套混淆视听的伪理论"。如经验学派奉为经典的"有限效果模式""选择接触模式"，就一直贯穿着这条多元主义的主线。依据这些模式，媒介传播的信息被归结为"多元的社会合意"的体现和反映，充其量被看作传播者对受众施加某种影响的单纯手段。至于媒介对意识形态的强大作用，社会传播的自身结构以及信息的内在含义等重大问题，不是完全抹杀，就是晦暗不明。霍尔及其同事经过对媒介信息的内容分析后确认，媒介信息并不是"社会合意"的反映和体现，相反却是这种虚伪合意的制造者。媒介标榜"不偏不党"之际，实际上采取的是维护现存制度的立场。换言之，媒介并不止于消极地传达新闻和信息，而是积极地从事着有意识的灌输活动，在资本主义权力关系及其意识形态的生产和再生产中充当着重要角色：

> 伯明翰大学当代文化研究中心的主要理论家霍尔（Stuart Hall），致力于重新发掘"意识形态"（ideology）这一关键词，并对其进行理论"整容"，使它成为文化研究和批判的有力工具。马克思所说的意识形态，是建立在经济基础之上的上层建筑的一部分，是统治阶级的思想意识和价值观念。那么，在电子传媒时代，一个社会中统治阶层的意识形态，又怎样成了包括被统治阶层在内的全社会的意识形态？这实际上是一个争夺和取得文化领导权的问题，也就是霍尔所说的"语言阶级斗争"。在这样一个"和平"而非强制的过程中，传播媒体扮演极其重要的角色。文化研究的任务之一就是要解构这一过程，探讨媒体有意无意中采取的意识形态立场。①

对于传播与意识形态问题，中国社会科学院哲学学者赵汀阳从政治哲学与思想史的角度，高屋建瓴而不失细致入微地予以独到阐发，有助于从辽阔的时空脉络上把握其要害。他指出，意识形态是基督教在精神政治上的惊人发明，具体则落实为四大发明——心灵管理、宣传、群众和绝对敌人。而所有这些发明，都是为了"再造心灵"。拿基督教最奇妙的发明即宣传来说，之前没有宣传而只有煽动，包括古希腊广场上的诡辩、煽情、炒作等动员手段。宣传的发明是由基督教完成的，至少涉及四种重要的因素：①超现实的美好许诺；②简单而完整的历史观（同时也是世界观）；③具有道德优势的形象设计；④话语的无限重复。比如：

> 基督教发明的最有力的宣传技艺是话语的无限重复。这是一个最难以置信的成功发明。基督教怀着普世雄心，基督徒把传播当成使命，使命感鼓励了艰苦卓

---

① 赵斌：《英国的传媒与文化研究（上）》，载《现代传播》，2001（5）：12~13。

绝、不厌其烦、持之以恒的宣传——这一形式与今天各种成功的商业宣传和政治宣传别无二致。或许是无意的发明，基督教创造了重复、重复、再重复的话语传播方式并取得了惊人的效果。简单而不真实的信念经过不断重复就能够产生巨大影响力，这一"谎言千遍即成真理"的神奇效果至今仍然无法获得充分的科学解释，也许人类在智力上或心理上有着缺陷也未可知。……在今天，不断重复的宣传方式已经成为现代生活方式，从意识形态、国家和企业宣传、商业、市场、传媒、广告到电视和网络以及各种属于政府的和非政府的运动，都可以看到宗教宣传的变相存在。①

在传播科技日益发达，传播网络日益细密之际，意识形态更是无孔不入，渗透日常生活的每个环节，甚至每个细节，形成无所不包的天罗地网。当年，马克思曾将意识形态视为"虚假意识"（false consciousness），《国际歌》唱到"让思想冲破牢笼"，西马以及传播批判学派也把心灵的解放当作首屈一指的文化政治："今天，各种意识形态、知识体系和文化体系都已经深深卷入思想政治斗争的模式中，从而形成观念之乱世，而观念乱世实为政治乱世和生活乱世的深层结构。"②

二、传播与垄断控制

从经验学派的角度看，批判学派的研究侧重"控制分析"以及本书统摄于此的"内容分析"，"控制"的命题是批判学派的一条主线，贯穿于不同类型的批判性研究中。

批判学派拒斥经验学派自诩的"价值中立"，而坦承自己的价值取向与学术立场，以图揭示传播媒介在维护统治阶级利益上扮演的角色。这里，他们关心的问题可以概括为"谁"（Who）在传播，"为何"（Why）传播。与此相反，经验学派关心的是"如何"（How）传播，才能取得"效果"。由此说来，在一条信息传播链上，批判学派盯着的是这一头的传播者，而经验学派想着的是那一头的接受者，两大学派的传播研究也由此分庭抗礼，分道扬镳。举个例子，作为方法的内容分析也是两大学派共用的研究工具，但批判学派用它来证明传者的控制与操纵意向，而经验学派则用它来检验传播的效果和受众的反应。

批判学派对控制问题的重视，集中体现在传播政治经济学方面。这方面的研究由于涉及媒介所有制及其政治经济背景，并同经验学派的有关理论相关联，因而更具有"传播学"特色。事实上，批判学派正是借助这方面的学术成果，才得以在传播学界开宗立派。

---

① 赵汀阳：《每个人的政治》，132页，北京，社会科学文献出版社，2010。
② 同上，134页。

　　经验学派基于维护资本主义现存秩序的潜在动机，总认为晚期资本主义不同于早期资本主义。他们依据所谓"所有权分散论"和"管理革命论"，在否认媒介所有者对传播活动施加控制的同时，认为媒介的活动在其内部受制于专业管理人员，在其外部受制于市场竞争法则，因此不存在垄断与控制的问题，而只有相似的受众对信息无限多样的需要，媒介仅仅是满足这种需求。也就是说，媒介不可能为特定阶级服务，而只是面向社会全体受众，是所谓自由多元论（liberal-pluralist）。批判学派与经验学派针锋相对。《权力的媒介》作者阿特休尔就尖锐指出，任何媒介都受制于某种权势，都是某种权势的工具。默多克和戈尔丁在这方面更是建树颇多，影响很大。他们依据马克思的著名论断——"一个阶级是社会上占统治地位的物质力量，同时也是社会上占统治地位的精神力量。支配着物质生产资料的阶级，同时也支配着精神生产资料"（《德意志意识形态》）①，致力于分析现代媒介的所有制结构，从而揭示其中垄断与控制的实质。

　　比如，默多克在《大企业与传播产业的控制》（1982）一文中，针对经验学派的"所有权分散论"和"管理革命论"指出，"所有权分散论"不过是用表面现象掩盖问题的实质。虽说包括传播媒介在内的资本主义企业几乎都采用股份制，似乎造成企业所有权的分散。但由于众多小股东只持有零星股票，在股东大会上并没有多大发言权，真正控制企业的还是少数大股东，所有权分散不但没有削弱资本家对企业的控制权，反而使之更加扩大和加强了。所谓"管理革命论"同样站不住脚。默多克说，马克思早就预见到股份公司具有将管理工作从资本家那里分离出来的趋势，随着股份制的发展，并不拥有资本的管理阶层将取代资本家走上管理岗位，而资本家将作为一种多余物从生产过程中消失。但马克思并不把管理阶层的出现看作资本家有效控制权的丧失，而仅仅视为劳动分工的进一步精密化。资本家虽然退出了企业管理，但他们通过董事会依然紧紧控制着企业；而管理人员尽管操纵着企业日常运转，但他们受雇于人的地位决定他们不过是高级"打工仔"。默多克用他对英国八家主要私营电视台的所有权及控制现状的调查资料，对"管理革命论"进行了有力反驳。清华大学新闻学院首任院长、原人民日报总编辑范敬宜教授，2003年给清华新闻学子授课时，讲了亲身经历的一个故事，也为此提供了一个典型案例：

　　　　有一次我到韩国去，他们有一份《经济新闻》，在新闻界地位很高。他们的总理接见我，总编辑陪我去总理那里。他在总理面前很傲慢，跷着腿，心不在焉的样子。到了晚上，集团董事长请我吃饭，那天报纸不知道出了什么问题。董事长来了以后，就把总编辑叫来，拿了一根粗的铅笔，把头条新闻的标题"哗哗"打

---

①　中共中央编译局编译：《马克思恩格斯文集》第1卷，550页，北京，人民出版社，2009。

了大叉，扔给总编辑，那个总编辑诚惶诚恐地接过来。[①]

经验学派的研究有一种倾向，那就是尽力抹杀传播者一方对传播的制约包括意识上的操纵和经济上的控制，同时又尽力强调受传者一方在传播中的主导作用。随着晚期资本主义消费观念的盛行，经验学派也把所谓"消费主权"（consumer sovereignty）奉为王牌，以进一步消解"控制"这一重要命题。他们宣称，获取利润是媒介的首要目的，为此就得争取尽可能多的受众，满足他们多样化的需要。对生产"信息"这种商品的媒介来说，消费信息的"受众"拥有"至高无上的主权"，顾客（受众）是上帝。所以，如果说传播中存在控制因素的话，那么也主要来自受传者一方。

对此，批判学派从媒介的收入绝大部分来自广告主而非受众这一基本事实出发，认为对传播起决定作用的是广告主的意志，而所谓受众主权乃形同虚设。依据传播政治经济学理论，媒体经营存在"二次售卖"过程：第一次是媒体向公众提供信息产品，如报纸、杂志、电视节目等，目的在于获取发行量、收视率、点击率等，即公众的注意力；第二次是媒体向广告商提供公众的注意力，就像新闻联播与天气预报之间的广告时段分分秒秒都是金山银山。就利润而言，第一次售卖只是小头，甚至是零头，而第二次售卖才是大头。而正如詹姆斯·柯伦（James Curran）指出的：广告主并非对所有的人感兴趣，他们寻求的只是一部分拥有较多可支配收入并具有充裕购买力的阶层，广告的公布是以社会财产的分布为转移的。所以，需要能够得到充分满足的是有权有势者，而不是无权无势的阶层。比如，都市报及其报道之所以关注"白领""小资""中产""精英"等话题，也是因为他们是广告主的目标群体。

默多克通过考察美国电视连续剧的历史，揭示了广告主对传播内容的积极干预。他指出，在二次大战后的一段时期，美国的许多电视剧描写工人阶级和下层民众的生活，很受普通人欢迎。但广告主深感不安，认为这种内容对他们的社会目标是一种威胁。于是，他们开始以巨额广告费来扶植另一种类型的电视剧，结果反映下层真实生活的电视剧被挤垮，而以冒险、凶杀、色情以及富丽堂皇的上流社会为主的连续剧充斥银屏。默多克认为，在这一过程中，资本以广告的形式对传播活动做了有力干涉。赵月枝等通过考察英国19世纪报业史，也得出相似结论（详见《维系民主》）。

与广告在媒体运营中的主导作用相似，公共关系行业也是操控媒体、引导舆论、驾驭新闻的潜在力量。大大小小的公关部门，遍布三百六十行，从政府到企业，从军队到学校，无孔不入，无所不在，而传播的林林总总、虚虚实实、真真假假的信息，在发达资本主义国家至少占据媒体的半壁江山。下面例子虽是虚构的，但是现象与问题却是真切的：

---

① 范敬宜：《范敬宜文集：新闻教育文选》，71 页，北京，清华大学出版社，2011。

日本著名导演增村保造导演的《巨人与玩具》，讲的就是企业公关部为了配合公司的产品营销，制造新闻，牵着媒体鼻子走的故事。

宇宙食品公司公关部的课长吉田，是一个深谙媒体之道而懂得怎样制造新闻的人，他因此在公司获得了"鬼神之才"的美誉。现在，公司开发出了一种新的点心，在市场上先声夺人的任务落在了吉田身上。

经过苦思冥想，吉田拿出了自己的企划案。方案核心是：推出太空人的形象与概念，让一个清纯美少女身着太空人装束，在市场上广为派发公司的新产品。

吉田在大街上物色到一个美少女，很快，经过精心设计的美少女形象在超市货架、杂志封面上铺天盖地地出现，记者们也闻风而至。

公司的产品代言人要有好的道德形象，这样可以提升产品的美誉度。如果没有的话，就要装作有的样子。吉田当然知道这些。他教美少女对记者们说，她挣的钱都如数交给了家里，用于给爸爸看病和给弟妹们交学费。

片中有两幕记者采访的情节，导演均做了漫画式的处理。记者们不但有闻必录，对美少女真真假假的话深信不疑，还主动肩负起赞美采访对象的义务，对虚构出来的美少女的美德赞声不绝。导演用这种夸张的方式，来讽刺记者的浅薄和媒体的易被操纵。[①]

总之，批判学派的政治经济学探讨表明，从事精神产品生产的媒介与从事物质产品生产的企业一样，在维护整个资本主义制度中起着重要作用。传播并不是一种满足受众需要的自发行为，而是一种受到操纵、为统治阶级利益服务的自觉活动，归根结底受制于经济基础。

三、传播与大众文化

如果说意识形态的探讨体现着批判学派的政治倾向，垄断控制的研究体现着学科特色，那么传播与大众文化就体现着一种浪漫理想了。这种理想说穿了，就是在对发达工业社会的普遍异化进行揭露与批判之际，唤醒被资本主义文明扭曲压抑的主体意识，将人从非人化的境遇中解放出来，最终实现马克思《给燕妮》一诗中满怀热望的憧憬——"让整个诗的世界在人类历史上出现"！

说到这方面的研究，就得提到"异化"这个概念。异化是西方马克思主义以及各路相关思潮所关注的一个焦点，传播学批判学派也不例外。极而言之，不搞清异化这个概念，就难以把握批判学派的精髓。异化是个哲学概念，不同时代有不同理解。一般来

---

① 张修智：《电影撞新闻：影像中的无冕之王》，168~170 页，上海，上海书店出版社，2009。

说，异化是指人的物质生产与精神生产及其产品蜕变为脱离生产者，而且同生产者相对立的异己力量，反过来压制生产者的一种社会现象。异化过程中，人的主体性遭到本来由自己创造而成为异己的物质力量与精神力量的奴役。举个简单例子。宗教神灵本来是由人创造的，可一旦创造出来便脱离其创造者——人，而成为高高在上、威力无穷的力量反过来统治人，而神灵的创造者反而像奴隶似的拜伏其下，将自己的命运心甘情愿地托付给自己创造出来的神灵去支配。这就是一种典型的异化现象。诗人雪莱的妻子玛丽·雪莱，有一部著名的科幻小说《弗兰肯斯坦》（1818）。弗兰肯斯坦是小说的主人公，一位从事生命科学研究的科学家，实验用人为方式方法创造生命。经过无数探索，他创造了一个奇丑无比的怪物。而这个怪物后来憎恨一切，杀害了弗兰肯斯坦的弟弟，又企图谋害弗兰肯斯坦的未婚妻。弗兰肯斯坦怀着满腔怒火追捕他所创造的怪物，最后同归于尽。这部作品里，怪物就是一种异化的象征，他本来属于科学家弗兰肯斯坦的创造物，而后来却成为其主人的毁灭者。这部小说还为英语添加了一个新词 Frankerstein，意为最终毁灭其创造者的东西或"作法自毙的"人。

在资本主义社会，异化达到最普遍、最严重的程度。马克思《1844 年经济学哲学手稿》对此做过透辟分析，并提出意义重大的异化劳动思想：工人创造的财富不仅不属于自己而属于他人，而且自己还受到这些财富的支配，财富及其占有者以及创造财富的劳动本身都成为统治他们的异己力量。于是，工人创造的财富越多，自己就越贫穷，就越受制于资本主义体制，越成为任其摆布及奴役的对象。2010 年 1 月 23 日至 11 月 5 日，"血汗工厂"富士康企业一连发生了 14 起工人跳楼自杀事件，举世震惊！更令人震惊的是，就在悲剧频频发生并引发舆论广泛关注之际，还是无法阻挡接二连三的后续跳楼事件。之所以发生如此悲剧，原因也在于资本主义的大生产将活生生的人都异化为机器或机器中的螺丝钉，没日没夜重复着单调、机械的工作，既无乐趣，更无创造，将七情六欲的人逼疯或逼上绝路。一位终日在流水线上作业的富士康工人说，他每天的工作就是"站在机器前，'罚站'8 小时（一个班 8 小时），一直工作。站着的时候，有个东西掉了弯腰去捡，恨不得一直有东西掉，一直不用站起来"。①

奥地利人道主义作家茨威格，写过一篇经典小说《象棋的故事》（1941），与其《一个陌生女人的来信》《一个女人一生中的二十四小时》等名作一同蜚声文坛。《象棋的故事》里有位 B 博士，遭到盖世太保的监禁，而其间没有牢狱，也没有酷刑，相反，住在"大都会饭店"暖和的单间里，只不过被置于完全的孤独与虚无之中，没有任何信息与交往，度日如年。后来，偶然得到一部棋谱，于是便靠着背棋谱、自己与自己对弈打发时光，最后心理错乱、发狂。作品不仅控诉了纳粹的野蛮，而且更深刻的是揭示

① 刘志毅等：《富士康"八连跳"自杀之谜》，载《南方周末》，2010-05-13。

了"文明"对人心人性的扭曲、压抑、摧残。"大都会饭店"就像现代社会的一个隐喻，"无强制苦役，不受冻，不挨饿，单人独住，不上手铐脚镣，没有威胁恐吓，然而这种无形无声的酷刑对人的精神摧残，比严刑拷打有过之无不及"（张玉书）[①]。作品中细腻刻画的那种单调、重复、千篇一律的情形，将活泼泼的生命与心灵一点一点地扭曲，更不啻对"异化"的生动写照，也宛如现代传播的绝妙象征，就像主人公的一段心理道白："你身边的东西从来也不改变，绝对不变，那可怕的一成不变。这儿没有任何东西可以分散我的注意力，使我摆脱我的思想、我的疯狂的想象和我的病态的重复。"[②]

西方马克思主义继承了青年马克思的异化思想，将其奉为马克思理论的精华发扬光大。在法兰克福学派看来，马克思的异化理论更多看到生产过程的异化问题，尚未注意同样被异化的消费过程。他们认为，随着日新月异的技术进步，现代人越来越成为贪得无厌、永无止境的消费狂。"要时时刻刻占有新东西，要永远生活在对新东西的垂涎三尺的情景中"，成为现代人的一种共同心态。弗洛姆指出，消费本来应该是手段，而如今仿佛成为目的本身，"买一辆汽车、一种新玩意儿、一件新物品已成为富裕国家大多数个人的一心追求的目标，即生活目的了"（玛蒂尔德·尼尔）。如果让现代人描绘心目中的天堂，那么八成都会想到一个世界上最大的百货商场，自己有足够的钱在里面购买任何东西，至于生活的意义、生命的价值以及人之为人的根据等，统统当作空洞虚幻的东西而抛到九霄云外。马克思说得好："物的世界增值同人的世界的贬值成正比。"（《1844 年经济学哲学手稿》）[③] 弗洛姆甚至干脆把"异化"视为"罪恶"的现代同义语。

如今，异化问题已从经济领域扩展到社会生活的各个领域，异化这个概念也随之变得比较宽泛，甚至含混，正如马尔库塞所言，"它原来的含义几乎丧失殆尽""被弄得浅薄无聊了"。无论如何，异化乃指人的本质丧失、主体消亡、性灵沉沦，一句话，"异化意指人不是他应当成为的那个人"（L. T. 宾克莱）。借用弗洛姆《在幻想锁链的彼岸》一书仿照尼采"上帝死了"（God was dead）而造的新句，在异化状态中，"人死了"（Man was dead）。深受西方马克思主义影响的传播学批判学派，对发达资本主义社会中日趋严重的异化现象，从传播方面展开诸多思考与批判，而这方面的论述大都集中于所谓"大众文化"。

提到大众文化，许多人难免望文生义地将其理解为大众化的文化，或者是文化的大众化。这是一种严重误解。按照批判学派理论，大众文化既不是大众创造的，也不是大众真正需要的。形式上，大众文化包括流行歌曲、畅销书、娱乐电影、肥皂剧、喜剧

---

① ［奥地利］斯·茨威格：《斯·茨威格中短篇小说选》，张玉书译，"前言"8 页，北京，人民文学出版社，2006。

② 同上，404 页。

③ 中共中央编译局编译：《马克思恩格斯文集》，第 1 卷，156 页，北京，人民出版社，2009。

连环画、动漫、网游、卡拉 OK、体育大赛、时装表演以及歌星、影星、球星之类人为制造的偶像。时间上，大众文化是近代资本主义文明的衍生物，属于特定时代，而非由来已久，正如法兰克福学派致力于大众文化研究的洛文塔尔所言："在现代文明的机械化工作进程中个体的衰微带来的大众文化的兴起。"① 本质上，大众文化同整个社会的异化秩序相一致，构成异化体系的一个组成部分。

这里所谓"文化"，不再标志为一种富有创造性的、人的生命的对象化，而体现为对利润的追求和对个性的泯灭。不管大众文化的形态如何花样翻新，它们都带有大工业"批量生产"的痕迹，就像生产流水线上出来的东西。在大众文化的接受过程中，人们必须使自己的意识在一次次雷同的机械程式里活动。这一点在流行音乐中表现得最为突出。这种音乐文化强力推行意识心理的一律性，简单而重复的节奏具有强烈的催眠效果，听这些东西不需要主体的投入与精神的灌注，只需作出机械性反应，就像各路歌星演唱会上，痴迷的粉丝一个个摇头晃脑那样。流行音乐以及整个大众文化均以机械性的节奏、标准化的模式，使人在被动的接受中逐步上瘾，陷入麻木。所以，法兰克福学派把这种异化劳动之余被当作所谓消遣的大众文化视为异化劳动的延伸，用霍克海默的话说："在闲暇时间里统治人的这种机械性和在工作时统治人的机械装置绝对是一样的。"②

有鉴于此，在《启蒙的辩证法》一书中，霍克海默与阿多诺便舍弃作为概念的"大众文化"（mass culture），代之以"文化工业"（culture industry），"其特征是（1）以工业化消费社会为基础，（2）以大众媒介为手段，（3）以资本盈利为目标"③。文化工业这个概念既是对大众文化之"大众性""大众化"的否认，也揭示了大众文化的本质属性，表明它们是商品生产与消费体系的产物。大众文化往往体现为"制作"而非"创造"，小说、诗歌、戏剧、绘画、雕塑、音乐等精神创造都变成制作活动，畅销作家就是按照市场行情写小说的。这种活动同物质产品的生产已无差别，也是作为商品供人消费的，"完全堕入了商品世界里，为市场而生产，以市场为目标"（阿多诺）④。所以，文化工业首先关心经济效益，一心追求收听率、收视率、上座率、点击率、销售指标等，一句话"流行"。只要流行，即使腐尸也其馨若兰，即使厉鬼也艳如桃花⑤。

总之，大众文化既迥异于禀有贵族气质的"精英文化"，也不同于植根生活传统的

① 转引自杨小滨：《艺术否定社会：法兰克福学派的美学理论》，载汝信：《外国美学》第 9 辑，北京，商务印书馆，1992。
② 转引自杨小滨：《艺术否定社会：法兰克福学派的美学理论》，载汝信：《外国美学》第 9 辑，北京，商务印书馆，1992。
③ 赵一凡：《从卢卡奇到萨义德：西方文论讲稿续编》，520 页，北京，生活·读书·新知三联书店，2009。
④ 转引自杨小滨：《艺术否定社会：法兰克福学派的美学理论》，载汝信：《外国美学》第 9 辑，北京，商务印书馆，1992。
⑤ 粗鄙语及其流行即为一例，如"牛×""屌丝""哇塞""雄起""胸器"等。

"民间文化"，如果它能称作文化，也多属于米兰·昆德拉所指斥的"媚俗（Kitsch）文化"。这种文化不仅使异化状况永恒化、合理化，而且本身也是压抑人、欺骗人、操纵人的社会镣铐，它越是让人"自由"地拥有，人也就越是丧失自由。用阿多诺的话说，"它使人认同于他们的非人化……不管通过什么媒介，通俗文化处处证明了它真正的特性：标准化，陈腐，保守主义，平庸，操纵化的消费者商品"①。

弄清楚何谓大众文化后，对传播学批判学派在这方面的探讨也就懂得太半了。因为，这类研究无非是探讨媒介是怎样制作、怎样传播大众文化的，以及为什么制作、为什么传播等问题。这方面观点概括起来就是：由于媒介的兴盛，如廉价报纸、流行杂志、畅销书、广播、电视、电影、录音带、录像带以及网络的风行，大众文化才得以甚嚣尘上；媒介一方面对大众文化推波助澜，一方面本身又属于一种大众文化现象；它不仅在政治上担当意识形态的操盘手，而且也在文化上扮演异化潮流的吹鼓手。

与大众文化及其研究密切相关的，还有一脉不绝如缕的文化帝国主义以及媒介帝国主义、信息帝国主义、数字帝国主义等研究和理论②。

四、传播与帝国主义

文化帝国主义（cultural imperialism）等概念有两层含义，一是指与资本主义全球扩张有机结合的文化现象及其意识形态，这层含义侧重于事实层面。正如萨义德在文化帝国主义的经典之作《东方学》里指出的：打开西方殖民史，将它与东方史并行阅读，我们不难发现，诸如埃及、印度、中国这样广袤神秘的东方国家，在它们沦为奴役对象的同时，何尝不也是西方学术竭力捕捉和肢解的目标。③

文化帝国主义的另一层含义，是指解析这种现象的思考维度、学术探讨、理论观点等，尤其着意于现代媒介的关键性作用和决定性意义，故也称媒介帝国主义（media imperialism），这层含义侧重于认识层面。比如，圣诞节隐含着耶稣基督是圣人，基督教是神圣的、普世的（ecumenism 或 ecumenicism），所谓普世价值（ecumenical value 或 oecumenical value）即源于此。而众所周知，释迦牟尼、穆罕默德、孔子、老子等各大文明的先哲同属圣人，他们的诞辰无疑也是圣诞节。如此看来，圣诞节非西方专美，当下所说圣诞节其实是"耶诞节"，犹如"佛诞节"，但由于前述"话语与权力"问

---

① 转引自杨小滨：《艺术否定社会：法兰克福学派的美学理论》，载汝信：《外国美学》第9辑，北京，商务印书馆，1992。

② 李江静在《帝国主义与数字帝国主义的意识形态分析》一文中指出：继"文化帝国主义"之后，为描述美帝国主义对发展中国家实施的入侵和殖民，基于20世纪八九十年代以来信息技术的迅猛发展与互联网在全球的普及应用，以及近十年间互联网与智能终端、平台软件等数字技术的融合发展，学界又相继提出了"媒介帝国主义""信息帝国主义""数字帝国主义"等概念。见《马克思主义研究》2022年第7期。

③ 赵一凡：《从卢卡奇到萨义德：西方文论讲稿续编》，778页，北京，生活·读书·新知三联书店，2009。

题，这个诸多文明先知共享的圣诞节居然成为耶稣的专用名词。

上述两层含义相互渗透，彼此映照，就像历史事实与历史认识的关系一样有机关联。

1. 定义与含义

作为传播学的重要领域，文化帝国主义理论多从国际传播或全球传播的视野上，探究西方媒介生产及其产品对世界格局和人类命运的影响，赫伯特·席勒等传播政治经济学者堪称典范。1979 年在《传播与文化主宰》（*Communication and Cultural Domination*）一书里，席勒就给文化帝国主义下了一个经典定义：

> 文化帝国主义是许多过程的总和。经过这些过程，某个社会被吸纳进入现代世界体系之内，而该社会的主控阶层被吸引、胁迫、强制，有时候是被贿赂了，以至于他们塑造出的社会机构制度符应于，甚至是促进了世界体系之中位居核心位置而且占据支配地位之国家的种种价值观与结构。[①]

简言之，文化帝国主义是西方扩张的一个方面军，旨在文化殖民、精神殖民、心理意识殖民等，包括"列强"与"买办"两种推手，后者如胡适及其"全盘西化论"，以及时兴的"国际接轨论"。顺便说一下，席勒之子丹·席勒教授（Dan Schiller）也是一位批判学者，以《数字资本主义》（*Digital Capitalism: Networking the Global Market System*）、《信息拜物教：批判与解构》（*How to Think About Information*）、《传播理论史：回归劳动》（*Theorizing Communication: a History*）等著述闻名。

文化帝国主义问题背后，都隐含着资本全球化的背景，没有资本主义全球化所触发的世界历史，也就无所谓文化帝国主义的问题及其思考。英国文化研究学派撰述的《关键概念：传播与文化研究辞典》，即把"文化帝国主义"与"全球化"作为两个相关互通的概念：

> 既属于更普遍的帝国主义进程之组成部分，又属于这个进程之产物，通过这个进程某些经济上的主控国家便系统地发展与扩展了对其他国家的经济控制、政治控制与文化控制。从直接意义上讲，它导致有钱有势的发达资本主义国家（特别是美国和西欧）与相对贫弱的欠发达国家（特别是第三世界和南美、亚洲、非洲的民族国家）之间形成支配、附属和依附的全球关系。文化帝国主义指称的就是这一进程的重要方面，即来自支配性国家的某些产品、时尚及风格样式

---

① Schiller, Herbert I. (1976) *Communication and Cultural Domination*. White Plains, NY: International Arts and Sciences Press, p.9. 中文译文转引自魏玓：《至死不渝的左派传播研究先驱：许勒（即席勒——引者注）的生平、思想与辩论》，载《当代》，2003（5），27。

（style）得以向依附性市场进行传输，从而产生特定的需求与消费形态的运行方式；这些特定的需求与消费形态既得到其主控性来源的文化价值、观念和经验的支持，又对这些文化价值、观念和经验予以认同。在这种方式下，发展中国家的本土文化越来越遭到外国文化，常常是西方文化的控制以及不同程度的侵犯、取代和挑战。跨国公司在这个过程中扮演了重要角色，因为其目标就在于通过全球化经济以助长其产品的扩散，而这终将使那些符合资本主义体制的意识形态在国际间获得传播。①

进而言之，"文化帝国主义"与"全球化"的思想滥觞，都离不开马列主义。在眼界阔大、思想深邃、感情诚挚、文辞壮美的《共产党宣言》中，30岁的马克思与28岁的恩格斯就阐述了资本主义全球化特征：

> 不断扩大产品销路的需要，驱使资产阶级奔走于全球各地。它必须到处落户，到处创业，到处建立联系。……资产阶级，由于开拓了世界市场，使一切国家的生产和消费都成为世界性的了。……过去那种地方和民族的自给自足和闭关自守状态，被各民族的各方面的互相往来和各方面的互相依赖所取代了。物质的生产是如此，精神的生产也是如此。②

列宁的名作《帝国主义是资本主义的最高阶段》，则揭示了垄断资本主义阶段即帝国主义的本质："资本主义已成为极少数'先进'国对世界上绝大多数居民实行殖民压迫和金融扼杀的世界体系。"③虽然列宁把帝国主义的特征概括为寄生性、腐朽性、垂死性，但从唯物史观也明确指出：

> 资本家瓜分世界，并不是因为他们的心肠特别狠毒，而是因为集中已经达到这样的阶段，使他们不得不走上这条获取利润的道路，而且他们是"按资本""按实力"来瓜分世界的，在商品生产和资本主义制度下也不可能有其他的瓜分方法。④

2. 现象层面

作为现象的文化帝国主义由来已久，同资本主义的全球性扩张息息相关。文化帝

---

① ［美］约翰·费斯克等编撰：《关键概念：传播与文化研究辞典》（第二版），李彬译注，67~68页，北京，新华出版社，2003。

② 《马克思恩格斯文集》第2卷，35页，北京，人民出版社，2009。

③ 《列宁专题文集·论资本主义》，102页，北京，人民出版社，2009。

④ 同上，163页。

国主义一方面把自己打扮成拯世救民的"天使"，借用毛主席名言来说，"把自己描写成了不起的天下第一美人，比西施还美，比王昭君还美，还比得上杨贵妃"；另一方面把"非我族类"刻画成可恶、可鄙、可怜的妖魔，野蛮愚昧，浑浑噩噩，甚至还吃人肉、喝人血、扒人皮等不一而足。如此一来，对其他文明的征服，对其他文化的同化，对其他民族的奴役、剥夺乃至屠杀，都俨然是天经地义的，因而也是心安理得的。一位学者说得好："伴随帝国主义的经济侵略和领土扩张，在文化的层面上，也有一个同步进行的、将整个世界的方方面面都文字化、符号化的过程。"① 这一状况如今并未根本改变，只不过更加巧妙，更加精致，更加隐秘而已，包括一波未平一波又起的新媒体神话。李江静在《帝国主义与数字帝国主义的意识形态分析》一文中就指出：对数字帝国主义的理解应该坚持列宁的分析方法，将数字时代资本主义的新变化定位为"垄断资本主义阶段的新产物"。从本质和历史趋势看，数字帝国主义作为垄断资本主义与数字技术相结合的产物，仍然处于资本主义的垄断阶段，即资本主义的最高和最后阶段。今天所处的时代，在某种程度上可以说是数字技术和资本逻辑合谋共生导致奴役加深的时代。②

　　文化帝国主义的问题虽然由来已久，但真正浮出历史水面，引起普遍关注则在20世纪六七十年代，其间有两大背景。其一，以美国为首的西方阵营，在冷战背景下为与社会主义阵营争雄抗衡，对发展中国家既实施政治经济控制，又加强文化思想渗透，特别是借助影响强大的视听媒介，从而使发展中国家面临巨大的文化压力与文化危机。其二，二战后亚非拉殖民地人民纷纷走上独立建国之路，自主意识、自立诉求、自我认同空前高涨，"国家要独立，民族要解放，人民要革命"成为时代主题。显而易见，这两股历史潮流是矛盾的、冲突的、对立的，而它们的碰撞与激荡便使现实层面的文化帝国主义问题日趋激化。从20世纪60年代到70年代，更触发了一场声势浩大的"世界信息与传播新秩序"运动（New World Information and Communication Order）。

　　这一运动是以南方亚非拉国家为主力，以不结盟运动为先锋，以联合国教科文组织为阵地，同西方展开的文化与传播之争，与建立公平合理的国际政治经济新秩序密切呼应。面对世界信息与传播领域普遍存在的三大问题：传播来源单一化，如90%以上的国际新闻源于西方四大通讯社；传播内容片面化，如发展中国家的新闻绝大多数为负面报道；传播过程失衡化，如世界信息流基本上是从北方流向南方等，发展中国家针锋相对提出传播来源多样性、传播内容全面性和传播过程平衡性的主张，在理论与实践上开展斗争并取得积极成果。1980年，联合国教科文组织发表了一份有名的研究报告《多种声音，一个世界》（Many Voices, One World）。这份报告由大赦国际创始人、诺贝尔

---

① 盛宁：《人文困惑与反思——西方后现代主义思潮批判》，173 页，北京，生活・读书・新知三联书店，1997。
② 见《马克思主义研究》，2022（7）。

和平奖和列宁和平奖获奖者麦克不莱德（Sean MacBride）任主席，由法国《世界报》创始人于贝尔·伯夫 - 梅里（Hubert Beuve-Mery）、哥伦比亚小说家与记者即《百年孤独》作者加西亚·马尔克斯（Gabriel Garcia Marquez）、苏联塔斯社社长等 16 人组成的"国际传播问题研究委员会"起草，所以又称"麦克不莱德报告"。它的问世标志着这一运动达到高潮，其要点如下：

（1）消除目前存在的信息的不平衡和不平等；

（2）消除某些垄断性集团的消极影响，不论是公有还是私有，都不允许过度集中；

（3）消除国内和国外信息自由流动的壁垒，更加平衡和广泛地传递信息和思想；

（4）多渠道传递信息；

（5）出版和信息自由；

（6）在媒体报道中，记者和其他行业的人都有自由权力，而自由与责任不可分；

（7）发展中国家要取得自身进步，主要是需要向他们提供装备，训练人员，使他们的传播媒体与自身的需要相符合；

（8）发达国家真诚地帮助发展中国家实现上述愿望；

（9）尊重每个民族的文化特征，每个国家都有权向世界人民展示他们的兴趣、灵感和社会文化价值观；

（10）尊重每个国家在平等、公正和互利的基础上参与国际信息间的交换活动；

（11）尊重每个个人、种族和社会团体知晓信息和积极参与传播过程的权利。

（UNESCO，1980）[①]

总体看，这些诉求体现着发展中国家的意愿，同时也带有一定妥协与理想色彩。所以，随着 20 世纪 80 年代新帝国主义在新自由主义旗号下卷土重来，特别是 1985 年和 1986 年美英先后退出联合国教科文组织，这对难兄难弟当时是这个组织运行经费的主要提供者，加之随后苏东剧变以及冷战结束，这场文化与传播之争最终落下大幕，归于沉寂。虽然新秩序运动如同反帝反殖运动已经风停雨歇，但"多种声音，一个世界"的意识却具有永恒的价值，正如费孝通说的"各美其美，美人之美，美美与共，天下大同"，或如人类学家列维 - 斯特劳斯说的："任何时候都不应忘记，人类的任何局部都不

---

① ［英］达雅·屠苏：《国际传播：延续与变革》，董关鹏主译，57~58 页，北京，新华出版社，2004。

可能拥有适用于整个人类的公式。不应忘记，整个人类拥有一个统一的生活方式是不可思议的。"

3. 认识层面

作为认识层面的理论学说，文化帝国主义理论的兴起背景，也在于 20 世纪六七十年代世界范围兴起的左翼运动和激进思潮，包括美国的反战运动、欧洲的学生造反（1968 年巴黎"五月风暴"等），甚至中国的"文化大革命"（参见谢少波《弗·杰姆逊的毛泽东情结》，载《天涯》1999 年第 5 期）等。它们在全球范围汇聚成一股反对西方霸权的潮流，为文化帝国主义理论提供了时代气候和思想土壤。其间，非洲黑人学者法农（Franz Fanon，1925—1961），更成为反帝反殖的文化标志，被誉为"第三世界解放先驱"：

> 法农著作问世，标志一次大反转：此前帝国主义势不可挡：它在兼并全球土地财富过程中，更将各民族文化历史，悉数"纳入帝国主义森严壁垒的话语结构"。1961 年后，反帝运动接连冲击英、法、美三大帝国。一时间，那些个光明之源，"突然面对被指控的各种罪行，从镇压、异化到歧视"。[1]

文化帝国主义一脉的传播研究，始于对冷战传播学及其发展学派的批判。当时，美国主流学术都把媒介促进第三世界"发展"作为研究主题，意在将第三世界的现代化进程纳入西方主导的世界体系，故有"发展传播学"（development communication）之称。作为冷战传播学的组成部分，发展传播学属于经验学派的一大分支，代表人物及其代表作有心理战名家勒纳（Daniel Lerner）的《传统社会的消失：中东的现代化》（1958）、罗杰斯（Everett M. Rogers）的《创新的扩散》（1962）、施拉姆的《大众传播媒介与国家发展》（1964）等。在冷战以及后冷战背景下，这一路以科技、发展、现代化等为号召的研究，致力于对抗席卷全球的共产主义浪潮，力图通过现代信息传播业而将发展中国家纳入西方体系。举例来说，勒纳的《传统社会的消逝》（*The Passing of Traditional Society*），以中东六国即土耳其、黎巴嫩、埃及、叙利亚、约旦和伊朗为考察对象，比较分析了美国之音与莫斯科广播电台在国际广播上的影响力。通过这项研究，勒纳得出一套所谓现代化传播理论。这套理论拥有一批冷战学术的标志性人物，除勒纳外，包括麻省理工学院的德索拉·普尔（Ithiel de Sola Pool）、白鲁恂（Lucian Pye）、时任斯坦福大学传播研究中心主任的施拉姆等。施拉姆为联合国教科文组织撰写的报告《大众传播媒介与国家发展》，更被视为发展传播学的代表作。文化帝国主义理论的宿将滕斯托尔（Jeremy Tunstall），曾对发展传播学及其骨干做过如下评论：

---

[1]　赵一凡：《从卢卡奇到萨义德：西方文论讲稿续编》，787 页，北京，生活·读书·新知三联书店，2009。

在 60 年代，丹尼尔·勒纳，伊锡尔·德索拉·普尔和威尔伯·施拉姆改换门庭成为一个巡回马戏团……首先是为亚洲国家提建议，然后又转到美国的联邦机构。勒纳是马戏团的精神领袖，德索拉·普尔是组织者，一个最激烈和最反共的学术江湖骗子。第三个成员是施拉姆，以斯坦福为基地，是真正的商业推销员。施拉姆在 60 年代让别人把他当作在联合国教科文组织最得宠的大众媒介专家。①

在发展传播学看来，既然历史的意义与方向在于从"传统"向"现代"的进化，而媒介的作用就在于促成这一转型，那么传播研究与传播理论的使命，也就是探讨如何最大限度地取得媒介的传播效果。至于现代媒介与特定政治经济权力的关系问题，则属于无稽之谈与无谓之论。而文化帝国主义及媒介帝国主义理论，正是针对这个思想盲点与理论盲区展开深刻反思、犀利剖析和尖锐批判，从而形成一种全新的理论范式。2012 年，传播政治经济学者文森特·莫斯可和丹·席勒，为北京大学出版社"未名社科·传播政治经济学译丛"作序时对此作了集中概括：

> 取代现代化理论的文化帝国主义理论，证实存在一系列作为跨国公司和国家权力马前卒的结构和实践。具体而言，将美国制作的电影和电视节目倾销到刚独立且贫穷的国家，不仅削弱了这些国家本土化生产新闻和娱乐节目的能力，而且还形成了文化和信息从中心流向边缘的单向传输路经，当这些国家引进商业媒介体系后，消费主义文化的培育代替了其他的优先发展目标，即使人们普遍享有充足的食物、医疗保健、教育和其他生活必需品。此外，消费主义本身也产生了破坏生态及文化的负面效应。在发展被美国精英和跨国公司所掌控的超国家的传播新技术，尤其是人造卫星的计划过程中，这些刚独立且贫穷的国家的主权遭到系统性践踏。而通过电脑传播系统实现的跨边界数据传输则更进一步使大公司的利益凌驾于国家主权之上。由于传播秩序的分布有利于西方国家，因此，全世界公众看到的是被扭曲的贫穷国家和人民的形象。②

在上述历史、社会与学科背景下，从 20 世纪 60 年代到 70 年代涌现了一批文化帝国主义的批判学者，形成批判学派的一支劲旅，包括法国的马特拉、英国的滕斯托儿、加拿大的斯迈思、美国的席勒等。他们大多具有政治经济学的学科背景，在历史观和社会观上秉承马克思主义以及依附理论的衣钵，将传播问题置于资本主义全球体系下进

---

① ［法］阿芒·马特拉：《世界传播与文化霸权：思想与战略的历史》，陈卫星译，159 页，北京，中央编译出版社，2001。

② ［美］丹·席勒：《传播理论史：回归劳动》，冯建三等译，"译丛总序"，6 页，北京，北京大学出版社，2012。

行观照与考察，产生一批颇有分量与影响的著述，包括前述席勒的《传播与文化主宰》（1979）、斯迈思的《依附之路：传播、资本主义、意识与加拿大》（1981）；马特拉与多尔夫曼（Ariel Dorfman）合作的《如何解读唐老鸭：迪斯尼卡通里的帝国主义意识形态》（1975）等。

4. 文化与媒介

在文化帝国主义的话语谱系中，媒介始终居于核心地位，以至于人们常常将文化帝国主义视为媒介帝国主义的同义词，二者关系正如汤林森《文化帝国主义》一书中的概括：

> 文化帝国主义的现象，其中心关键在于媒介，而这么说的意义有二：一，某种文化之媒介（文本及媒介之运作过程与行为），支配另一种文化的媒介表现；二，"经由大众媒介所中介的文化"已然扩散全球。①

文化帝国主义与媒介帝国主义的关系，在席勒的传播研究中展现得最为明显。席勒既是文化帝国主义理论卓有建树的批判学者，又是一位积极行动的知识分子，其不屈不挠的身影和充满热情与理想的精神气质，在美国主流学界恰似与风车搏斗的堂吉诃德，同麻省理工学院的批判知识分子乔姆斯基遥相呼应，东西对进。席勒早年在伊利诺伊大学与斯迈思相识，1969 年出版第一部专著《大众传播与美利坚帝国》（*Mass Communication and American Empire*），即由斯迈思作序。用斯迈思序言里的话说，本书对美国大众传播的结构、政策以及政治经济方面的重要作用进行了批判性论述，堪称第一份全面而细致的研究。书中，席勒以阿明、沃勒斯坦等依附理论为据，着重探讨了他所说的"军工联合体"（military-industrial complex），分析了这个由政府、军界和大公司一同构成的利益共同体，如何促成美国传播势力凌驾全球，又如何导致其他国家文化主权的步步沦丧。本书对媒介帝国主义第一次展开深入考察，在经验研究和实证研究一统天下的美国主流传播学界，投下一颗离经叛道的重磅炸弹。1970 年，由于遭到伊利诺伊大学保守势力反对，席勒转到圣迭戈加州大学，直至 2000 年辞世。在此期间，他完成了一系列重要的批判性著述：

> 这些著作对世界范围的批判观点的兴起影响深远，它们一直将传播研究置于广泛的政治经济背景之下。他的第二本书《思想管理者》（1973）首次提出对信息社会观念的强烈批判。他以大量文献说明了诸如盖洛普民意调查机构、《读者文摘》《国家地理杂志》等组织是如何拥有广泛的政治与文化势力的，信息与

---

① ［英］汤林森：《文化帝国主义》，冯建三译，45~46 页，上海，上海人民出版社，1999。

文化产业中的企业合并与海外扩张是如何进行的。他随后的著作《传播与文化主宰》（1976）提出了文化帝国主义的问题，并考察了智利阿连德政府努力建立新型传播体制的情形。他与诺顿斯特朗合编的《国家主权与国际传播》（1979），是本专门讨论世界信息与传播新秩序中心论题的论文集。①

20世纪80年代之后，随着多媒体、互联网、信息高速公路的兴起，席勒又将批判的矛头指向天花乱坠的时新理论。这些理论无不宣称，新传播技术将为全球人类带来更民主的前景、更多元的文化。对此，席勒一针见血地指出，互联网扩张之时，由跨国公司和市场逻辑所支配的权力关系不仅丝毫没有改变，而且进一步加剧了不平衡的世界政治、经济与文化秩序，如山似海的网络信息充斥了林林总总的西方话语，包括消费主义的意识形态：

> 在许勒（即席勒——引者注）眼里，围绕"资讯时代"的种种论述，虽然宣称新科技将为全球社会带来更民主、更多样的文化，但是从跨国经济与文化不平等关系只有更加严重而不是更加缩小来看，跟以往的"资讯自由流通"概念的意识形态和作用并无不同，大抵上是支配阶级或支配国家维系权力关系的语意迷阵。②

总之，按照文化帝国主义的理论范式，国际传播与全球传播方面的研究应着力揭示资本主义文化如何加速西方势力君临天下横行四海，又如何使大多数社会一步步陷入困苦不堪的依附性境地。而所谓发展传播学的种种说教，不但不能改变极不合理的世界政治、经济和文化秩序，反而为虎作伥，助纣为虐，因为它们只尊崇既定秩序，并为现行体制出谋划策，根本不考虑其间的支配与被支配的权力关系，包括传播媒介的所有权与话语权问题，而这些问题在批判传播学看来才是关键之所在：

> 当代社会中，语言和交流最典型的载体便是传媒，或者说，人们称之为"文化和传播产业"的出版、广播、电视、电影、音像、电脑等行业。毫不奇怪，谁拥有、操作和控制这些传播手段，以及它们传播的是怎样类型的信息，正在日益成为一个超级文化问题。因为对现代传媒所有权和控制权的丧失，意味着国家的文化表述、它的身份、主权乃至生存，都将面临生死攸关的威胁。③

从上述批判学派探讨中，不难看到批判学派主要是从广阔的社会背景上，对传播

① ［加］文森特·莫斯可：《传播政治经济学》，胡正荣等译，85页，北京，北京广播学院出版社，2000。

② 魏玓：《至死不渝的左派传播研究先驱：许勒的生平、思想与辩论》，载《当代》，2003（5），23。

③ 陆扬、王毅：《大众文化与传媒》，8页，上海，上海三联书店，2000。

进行宏观考察和深层探析，着重于传播的政治性、历史性和社会性，立意高远，眼界开阔，登高一望，海阔天空。如果说经验学派是貌似"去政治化"的传播学，那么批判学派就是鲜明"讲政治"的传播学。

第三节　差异比较

这一节比较经验学派与批判学派的差异。有必要先强调一下，所谓差异是从总的倾向、总的特征上讲的，实际情形往往错综交织，并非泾渭分明，一清二白。

一、概述

批判学派的"批判"，可以说有两个指向：一是对奴役人、操纵人、控制人的现代传播进行批判性的揭露和分析；二是对商业化、实用化、经验化的传统理论进行否定性的抨击与扬弃。所以，批判学派自诞生之日起，便同经验学派处于天然的对立中。对此，可以从不同的维度进行分析。

从世界格局看，20 世纪 60 年代兴起的批判学派未尝不是已从二战废墟中复兴的欧洲，对以霸主自居的美国及所谓"美国世纪"的一种挑战。从文化背景上看，两大学派的分歧也不妨说是作为西方文明摇篮的欧洲，同没有多少历史根底的美国在学术思想上的较量。在两大学派的明争暗斗中，不难觉察这些文化深层中的蛛丝马迹。如批判学派常说，你经验学派是现存传播秩序的帮凶，只知道为胡作非为的媒介摇旗呐喊，你们的研究浅薄可怜、琐碎无聊，你们的方法荒唐可笑，借用赵一凡的话来说，可谓"历史健忘、理论贫血、批判乏力"。而经验学派反唇相讥，说你们批判学派一味高谈阔论，不讲实际，不讲科学，你们的研究成果不抵我们的一个零头，所以我们根本不在乎你们说三道四。一位欧洲学者就这么指斥经验学派："美国传播学研究有些严重的问题。我认为首要病症是支离破碎。其病状就是质量低的研究多，而真正高质量的研究太少——即使有的话。"而一位美国学者则反驳道："在这种对经验研究的批判中没有什么特别新的东西……这种批判既非保守也不激进，而只是不着边际。"

尽管批判学派与经验学派的实际区别并非泾渭分明，但许多方面的差异还是显而易见的，其中涉及探讨的问题、研究的内容、观察的角度、使用的方法、强调的重心以及价值的判断等。由于差异如此广泛，如此深刻，让人觉得两派除了关注传播现象这一点上吻合外，其他方面每每各行其是，就像肯尼迪一则轶事的情形。一次，肯尼迪派两位政府官员去考察南越的局势，两人回来后一起向总统汇报。一个说"好得很"，一个说"糟得很"。肯尼迪听后沉默一会儿，然后用一句俏皮话打破尴尬："您二位去的究竟是不是同一个国家？"批判学派与经验学派的分歧与此相似。一个说，现在人类已进入信息时代，媒介空前发达，信息异常活跃，一切都生机勃勃、令人振奋，我们正坐在飞驰的科技列车上奔向更加美好的未来，所以"好得很"。另一个说，如今信息污染、信息泛滥已达到空前严重的地步，印刷垃圾堆积如山，电子媒介倾泻出滔滔的污泥浊水，短信、微博更是一地鸡毛，将人们日益淹没在异化的苦海，永无出头之日，所以"糟得很"。对此，我们也不禁怀疑：批判学派与经验学派说的是不是同一个世界。

对两大学派的种种差异，不少学者都做过比较。比如，冷战学者普尔（Ithiel de Sola Pool）的观点，可以说代表了经验学派的共识。他说，经验学派的研究都经由搜集数据与资料来证明或否定某种理论假设，因而属于"客观性"的；而批判学派多为"随笔"（essay）写作，没有根据，不讲科学，带有臆断色彩，因而属于"主观性"的。而英国广播大学所设"大众传播与社会"专题讲座的授课小组，则从批判学派的角度把两派的分歧归结为"多元主义流派与马克思主义流派"的对立。

斯迈思更将两大学派的差异概括为三个方面：第一，两大学派在纷纭的传播现象中，挑选出来进行研究的问题不同；第二，研究过程中使用的方法不同；第三，各自表现出的意识形态的倾向性不同（《批判传播学研究的新方向》）。也就是说，两大学派的不同，体现在研究内容、研究方法和研究立场三个方面。斯迈思强调，第三方面即立场的不同，渗入前两个方面，制约着前两个方面。换句话说，两大学派在研究内容与研究方法上的差异，归根结底在于立场上的分歧。正是由于两大学派在对传播现状所持有的基本立场大相径庭，才导致他们在研究内容与研究方法方面分道扬镳。下面我们就来集中探讨一下批判学派与经验学派的这一根本差异。

二、立场

一般来说，经验学派的种种研究，都对既定的传播现状持肯定态度。所谓肯定，不一定体现为"歌功颂德"，它更多是指一种认同，如把资本主义现状视为天经地义、永恒不变的事实，并以接受这一事实为研究前提，如福山的"历史终结论"即人类历史终结于资本主义。在《单向度的人》中，马尔库塞指出：发达工业社会即当代资本主义已经蜕变为"单向度社会"，活动其中的都是"单向度的人"。单向度的人只有物欲而没有灵魂，只知屈从现实而不会批判现实。也就是说，在单向度的人心中，没有精神的"向度"，没有否定与批判意识。经验学派表现出的也是这么一种单向度的倾向，即纯然地接受现实，一味地认同现实，将自身完全融入发达资本主义的现实，成为它的"一部机器，或者甚至只是一部机器的一部分"（马尔库塞）。批判学派指责经验学派为现有的传播体制服务，正是针对这种倾向。赫伯特·席勒就指出，二战之后，美国的传播研究属于行政管理研究（administration research），形形色色定量实证的受众研究和效果分析，大抵遵循广告主、广告商或政府机构的意志，不仅缺乏权力关系的思考和批判现状的意识，而且实际上支持了现存的政治经济体制。

与之相对，批判学派对既定的传播秩序持否思态度。不管哪一种批判性研究，在其深层意识里都把现行的资本主义传播体制视为压抑人、奴役人、欺骗人的玩意儿，同人的解放格格不入。因此，在批判学派看来，首要的问题是对资本主义现状进行无情的批判与断然的否定。至于批判以后怎么办，否定之后何处去，他们或许并没有十分清楚的认识和主张，更多是些乌托邦幻想。这既是批判学派的"阿喀琉斯之踵"，也是一切批判理论的共同缺陷。他们有时不免怀着一种浪漫化情绪，把发达工业社会看成费希特所说的"造孽"时代。在这一罪恶丛生的文明里，人的高贵、人的尊严、人的灵性渐渐沦丧，人本身也日益沦为同冷冰冰的物质打交道的机器。时下流行的所谓"具身"问题，也处于这一浪漫化的思维逻辑。因此，在批判学派看来，重建人的世界，当务之急首先是对资本主义现存体制予以否定。于是，一番痛快淋漓的批判之后，情景就像当年拿破仑一位部下发给他的捷报："陛下，战斗已经结束，此间片甲不留！"

把握两大学派的根本分歧之所在，其他一系列差异也就不难理解了。美国经验学派的代表人物罗杰斯，曾把两派的一些主要差异归结如下：

传统学派的特征	批判学派的特征
经验的	批判的
定量的	思辨的
功能主义	马克思主义
具体实证的	广泛联系的
注重效果研究	注重控制分析

这一系列差异，归根结底源于两大学派对现存体制所持的立场与态度。对肯定现状的经验学派来说，注意力自然集中在具体的、经验性的问题上，研究重心也就向"媒介如何传播才能取得最佳效果"这个方面倾斜，至于研究中所采用的方法则具有更多量化实证的"科学"色彩。另外，既然是肯定现状，认为无可置疑，那么经验学派对传播者的问题，对媒介所有权与控制权的问题，往往也就避而不谈，对传播在意识形态上的功能，对媒介与异化的关系，更是讳莫如深。与此相反，以否定现状为旨归的批判学派，首先关心的自然是"谁在传播""谁在控制传播""为何传播"等问题，也就会把传播同广阔的社会政治与历史文化背景联系起来考察，而这种考察不可能采用自然科学式的实证方法，而不能不在分析立论中带有更多总体的、联系的、思辨的色彩。

总之，传统学派肯定现状，服务现状，而批判学派批判现状，否定现状。这种对传播现状的不同立场，是两大学派所有分歧的根本之所在。对现存传播体制的思想取向——立场，犹如棋盘上的楚河汉界判然划开传播学界的两大学派，他们的一切分歧与对立都是由此而来的。

三、方法

传播研究包括内容与方法，二者相辅相成。经验学派的研究内容，如受众如何接受信息、怎样作出反应、如何获得最佳效果等，都决定它的研究方法不能不同问卷、量表、调查、抽样、实验、测试、内容分析等联系起来。反过来说，经验学派的这套实证方法又制约着其研究内容，使之难脱经验范畴与管理旨趣。同样，批判学派也有内容与方法之别，并且二者之间也互相影响。我们不妨把经验学派的研究内容与研究方法，分别视为流行歌曲和演唱流行歌曲的通俗唱法，把批判学派的研究内容与研究方法，分别当成艺术歌曲和演唱艺术歌曲的美声唱法。流行歌曲自然得用家常的通俗唱法，而这种唱法反过来又决定了流行歌曲的平易近人。而艺术歌曲如赵元任的《教我如何不想他》、舒伯特的《小夜曲》、门德尔松的《乘着歌声的翅膀》等，就得用字正腔圆的美声唱法，而这种演唱方式自然也就决定了艺术歌曲的优美典雅。与之相似，传播学不同流派都注定要选择适合自己内容的研究方法，而方法的不同又制约着不同流派的研究内容。

一般来说，经验学派的研究方法以"科学"性见长。其常用方法，如个案研究、内容分析、问卷调查、实验等都有一个共同特点，即根据一项理论假设去寻找有关的实证数据，然后通过对这些数据进行统计分析，证明或否定事先的理论假设。概括起来就是：

提出命题→定量分析→得出结论

这套路数同自然科学中的实验法，在本质上是一致的。举例来说，苹果公司的设计师认为，在平板电脑的某个部位上增加一个零件，有可能提高界面的清晰度，这是一种假设。如果经过试验，清晰度确有提高，那么证明原先的假设是正确的。这一路认识论与方法论，同牛顿经典物理学所建立的机械论、决定论、还原论的世界图景一脉相承。

批判学派也采用一些实证方法，如调查研究法、内容分析法等。但是，从根本上讲，他们对实证研究的哲学认识论是持怀疑、批判甚至否定态度的。他们认为，这种孤立的、机械的、着眼于个人心理的研究，根本不可能揭示传播活动的普遍联系与内在本质，更不可能揭示传播活动在社会政治与历史文化上的深远意义。进而言之，经验学派貌似科学的研究方法，也是掩饰其意识形态的烟幕，这是由实证方法的本质所注定的。当然，对实证研究及其方法的这种责难，并非传播学批判学派所独有，哲学上许多思潮、艺术上的浪漫主义等也都啧有烦言，而西方马克思主义的抨击更为犀利。卢卡奇就指出，资产阶级的实证科学乃是"物化"意识的表现，它为庞大的机器体系所震慑，拜倒在商品世界的淫威下，两眼为日益膨胀的客体力量所遮蔽，从而根本看不到人的存在和价值，看不到人的主体与意识。在葛兰西看来，资产阶级的实证科学"导致每一个形象的破坏"，它仅仅满足于对现象的描述，对支离破碎的孤立事实的归纳，所以，只见树木不见森林，只能看到眼前各种事实的累积而不能从总体上把握现实。

作为第二代西方马克思主义的法兰克福学派，继承第一代西方马克思主义先驱思想家的精神衣钵，把资本主义的全面危机进一步归结为孕育实证科学的"理性主义"。他们指出，随着科学技术的不断发展，理性原则及其手段也愈加完善和残酷，日渐变成纯粹的工具理性，而自然和社会日益沦为仅用数量来表示的东西，成为技术操纵的对象。这种工具理性支配着一切领域，整个资本主义文明都体现为工具理性的不断膨胀。阿多诺在《否定的辩证法》中指出，实证性实际上是把人和物都归结为可以测量的"原子"，从而在认识范围中排除了它们的质的区别。马尔库塞在《单向度的人》中写道：经验科学对事实的描述是局部的、不完整的，许多决定性的事实为它所排斥；经验科学是非批判性的，它是以承认现状的合理性为前提；经验科学是单向度压抑体系中的稳固化因素，它对事实的描述性分析阻碍了对事实的认识，从而成为维持现实的一种意识形态因素。根据法兰克福学派第二代传人哈贝马斯的观点，实证主义是一门所谓摆脱价值判断（经验学派常以价值中立自许），因而不能履行解放功能的科学纲领，它为社会的统治和压抑提供依据和手段，从而执着于意识形态的功能。

经验学派承袭的科学实证方法包括实证、量化、统计等，即使从纯科学的角度讲也颇堪究诘，不断受到质疑与挑战。因为，这种方法导源于牛顿经典物理学那种主客分离的认识论，而这种认识论正像物理学家波恩所嘲讽的，带着一种安宁飘逸的态度，"窥伺着草地上的蝴蝶，就想洞察自然的秘密"。与此相对，批判学派承袭现代物理学的测不准原理，认为研究者就好比足球赛中的观众，其情绪与呼声都会无形中影响球员的场上表现，从而也就影响比赛结果。就是说，在认识及研究过程中，主体与客体并不能判然分开，主体的存在与介入势必对客体的状态形成影响。比如，许多人都有这种体会，当电视镜头对着你，让你发表感想时，你的表达肯定不同于"原生态"。同样道理，当研究者介入你的生活时，观察你，了解你，访问你，也很难说你的一举一动、一言一行还能一如既往，丝毫不受影响。

经验研究的认识论基础是"科学"，因此总是标举"价值中立"；批判研究的认识论基础则是"价值"，因此毫不讳言"价值评判"。萨义德的《东方学》、贝尔纳的《黑色雅典娜》和弗兰克的《白银资本》，被刘禾称为当代学术转型的"路标性著作"。在《黑色雅典娜》一书绪言里，贝尔纳对此有一段发人深省的论述。他说，进步和科学成为近一两百年的主导范式，所有学科的最高律令就是科学以及同科学相提并论的方法，方法是否科学构成研究是否科学的合理性根据，方法论不合理的指控成为天大的学术罪状。考古学实证主义就是通过"物品"（objects），以求达到"客观"（objective）的信念。这一信念将考古学提升到"科学"之际，也将其他一切源于叙事的史学传统如传说、宗教、方言排斥在外。在贝尔纳看来，这些貌似玄虚的东西不仅同"科学"证据一样有效，而且比实证方法及其证据更具有"可信性"基础。因为，希罗多德、司马迁等早期作家是自省的，使用可信性的验证并试图做到内部一贯性。[①]

既然批判学派把实证方法视为琐碎的、见木不见林的雕虫小技，那么他们青睐什么方法呢？简单说，他们都直接间接继承了卢卡奇的"总体性"方法，表现出他所谓"渴望总体性"（an aspiration towards totality）倾向。依据这一思路，总体不等于部分的总和，总体包含着部分所没有的东西，故只有用总体的目光审视传播，才能洞见其内在的有机关联，正像马克思强调的只有总体才是具体的、现实的。批判学派的詹姆斯·哈洛伦用"现实的"（realistic）和"整体的"（holistic），概括了批判学派方法论的这一特征。所谓"现实的"与"整体的"，就是把传播现象置于一定的历史背景和社会关系中考察，而不是孤立地进行解剖。有人把经验学派的研究方法归纳为定量的，而把批判学派的研究方法说成是定性的，如此区分并不能揭示两大学派在方法论上的本质差异。因为，经验学派并非只定量而不定性，定量的目的最终还是为着定性；同样，批判学派也不是只定性而不定量，它的定性同样离不开基本的数量关系。

概括起来，两大学派在方法上的差异大略如下：一是科学，一是哲学；一是针对个体，一是面向总体；一是着眼于实证量化，一是着意于政经分析……

第三讲"批判理论"至此就全部讲完了。第二讲"传统理论"末尾，我们以赵丽宏的诗《网》，对经验学派的研究挽了一个小结。这里，我们也用王昌龄诗魂后裔（王）昌耀的作品，对批判学派的面貌作一勾画。

昌耀（1936—2000），一生坎坷，历经磨难，但对故土始终充满眷恋，对人世总是饱含慈悲，就像一位行吟在辽远西部的现代屈子，"用诗歌垒了一座西北高原"（燎原），最终将生命也祭献于"万里长征人未还"的诗土歌壤。1998年，昌耀访问俄罗斯后，写下一首闪耀着理想光芒，吞吐着英雄气息，奔涌着天下大同的一腔热望的长诗《一个中国诗人在俄罗斯》：

> 我一生，倾心于一个为志士仁人认同的大同胜境，富裕、平等、体现社会民族公正、富有人情。这是我看重的"意义"，亦是我文学的理想主义、社会改造的浪漫气质、审美人生之所本。

---

① ［美］马丁·贝尔纳：《黑色雅典娜：古典文明的亚非之根》，郝田虎等译，6~7页，长春，吉林出版集团有限责任公司，2011。

> 我在物欲横流的世间，"堕落"为一个"暧昧的"的社会主义分子……我从一个暧昧的社会主义分子成为半个国际主义的信徒，正是命运的作弄。
>
> 看哪，滴着肮脏的血，"资本"重又意识到了作为"主义"的荣幸，而展开傲慢本性。它睥睨一切。它对人深怀敌意。它制造疯狂。它蛊惑人心。
>
> 这个世界充斥了太多神仙的说教，而我们已经很难听到"英特纳雄耐尔"的歌谣……①

批判学派河汉纵横，水网交错，湖泊星罗棋布，支流千回百转，但若用一句话来概括，不妨说批判学派貌似一曲传播学科的英特纳雄耐尔的歌谣，即法兰克福学派所幻想的——"通过哲学批判来达到全人类真正的解放"（赵斌）。

最后，有必要提示一下，理论只是透视、折射、反映现实的特定工具，如同望远镜、显微镜，甚至哈哈镜，不能简单地等同于现实。所以，看待理论，既不能用经验主义的态度不屑一顾，否则，就像凯恩斯说的，轻视理论的人不过是被某种过时理论所左右，也不能教条主义、本本主义地亦步亦趋，顶礼膜拜，就像当年的"二十八个半布尔什维克"，以及时下新闻传播学界一些食洋不化者。这里，黄宗智的经验值得借鉴，他说：

> 理论读起来和用起来可以使人兴奋，但它也能使人堕落。它既可以使我们创造性地思考，也可以使我们机械地运用。它既可以为我们打开广阔的视野并提出重要的问题，也可以为我们提供唾手可得的现成答案并使人们将问题大大简单化。它既可以帮助我们连接信息和概念，也可以给我们加上一些站不住脚的命题。它既可以使我们与中国研究圈子之外的同行进行对话，也可以使我们接受一些不易察觉但力量巨大的意识形态的影响。它既可以使我们进行广泛的比较，也可以使我们的眼界局限于狭隘的西方中心的或中国中心的观点。对理论的运用将像一次艰难的旅行，其中既充满了令人兴奋的可能性和报赏，也同样布满了陷阱和危险。（《经验与理论：中国社会、经济与法律的实践历史研究》）

在 2020 年第一期《开放时代》上，黄宗智发表文章，再次谈到这一问题：

> 我们对待所有现有理论的基本态度，是把它们当作问题而不是答案。相对千变万化的实际而言，理论只可能是片面的或局部的，不可能是普适的，只可能是随真实世界的演变而相应变化，不可能是给定的永恒真理。学术可以，也应该借

---

① 昌耀：《昌耀诗文总集》（增编版），665~674 页，北京，作家出版社，2010。

助不同流派的现有理论来协助我们认识实际，来推进我们对实际的概括，但绝对不应该像高度科学主义化的主流西方理论那样用来表达虚构的普世规律，或对真实世界实际片面化和理想化。真正求真的学术是根据精准的经验研究，通过对现有理论的取舍、对话、改造和推进，来建立带有经验界限的、行之有效的、更符合经验实际的概括，再返回到经验／实践世界中去检验。如此的学术，探索的应该是由求真和崇高的道德价值动机出发的问题，不该局限于如今流行的比较庸俗和工具主义／功利主义的研究方法或其所谓的"问题意识"。(《建立前瞻性的实践社会科学研究：从实质主义理论的一个重要缺点谈起》)

第四讲

中国理论

所谓中国理论，借用马克思的话说，就是科学层面致力于解释世界与价值层面致力于改变世界的理论。科学层面上，中国理论植根实践，在融通中外的视野中面向现实问题，在历史与逻辑有机统一的基础上，探究具有中国特色与普遍意义的学问与学理，也就是实事求是。价值层面上，如果说人的所思所想无不隐含着特定的立场、态度或倾向，所谓"言外之意""话里有话""听话听声，锣鼓听音"，那么系统化、学术化或科学化的学问与学理如传播学，就更是无所不在地体现着特定的价值倾向，正如美国传播学归根结底服务于冷战与后冷战的美国霸权，效力于美国垄断资本及其政治体制、社会生活与意识形态。所谓"价值中立""价值无涉"云云，充其量只适用于具体的研究过程免受先入为主的成见或偏见干扰。因此，本讲所谓中国理论，必不可少地包含着中国社会的传播理念与规律，体现着我们的价值理想——从中国道路中国梦到人类命运共同体，如天安门城楼的两句标语所言：中华人民共和国万岁、世界人民大团结万岁。

张文木把学问分为四等，一等学问是"以事说理"，即实事求是；二等学问是"以理说事"，即用一套既定理论解释现实；三等学问把事与理分开，要么胶柱鼓瑟就事论事，要么玄之又玄就理论理；四等学问则既不说事，也不说理，而是一事当前，方法先行。显而易见，我们的传播学研究数十年来基本上局限于以理说事、事理分离或方法先行，而中国理论及其研究则致力于以事说理，即实事求是。按照马克思的说法，叫作历史与逻辑的统一或有机统一："历史从哪里开始，思想进程也应当从哪里开始，而思想进程的进一步发展不过是历史过程在抽象的、理论上前后一致的形式上的反映；这种反映是经过修正的，然而是按照现实的历史过程本身的规律修正的，这时，每一个要素可以在它完全成熟而具有典型性的发展点上加以考察①。"说白了，就是贴着事物本身谈学论道，而非脱离事物本身讲经求法，古人说"道不远人"，就是这个意思。

2022年，王学典从新中国70多年的学术史角度，为中国理论及其演进提供了一种认识框架：

> 1949年以来，随着中国社会、中国历史翻天覆地、波澜壮阔的巨变，中国的哲学社会科学已经完成了两次大规模、全方位、根本性的学术转型。第一次是1949年开始的从民国学术到共和国学术的巨大转型，第二次是1978年开始的从"以阶级论为纲"的哲学社会科学到"以现代化为纲"的哲学社会科学的巨大转型。而从党的十八大前后开始，正在经历着、进行着第三次巨大转型，也就是从

---

① 《马克思恩格斯选集》第二卷，（第三版），14页，北京，人民出版社，2012。

"以现代化（西方化）为纲"学术范式到"以本土化（中国化）为纲"学术范式的转型。^①

由于中国传播学兴起于上述第二次转型之际，不可避免地带有西方"现代化"的烙印，实际上也就是资本主义的骨血，同时自觉不自觉地远离马克思主义与中国社会主义的道统。40年来，我们热衷于引介西方传播学，从施拉姆到德布雷，从哥伦比亚学派到芝加哥学派，"暖风熏得游人醉，直把杭州作汴州"。如今，面对新时代与百年未有之变局，中国传播学也需要"第三次巨大转型"—— 从"以现代化（西方化）为纲"学术范式到"以本土化（中国化）为纲"学术范式。这一转型的要义，就是一代马克思主义新闻学家甘惜分晚年倡导的"立足中国土，回到马克思"。只有回到马克思与中国道路的初心，才是中国传播学以及中国理论的人间正道。

春草碧色，春水绿波。进入21世纪特别是新时代以来，随着政治自觉、文化自觉以及学术自觉日渐明确，越来越多的中国学者致力于真问题、真学问、真研究，虽然其间静躁不同，趣舍万殊，学术立场与价值取向也不尽相同，但不乏问题意识、理论抱负与家国情怀。一批中青年学者奋发有为，为中国理论做出开创性工作。其中，赵月枝更以中西马的学术背景和理论造诣，成为新时代中国传播学的先行者。

这一讲就简要阐述中国理论的历史过程与思想进程。

---

① 王学典：《迎接第三次学术大转型》，载《中华读书报》，2022-05-05。

第十二章 缘起

众所周知，中国人民为了争取独立自由，先后经历了两次既有历史联系，又有本质区别的民族民主革命，先是旧民主主义革命，后是新民主主义革命。前者由资产阶级领导，后者由无产阶级领导；前者以自由民主的意识形态为指导，后者以马列主义特别是中国化的马列主义为指导。与此相似，传播学中国理论的酝酿、形成、发展，也可分为两个既有历史联系，又有本质区别的阶段，如果说前者是在自由主义脉络上的改良，那么后者则是"立足中国土，回到马克思"的革命。这一章先谈对西方传播理论的"改良"突围，下一章再谈中国理论的"革命"突破。

第一节 新旧"十六字方针"

1978年，改革开放全面开启之际，美国冷战传播学奠基人施拉姆来香港举办传播学研讨会。冷战最炽的20世纪50年代，他作为一员"反共斗士"，就主持参与了反马反共的《报刊的四种理论》一书——冷战传播学的代表作。书中将共产主义即马列主义、社会主义的新闻传播模式视为极权暴政的代表，而把西方资本主义的新闻传播模式奉为自由民主的典范，故一度被中国人民大学新闻系作为内部批判资料使用。改革开放后，施拉姆想方设法打入中国，一直未能如愿。直到1982年4月，通过貌似无关政治的"电化教育"，终于打通关节，获准进入中国大陆。其间，由香港弟子余也鲁陪同，先到广州，举办为期一周的"电化教育讲习会"，然后一路北上，相继登上复旦大学、中国社会科学院新闻所与中国人民大学新闻系的讲台，开启了所谓"传播学进入中国的破冰之旅"（余也鲁），实为冷战传播学的中国巡演。其实，这种情况远不限于传播学，由于"告别革命""历史虚无""去政治化"等思潮前呼后拥，意识形态领域普遍出现类似倾向，就像邓小平1986年批评资产阶级自由化思潮时指出的："对于西方各种哲学的、经济学的、社会政治的和文学艺术的思潮，不分析、不鉴别、不批判，而是一窝蜂地盲目推崇。"[①]

当时一批具有政治敏感与文化自觉的新闻工作者和研究者对这种"资产阶级新闻学"高度警觉，但在"自由化"的氛围中，这种清醒意识渐行渐消。"文革"后第一批大学生孙瑞祥，多年后追忆施拉姆来复旦座谈的情形略见一斑：

> 那次座谈会也就二三十人参加，包括我们班和 77 级部分同学。我的印象中还有王中、郑北渭、舒宗侨、陈韵昭等几位老师在场。记得座谈会是在 4 月 28 日，一个阳光明媚的上午，地点在第三教学楼南面的一间教室里，讲桌上摆放着鲜花。施拉姆和余也鲁步入教室时向同学们挥手致意，同学们鼓掌欢迎。他们师生二人西装革履，笑容可掬，分坐在一对藤椅上。施拉姆满面红光，仪表堂堂，瘦高个，很精神，但说起话来有点柔声细气，与外貌似乎不大般配。余也鲁个头稍显矮小，戴副眼镜，显得精明干练。当时有同学戏言他不像是教授，那做派很像是十里洋场的一个洋买办。

受施拉姆"破冰之旅"的影响，同年岁末召开了全国传播学座谈会（后来认定为第一次全国传播学研讨会），会上确定了我们对待传播学的态度，后来称为"十六字方针"——"系统了解、分析研究、批判吸收、自主创造"。虽然落实过程中，这一方针畸轻畸重，如系统了解很充分，而分析研究、批判吸收、自主创造很不够，但毕竟包含着一代学者的心血。然而，由于传播学"来路不正"，包括西方意识形态的底色、反马反共的本心、冷战学术的初衷等，中国传播学与中国道路不说渐行渐远，也是各行其是。无怪乎，2016 年习近平在哲学社会科学工作座谈会的讲话中，列举十一门具有支撑意义的学科时，只包括新闻学而没有传播学，虽然在时下新闻院系中，传播学已然占据大半江山。

2022 年春天，中国社会科学院新闻与传播研究所和清华大学马克思主义新闻学与新闻教育改革研究中心，举办了"新时代中国传播学研讨会"，中国传媒大学、中国人民大学、复旦大学、清华大学、北京大学、人民日报社研究部、新华社研究院等专家学者，经过研讨，提出一个新十六字方针，即守正创新、融通中外、植根实践、引领时代。周虽旧邦，其命维新。新十六字方针之所以新，就在于中国特色社会主义进入新时代并面临百年未有之大变局："这是一个需要理论而且一定能够产生理论的时代，这是一个需要思想而且一定能够产生思想的时代。"马克思主义基本原理同中国具体实际相结合、同中华优秀传统文化相结合，更是发展繁荣中国传播学及其学科体系、学术体系和话语体系的大道之行。

[①] 邓小平：《邓小平文选》第三卷，44 页，北京：人民出版社，1993。

在纷纭错综的世界史中，中华五千年是唯一延续至今的文明。中华民族自古尊奉"天行健，君子以自强不息；地势坤，君子以厚德载物"，浴火重生的新中国更激发了"我民族独立之精神、自由之思想"，从而"创造了中国式现代化新道路，创造了人类文明新形态"。同时，五千年文明史沉淀了源远流长的传播宝藏，两个百年奋斗史又开创了天地翻覆的传播新局：从制礼作乐（超迈"仪式传播"）到修齐治平（迥异"自身传播""身体传播"），从多民族的交流融合到大一统的天下网络，从"校尉羽书飞瀚海"到"满村听说蔡中郎"，从科学民主家喻户晓到革命真理深入人心，从建设高潮的农村广播站到火红年代的工人文化宫，从"宣传者、鼓动者、组织者"到互联互通村村通，从天地交而万物通之"交通"到一带一路"民心相通"等，无不为传播研究提供了丰沛的实践活水和学术源泉，有待人们施展学术的想象力与创造力。

以共产党引领的"民族的、科学的、大众的"新文化为例，百年来就有众多值得新时代中国传播学深究的课题：新旧融合，中西汇通，传播老百姓喜闻乐见的马列主义以及新社会新风尚；扫盲运动、简化汉字、汉语拼音、爱国卫生等一整套提升人民科学文化素质的教育教化；普及广播网、电视网、通信网等一系列保障人民基本媒体使用权的基础设施；俱乐部、文化站、读报组、乌兰牧骑、文艺汇演、广场舞等组织形态，使亿万各族人民作为主人公而非旁观者融入文化与传播活动；"向科学进军""学哲学、用哲学"、工农兵通讯员，召唤起千千万万普通人参与精神生产、科学研究、新闻传播，六七十年代遍及城乡如火如荼的"无线电热"世所罕见；高张反帝反殖反霸大纛以及和平共处五项原则，同各国人民以及世界一切进步人士广泛交往；新时代国家传播治理体系与治理能力的现代化问题，等等。这一切，无不构成新时代新十六字方针提出的背景，也形成中国传播学健康成长的丰厚土壤与源头活水。

第二节　从梁士纯到斯迈思

刘海龙追溯中国传播学发现，20世纪初美国芝加哥学派学者访华，已构成传播学在中国的"史前史"，包括杜威1919—1921年到访中国，帕克在燕京大学任教（1932年9月至12月）。同一时期，美国的宣传研究、民意测验、公共关系等，也在中国获得一定进展。① 曾经聘请斯诺任教燕京大学新闻系的系主任梁士纯，则开启了中国最早的宣传学研究与教学，撰写了第一部中国版《宣传学》。新中国成立后，梁士纯又执教南京大学外文系，构成这一脉传播学术的余绪。

杜威1919年4月30日到中国时，正值五四运动前夕。访华期间，他作了两百来

---

① 刘海龙：《中国传播研究的史前史》，载《新闻与传播研究》，2014（1）。

场演讲，讨论教育哲学和民主政治，并涉及传播与公众的形成、传播与社会交往、传播与共同体等问题。帕克在燕京大学社会学系开设了两门课，一门《社会学研究》，一门《集合行为》，包括群众与公众的区别、公众意见的形成等政治传播话题。

与此同时，中国学者也开展了相关研究。其中，中国社会学先驱孙文本的博士论文《美国报刊中的中国：报刊揭示的美国对华公众意见的基础及趋势》（1925）堪称典型的传播研究，也可谓几近泛滥的国家形象研究之滥觞。这篇文章考察了两个问题：一是美国人从媒体上看到的中国，一是美国人通过媒体表达的中国认识。他通过内容分析和文本解读，统计了美国报刊涉华报道的总量及其主题分布，从政治、经济、文化三方面进行了解读。刘海龙认为，他的研究意味着中国学者一个世纪前就已关注传播问题，如果仍然固守着施拉姆的"传播学"学科框架，便会忽视类似的思潮与证据，隔断中国传播研究的历史语境和传统。[①]

如果说上述历史过程与思想进程属于传播学中国理论的"史前史"，那么作为学科的传播学进入中国当属马克思主义传播政治经济学家斯迈思来华开展的实证研究。巧的是，斯迈思与尼克松几乎同时来到中国。本版开始修订的 2022 年，适逢他来华 50 年，经过半个世纪的风雨沧桑，我们更能理解他对中国社会主义道路及其传播的理论价值与实践意义。如果说施拉姆为代表的传播学，遵循着一整套西方的世界观、价值观、传播观的话，那么斯迈思不仅信守马克思主义的立场、观点、方法，而且对新中国新传播抱有高度认同，他的传播研究也紧密结合中国独立自主的艰辛探索与突出贡献，因而对新时代开创中国传播学更有理论启发和研究借鉴。[②] 作为一种对比，20 世纪 80 年代施拉姆携美国传播学来中国布道时，中国道路的新闻传播实践及其理论话语仿佛矮人三分，一些人对施拉姆、传播学顶礼膜拜。而此前 10 年，斯迈思来访调研时，中国在他眼里则代表了政治经济制度的"未来感"，就是说中国不仅不落后，而且还体现着列宁说的"先进的亚洲"。此行半年后，斯迈思在给中国驻加拿大使馆的信中写道：

> 真希望我们能够在中国再多待一段时间。我们这次调研太过紧凑——整整一个月，一天都没有休息。当我们离开大陆，回到香港后，我们生出一种巨大无比的震撼感：就像从未来穿越回了过去。我在香港宾馆待了足足三天，才缓过来。[③]

---

① 刘海龙：《中国传播研究的史前史》，载《新闻与传播研究》，2014（1）。

② 赵月枝认为：二战以后，一方面，共产主义革命和全球反殖民运动催生了以遏制共产主义蔓延为主要诉求的"冷战传播学"和服务于美帝国扩张利益的、以"传播与现代化"为主要范式的"国际传播"研究；另一方面，中国革命和独立自主探索社会主义道路的实践，尤其中国始终站在被压迫民族一边的国际主义立场，也激发了西方内部反资本主义和反殖民主义学者的学术想象，其中代表性的研究者是斯迈思（Dallas Smythe）和弗雷泽（Robeson Taj Frazier）。2022 年 8 月 10 日，北京，"从国际主义到人类命运共同体：文化与传播高峰论坛"主旨演讲《国际传播的跨文化政治经济学想象》。

③ 转引自盛阳：《"九评"：中苏论战与新闻传播》，166 页，新北，花木兰文化事业有限公司，2022。

斯迈思于 20 世纪 30 年代获得博士学位，曾在美国联邦通讯委员会等机构任职多年，后与施拉姆同在伊利诺伊大学教授传播学，直至受麦卡锡主义迫害回到加拿大，然后在西蒙菲莎大学开创了传播政治经济学的学术传统。在西方传播学史上，斯迈思和施拉姆是一对"学术宿敌"，代表着两种对立的政治立场：与施拉姆开创的"冷战传播学"截然不同，斯迈思的传播政治经济学是以马克思主义为灵魂、以社会主义事业为旨归；施拉姆是不折不扣的"冷战斗士"，而斯迈思是不屈不挠的"社会主义者"。

斯迈思 1971 年年底到 1972 年年初第一次到中国访问时，一边在北京、上海、武汉、广州等地大学演讲或座谈，进行学术交流；一边深入报社、广播电视机构以及电子工厂等单位开展实地调研。1978 年，他再一次来到中国调研。与他交往密切的赵月枝认为，他是真正来了解、学习、研究社会主义传播实践的西方传播学者。作为一位严谨而有群众立场的学者，斯迈思在笔记中谦虚地写到，自己的研究有局限性，因为只对一些知识分子和干部做了访谈，而并不十分了解工人、农民、普通群众的思想状况。

在首次北京之行与破冰之旅中，他应邀在北京大学做了一场报告，题为《大众传播与文化革命：中国的经验》(*Mass Communication and Cultural Revolution: Experiences in China*)。之后，他将报告手稿赠予校方负责人周培源教授，继而被北京大学图书馆收藏。斯迈思第二次来华调研后，写了《自行车之后，是什么？》的报告。多年后，王洪喆、赵月枝在《自行车之后是什么？》一文中文版序言中指出，访华过程中，斯迈思也就中国广播电视技术的发展提出建议。他指出，在资本主义国家，电视本来可以设计成双向系统，使每个接收器都能同步发送信号给电视台，但是为了实现单纯售卖产品的目的，西方在技术上设计了单向系统，从而保障电视台可对民众"倾销"新闻、宣传、广告等。斯迈思建议中国应该设计一套让人民发声的双向电视技术。对此，上海、南京、北京、广州等广电工作者颇有兴趣，清华大学相关技术专家也表示赞成，而一些人文社会科学学者却认为："技术本身是没有阶级属性的，虽然它可能会被用于服务特定阶级的利益。"①

关于斯迈思的学术贡献，赵月枝概括了四点②：

一是传播研究坚持辩证唯物主义立场。他提出"意识工业"的概念，认为媒体是由"传媒技术（物质基础）"与"传媒艺术（意识形态）"共同构成的意识工业体系，"生产什么、为谁生产、如何生产"才是传播以及传播研究的核心问题。资本主义意识工业从技术到艺术都在为资产阶级服务，社会主义传播体系理应为人民服务，"群众路

---

① 达拉斯·斯迈思、王洪喆：《自行车之后是什么？——技术的政治与意识形态属性》，载《开放时代》，2014（4）。
② 赵月枝：《新时代呼唤中国传播学——兼谈斯迈思的开创性贡献》，载《新闻记者》，2022（5）。

线"就体现了社会主义的传播原则。美国主流传播学的理论和方法，大多适用于资本主义国家的文化管理和思想规训，与社会主义道路难免格格不入。

二是技术具有政治与意识形态属性。他指出，在资本主义国家，技术的革新进步来自庞大的企业实验室，而资本集团与垄断财阀只选择少部分开展研发，这种资本主导下的技术创新隐含着资本主义的市场逻辑与意识形态。他建议，中国应对所有引进的外国技术进行过滤，对其隐含的意识形态后果保持警觉。

三是中国独立自主的社会主义道路离不开"文化甄别"。他提出，摆脱对资本主义意识形态的依附，需要对西方信息及文化产品进行"文化甄别"。他在代表作《依附之路》中写道："倘若我们要考察被支配国家所采取的保护措施，就有必要处理西方政府与知识分子破坏这些保护措施时所惯用的唬人伎俩。'审查'是个肮脏的词，信息自由流动的倡导者利用这个词达到了自己的目的。现代审查行为的实质在于，它决定什么能够在文化领域被大规模生产。"① 如果说"审查"话语是自由主义"保护自己，打击对手"的恶人恶语，仿佛只要对文化与信息进行甄别、筛选和把关，就涉嫌冒犯自由并十恶不赦的"审查制"，那么"文化甄别"则是社会主义国家以及广大的发展中国家自我保护、促进文化健康成长的话语武器。

四是中国社会主义传播实践具有世界意义。斯迈思说，"中国个案，意义重大"，中国社会主义道路及其传播实践对世界各国，特别是发展中国家独立自主、摆脱依附极具政治优势和借鉴意义。

"风乍起，吹皱一池春水。"虽然斯迈思访华的历史及其对中国传播研究的意义要到新时代才得到学界主流重新认识并完全领悟，但他所代表的传播研究范式以及马克思主义学统，实际上不绝如缕，在中国薪火相传。而且当年与后来，斯迈思都并非孤军作战，1979 年，《国际新闻界》复刊，之后 6 年发表了 15 篇与美国实证主义研究不同的名家名作。② 正如刘海龙总结的：

> 在传播学早期的引介中，批判学派不仅没有缺席，甚至对席勒思想的介绍不仅时间早，而且在篇幅上也超过了来华的施拉姆……这说明在面对不同学派时，内地的早期引介者不仅没有厚此薄彼，反而出于政治敏感，有意地要保持平衡（介绍欧洲甚至发展中国家的"传播学"）。③

---

① ［加］达拉斯·W. 斯迈思：《依附之路：传播、资本主义、意识和加拿大》，吴畅畅、张颖译，252~253 页，北京，北京大学出版社，2022。

② 刘海龙：《"传播学"引进中的"失踪者"：从 1978 年—1989 年批判学派的引介看中国早期的传播学观念》，载《新闻与传播研究》，2007（4）。

③ 同上。

第三节　反思冷战传播学

由于受制于主客观的"大环境"与"小环境"，四五十年来，中国传播学局限于美国传播学及其学科体系、学术体系和话语体系，陷入"以洋为尊、以洋为美、唯洋是从"，逐渐远离大道之行的中国道路。美国传播学的理论、方法与问题统摄了中国传播学，从本硕博学位论文到层出不穷的高头讲章，几乎沦为美国传播学的殖民地。有一年，台湾一批新闻传播学者来清华访问，谈到台湾已是美国学术思想殖民地，毫无指望，只能寄托于中华文明源远流长的大陆学界。我们遗憾回答，大陆情况比台湾有过之而无不及。为此，新时代中国传播学建设首先需要解放思想，破除迷信，冲破西方传播学的迷雾与迷思，回归人间正道与学问正道，研究真问题，真研究问题，明确"为谁著书、为谁立说"，培育真才实学，提出真知灼见。

如前所述，美国传播学的基本理论与研究方法，主要问题与学术关切等，无不契合二战前后美国社会的政治、经济、文化等演化脉络。二战期间，美国就有一大批政治学者、社会学者、心理学者投身宣传研究，许多成果为战后传播学在美国的形成奠定了基础。二战后的冷战更是极大推动了美国传播学进程，施拉姆参与的《报刊的四种理论》就是典型的冷战产物。所谓四种理论，其实只是两种，也隐含着两大阵营的对峙，一种是"自由主义理论"，一种是"极权主义理论"。这也是美国社会科学的共同趋势——以所谓科学进步的现代化理论对抗马克思主义以争夺世界霸权。正如施拉姆弟子罗杰斯坦陈的："施拉姆对国际传播产生兴趣的另一个理由是他的强烈的爱国主义情感，它与这样一个信念连在一起，即对于美国来说，第二次世界大战后的主要问题在于它与苏联的'冷战'冲突，在于第三世界发展的有关问题，美国外交政策在当时将这些问题限定为与苏联争夺拉丁美洲、非洲、亚洲人民的心灵和精神的一场斗争。"[①]

美国传播学全球扩张也得益于学科建制。施拉姆之所以被称为传播学的"奠基人"，主要因为他建立了第一个传播学院，编撰了第一本传播学教科书，授予了第一个传播学博士学位，也成为第一个传播学教授等。而1980年代的中国新闻界，一方面对过度政治化的新闻理论与实践或敬而远之，或弃如敝屣，倒洗澡水时不小心也将孩子一并倒掉；一方面又将貌似不讲政治而只谈科学，仿佛只是学科而实则浸透意识形态的美国传播理论奉若神明，趋之若鹜。于是，在中国知识界"告别革命"的时代氛围中，美国传播学获得疯长的现实土壤，恰似之前"革命年代"遭遇的全面阻击与无情批判。

当然，冷战传播学进入中国，并非一路畅通。在1982年11月的第一次全国传播学研讨会上，一批有马列理论功底的老专家，如中国人民大学新闻系张隆栋教授，就清醒

---

① ［美］罗杰斯：《传播学史：一种传记式的方法》，殷晓蓉译，494页，上海：上海译文出版社，1997。

指出其中的政治与学术问题。新闻所陶涵研究员也简明扼要地谈到传播学的五个缺点：第一，西方传播学抽掉了阶级内容；第二，夸大了传播的作用；第三，方法烦琐；第四，体系杂乱；第五，唯心主义的立场，比如认为人类历史就是传播的历史。[①] 曾任新闻所副所长的徐耀魁更从马克思主义的视角，详尽谈到西方传播学要害，用时下的学术语言概括，就叫去政治化的政治：

> 首先，他们研究的最终目的还是维护美国的利益，地球村是美国资产阶级的全球村，阶级的色彩还是很明显的，他是为谁服务的呢？很明确。
>
> 其次，在研究方法上有不可取之处，基本出发点是唯心主义的，是主观想象、脱离了政治体制的研究，手法都有很多是繁琐的，不应该完全照搬。
>
> 再次，对大众传播研究，夸大了它的社会作用，认为它是决定人类发展的，而忽略了人的主观能动作用和上层建筑与经济基础的矛盾关系。作为传播工具，它没有阶级性，但是作为新闻的机构，是有阶级的，它夸大了传播的作用，认为传播决定历史的发展，决定历史的不是生产力，而是传播。
>
> 最后，传播学大而杂，有二三十个理论，还没有完整的理论系统，美国的传播学也支离破碎，其他国家也是如此。[②]

然而，面对 80 年代的"大气候和小气候"（邓小平），这些清醒冷静的声音渐行渐消，而美国传播学在中国要风得风、要雨得雨，不仅一步步占据学科体系、学术体系和话语体系的制高点，而且不断挤压马克思主义新闻学或中国道路新闻学的空间，使之一步步边缘化。

现在看得更清楚，五六十年代冷战高潮之际，为了对冲共产主义，对抗社会主义，消解马列主义，同时与社会主义阵营争夺亚非拉世界，美国建构并推行了一整套貌似普世而科学的现代化理论，如王绍光所举的典型一例：很多人知道罗斯托的增长阶段理论，但很少有人知道，罗斯托本人就同美国政府、美国情报机关、美国心理战有着千丝万缕的关系，他的《经济增长阶段》副标题名为"非共产党宣言（反共产党宣言）"，可见并不是纯粹的理论，醉翁之意在于指出不同于马克思主义的道路。不仅如此，近年来的大量研究也表明，美国很多现代化理论名家如出一辙，"他们提出的学说或者说意识形态本质上是冷战的工具"。[③] 如丹尼尔·贝尔、亨廷顿、福山以及等而下之的托夫勒之辈。

---

① 刘卫东：《第一次传播学学术研讨会纪要》，载《中国新闻传播教育年鉴（2021）》，846~853 页，武汉，武汉大学出版社，2021。

② 同上

③ 王绍光：《现代化道路上，西方敢不敢回答这三个问题？》，观察者网 2022-11-02。

同样，传播学也属其中的有机构成。①"无论是 1964 年施拉姆撰写的《大众传播媒介与国家发展》，还是 1976 年他与现代化理论的代表人物勒纳合作编写的《传播与变迁》（*Communication and Change*），都在强调发展大众传播对于国家现代化、民主化的重要作用。他来中国最初讲授的电化教学，其目的也是通过当时最新的媒介技术（至少对中国而言），提高民众的文化素质，为实现（西方）现代化准备条件。余也鲁后来把他们的讲义编成书，其书名《传媒·教育·现代化：教育传播的理论与实践》正反映了这一目标。"②

这套现代化话语不仅迎合告别革命的社会氛围，而且契合学界潮流——"正规化、国际化和美国化"。如贺桂梅揭示的，以科学主义作为基本学术特色的"现代化理论"，实际"底色"是"美国化"，并被我们推崇为"国际化"，纷纷攘攘的各路国际期刊、国际会议、国际化办学均源于此。③如"国际接轨"，无非按照美国的理论、方法、思路等研究问题，发表成果。如今，中国新闻传播院系有个见怪不怪的习见现象，研究生的论文开题与答辩往往会问到：你的研究用了什么理论？而这里说的理论，不过是美国某家某派的学说、观点等。假如你的研究没有以这样或那样的美国理论为依据，那么无论选题再有价值，也无论思路再有新意，研究再有水平，都不入流，甚至不合格。相反，如果照猫画虎、移花接木同美国接轨，即便是用众所不知的语言讲众所周知的常识，也是一等一的学问。

从新世纪到新时代，"清虚日来，滓秽日去"，文化自觉日见清朗，守正创新日渐明晰，与此同时美国传播学以及"文化冷战"的本质与局限也日益显露。未来更重要的还是"如何以真正的'中国思想'面对真正的'中国问题'"④。

第四节 超越美国传播学

即使不论西方的冷战学术及其意识形态，单纯就学论学也不难看到，以 5W 传播模式构建的一套媒介中心主义，以及西方中心主义、城市中心主义的传播学，不仅偏好各种"洗脑"的传播效果与媒介系统，而且势必遗漏许多重要而普遍的中国问题。比如，

---

① 关于美国传播学的政治背景与冷战意味，参见胡翼青：《传播学科的奠定：1922—1949》，北京，中国大百科全书出版社，2012。

② 刘海龙：《施拉姆与中国传播研究：文化冷战与现代化共识》，载《新闻与传播研究》，2020（6）。

③ 贺桂梅指出，中国的社会科学在 90 年代迅速崛起的历史原因虽然可从很多角度展开分析，但其中最重要的原因或许在于，这一美式学科建制和知识体制在 90 年代后的确立（1997 年传播学被列入国家学科目录并与新闻学并列二级学科），与现代化意识形态在 80 年代的扩散直接相关。见贺桂梅：《"新启蒙"知识档案：80 年代中国文化研究》（第二版），55~56 页，北京，北京大学出版社，2021。

④ 周宁：《跨文化形象学：问题与方法的困境》，载《厦门大学学报》，2012（5）。

中国北方农村的乡亲们喜欢端着碗，蹲在家门口，边吃边聊，看起来同现代媒介互不相干，却是中国人司空见惯的传播行为，对世道人心有着不可估量的作用。

更有甚者，5W 传播模式作为一项研究思路，即便最初不无"思想解放"之功，久而久之也日益造成故步自封的思维定式。年轻学人面对新鲜的传播议题与问题，往往习惯性地分析其中的传播主体、传播通道、传播内容、传播受众、传播效果。事实上，21世纪以来，随着传播技术以及传播生态的巨变，既有的理论框架对现实问题越来越缺乏解释力，也越来越约束学术的创造力与想象力。20 世纪 70 年代留学美国的中国台湾学者李金铨，在 2014 年的一篇文章中就感叹：

> 上世纪 70 年代，我初入研究院就读时，新闻系内部密集出现以下的"理论"：议程设置、知识鸿沟、使用与满足、沉默的螺旋、认知共同适应、第三者效果、涵化、框架和铺垫、创新扩散等。这些"理论"的生命力不等，有的一开始就有气无力，有的刚提出时颇有新意，但因为长期孤立使用，过劳而透支，很快呈现疲态。几十年后，我都快退休了，看过各种走马灯似的流行，抓住几个老题目不断再生产，固然资料累积很多，但见解增加几许？何况连这类"内部理论"也长久不见有人提出，而整个学科生态又满于划地自限，不作兴跨学科互动，其理论贫瘠的尴尬境况可想而知。坦白说，今天在美国有些大学博士课程，可以狭窄到从上述的"理论"选择一个题目，写一篇不痛不痒的论文，就可以拿到学位了。①

对中国传播学发展路径的反思，从施拉姆走红中国之际就不绝如缕。1980 年代末政治风波后，更有马克思主义学者明确指出美国传播学的政治倾向问题，直言不讳地称之为"资产阶级新闻学"。2002 年，政治学者王绍光为《读书》撰文《中央情报局与文化冷战》，则从广阔的历史背景上揭示了冷战文化的实质。

对西方传播学的系统反思与全面批判是从新世纪开始的，火力全开始于改革开放三十年，进入新时代更是遍地开花。正如有人指出的，我们"一开始就走偏了""存在严重的方向性错误"。② 在此过程中，一批青年学者胡翼青、刘海龙、王维佳、吴畅畅等发表了一系列研究成果，对施拉姆以及冷战传播学体系进行了系统、深刻而全面的剖析批判。

——对"五W模式"的批判。胡翼青指出，拉斯韦尔的传播功能论是在意识形态控制的背景下发挥作用的。所谓三大社会功能，实际上只有一种，即社会控制。所以，奠基于拉斯韦尔五W 模式的美国传播学，不过是一套意识形态操控术，越来越无法解释

---

① 李金铨：《传播研究的典范与认同》，载《书城》，2014（2）。

② 吴飞：《何处是家园——传播研究的逻辑追问》，载《新闻记者》，2014（9）。

当下传播现象与问题：

> 经过战争的洗礼，作为一个政治学者，拉斯韦尔深度地陷入了美国的政治进程，似乎更为自觉自愿地受到政府和主流意识形态的摆布——他直接把反对共产主义意识形态和维护美国主流价值观和美国精神作为了自己后半生的重要职责，成为冷战中最为坚定和活跃的反共学者之一。他甚至使用内容分析法亲自从事情报搜集工作。他的学生是这么评价拉斯韦尔的研究工作的："战时传播项目远非只是一个研究项目；它在本质方面是一种情报努力的组成部分。"正是基于这些行为，高海波指出："为提醒人们注意这一点，我更愿意将《社会传播的结构与功能》看作'传播学的冷战宣言'，而不是'传播学的独立宣言'。"在拉斯韦尔等人的努力下，在二战中和二战后，美国的知识界和宣传机器使美国民众形成了一种舆论共识。这种舆论共识坚定地维护着这样一个一极化的美国形象："一个现代大陆国家，拥有巨大的生产力、巨大的财富以及和谐的社会。"与之相对应的则是苏东国家落后和极权的统治方式，民众生活的非常痛苦。①

——对所谓发展传播学的批判。发展传播学被当作传播学的重要分支。然而，亚非拉发展中国家的历史无不表明，通过信息与传播技术的扩散，既不能解决国家发展问题，也不能改变现行的国际秩序、文明形态、发展模式，相反最终更深地陷入依附性的畸形发展："发展传播学是在世界分为南北贫富两极的历史格局内以研究第三世界传播与发展问题为对象，以维护这种格局即资本国际统治为宗旨的理论。它实际上也是从殖民理论脱胎而来的。"②胡翼青等分析发展传播学的生成过程，也指出美国主流传播学里没有批判思想的空间与协商性多元文化的空间，有的只是美国中心主义的优越感和赤裸裸的示范。勒纳等发展传播学理论生来就无法摆脱这一先在困境。因此，他反问道："一个充满着美国学者关于世界的想象的后殖民理论，怎么就会自然而然地成为中国传播学本土化的起点呢？"③

——对使用与满足理论的批判。在美国传播学知识版图上，"使用与满足理论"有着特殊重要的地位。一方面，它是美国早期功能主义媒介研究不可或缺的一环；一方面，又是后期新功能主义媒介研究的起点和中心。在胡翼青看来，这套理论是"完全正确的废话"，对传播学发展带来三个致命问题。一是过高估计了多数受众并不存在的主体性，因而遮蔽了媒介控制受众思想的真问题。二是更多停留在现象描述层面，并不能

---

① 胡翼青：《超越功能主义意识形态：再论传播社会功能研究》，载《现代传播》，2012（7）。
② 支庭荣：《由盛而衰的发展传播学》，载《新闻大学》，1996（4）。
③ 胡翼青、柴菊：《发展传播学批判：传播学本土化的再思考》，载《当代传播》，2013（1）。

揭示事物的本质及其规律，如同众多形而上学唯心论的西方社会科学。三是过分依赖社会心理学，影响了学科主体性的发展。①

——对"西方理论，中国经验"的批判。数十年来，中国传播学研究一直遵循着"西方理论，中国经验"的逻辑与套路。显然，"用西方的理论为标准去解释中国的经验，不但不能创造出中国的传播学，倒是更有可能是用中国的经验去丰富了西方理论的案例库，拓展和强化西方理论的话语霸权"。一方面，想当然地把中国等同于西方，导致多数没有研究价值的东西成为热议的对象，而有研究价值的东西由于不符合西方理论的预设而鲜有问津。另一方面，这个二元框架也是对西方理论的不求甚解：

> 随意地把西方理论与其语境剥离开，并不假思索地套用到所谓的"中国经验"之上，或是直接类比，或是移花接木，完全不顾二者之间的互动，是中国传播研究者最常见的手法。这种处置方式将西方理论鲜活的内容变成了空洞的形式。归纳起来这种对待理论的态度至少有三个方面的不妥当之处：第一，西方的理论因此被真理化、客观化或教条化，而研究主体失去了学术思考的正确方式，陷入了评判西方理论或对或错的二极思维中；第二，研究主体成为了理论的搬运者并忽略了知识的社会背景；第三，研究的方法论程序存在问题。本来应当由理论框架所引导的经验问题的提出，变成了用现成的理论套用现成的事实。②

——对施拉姆的批判。刘海龙提出，施拉姆在中国传播学界的形象，经历了一个非常戏剧性的转折，从早期的"宣韦伯""传播学集大成者""传播学的奠基人""中国传播学的启蒙者"，逐渐发展为后来的"冷战专家"。尤其是"反报刊的四种理论"《最后的权利》以及《胁迫之术》中文版分别于 2008 年和 2017 年出版，不仅活生生地展示了美国传播学同美国政府、情报机构、战争宣传的密切关系，而且重点揭示了施拉姆同中央情报局和美国军方心理战项目狼狈为奸的内情。换言之，施拉姆是美国情报部门和军方的"御用文人"，推动文化冷战的代表人物。③刘海龙为此举了很多例子：

> 转到伊利诺伊大学后，施拉姆的传播研究所在学校里变得举足轻重，他更加积极地与国家对外宣传机构、情报机构与军方密切合作，承接大量研究项目，并为美国新闻署（USIA）编写了培训教材《大众传播的效果与过程》。此书是传播研究最有影响的教材之一，以 5W 理论和信息论为基础，搭建了早期传播理论的主要

---

① 胡翼青、张婧妍：《功能主义传播观批判：再论使用满足理论》，载《新闻大学》，2016（1）。

② 胡翼青：《传播研究本土化路径的迷失——对"西方理论，中国经验"二元框架的历史反思》，载《现代传播》，2011（4）。

③ 刘海龙：《施拉姆与中国传播研究：文化冷战与现代化共识》，载《新闻与传播研究》，2020（6）。

框架。这一期间施拉姆还应隶属于美国空军的 Human Resources Research Institute（HRRI）的邀请，亲赴韩国汉城（现首尔）实地调查了 2 个月，研究朝鲜战争时期共产党的心理战，并与 John W. Riley 合作编写了《赤军夺城：共产党对首尔的占领》。这本书本身几乎没有什么学术价值，只是编译了对各行业民众对共产党领导下生活的自述。它与其说是一本学术著作，不如说是一本批判共产党宣传的宣传材料，单单美国国务院就购买了 1 万册。①

总之，数十年来不断有人思考，中国传播学是否有其他可能性？以施拉姆为代表的冷战传播学、反马反共传播学，如何导致中国传播学失去丰富的多义性与可能性。②2020 年，吴予敏撰文《中国传播研究的再出发》，以 40 年中国传播学亲历者的身份指出：

> 所谓再出发，是自觉地改变学科地位身份的一种觉醒。过去的 40 年，基本上是以西方传播学理论阵营为师为规。今天的中国传播环境在新的科技革命的推动下，正需要以聚焦中国问题、分析中国经验、理出中国模式、建构中国话语为主要努力的方向。从功能主义和工具形式主义的模式中解放出来是一个有争议的命题，更是一个艰难纠结的过程。但是，这是中国传播研究建立自己的主体性的必然过程，也是新一代的中国传播学者的历史使命。③

第五节　破立并举觅新路

21 世纪以来，中国特色社会主义道路日益展现生机，文化自觉与历史自觉也在新闻传播中日益凸显。特别是近十年来，新锐学者一方面深刻反思西方传播学，一方面如贺雪峰所言"呼啸地奔向原野"，在中国道路的大方向上，在古今中西的坐标系中，寻觅中国理论的人间正道。其间，芝加哥学派、欧洲媒介理论、传播政治经济学等后来居上，颇受传播学界关注，虽然这些理论学派依旧难脱西方中心论的窠臼，但毕竟有助于突破冷战传播学桎梏，拓展中国传播学视野。

一、芝加哥学派

芝加哥学派对中国学界的影响，体现于两部代表性著述。一是 2005 年詹姆斯·凯

---

① 刘海龙：《施拉姆与中国传播研究：文化冷战与现代化共识》，载《新闻与传播研究》，2020（6）。
② 刘海龙：《中国传播研究的史前史》，载《新闻与传播研究》，2014（1）。
③ 吴予敏：《中国传播研究的再出发》，载《新闻与传播评论》，2020（2）。

瑞的《作为文化的传播》译介中国，一时间出现大量"传播仪式观"的期刊论文和学位论文。二是胡翼青的博士论文《再度发言：论社会学芝加哥学派传播思想》2007 年付梓，进一步打开了传播理论的想象空间。此前，诸如"意见领袖""沉默的螺旋""议程设置""使用与满足""创新扩散""第三人效果"等理论，总是难免其他学科的反诘："这不是常识吗？"而芝加哥学派使传播学界超越媒介中心主义，面对广泛的社会性问题。

19 世纪末 20 世纪初，随着资本主义野蛮扩张，美国社会深陷一系列突出矛盾——贫富分化、社会腐败、道德沦丧、犯罪率高等，芝加哥就是一大典型。如何解释和解决这些社会矛盾，一批芝加哥学者以不同身份潜入社会各个角落，收集资料、发现问题、分析原因、寻求解决之道。这一实证主义的学术传统，激起中国学者的研究热情与理论想象，他们也开始深入偏僻地区，研究人们的日常交往与媒介使用，产生一些新成果。比如，郭建斌针对云南山区少数民族电视收看行为的实地调查，尝试以民族志方法打破量化方法的霸权地位。

二、欧洲媒介理论

继芝加哥学派之后，欧洲媒介研究及其理论也一度成为中国传播学关注的对象。此前，中国传播学陷入焦虑和困惑，一方面量化研究关注不痛不痒、不言自明的事实，一方面质化研究又沉迷于、满足于概念的"搬运工"，传播学成为一个既缺乏解释力，又缺乏创新性的领域。同时，数十年来思想文化领域也不问姓社姓资，"去政治化"与"去政治化的政治"使新闻学界对中国道路与马列道统往往敬而远之，并自许独立，自恃清高。当此时，欧洲媒介理论得到关注就不足为奇了。因为，这路理论既有"去政治化""无政府主义""自由主义"等特征，又有看似炫目的思维深度，如德布雷的《普通媒介学教程》。

欧洲媒介理论的关键词包括：物质性、媒介学、媒介化、具身性等。虽然对媒介的理解和研究的重点差别很大，但都高度重视媒介技术及其形态，关注媒介的物质性而非传播内容。换言之，把媒介视为无形无象的隐喻而非实体，试图摆脱功能主义传播研究的困境[①]。作为一种知识分子的书斋想象，这些理论的唯心倾向显而易见，最终难免陷入认识论上不断内卷的"深化、再深化"，既无法经验性地解释世界，更无法实践性地改变世界。

正因如此，截至 2022 年年底，这套时兴理论虽在中国流传十来年，但有影响的著述依然是几篇综述文章，未见扎实的科学研究。结果，中国传播学尚未摆脱美国传播学的"俗之又俗"，又陷入欧洲传播学的"玄之又玄"，同样丧失实践能力与理论活力。这

---

① 胡翼青、王焕超：《媒介理论范式的兴起：基于不同学派的比较分析》，载《现代传播》，2020（4）。

里，有一点耐人寻味，欧洲媒介理论的代表人物德布雷，曾是一名法国共产党党员，年轻时写过《革命中的革命》，讲述自己如何从书斋中陶冶革命情怀，又如何出于对格瓦拉的敬仰，来到玻利维亚密林深处投身游击战，成为"与卡斯特罗关系密切的游击队员"。1967 年德布雷被美国中央情报局逮捕，关押四年，遭遇严刑拷打，当年一场声势浩大的声援德布雷运动，成为一代人的记忆。在其晦涩的理论背后，德布雷并没有掩藏行动者姿态和共产主义倾向，他之所以讨论"媒介化"，也是想知道一种观念、一种精神力量，如何通过媒介域而变成社会行动和社会改造的力量。

三、传播政治经济学

21 世纪以来，中国传播实践发生一系列变化，其中四个方面得到传播政治经济学的关注：一是从世界工厂到数字劳动。传播政治经济学秉承马克思主义传统，关注劳动劳工等议题，包括外卖员、主播、快递员等平台劳动者。二是中美关系、"一带一路"以及国际传播秩序。传播政治经济学一向关注国际信息流动不均衡、不平等问题，强调信息主权和文化主权，批判文化帝国主义，呼吁建设公平合理的国际传播新秩序。三是文化政治和意识形态。随着中国网络空间、新闻媒体、社交平台、影视作品的意识形态问题加剧，马克思主义的主流价值与主导地位不断受到冲击，享乐主义、个人主义、功利主义思潮日益侵蚀人们的价值观念。四是城乡关系。当实现全面小康，开启乡村振兴计划之际，传播政治经济学开始聚焦中国农民的社会主义现代性和主体性、城乡资源要素的双向流动，以及传统文化与社会主义新文化的碰撞融通。

其间，有两个进展格外引人关注。一是赵月枝教授及其团队的系列学术活动。一方面，她的专著《维系民主？西方政治与新闻客观性》（与哈克特合著）、《传播与社会：政治经济与文化分析》《中国传播政治经济学》等，为传播政治经济学的中国研究奠定了基础。一方面，她发起组织的"批判传播学年会"（与吕新雨等合作）、"河阳论坛""从全球到乡村暑期班"等，也产生广泛学术影响。二是应北京大学"大学堂"讲学计划邀请，美国传播政治经济学名家丹·席勒（Dan Schiller），也就是与斯迈思齐名的赫伯特·席勒的哲嗣，于 2016 年到访北京大学，作了四场学术演讲："数字资本主义时代的信息地缘政治学""美国信息传播业的历史考察""美国数字网络政策的调整1967—1974"与"全球互联时代的美式和平"。随后，演讲稿中文版在北京大学出版社付梓，题为《信息资本主义的兴起与扩张：网络与尼克松时代》。

当时光从"新世纪"到"新时代"，人们一路看到"沉舟侧畔千帆过，病树前头万木春"的景象，一路感到"小楼一夜听春雨，深巷明朝卖杏花"的气息——中国传播学即将破土而出！

第十三章　崛起（上）

　　21 世纪以来，中国传播学的主体意识不断觉醒。一方面，2008 年前所未有的金融危机，以及阿富汗战争、伊拉克战争、叙利亚战争、俄乌战争等均使资本主义、帝国秩序、霸权体系风雨飘摇；一方面，中国这边风景独好，"左一脚，右一脚，深一脚，浅一脚"的中国道路备受世人关注。特别是党的十八大以来，意识形态领域拨乱反正，大力推进哲学社会科学守正创新，新闻传播学也迎来风清气正新时代。

　　在这样的背景下，中国传播学的主体意识以及政治自觉、文化自觉和学术自觉日益鲜明，推陈出新之势在年轻学人身上日益突出。推陈出新者，"扬弃"之谓也，扬是继承，弃是超越。"江山留胜迹，我辈复登临。"每代人有每代人的新情况、新问题，每代人自然有每代人的新思考、新理论，同时每代人又都离不开前人的所作所为，就像马克思说的："人们自己创造自己的历史，但是他们并不是随心所欲地创造，并不是在他们自己选定的条件下创造，而是在直接碰到的、既定的、从过去承继下来的条件下创造。一切已死的先辈们的传统，像梦魇一样纠缠着活人的头脑。"[1] 这也是新时代中国传播学破立并举的处境。

第一节　重构中国传播学

　　传播活动，古今皆然。而传播成为一门学问与学科，则是随着资本主义的兴起而出现的。资本主义的市场扩张，全球拓展，帝国殖民，工业化大生产，导致人类信息空前涌流，促使社会交往空前活跃，形成《共产党宣言》论述的世界历史图景，所谓"无穷的远方，无数的人们，都和我有关"（鲁迅）。于是，针对信息、传播与交往的探讨，也就随之出现了。特别是随着二战前后电子媒介的迅猛发展，现代传播更如大江

---

[1]　《马克思恩格斯选集》第一卷，585 页，北京：人民出版社，1995。

东来，汹涌澎湃，诸如新闻报道、广播电视、竞选演讲、商业广告、战争宣传、危机公关等，日益广泛地影响人类世界与社会生活。为此，新闻学、政治学、社会学、心理学、语言学等，更是高度关注，纷纷展开研究，相互交叉，不断融汇，最终形成一种专门的学科——传播学。按大道至简的理解，传播学是探讨人类传播现象与信息体系及其规律的学问。人类一切活动都离不开传播，少不了传播，曾子"一日三省"，属于发生在自身的传播。"相看两不厌，唯有敬亭山"，是人与自然万物的对话。"故人具鸡黍，邀我至田家……开轩面场圃，把酒话桑麻"，是人际间的交往。至于现代传播活动，更是触目皆是、举世滔滔，看看"低头一族"就可想而知了。

"四十不惑"，当美国传播学进入中国40年之际，中国传播学也过了"不惑之年"，需要反思和重构。一方面，美国社会科学包括传播学日益陷入内卷化，失去思想的活力与学术的敏锐，华裔美国学者黄宗智一语中的指出："今日美国一般的社会学、政治学系，对学生们要求的是首先建立所谓'理论'或模式，然后才做经验研究，这种认识方法的结果之一是模式堆积如山，绝大多数十分庸俗。"[①] 一方面，更值得深思的是，内卷化的美国传播学严重束缚我们的学术想象力与创造力，对迅速发展、急剧变化的中国来说，既不能有效地解释现实，更难以有益地改变现实，不免陷入自娱自乐、自说自话，无法与当代中国及其传播实践展开生机勃勃的对话。这里的原因除了美国传播学自身的生命力萎缩，解释力下降，关键还在于这套学术话语的理论预设与核心关切即使不说与中国社会大相径庭，至少也是颇异其趣。

美国传播学源于二战前后自身的一系列社会历史语境，由于尊奉资本主义市场经济以及选票政治、自由主义美国梦等，更由于世界霸主的野心与地位，而形成一路特色鲜明的学术旨趣以及研究内容。如果说美国经济学的理论预设是利益最大化，政治学的核心关切是分权制衡，那么传播学的理论预设与学术关怀可归结为实用主义的观念形塑。举例来说，政治传播的形象塑造、商业传播的品牌营销、文化传播的价值推广，说到底都致力于实用哲学基础上对人的观念的影响与塑造，如同基督教传教的目标，极而言之就是"洗脑"，美国人发明洗脑一词并非偶然。

既然如此，那么超越这一理论预设与核心关切，以开放的学术视野、鲜活的问题意识审视中国社会及其传播，就可以发现一系列被遮蔽的问题。如果说经济学的中国血统是经世济民，政治学是小康大同，文艺学是气韵意境，那么传播学的关键词不妨归结为理想主义的世道人心。具体说来，自古及今，中国人的传播行为及其观念在个人层面追求正心诚意，在社会层面追求将心比心，在天下层面追求心心相印，这一切无不关乎人心或世道人心。厦门大学新闻传播学院教授陈嬿如有部著作《心传：传播学理论的新

---

① 黄宗智：《经验与理论：中国社会、经济与法律的实践历史研究》，545 页，北京，中国人民大学出版社，2007。

探索》，"心传"一语颇为传神地触及中国传播的核心旨趣。

人类历史上，没有比中国人更在乎人心了，仅看流传不息的民谚俗语就略知一二：足寒伤心，民怨伤国；屋漏在上，知之在下；兄弟同心，其利断金；大势所趋，人心所向；众心成城，众口铄金；人心不古，世风日下……从世道人心入手，更能深切洞明地切入中国社会及其传播肌理，从而把握人间正道与传播正道。李广的"桃李不言，下自成蹊"，诸葛亮的"鞠躬尽瘁，死而后已"，周恩来的"周公吐哺，天下归心"等，无不关乎正心诚意，他们的美名天下扬，并非源于刻意的传播，而更是来自四海八方心悦诚服的倾心。

不言而喻，自然的倾心与人为的洗脑不可同日而语。立足观念形塑的美国传播学面对难以形塑的对象时，充其量只能设身处地"理解"，所谓"我不同意你的观点，但我誓死捍卫你的表达权利"，就像赵汀阳挑明的，无非是温和的原教旨主义。而立足世道人心的中国传播与传播学，则在"礼不往教"之际，更在意心有戚戚的"接纳"，由此形成一种由近及远而而不同的传播生态，如心平气和、政通人和、天下大同——显然比观念形塑的传播与传播学包含远为丰富的人文社会蕴含。

反思中国传播学也好，重构中国传播学也罢，归根结底无不基于中国社会的历史传统与文化逻辑，正如美国传播学无不基于自身历史传统与文化逻辑而繁衍生息。因此，我们只有真正了解中国，才能明白传播何为，学问所在。那么，扪心自问，我们是否了解中国或者说了解的是怎样的中国呢？历史的中国？现实的中国？发展的中国？问题的中国？城市的中国？乡村的中国？内地的中国？边疆的中国？影像的中国？想象的中国？宝马香车，夜夜笙歌，还是热血、辛劳、眼泪、汗水的中国？诸如此类，纷繁错综，"横看成岭侧成峰，远近高低各不同"："什么是现代中国，这一被认为是过于宏观和空疏的大问题，需要再次提出来引起我们的思考。任何一个微观的研究，都要借助某种宏观的知识背景，即使不研究宏观问题，也总是会自觉或不自觉地依赖于某一个或几个理论预设或者框架背景；而任何一个微观领域的研究，其真实的意义也只能放在宏观的知识背景里面才能获得理解。"[①]

中国是一个历史悠久、人口众多、内涵丰富的文明古国，不充分、不平衡的发展更是当代的基本状况。怎么认识中国、了解中国、把握中国，毛泽东的《论十大关系》提供了一种哲学认识论。认识中国特别是现代中国，离不开此类相反相成的关系或矛盾，中国特别是现代中国从哪里来，往哪里去，就取决于此类关系或矛盾。按照十大关系的思路与方法，重思中国传播学有四组关系尤为突出，构成不可或缺的维度：一是城市与乡村的关系；二是内地与边疆的关系；三是古代与现代的关系；四是中国与世界

---

① 许纪霖、刘擎主编：《何谓现代，谁之中国？——现代中国的再阐释》，3页，上海：上海人民出版社，2014。

的关系。常言道："国有四维，礼义廉耻，四维不张，国乃灭亡。"重思中国传播学的四个维度，也是命运攸关，四维不张，学乃灭亡。

一、城市与乡村的关系

在世界各大文明体系中，中华文明的乡土色彩最为鲜明，先秦的耕战、数千年耕读传家与游牧经济、费孝通的"乡土中国"等，都可谓这一中华文明的突出表征。即使汉唐盛世、宋元明清出现了当时世界上罕见的国际大都市，长安、洛阳、汴梁、临安、金陵、北京等，也同样与乡土中国水乳交融，城乡始终存在一种有机互补的结构，就像《水浒》《金瓶梅》《红楼梦》以及"三言二拍"等明清小说中的生活图景。"昨日入城市，归来泪满巾，遍身罗绮者，不是养蚕人。"宋人张俞这首《蚕妇》，是孩童都熟悉的作品。且不论作品主题，仅看进城出城，家常便饭，就反映了一种自如的城乡关系。

随着近代列强入侵，出现了一批半殖民地的条约口岸城市，打破了传统中国的城乡格局，一种新的城市文明不仅带来一整套现代生活方式，而且由于这种城市更与全球资本主义体系相关联，而同乡土中国的农耕游牧渐行渐远，中华文明由此遭遇数千年未遇之变局。城里人对乡下人的歧视，如"乡巴佬"一类的流行语，就是这一新型城乡关系习焉不察的例子。世纪之交的"三农"问题以及"新三农"问题（农民工、失地农民和村落终结），也源于这一城乡结构引发的千年变局与百年动荡。从现当代文学中，也可直观感受这一巨变：鲁迅的《故乡》，茅盾的《子夜》，老舍的《骆驼祥子》，萧红的《呼兰河传》，沈从文的《边城》，丁玲的《太阳照在桑干河上》，赵树理的《三里湾》，周立波的《山乡巨变》，柳青的《创业史》，浩然的《艳阳天》，路遥的《平凡的世界》，刘亮程的《凿空》，黄永玉的《无愁河的浪荡汉子》……北京大学中文系贺桂梅在一篇近作中，论述赵树理的"乡村乌托邦"时写道：新世纪中国的最大变化在于，它实际上已经成为一个"城市国家"，在新的城乡关系结构中，如何修复乡村社会，如何在传统社区基础上重建"公共性"，成为重要议题。[①]

对城乡关系问题，上上下下越来越意识到其民族存亡、文明永续的意义。从一年一度的一号文件，到全面小康、乡村振兴，从"看得见山，望得见水，记得住乡愁"，到"绿水青山就是金山银山"，都表明日渐明确的忧患意识：中华民族伟大复兴决定性取决于城市与乡村的有机关联，正如领导人指出、党中央擘画的："要把工业和农业、城市和乡村作为一个整体统筹谋划，建立城乡融合的体制机制，形成以工促农、以城带乡、工农互惠、城乡一体的新型工农城乡关系。"

近年来，一批颇有新意的传播研究也在城乡维度上展开。不过，中国传播学总体

---

① 贺桂梅：《赵树理的乡村乌托邦》，载《中华读书报》，2015-04-29。

上还延续着 20 世纪 80 年代"新启蒙"的思想逻辑，这套逻辑在电视政论片《河殇》里得到集中展现，片中以不少煽情句子，呼唤国人告别黄皮肤、黄土地、黄河文明，拥抱蔚蓝色的海洋文明即西方文明，也就是全盘西化。与此同时，广大山乡被当作愚昧、落后、封建、保守的东西而遭到排斥，告别乡村，走向城市，告别中国，走向世界（西方），成为一种集体无意识。受制于这套逻辑的中国传播学，正如赵月枝《重构中国传播学》一文的批评，不仅是西方中心主义的，而且也是城市中心主义的。2015 年两会期间有部环保纪录片引起热议，这部涉及雾霾的作品为此提供了一个佐证：

> 雾霾的危害并不仅仅面向中产阶级，但它却是中产阶级最为关切的污染。城市对空间的特有配置，让城市居民与土壤和河流隔离开来，因此土壤和水污染对于他们而言，并不具有切身的意义。只有城市上空的大气，无视城市对空间的安排，同样笼罩在所有阶层的头顶。因此，大气污染是中产阶级最为可见的污染，他们比所有人都更需要蓝天。然而，对于身处农村空间中的穷人而言，土壤和水就是直接的生产和生活资料，相比于蓝天，干净的土壤和水对他们更有用处，因此他们也是土壤污染和水污染最直接的受害者。①

在社会主义的语境下重构中国传播学，城乡关系应当成为重要出发点与落脚点。具体来说，首先，在历史层面，汲取传统中国的文化资源，继承现代社会主义遗产；其次，在现实层面，重视农民的主体性和文化创造力；最后，在世界层面，对具有西方中心主义和城市中心主义的发展传播学保持清醒认知。②

二、内地与边疆的关系

如果说城市与乡村的关系虽说恍恍惚惚，但还在视野之中的话，那么内地与边疆的维度则从中国传播学中消弭殆尽，只剩下萨义德似的"东方学"图景——遥远的、神秘的、传奇浪漫的、异域风情的。深究起来，对费孝通所谓"多元一体"的政治文化共同体，对赵汀阳阐发的"天下"以及"中华大家庭"，我们的传播研究还有多少"了解之同情"（陈寅恪）、"温情与敬意"（钱穆）？诗人沈苇在《新疆词典》中，讲述了一个耐人寻味的故事。有位少数民族兄弟去北京旅游，回家后邻居问观感，他答道：北京不错，就是太偏远了。这个故事似乎令人发笑，静心细想其实可笑本身更可笑。按照今天世界地图，上边是北半球，下边是南半球，"南北对话""南南合作"都是基于这一地理

---

① 夏永红：《穹顶之下》：环境治理的政治学》，破土网，http://www.groundbreaking.cn/huanbao/1210.html，2016-03-07。

② 沙垚：《重构中国传播学——传播政治经济学者赵月枝教授专访》，载《新闻记者》，2015（1）。

认识。而在古代阿拉伯的世界地图上，现在的南半球却在上边，而北半球在下边。边疆与内地的维度何尝不然，为什么不能是边疆觉得内地远而只能内地觉得边疆远呢。

姚大力在《多民族背景下的中国边疆》演讲中，以超越现代性的视野，揭示了多民族统一国家的前世今生，从中华民族历史文化和中国国家建构的漫长过程中提炼了三个主题词：由南到北、由北到南、由东到西。所谓由南到北，是指史前人类从南方进入中国境内，在寻求生活资源的艰苦迁徙中不断分化、不断融合的历程："他们在全国各地留下了许许多多的史前文化遗迹，创造出一幅中国史前文化多头起源、多元发展，并在早期人类拓宽自身生存空间的过程中互相发生交互影响的灿烂画面。"[①]这一历史进程约在公元前两千年，随着夏商周三代在华北的兴起而结束，中华文明也由此出现雅斯贝尔斯所谓"轴心时代"以及文明的突破，有了定居农业、牲畜养殖、文字、城郭、诸子百家。公元后第一个一千年，华北或中原成为中国历史文化不断向前推进的动力所在，历史变迁的空间节奏开始从"由南向北"转为"由北向南"，如南北朝的人口大规模南迁、宋元时代的南渡与江南地区的开发等。

不管是由南到北，还是由北到南，都是雨养农耕文明的拓展，主要分布于有名的胡焕庸线以东。胡焕庸线是以历史地理学家胡焕庸命名的，他从东北鸡冠上的黑河到云南的腾冲画出一条直线，中华版图由此分为东西两大板块。这条线与300~400毫米的年降雨量分界线走向一致，此线以东，年降雨量在300~400毫米以上，以西在300~400毫米以下。胡焕庸线，又称黑河－腾冲线，既是农业与游牧经济的分界线，也是汉族与边疆少数民族的融合线，汉族农耕文明及其传播停在这条线不是偶然的：

> 把这根线叠加到中国各民族分布图上，就不难看出，在它以东，除去朝鲜族、壮族、侗族、傣族等其他几个农耕民族外，占绝大部分是汉族人口。在它以西，则是广大的少数民族聚居区。所以它也可以被大致看作是汉族与其他少数民族分布区之间的划分线。[②]

将胡焕庸线的东西两大板块融合起来，逐渐形成浑然有机的文明共同体，这一丰功伟业离不开边疆少数民族，特别是各少数民族对中华历史文化与中国国家建构的历史性贡献。按照姚大力教授分析，这就是公元第二个一千年间由东到西的历史过程：把幅员广大的西部巩固地纳入统一的多民族国家版图。

> 把过去几千年内中国国家建构的历史进程，理解为仅仅由内儒外法的专制君

---

① 清华国学院编：《全球史中的中国文化》，152页，北京，生活·读书·新知三联书店，2014。
② 同上。

主官僚制这一种模式之起源、发展和演变所支配的看法，并不完全符合历史的事实。它实际上是由内儒外法的专制君主官僚制和以辽、金、元、清等政权为代表的内亚"边疆"帝国体制这样两种国家建构模式反复地相互撞击与整合的过程。如果没有满族、蒙古族和藏族等民族对创建中国多民族统一国家的贡献，就不会有今天这样版图规模的现代中国。

　　由于两种不同的国家建构模式相互整合的历史传统，中国的形成才可能与这个世界上几乎所有其他现代国家不同，不是诞生于旧式帝国的瓦解和分裂之中，而能够基本完整地将帝国时代的国家版图转换为现代中国的疆域。①

这种模式对中华民族历史文化和国家建构的伟大贡献，不仅在于形成一种多元一体的文明格局，而且在于提供了一种兼容并包的政治理念，如清帝国对蒙古实行盟旗制度，对中原实行行省制度，对西南少数民族实行土司制度，对西北回疆实行伯克制度，对西藏地区实行政教合一制度——是谓"一国多制"。可想而知，在这一系列因地制宜的治理模式中，蕴含着对不同生活方式与文化传统"发自内心的尊重"。新中国的民族区域自治制度以及处理港澳台问题的"一国两制"，追根溯源也都源于这一伟大的文明传统。这种传统既为中华民族生生不息奠定了必不可少的根基，又与内地汉文化的精神气质若合一契，正如在新疆生活工作十多年的王蒙所言："祖国各地，包括新疆、西藏等少数民族聚居区，文化上有着相当接近的追求与走向。其传统文化在总的方向上是一致的，比如敬天积善、古道热肠；尊老宗贤、崇文尚礼；忠厚仁义、和谐太平；勤俭重农、乐生进取等。"②

　　上述两个维度——城市乡村与内地边疆，对重思中国传播学有何意义呢？简言之，如果缺乏城市与乡村、内地与边疆的维度，那么，就难免出现台湾新儒家徐复观反思国民党组织机构的致命缺陷时揭示的痼疾："横向不到边，纵向不到底。"所谓横向不到边、纵向不到底，是指西方中心与城市中心的传播与传播学即使适用，也多限于东部，就像更关注"北上广"发达状况，包括网民、中产阶级、消费主义、商业文化、个人自由，甚至"普世价值"等意识形态迷思，而在辽远基层乡村与西部边疆则往往圆凿方枘。举例来说，香港回归说到底是人心的回归，中华民族大家庭的平等、团结、和谐、友爱归根结底也在于人心政治，人类命运共同体更是同样离不开人与人的相亲、心与心的相通，这一切都无法指望去政治化的美国传播学理论提供灵丹妙药，更无法指望一些虚情假意、雕虫小技的传播技巧，而需要立足于中国文明及其传播——正心诚意、将心比心、心心相印。

---

① 清华国学院编：《全球史中的中国文化》，160~165 页，北京，生活·读书·新知三联书店，2014。
② 王蒙：《与边疆一起奔向现代化》，载《人民日报》，2014-07-07。

以上重点谈了四维中的两维，城市与乡村的关系、内地与边疆的关系。下面再简单说说其他两个同样关系重大的维度——古代与现代、中国与世界。如果说城市与乡村、内地与边疆更体现了内生性关系，那么古代与现代、中国与世界则更蕴含着外在性制约。

三、古今中西的关系

古代与现代、中国与世界的关系，简言之就是古今中西四个字，重思中国传播学也落在古今中西的坐标系。关于古今中西，有一点需要特别关注。如今说起伟大复兴中国梦，要么祖述秦皇汉武、唐宗宋祖、一代天骄，要么心仪当下世界第二大经济体，以及中国经济赶超美国的愿景，而对辉煌的古代如何崛起为当下不是王顾左右而言他，就是七嘴八舌、莫衷一是。换言之，我们对伟大的古代越来越感到豪情万丈，对崛起的当下越来越觉得理直气壮，而往往对由古变今的转化，具体说对鸦片战争以来，特别是共产党诞生、新中国成立的历史意味恍恍惚惚、语焉不详。而恰恰这一点构成古今中西的命门，牵一发而动全身，群山万壑赴荆门，这也是现代中国的"荆门"，没有这一点，群山万壑就像群龙无首了。

对此，一系列重要文献均有权威论述，"第三个历史决议"更有实事求是新阐述。然而，乱花迷人的历史虚无主义，更不用说主流传播研究以洋为尊、以洋为美、唯洋是从，往往拐弯抹角，皮里阳秋，明修栈道，暗度陈仓，或虚无或淡化，甚或扭曲颠倒从旧中国到新中国的历史"命门"，包括一批所谓现象级影片如《无问西东》。这里的虚无主要针对的，就是伟大的古代与崛起的当下之间的百年风云，特别是共产党、新中国的光荣与梦想，在此期间如果有什么值得一提的，也好像只剩下不堪回首的一系列痛苦记忆——弯路、错误、灾难、浩劫。1938年抗日烽火中，诗人艾青写了一首诗《我们要战争——直到我们自由了》，今日重温也可以唤醒一点渐行渐远的历史记忆：

> 让我们流着眼泪
> 送走古老的中国
> 腐朽的中国
> 送走那
> 高利贷的
> 包身工的
> 学徒的
> 童养媳的
> 一切写了卖身契的奴隶的中国

不要怜恤让我们送走那

挤满了鸦片烟鬼的

走私的、流氓的

军阀的

官僚的

汉奸的

敌探的中国

……

在他笔下，如同五四新青年、延安新文人共同认识的，"国家的独立，和人民的自由、幸福，不是由于祈祷获得的，而是由于广大人民的鲜血，和一片被蹂躏得糜烂了的土地所换取来的。现代中国的建设的基础不是奠定在空想和梦幻的沙滩上，而是奠定在它的人民的英勇牺牲所表现出来的意志的花岗岩上的"（《诗与时代》）。

国史学者李捷颇有见地地指出，历史虚无主义之虚无还不在于虚无历史，因为流血流汗的历史，改天换地的历史，不可能上下嘴唇轻轻一碰就化为一缕青烟，历史虚无主义本质上虚无的还是历史中蕴含的价值，也就是共产党领导人民创立新中国，开辟社会主义道路的意义。古今中西的关系维度如果模糊了这一关键性的历史与价值，就无法理解伟大的古代怎么成为崛起的当代，中国梦就真成为前不着村、后不着店的南柯一梦了。同样，模糊了这一关系重大的历史与价值，中国传播学以及其他学科也就难免沦为惶惶不可终日的丧家之犬。"群山万壑赴荆门"，这也是中国传播学的"荆门"。

梁启超曾将中国分为三段论：一是中国之中国，二是亚洲之中国，三是世界之中国。从古代的"中国之中国"一步步成为如今的"世界之中国"，关键正在于鸦片战争以来"古今中西"的凤凰涅槃。换句话说，如今所面对、所身处的中国，已是一个在古今中西的交互作用中浴火重生的新中国，就像五四新诗人郭沫若热切向往的"凤凰涅槃"。不管我们多么热爱传统文化，弘扬国学儒学，怎样尊孔读经，喜爱琴棋书画、唐诗宋词、四大名著、四大发明，我们都不能不面对一个显而易见的事实：祖先的荣光都已随风飘去，我们活生生面对的、身处的已是经过现代风雨洗礼的新中国、新文化。我们只能在历史给定的舞台上，建设新中国，发展新文化，包括新的学术思想。在这种新文化包括新的学术思想中，我们当然需要而且必须继承优秀的中国文化，需要而且必须扬弃优秀的他国文化，但所有这一切都不是为了成为古人，更不是为了成为外人，而是为了古为今用、洋为中用、百花齐放、推陈出新，一句话，为了我们的新中国，为了我们的新文化。

拿传播学科来说，随着中国道路的历史进程以及相应的文化自觉，如何在传播学科中体现中国人在传播理论与传播实践中的立场、观点与方法，改变传播研究亦步亦趋、唯人马首是瞻的总体格局已经成为大势所趋、人心所向。中国数千年幽远的历史及其文化传统，从诸子百家的传播思想，到因人而异、因地制宜等传播习俗，尤其是百年来中国道路的探索与实践，如马克思主义的传播、新文化新思想的深入人心、无产阶级文化领导权的兴衰起落、党性人民性的现代传播意识等，都在广阔领域留下丰富厚重的遗产，我们需要而且应该发掘自己的一切优秀基因，但目的在于发展繁荣现代中国的传播文化，而非陶醉于先人的荣光。同样，我们需要而且应该学习一切外来的传播理论与实践，不管是哪国的，只要有益于自主创新，都只管拿来，为我所用，这里的关键在于以我为主。这也是马克思主义中国化"两个结合"的题中之义。

四、本土化与中国化

中国传播学界有个流行概念叫本土化，而中国道路及其传播研究的宗旨在于中国化。本土化与中国化貌合神离，本土化还是中国化并非简单的用语之别，而是体现着中国传播学的不同道路与方向。因为，本土化实际上隐含着一个高高在上的东西——当然是西方的东西，而这个东西一出生就仿佛具有不言而喻的普适性、无可置疑的真理性，天下人只需结合各自的本土实际，将这个居高临下的东西落下来，转换成适用于己的东西，这就是本土化及其实质。而稍微追问就明白，西方传播学哪个不是本土的呢？哪个不是根据本土实践而生成发展的呢？离开美国本土，冷战传播学从何而来呢？为此，黄宗智告诫说："千万不要迷信追求任何超越实际的全能性理论，因为它只可能是通过强权而建立的意识形态。"[①]

如果说本土化属于变相的美西化，那么中国化则如甘惜分倡导的"立足中国土，回到马克思"。本土化的出发点与立足点说到底均在西方，而中国化则立足中国大地，致力于堂堂正正地做中国学问、讲中国理论、走中国道路，同时博采众长，为我所用。简言之，中国化及其宗旨就是2022年新时代传播学研讨会提出的新十六字方针：守正创新、融通中外、根植实践、引领时代。

如前所述，基于对中国的理解，特别是城市与乡村、内地与边疆、古代与现代、中国与世界四个维度的把握，我们把中国传播学的理论预设与核心关切归结为个人层面的正心诚意、社会层面的将心比心、天下层面的心心相印。这样一脉传播传统致力追求的不是高高在上的型塑观念如洗脑，而是多元一体的心平气和、政通人和、和而不同。这应该是中国传播学大道之行的方向，也是传播学中国化以及学术化的人间正道。事实

---

① 黄宗智：《经验与理论：中国社会、经济与法律的实践历史研究》，527~529页，北京，中国人民大学出版社，2007。

上，已有后进学者力图摆脱美国学术殖民，超越西方文化霸权，在"两个结合"即马列主义与中国实践和文化传统相结合的方向上精耕细作，取得可喜亦可观的进展。

以潘祥辉关于谥号的研究来说，就颇有启发，别开生面。众所周知，中国文化自古看重名分、名号、名义等，所谓"名不正则言不顺，言不顺则事不成"。现代政界讲究县处级、厅局级，商界流行董事长、总经理，学界看重这个帽子、那个头衔，不一而足，而古代也同样有一整套类似名衔，如奉敕编集《资治通鉴》的司马光署名时，就写下一嘟噜名号头衔：朝散大夫右谏议大夫权御史中丞充理检使上护军赐紫金鱼袋。而古代头衔中有一种较为独特，即"谥号"。依据潘祥辉的研究，谥号是中国历史极具特色的文化现象，是帝王、贵族、大臣、士大夫死后，依其生前事迹给予的称号，体现了古人对待死亡和生命的态度，也是对死者一生名誉功过的"盖棺定论"。由于上至皇帝，下至百官士大夫都高度重视谥号，所以它具备极强的道德监督功能，依托于褒贬评议程序，通过口碑、史书以及碑刻等媒介传于后世，成为"流芳百世"或"遗臭万年"的一种甄别。封建时代，谥号通过发挥"一字褒贬"的评议功能监督统治者，进行宣传教化，引领社会风气，不失为一种充满智慧的传播制度设计。进而言之，诸如此类"中国式"的传播机制，具有鲜明的中国文化特色，其激浊扬清的意味也广泛渗透于现代宣教与传播活动：从典型报道到英雄模范、从五好战士到四有新人、从追悼会悼词到安放志愿军英烈骨灰、从追认革命烈士到平反昭雪冤假错案……①

第二节　新时代　新探索

2021 年，《开放时代》组织了一场讨论，题为"从'学科性学术'到'问题性学术'"，呼吁摆脱从概念到概念、从书本到书本的"学科性学术"，倡导面向现实、植根实践的"问题性学术"。同理，重构中国传播学也应该立足实践并从实践出发，而不能数十年如一日，躲进小楼成一统，满足于书斋式研究与国际化发表，更不能沉溺于对空言说，不知所云，如"物质性""具身性"云云。具体说来有两个要求：第一，从"传播学在中国"转向"中国化传播学"。虽然无论美国还是欧洲的"传播学在中国"都是必要参考与借鉴，但"中国化传播学"的生命力、创造力归根结底取决于历史与现实的实践，只有从实践来到实践去而不是从西天来到西天去，才是中国传播学的人间正道。第二，从解释世界转向改变世界。面临百年未有之大变局，置身中国与世界的"天地翻覆"，中国传播学更需理论的实践品格，为了民族复兴，为了人类命运共同体与另一个可能的世界。总之，这是一个需要理论而且一定能够产生理论的时代，需要思想而且一

---

① 潘祥辉：《盖棺定论：作为一种本土传播机制的谥号及其政治功能》，载《社会科学战线》，2020（11）。

定能够产生思想的时代。

20 世纪以来，中国传播学逐渐形成三种研究侧重与学术关怀：一是文化传播；二是社会问题；三是中国道路。三者彼此关联，有机统一，基本勾勒了当下与未来中国传播学的基本轮廓。

一、传播与文化传统

费孝通晚年提出文化自觉思想时，尤其强调人文传统，视为"中国学术的一个非常有潜力的发展方向，也是中国学者向国际社会学可能做出贡献的重要途径之一"①。观乎人文，以化成天下——也是传播研究中国化的方向。

沿着文化传统，中国传播学研究深耕细作，日显活力：1990 年尹韵公的博士论文《中国明代新闻传播史》，2010 年陈嫱如的《心传：传播学理论的新探索》，2013 年李漫的博士论文《元代传播考》，2019 年谢清果等《华夏传播研究：媒介学的视角》等。

这方面，如果说吴予敏跟随蔡仪攻读博士的副产品《无形的网络——从传播学的角度看中国的传统文化》是筚路蓝缕的开山之作，那么潘祥辉的系列研究则是新时代青出于蓝的拓展之作。潘祥辉，南京大学新闻学院教授，他围绕深植于中国传统的传播问题做了细致入微的探讨，从一些习以为常的现象中，如"对天发誓""宣之于众""盖棺定论""歌以咏政"，抽丝剥茧，条分缕析，见人所未见，发人所未发，阐发了独具中国文化气息的传播规律。这些研究从人文历史角度推进了中国传播学，为传播学中国化拓展了柳暗花明的新路径。

熟悉世界历史与国际政治就知道，冷战传播及其传播学可谓不讲道义、只论成败的典范，桑德斯的《文化冷战与中央情报局》一书只是揭示了冰山一角。这种传播及其传播研究，近乎江湖厚黑学或厚黑宣传学，说得最好也不过是合纵连横的春秋无义战，同时又想当然地歪曲丑化社会主义新闻宣传。如形而上学唯心论的所谓"专业主义"：美国是新闻，中国是宣传；新闻是事实，宣传是观点云云。而潘祥辉的研究不仅为中国宣传正名，而且破解了数十年来套在新中国新文化头上一批张冠李戴大帽子。根据他的考察，中国古代的"宣"和西方现代的"宣传"南辕北辙。中国从上古开始，"宣"就是一种以王室和王命为中心的政治传播活动，注入了一种自上而下的"神圣合法性"，仅看一系列相关词汇："宣告""宣战""宣称""宣召""宣言""宣语""宣化""宣示""宣明""宣和""宣谕""宣圣""宣恩""宣政""宣诏""宣令""宣布""宣扬""宣威""宣仁""宣读""宣讲""宣判""宣誓""宣付"等，就迥异于功利主义的传播：

---

① 费孝通：《试谈扩展社会学的传统界限》，载《北京大学学报（哲学社会科学版）》，2003（3）。

中国古代"宣"的重要特征就是不以"说服"为目标，也不以传递信息或灌输某种思想观点为目标，而主要是为了显示王权的礼德、威仪或恩泽，以之实现对子民或边民的"教化"，达到"以德服人"的效果。①

他分析了从甲骨文到《说文解字》的"宣"字字形，认为上面的"宀"是天子之所，下面的"亘"作为云气自如舒卷，象征着某种神秘意味的王者气象，因此，"宣"可以理解为天子居所或天恩沐浴的祥瑞之气。这种普天之下莫非王土的光明正大之象，同西方现代融入铁血之气的"宣传"有着本质差异：

中国古代的"宣"传理念十分平和，丝毫不强调"对抗"与"论辩"，可以说是一种"和平时期"的教化思想的体现。它与西方现代意义上的"宣传"理论起源于战争，强调"灌输"与"对抗"完全不同。②

正因如此，中国的"宣"不重讯息，而重恩威与德泽。八千年文化史、五千年文明史无不表明，"宣"的主要目的不是为了说服或"洗脑"，而是为了"德化""宣化""教化"。这种"宣"的文化意蕴和历史传统，也深刻影响到中国近代"宣传"的感情色彩：

作为一种政治治理（传播）手段，我们千万不能小觑这种"宣化"的力量。李约瑟和黄仁宇在论及古代中国的政治与印度的不同时曾指出，与古代印度内部的紧张、多样、难以"统一"不同，"中国人能将周边部族吸纳到自己的文化中来，而不会削弱自己的文化，甚至还可以同化征服者，直到他们所有的可辨识特征子然无存。③

比较古代的"宣"、现代的"宣传"、西方传教一脉的"propaganda"，他发现不仅中国古代的"宣"与西方的"宣传"大异其趣，而且中国现代宣传也与西方不可同日而语，其间最大差异在于感情色彩的不同。比如，提到宣传，我们往往想到英雄模范，想到"为有牺牲多壮志，敢教日月换新天"，从人民英雄纪念碑碑文祭奠的亿万革命先烈，到新中国改天换地的无数英雄儿女，无不与宣传息息相关。如果说西方源于传教的"宣传"由于黄色新闻、商业炒作、纳粹鼓动、冷战喧嚣等已经彻底污名化，等同于指鹿为马、颠倒黑白、满嘴跑舌头，就像美国主流媒体配合伊拉克战争而鼓噪子虚乌有的"大

①　潘祥辉：《宣之于众：汉语"宣"字的传播思想史研究》，载《新闻与传播研究》，2018（4）。

②　同上。

③　同上。

规模杀伤性武器"一样，那么自古及今在中国，与德化、教化、感化形同一体的宣传始终都是光明正大，而且义正词严，共产理想的马列主义与天下大同的中国精神相结合之后，中国古代源远流长的"宣"更为现代中国的"宣传"提供了社会文化心理的正当性渊源：

> 即使在西方 propaganda 一词已经负面化时，在同一时期的中国，"宣传"一词仍然十分正面。即便如民国时期的自由主义知识分子，如张佛泉等人，也认为"宣传"是个"光明正大的事业"。20 世纪国共两党对"宣传"一词的认知和使用也是正面的，两党在建党时便成立了"中央宣传部"，设立了"宣传部长"。1949年以后，在西方早已经被污名化的"宣传"一词，在中国仍然享有尊荣。从政府机构的设置，到对新闻从业者工作的描述，到学术著作的出版，"宣传"都是一个正面词，没有负面色彩。尽管为了避免西方 propaganda 一词的负面化影响，1997年以后中央规定各级"宣传部"不再使用 propaganda 作为对外传播中的英译词，改用 Publicity Department，但在国内的汉语语境中，"宣传"一词继续为官方所用，其含义仍然是"褒义的"。①

二、传播与社会问题

新世纪以来，新生代中国学者越来越不满于照搬照抄、人云亦云，以理解中国经验、把握中国实践为学术志业者日渐其多，并表现出三个相似倾向：（1）服膺马克思，致力于解释世界与改变世界；（2）植根实践，脚踏实地，注重实事求是的研究方法；（3）以文化自觉和历史自信，从中国革命与中国共产党的百年实践中，探寻中国传播学的真问题和大问题。这种学术新动向在社会学、政治学、民族学、史学、文学等领域，尤为突出，影响广泛。

20 世纪后半叶，伴随市场化浪潮，中国社会遭遇剧烈变革与转型阵痛，除了"三农"、下岗等普遍问题，农村妇女和青少年如何抗击艾滋病、流动人群如何预防人口拐卖、妇女儿童如何应对暴力、务工人员如何获得尊严等社会问题也引发广泛关注。为此，中国社会科学院新闻与传播研究所的研究员卜卫走出书斋，一头扎入贫困村、城郊流动人口聚居区、流行病感染区，与相关部委和联合国机构合作，数十年如一日开展调查研究，推动各方关注并解决有关问题，通过"传播赋权"，取得突出成效，堪称传播学者解释世界、改变世界的代表。如反对人口拐卖的调研成果编入《全国妇联预防人口拐卖工作指南》，2001 年出版的《媒介与性别》也成为中国传播与性别研究的第一本著作。

---

① 潘祥辉：《宣之于众：汉语"宣"字的传播思想史研究》，载《新闻与传播研究》，2018（4）。

　　同样深入实际、直面现实的南京大学青年学者郑欣，2009 年开始关注农民工，5 年间在长三角 8 个城市做了 500 多次访问和观察，以绣花针式的"深描"方式，呈现了细致入微的社会情状，在栩栩如生的叙事中展开丝丝入扣的理论分析，编织了一幅新生代农民工群体的人际网络及其"意义之网"——包括身份认同、对城市的想象、人生和职业规划、人际交往、消费形态和闲暇活动等。在《进城：传播学视野下的新生代农民工》（2018）后记中，作者写道：

　　　　我庆幸作为一名社会科学研究者，有机会目睹甚至卷入了农民工进城这场有中国特色的社会转型，也前所未有地感受到个人的学术生命居然如此紧密地与众多新生代农民工的个体命运联系在一起。……我为什么要如此用心地关注这个群体？……我的答案就是："因为我的生命中有他们"。他们或许就是家中的保姆阿姨……每天送快递、送外卖上门的小哥……他们因社会结构转型、人生目标追求、美好生活向往来到或辗转各个城市。他们与我们当中正奋斗在城市的很多人的命运和遭遇是何等的相似。[①]

　　如果说郑欣的研究侧重于江南长三角，那么中国社会科学院新闻与传播研究所的副研究员沙垚，则从清华求学开始，多年深入西北农村，关注"骂社火"等民间民俗活动，提出"礼乐治理"的实践路径。如庙会"抬楼子"，就是一个缩小版的轿子，里面放置神灵牌位，由随机选取的四个或八个男人抬着。当遇到难以决断的事务时，就通过"抬楼子"问计于神，当然，神是不会说话的，而是由这样四个或八个村民代表对公共事务做决定。千百年来，村民就是这样通过此类村神、戏曲等方式，调动神灵、祖先、乡情、人情以及仪式化传统，实现一种天人合一的礼乐治理。

　　显而易见，这些中国传播研究既无法套用西方理论，甚至也难以照搬貌似科学、中立的传播学研究方法，也就是教科书里传授的一套程式化套路，而只能因地制宜、因时制宜、因事制宜、因人制宜。如此研究与方法既与马克思主义的世界观和方法论相通，也与中国数千年文明的大智慧一脉相承，如孙子兵法里的兵无常势、水无常形。因为，无论阴阳五行，还是唯物辩证，最高境界都是实事求是。当沙垚等新生代新青年走向田野，把历史档案、参与观察和深度访谈有机融合，提出"如将不尽、与古为新"的分析视角时，不是悠悠然作壁上观，而是置身于历史文化的时空场景，在同甘共苦、感同身受的鲜活语境中，形成历史与逻辑、理论与实践有机结合的传播理论。"问渠那得清如许，为有源头活水来"，如此鲜活而实际的理论同抽去历史背景与社会语境的理论舶来品，自然不可同日而语，借用毛泽东在延安时代针对两种学习马列理论姿态的话，

---

　　① 郑欣：《进城：传播学视野下的新生代农民工》，452~453 页，北京，社会科学文献出版社，2018。

就是实际的而不是抽象的、系统的而不是零碎的。

近年来，沙垚又着力研究"十七年"（1949—1966）农村俱乐部，为中国传播学或传播学中国化提供了又一典范。20 世纪 50 年代，农村虽有各种各样的文化活动，但从根据地走向大城市的新生政权百业待兴，一时无法兼顾，形成文化统合力，诸如民间艺人还在"跑江湖"，与社会主义新文化圆凿方枘。在此背景下，农村俱乐部应运而生，成为与人民公社制度相匹配的农村文化机构，内设若干股，股下又分若干小组，由组长主持具体活动。比如，文艺宣传股下有创编工作、幻灯放映、业余剧团、收音广播、黑板报、读报组等小组，社会教育股下有图书室、民校、识字组、讲座会等小组，科技推广股下有科技卫生普及宣传等小组，等等。由此，农村的文化、宣传和传播活动，都归口农村俱乐部组织、统筹和管理。他的研究发现，由于农村俱乐部等组织，"十七年"的农村新闻传播与文化宣传才具有"组织性"与"总体性"的特征，不仅建立了一套系统化、常态化的文化宣传和新闻传播机制，并且与社会治理相结合，配合中心工作，解决基层问题。在此过程中，知识分子和人民群众打成一片，也开始形成知识分子劳动化和劳动人民知识化的良性循环。

上述研究的共同点是研究者融进"事件与过程"，进入历史和经验的"现场"，遵循事情本身的演变逻辑与内在关系，在社会实践与生活经验中提出真问题，发展真学问，解决真问题。事实上，两个百年的中国道路及其实践包含了丰富的历史文化传统、社会主义遗产以及现代化的理论与经验，如何把握这些错综交织的内涵，古为今用、洋为中用，辩证取舍，推陈出新，是中国传播学的时代命题，也是中国传播学的大势所趋。

三、传播与中国道路

坚持实事求是、践行中国道路、发展中国学派，是新时代中国人文社会科学的不二法门，只有沿着这个方向、这条道路孜孜以求，中国传播学也才可能趋向真知与真理，也才有望"藏之名山，传之其人"的真学问、大学问。数十年来中国传播学的是是非非，说到底无不与中国道路息息相关，直接间接无不关乎中国道路的来龙去脉。即使盛行的新闻专业主义话语，话里话外也无不隐含中国道路的命题，甚至可以说"醉翁之意不在酒"，即新闻专业主义之意说到底并不在于所谓专业，而同样在于中国道路何去何从。离开中国道路及其实践，中国传播学的一切言说便难免鹦鹉学舌、人云亦云，浮云柳絮、游说无根，成为一种没有活生生的现实本源与实践基础，只有来无影、去无踪、飘忽不定的幽灵般存在，就像《哈姆雷特》一段对白的情形：

哈姆雷特：大人看见那片云吗？很像骆驼呀。

波洛纽斯：我发誓，真像一头骆驼。

哈姆雷特：我似乎觉得它像一头黄鼠狼。

波洛纽斯：它拱起背时刚好像黄鼠狼。

哈姆雷特：或许像鲸鱼吧？

波洛纽斯：太像鲸鱼了。

何谓中国道路？ 2011 年中国共产党成立 90 周年前夕，韩毓海、胡鞍钢等在《人间正道——中国道路与中国共产党》一书中，对中国道路及其社会政治与精神内涵作了如下概括：

第一，中国共产党振奋了中华民族的"武德"，通过土地革命，建立了一支人民军队。

第二，通过改造基层，实现了人民的彻底解放。

第三，锻造新的治理者，形成了新的政治文明、治理者伦理或工作作风。

第四，建立了以人民币为核心的"人民资本"。

第五，追求天下大同。①

就中国传播学的三种取向而言，传播与中国道路无论对传播实践，还是对传播理论，无论对专业问题，还是对社会政治，都关系重大。如果说传播与文化传统着眼于中国传播学的文化底蕴，传播与社会实践立足于中国传播学的社会关怀，那么传播与中国道路就关乎中国传播学的安身立命与何去何从。

这方面研究虽然各领风骚，如北京大学方晓恬关于新中国传播学史、潘佼佼关于农村广播网、清华大学盛阳关于中苏论战、澳门科技大学傅晓杉关于《战地新歌》等博士学位论文，但都围绕着中国道路及其传播实践而展开。新时代以来，越来越多学者沿着这个方向，在各自专业领域作出令人瞩目的探索，从中国革命与中国共产党的百年新闻传播实践中，提炼面向未来的中国理论，也把中国传播学全面推向新时代。本节略述张慧瑜、王洪喆、王维佳三项研究，下一章重点介绍赵月枝的开拓性工作。

1. 张慧瑜与"基层传播"研究。

张慧瑜、王洪喆、王维佳可谓北京大学新闻学院的"三剑客"，在传播研究上"各抱地势，勾心斗角"，又无不具有中国特色、中国气派和中国风格。

张慧瑜原是一位电影学博士，受业于当今首屈一指的电影理论家戴锦华。这些年，从文艺转向传播，别开生面，卓有建树。特别是关于基层与基层传播的研究，为中国传播学提供了又一新的领域和视角，打开了一片广袤的学术空间。如新中国新文化的草原

---

① 韩毓海：《历代治理之得失》，载"名家领读经典"课题组：《人民公开课——中国共产党与国家治理体系和治理能力现代化》，48~50 页，杭州，浙江人民出版社，2017。

轻骑兵"乌兰牧骑"，就是基层传播的一个范例：

> 乌兰牧骑是 50 年代在草原上流动的文化馆。乌兰牧骑的蒙语原意为"红色的嫩芽"，意思是红色文化工作队，活跃于农村牧区间。1957 年 6 月 17 日，第一支乌兰牧骑在群众文化工作比较活跃的锡林郭勒盟苏尼特右旗宣告成立。全队只一辆马车便能拉走，因而被誉为"一辆马车上的文化工作队"。以演出为主，兼做宣传、辅导和服务性工作，属于文化事业单位，而不是单一的艺术表演团体；队伍短小精干，人员一专多能，节目小型多样，装备轻便灵活。使用的图片展览、幻灯放映、时事宣讲、图书借阅以及辅导创作，教授歌舞、欣赏录音、录像、开展摄影活动；如代写书信、代售图书、代修收音机以至理发、诊病等；还注意搜集整理民族民间文艺遗产，如民歌、民谚、宗教、舞蹈、寺庙壁画、民族图案、民间饰物等。乌兰牧骑依然像根据地时期流动演剧队一样，是"观众不动，演员流动"的基层媒介。[1]

那么，何谓基层与基层传播？按照他在《基层传播的理论与实践——以 20 世纪中国经验为核心》一文中的分析，基层传播是指发生在基层空间里的传播行为，属于 20 世纪中国大陆政治、社会变革过程中形成的传播理念。相比芝加哥学派的社区以及社区传播，基层传播更符合中国国情，因为一方面基层治理、基层建设是中国行政管理的有机组成部分，一方面文化、传播是基层治理的中介和形式。

2018 年，他同几位青年老师、博士生、硕士生一起开始细读晋冀鲁豫根据地的《人民日报》，发现大量的稿件看起来"不是新闻"，如工作经验、群众运动、纺织运动、组织春耕、冬学运动、技术推广等。这些报道都不是"新"发生的事件，而是与根据地的地方治理、农业生产、工业生产相关的工作，报道出来也是为了其他地区学习。这里，《人民日报》就像平台化媒体一样，让不同地方的经验呈现出来，体现了新闻参与政治、经济和社会实践的特征，也显示了共产党的群众路线在新闻传播中的别样风貌。

尤其值得关注的是，由于基层以及基层传播面向广大的人民群众，因此不得不培育造就千千万万扎根基层的知识分子，包括下乡干部、文艺工作者、知识青年、邮递员、电影放映员、赤脚医生、代课老师、基层通讯员、技术员等来自基层、服务基层的科技文化工作者。无独有偶，李海波的"业余路线"新闻研究也发现，延安时代的知识分子与专职记者走出"文人办报""同人办报""商人办报"的自留地，走向广阔天地，融入亿万人民的火热生活，先做人民的学生，再做人民的先生，在改造客观世界的同时，也

---

① 张慧瑜：《基层传播的理论与实践——以 20 世纪中国经验为核心》，载刘昌德、冯建三主编：《传播就是理解：当代两岸传媒问题的批判分析》，121~140 页，台北，国立政治大学传播学院研究暨发展中心，2021。

改造自己的主观世界，使新闻事业真正成为人民事业，新闻记者真正成为人民记者：

> 延安时期，新闻工作者的活动并没有局限在劳动分工所规定的专业畛域内，而是在政党的组织下深度参与社会生活和群众运动，在这一过程中新闻工作者与政党、群众紧密结合，相互塑造，在运动中融合成一种新的"政治主体性"，由此超越了基于职业独立和自治的专业主义"主体性""独立性"。[①]

按照张慧瑜的分析，20世纪80年代以来，中国恢复社会学研究，从西方引进社区的概念，翻译了芝加哥学派的著作，在社会学领域设立社区研究、社会工作等专业，推广社区治理、社区工作的方法和经验。其中，社区是最重要的研究对象和分析单位。芝加哥学派代表人物帕克在《城市社会学》中指出，社区是在一定限定区域内聚集、生活的人群。他到燕京大学讲学时把这个概念引入中国，当时还是学生的费孝通把Community译为社区。根据西方对城市、社会的理解，社区是一个高度自治化的空间，也是社会组织的最小单位，社区往下就是家庭和个体。这种自治社区的想象来自古希腊的城邦，理想的城邦是凭借自由意志结合在一起的自由人的联合体和共同体。从原子化的个体结合为家庭，从家庭组成社区，再由社区联合为城市，最后由城市组成社会，这就是西方现代社会的历史图景与理论图示。这种社区自治的传统背后隐含着国家与社会的二元对立，政治国家不能干预市民社会，而市民社会可以监督掌握行政权力的国家。而不同于西方的社区，基层以及基层传播是20世纪中国历史中形成的经验，根植于近代以来中国所面临的危机和挑战。具体来说，基层建设与传播回应着四个具有中国特色的问题：

第一，基层所面对的空间主要是农村等欠发达地区。中国在落后、贫困地区进行基层建设，摸索出了一套组织群众、动员群众的工作方法，这也是"农村包围城市"的中国经验。

第二，基层传播在基层建设中发挥重要作用。比如，通过读报小组、农村夜校、群众大会等形式，以及借助广播、电影、电视等基层媒介宣传，帮助群众实现从社会"翻身"到精神"翻心"的转变，获得主体性和能动性。

第三，发展是基层建设的核心任务。与社区不同，中国基层除了是居住、生活、消费的场所，还包括单位、工厂、公司等生产性空间，这就涉及组织与发展生产的问题。在此过程中，基层传播发挥着双重作用，一方面城市单位提供丰富的业余文化生活，工人俱乐部、大礼堂定期上演电影、话剧或其他群众汇演活动；一方面农村有文化、科技、卫生"三下乡"活动等。

---

① 李海波：《业余路线：延安时期新闻大众化运动研究》，165页，清华大学博士学位论文，2018。

第四，国家为基层建设提供基础设施保障。与西方自由主义传统中的自治社区、市民社会对国家的排斥不同，中国的基层是国家权力的延伸，通过基层党组织和行政力量，国家实现对基层的管理和治理。除了日常事务，国家的角色还体现在为基层提供各种基础设施，如路、水、电、邮政、通信、网络等，以及"四级"办广电、电影发行放映制度等，既使偏远地区的各族群众都能享受到基本的现代化服务，也为基层生产和建设提供便利。

总之，基层建设及其传播的基本经验是，借助国家力量把资金、技术、文化同人民群众的生产生活有机结合，让基层变成安居乐业的空间而非人弃鬼居的"底层"：

> 基层传播作为一种产生于20世纪中国历史和社会发展中的经验，根植于国家、政党介入基层、改造基层的过程中。基层空间是人民群众生活、居住的场所，也是工作、生产的空间，基层"化"本身隐含着通过政治介入、社会革命、文化教育等手段，让普通百姓、人民群众成为社会空间的多重主体，这并非一朝一夕能完成的工作，而需要一场"漫长的革命"。基层传播在基层建设和治理中扮演着重要角色，是赋予基层表达、发声的平台，也是构建基层空间的公共性、社会性的媒介。如果给基层传播找一个对应的英语词汇，我想用 People Communication 来表达，这联系着20世纪中国历史中人民政治的想象，也联系着在基层实现"人民当家做主"的理想。[①]

张慧瑜的基层传播以及一批新时代的传播研究，也无异于破除了西方传播学的学术教条与理论八股，如一度甚嚣尘上的专业主义迷思。按照一套学术流行语，新闻是新闻，宣传是宣传，传播是传播，井水不犯河水，否则就俨然逆天而动，就大逆不道，而全然不顾新闻中时时有宣传，传播时处处皆宣传，如西方主流媒体与好莱坞大片。张慧瑜的传播研究，则以唯物史观展现了鲜活的、实际的、生机勃勃、大道之行的中国传播实践，既提供了中国理论，又破除了西方教条。事实上，面对风雨如磐的旧中国，面对百业待兴的新中国，我们的记者、学者、艺术家以及各级各类宣传工作者，怎么可能按照西方教科书的训导，胶柱鼓瑟地区分何谓新闻，何谓宣传，何谓传播，而且新闻不能有宣传，传播不能讲政治、讲主义，只能提供信息，讲人情味的故事，否则就有违专业主义的律令天条。

2. 王洪喆与"赤脚电工"研究。

王洪喆的博士论文通过20世纪六七十年代中国电子工业发展状况，比较了社会主

---

① 张慧瑜：《基层传播的理论与实践：以20世纪中国经验为中心》，收入刘昌德、冯建三编：《传播就是理解：当代两岸媒体问题的批判分析》，121~140页，台北，国立政治大学传播学院研究暨发展中心，2021。

义与资本主义两种技术政治，分析了自主性发展与依附性发展两条路线，也为传播与传播研究的中国化，特别是媒介技术的发展与研究提供了另一种历史愿景或"另一种可能"，不仅续接了半个世纪前斯迈思的传播研究思路，而且有关结论同第三个"历史决议"的精神也遥相呼应：

> 根据周恩来的指示，国家计委把电子技术的应用列为"四五"期间国民经济生产技术发展重点，并在投资、物资方面给予扶植政策。

> 仅就单一工业部门而言，1968—1971 年地方电子工业出现的第二次"大跃进"，比 1958—1960 年"大跃进"期间电子工业的发展在规模和速度上都更加激进。

> 1968 年开始地方电子工业产值（8.25 亿元）就已经超过中央企业（4.94 亿元）。1971 年地方的产值达到了 40 亿元，几乎相当于 1966 年的 6 倍；职工猛增到 47 万人，相当于 1966 年的 3.6 倍；厂点剧增到 5200 多个。[①]

这里，尤其值得关注的问题在于社会主义现代化的技术政治路线，也就是斯迈思在中国研究的问题。1968 年 7 月 22 日，《人民日报》刊发《从上海机床厂看培养工程技术人员的道路（调查报告）》，毛泽东为这份报告写的按语就像"五七指示"，以"七二一指示"著称并影响深远："大学还是要办的，我这里主要说的是理工科大学还要办，但学制要缩短，教育要革命，要无产阶级政治，走上海机床厂从工人中培养技术人员的道路。要从有实践经验的工人农民中间选拔学生，到学校学几年以后，又回到生产实践中去。"

所谓上海机床厂的"上海模式"及其技术政治路线，同延安整风、《解放日报》改版如出一辙，旨在唤起与塑造劳动群众的主人翁意识和首创精神，打破现代化故有的专业壁垒、技术壁垒，以及与此相关的社会壁垒，使人民大众不仅在政治上翻身解放，而且在现代化进程以及科技文化领域也能当家作主，成为各行各业的主人或主导力量。王洪喆讲述了 3 个技术政治的故事，其中之一就像现代科技领域的"红旗渠"一样富有传奇色彩，他由此提出一个概念"赤脚电工"，类似当年"赤脚医生：

1970 年 9 月，上海市一家街道小厂"长江把手厂"，电工出身的技术员从市里接受了一项新的生产任务——造电子计算机。市里决定以工人为主体，同上海计算技术研究所科研人员、复旦大学教师一道，组建队伍，一同攻关。这名技术员激动地跟工人说：如果不是狠批"电子神秘论"，这样重大的任务怎么会交给我们街道小厂呢？

---

① 王洪喆：《从"赤脚电工"到"电子包公"：中国电子信息产业技术与劳动政治》，载《开放时代》，2015（3）。

当时，长江把手厂只有300多人，多为不识字的妇女，电子计算机什么样都没见过，于是有人说：这种高级产品有技术的大学生搞搞还行，靠我们这些不识字的阿姨、妈妈怎么行呢？针锋相对的意见说：干革命就要像干革命的样子，我们困难再大也大不过大庆工人，有条件上，没有条件也要创造条件上！双方争执不下，党支部建议到上海电子计算技术研究所参观学习。参观后，工人认为，造计算机不是自己一家的小事，而是长中国工人阶级志气的大事，并喊出口号：苦战1971年，拿下"争气机"，向毛主席献礼！

于是，由抛车工、冲床工、电镀工组成主力队伍，把手包装车间改建为计算机车间，上海计算技术研究所和复旦大学的知识分子带着设计图纸在车间同工人并肩作战。一开始，厂领导依靠少数专业人员关门攻关，进度很慢。一位老工人质疑：为什么不让工人参加攻关，领导不相信群众，不符合毛主席革命路线。第二天工人贴出一张大字报，署名"哲学小组"，开门见山地指出："领导上走的是专家路线，不相信群众；造计算机不仅要分清线路，更重要的是分清路线！"

大字报引发大讨论，领导作出回应：造机又造人，路线管线路。于是焊接小组工人参与到仪表制造中，科研人员先对工人进行培训，然后工人与科研人员配合，大大加快了制造进度。1971年12月26日，11万次积体电路通用电子计算机组装完成，通过程式设计，成功播放了《东方红》乐曲，在打字机上输出汉字"毛主席万岁"。此后把手厂改名为长江无线电厂，出产的积体电路电子计算机用于上海工业市政的各个领域，如体育馆的钢架屋顶结构计算、黄浦江潮汐预报。1973年，中美双方互派科技代表团访问，中方安排美方计算机专家参观长江无线电厂，把它作为自力更生、电子计算机国产化的范例，向美方展示。①

王洪喆指出，此类故事展现的工人"技术翻身"过程与蔡翔在文学研究中考察新中国成立初期工人"文化诉苦"和"识字运动"属于同一文化政治。如果说"文化诉苦""识字运动"通过识字把工人带进新中国，那么制造和使用计算机也包含了同样明确的现代性诉求，即确立工人阶级的主体地位主体性："这一主体性，既包括工人对政党——国家的认同，也包括工人的尊严政治。"②

与之相对的资本主义技术路线，则在资本逻辑下，"劳动过程中的技术创新不断地被从劳动过程中分离出去，反过来控制劳动者自身"。比如，计算机从业者发明了一套又一套的程序，但这套程序并不为从业者所有而是为资本家所有，并用于控制计算机从业者，对他们进行变本加厉的剥削。社会主义的技术路线是在生产和技术革新的过程中

---

① 王洪喆：《从"赤脚电工"到"电子包公"：中国电子信息产业技术与劳动政治》，载《开放时代》，2015（3）。
② 同上。

培养人，工人继续教育和新技术革新同时发生。这种做法从理论上看，是将"分离"的劳动过程重新"统合"起来，是对"异化"劳动的"解放"。①

其中蕴含的群众路线同热闹非凡的媒介决定论、技术决定论格格不入，也为新时代发展以人民为中心的传播事业提供了历史镜鉴。这样的传播研究在技术考古、媒介崇拜的时代，让人耳目一新，看似重返20世纪社会主义技术史，实则也是在探索超越资本、面向未来的人类与技术新型关系。面对平台资本主义、数字资本主义，王洪喆的结论发聋振聩：

> 群众运动中的电子计算机，作为一个符号性的文化物件，指示了乌托邦自动化的共产主义愿景；作为一台生产性机器，对它的制造、学习和应用意味着社会主义劳动过程和生产关系的革命性变革，它不仅仅是生产工具，也是阶级政治的技术中介。当革命中的双重勾连转向新自由主义的双重勾连，以美式微型电脑为代表的计算机技术形式所勾连的，是基于数据处理的冷战社会科学和工厂管理方法论得以展开的技术基础和新自由主义"第三次浪潮"中的技术决定论意识形态。在这个双重勾连中，社会主义的技术政治传统就此旁落，20世纪的工业电子神话和资本主义古老的信息商品化历史最终实现了汇流。②

3. 王维佳与国际主义传播研究

当今之世，"国际化"成为流行思维流行语。国际本意，原指国与国之间关系，如同人际关系，引申开来指世界以及所有国家，如国际社会等。学界提倡国际化，本意应在以我为主，广泛吸取人类文明成果，洋为中用，辩证取舍，从而繁荣科学研究与学术思想。然而，如今所谓国际实际指欧美，甚至就是美国，同样，国际化其实是欧美化或美国化。如号称的"国际期刊""国际会议"，十之八九不过是美国期刊、美国会议：

> 在"国际接轨"的口号下，中国的学人今天正在自觉地成为以美国为主导的学术市场的蹩脚的尾随者。学术"成果"大量涌现，学术真金却在不断萎缩；学术市场热闹非凡，学术空气却异常浮躁。盲目的接轨话语使今天的中国大学正在不断丧失自主独立的学术精神、宽松自由的学术氛围、立足本土的学术情怀。③

20世纪80年代流行"走向世界"之说，极少为人作序的钱锺书破例为钟叔河的《走向世界——近代中国知识分子考察西方的历史》写了序，其中特别说到：说什么走

---

① 王洪喆：《从"赤脚电工"到"电子包公"：中国电子信息产业技术与劳动政治》，载《开放时代》，2015（3）。

② 同上。

③ 应星：《"科学作为天职"在中国》，载李猛编：《科学作为天职：韦伯与我们时代的命运》，197页，北京，生活·读书·新知三联书店，2018。

向世界，难道中国不在世界之中么——真是一语道破天机。

其实，所谓走向世界，潜台词乃是走向西方，如同国际化。与之相关，现在一说开放，好像之前中国不开放，而把自己封闭起来。多少有点常识就知道，一方面中国曾经面向广大的亚非拉世界开放，更面向社会主义国家开放，开放的国家之多、人民之众、地域之广，远超欧美。另一方面，当年也不能笼统地说不对西方开放。事实上，以20世纪70年代为界，美国为首的西方阵营长期对新中国实行"铁壁合围"，了解一下"巴黎统筹委员会"这个机构就知道了。1950年10月27日，毛泽东在中南海同友人谈话，提到"美国三把刀"：一把从朝鲜，插向中国的头部；一把从台湾，插到中国的腰上；一把从越南，插在中国的脚上。[①] 为了打破这种"铁壁合围"，各族人民在毛主席、共产党领导下，自力更生，奋发图强，进行了艰苦卓绝的伟大斗争，顶住了一个又一个巨大压力，取得一个又一个重大胜利。1971年中国重返联合国和1972年尼克松访华，更是彻底打破了西方世界对新中国的围剿。随后西方国家纷纷与我国建交，从而也为80年代的全面开放奠定了基础。所以，李零说，改革开放的前提是中美接近，没有毛泽东这一招，哪有后来的改革开放，更何况"开放不等于开门揖盗"。[②]

耐人寻味的是，随着"国际接轨"以及"国际化"声潮前呼后应，马克思主义的"国际主义"即《国际歌》里的"英特纳雄耐尔"（international），一度"歌渐不闻声渐悄"。这种国际主义及其精神价值，生动体现在中国人民熟悉的白求恩大夫身上："一个外国人，毫无利己的动机，把中国人民的解放事业当作他自己的事业，这是什么精神？这是国际主义的精神，这是共产主义的精神……"乍一看，国际化与国际主义都说国际，但此国际非彼国际，相距不可以道里计。如前所述，国际化说到底无非是欧美化，并与殖民主义、资本主义、帝国主义一脉相通；而国际主义则同马克思主义、"世界人民大团结"、人类命运共同体水乳交融。简言之，两种不同的话语对应着两种政治愿景，也体现着不同的阶级关系与权力关系。就像费孝通回忆楚图南时所作的对比：

> 有修养的人，不是在得失之间做选择，而是在对人对世界的贡献上考虑自己的行动。这一点，存在着我们同资本主义文化的一个根本区别。资本主义的价值观念，是以理性的个人的打算为出发点来考虑的，用理性来权衡得失。共产主义的基本思想是从社会的利益来决定个人的行为。从个人出发和从社会出发，是对于人生处事的两种基本不同的看法。我觉得，中国文化的底子是有社会主义的本

---

① 中共中央文献研究室编：《毛泽东年谱（一九四九——一九七六）》（第一卷），230页，北京，中央文献出版社，2013。

② 李零：《我们的中国》第一编"茫茫禹迹"，30页，北京：生活·读书·新知三联书店，2016。

质内容的。它不倡导从个人出发，而总是以集体为权衡的导向，至少也是从一个家庭为出发点，而要求推之于国家和天下。这种从群体出发的文化生生不息地传下来，它是超越于个人生死的。我们有这个底子，从一个孤立的社会里边向外延伸，到将来扩大到全世界、全人类，这不就是共产主义。①

在传播学的分支学科中，国际传播以及相关的对外传播、跨文化传播等，一直广受青睐。随着中国一步步走向世界舞台中心，这方面研究更是如火如荼。同时，也不能不受到上述两种世界观制约，而且，总体上，"国际化"即美西化国际传播占据着主导地位，正如美西化传播学占据中国传播学的主导地位一样。毋庸讳言，目前中国在国际传播领域处于被动态势，"挨骂"问题一目了然。这个问题固然有多方面的背景和因素，但国际传播研究徘徊于"国际化"的歧路，远离"国际主义"的大道也是症结所在。

正是在这样的背景下，王维佳国际主义脉络中的传播研究就格外突出。他从国际主义以及亚非拉人民争取独立解放，争取公平正义的国际政治经济新秩序和新闻传播新秩序的历史中，提炼面向"人类命运共同体"的传播理论，也自然更契合新时代大势所趋。

王维佳的学术工作与理论建树也体现了新时代的问题意识、创新意义和学术价值。从博士论文《作为劳动的传播：中国新闻记者劳动状况研究》（2011），到新作《平行历史中的横向整合：如何叙述"第三世界"的传播与发展》（2022），不仅一以贯之地彰显唯物史观的治学精神，而且具有鲜明的国际主义视野而非流行的国际化意识。具体说来，就是将传播政治经济学与中国媒体实践相结合，将地方经验与全球视野相贯通。以《平行历史中的横向整合：如何叙述"第三世界"的传播与发展》为例，他提出"横向整合"的概念。在他看来，以往考察国际关系与传播时，往往看到边缘国家与中心国家之间的纵向关系或国际关系，较少关注第三世界国家之间的横向互动，而这些自主性的横向联合有助于协力解决共同面对的社会发展问题，并促进世界新秩序的建立。他结合非洲调研和传播学教学的经验，探讨了发展中国家之间建立和丧失历史共情与政治认同的历史变迁：

> 我的约旦研究生丽丽刚刚完成了她的毕业论文，主题是讨论《人民日报》对上世纪六七十年代四次中东战争的报道。她刚刚接触研究材料时的惊讶和欣喜给我留下了深刻的印象。面对一篇篇对"阿拉伯弟兄"激情澎湃的声援，她好像发现了一个久已失传的宝藏，感慨几十年来中国与阿拉伯国家之间文化心理距离发

---

① 费孝通：《费孝通全集》第14卷，396~397页，呼和浩特，内蒙古人民出版社，2009。

生的巨大变化。我还记得，从入学时起，她就对中国媒体上的阿拉伯地区报道颇为不满，神秘的异域风情、难以理解的宗教文化、连绵不断的莫名战乱似乎成了抹不去的标签。这样的报道给大众留下的不是民心相通的感受，而是逾越不了的障碍。她很兴奋地给我展示一幅 1956 年 11 月《人民日报》的照片，告诉我当天首都北京有四十万群众在天安门广场集会抗议英法出兵埃及。斑驳的黑白画面瞬间将我带到那个激情燃烧的岁月，苏伊士危机、伊拉克革命、卢蒙巴遇刺，在一个个历史事件背后，在贝尔格莱德、在雅加达、在平壤、在北京，在世界的各个地方，我们可以看到动辄数十万，乃至上百万的群众声援与抗议——人民的命运曾经自觉地联系在一起。

回到现实，历史的翻转让人感慨。不久前，我参加了一次国家外宣媒体创设海外版报纸的研讨会。会上主编人员介绍了新报纸各个版面的内容定位，其中一页 PPT 的标题引起我的注意，叫作"与中国无关的国际新闻"。我对当时编辑介绍的其他内容已经记忆模糊，但对这个标题印象极为深刻，它再次冲击了我对当代媒体文化的认识。技术上看，这只是编辑处理新闻内容的一个类别，但其中表现出一个国家媒体对国际事件的旁观心态让人唏嘘不已。如果讲不好世界的故事，找不到中国与世界的连接节点，又怎能讲好中国故事。回想起去年新闻传播的专业考试，我冒险在试卷上出了一道时事题目，想让学生从中国经济与外交的角度出发，设计一下如何报道 2019 年苏丹和阿尔及利亚的政治动荡。两地都是中非贸易长期以来的重点国家，中国的能源和基建投资遍布其中，政局变动的影响可想而知。但考试结果是几十份试卷答案无一命中要旨。"与中国无关"，这真成了一个令人厌恶的魔咒。但想来也有些无奈，我们又怎能对学生苛责？这些怀揣国际新闻理想的"九零后"们从小到大所处的媒体和文教环境不就是我们这一代，以及更早的一代人所创造的吗？[①]

上述以及类似研究无不提示，随着中国特色社会主义进入新时代，以及世界面临百年未有之大变局，建构中国特色与普遍意义有机统一的传播学及其学科体系、学术体系、话语体系时，有两个条件必不可少，一是马克思主义及其中国化与时代化的理论视野，特别是辩证唯物主义与历史唯物主义的立场、观点与方法；一是中国历史特别是"四史"即党史、新中国史、改革开放史、社会主义发展史的学问根基。缺乏这两方面的条件与积累，中国传播学及其学术工作要么一事无成，要么难成其大。

---

① 王维佳：《平行历史中的横向整合：如何叙述"第三世界"的传播与发展》，载汪晖、王中忱：《区域》第 9 辑，141~143 页，北京，社会科学文献出版社，2021。

第十四章 崛起（下）

毛泽东主席对鲁迅先生有一句定评："鲁迅的方向，就是中华民族新文化的方向。"借用此语，不妨说在批判冷战传播学、超越西方传播学、建设中国传播学的进程中，赵月枝作为先行者，也代表着中国传播学的方向。20 余年来，在她的影响与感召下，一批有学术抱负、有政治觉悟、有创新意识的青年才俊，立足大地，心系苍生，开始自觉地运用唯物史观统揽传播研究，为解释世界、改变世界不断提供守正创新的学术成果，使中国传播学的面貌不断改观，从而与旧时代渐行渐远，与新时代日入日深。

第一节 赵月枝：中国理论先行者

一、成长背景与学术旨趣

赵月枝 1965 年生于浙江省缙云县的一个小村庄，此地有崇山峻岭、茂林修竹，又有清流激湍，映带左右。她的高中是在颇有时代烙印的"五七高中"度过的。所谓"五七"，源于 1966 年 5 月 7 日毛泽东写给林彪的一封信，史称"五七指示"。在这封信中，毛泽东提出全国各行各业都要办成"一个大学校"，当年遍布天南地北的"五七干校"即由此而来，杨绛还以个人化视角，写了一本《干校六记》。赵月枝求学的"五七高中"虽然只办了两届，也带有类似的时代印迹，包括缩小三大差别，即工农差别、城乡差别、脑力体力差别的理想。多年后，她依然感念当年的思想启蒙与精神塑造，她创办影响广泛的河阳论坛，"要做人民的先生，先做人民的学生"，走向田间，走进民间，走进人民心间，将书斋世界与现实世界打通，将学术人生与人间烟火融合，也同这样的社会理想一脉相通："在共产主义社会里，任何人都没有特定的活动范围，每个人都可以在任何部门内发展，社会调节着整个生产，因而使我可能随我自己的心愿今天干这事，明天干那事，上午打猎，下午捕鱼，傍晚从事畜牧，晚饭后从事批判，但并不因此就使我成为一个猎人、渔夫、牧人或批评者。"①

1980 年，赵月枝 15 岁考入北京广播学院（中国传媒大学前身）新闻系，21 岁作为公派留学生，前往加拿大西蒙菲莎大学（Simon Fraser University）攻读研究生，十年寒窗，获得博士学位。1996 年，博士毕业后，她先入职美国圣迭戈加州大学传播系工作，再回温哥华的西蒙菲莎大学传播学院任教。驰骋欧美学界 20 多年间，她不仅发表了一批高水平的学术成果，最终成为加拿大国家特聘教授、加拿大皇家学会院士，而且通过访问学者等各种途径，影响了一批中国学人，为新时代创立中国理论、开辟中国学派，提供了必不可少的理论基础和人才储备。2022 年，赵月枝落叶归根，以人文讲席教授入职清华大学新闻与传播学院。

如同施一公的科学之路深受父亲意外去世的刺激，在赵月枝的学术追求与研究中，也不难看到理论求索和生活世界的紧密关联，她孜孜以求的与其说是书斋书本的死学问，不如说是家国天下的活文章。回顾学术生涯，她在一篇文章里写道："我从传播领域对这个问题（中国社会主义何去何从）的思考和回应，则经历了主要用资本主义传播政治经济学框架来反驳主导的自由主义学术议程，到逐渐体认到资本主义传播政治经济学本身的偏颇，再到试图从国际共产主义运动与跨文化传播双重视野建构社会主义传播政治经济学的嬗变。"② 简单说，这一学术历程大致经历了三个阶段：顺着说、反着说、正着说。

顺着说，是在西方内部的批判传播话语中，依凭其历史逻辑展开的研究与思考；反着说，开始意识到哪怕是西方内部的左翼西马话语，骨子里都难免西方中心论、白人中心论、城市中心论等，进而反思并反叛这套学术话语；正着说，则如齐天大圣反出"天宫"，回到花果山，水帘洞，也就是立足中国土，回到马克思，堂堂正正地研究、思考、讲述中国道路及其传播逻辑。

二、顺着说：《维系民主？西方政治与新闻客观性》

1998 年，博士毕业两年后，赵月枝出版了两部英文著作，分别聚焦西方与中国的新闻媒体，一部是有中译本的《维系民主？西方政治与新闻客观性》，一部是《中国的媒体、市场与民主：在党的路线与底线之间》③。

---

① 《马克思恩格斯全集》第三卷，37 页，北京，人民出版社，1960。

② 赵月枝：《在东西方碰撞中学提问：从反驳到创新》，载汪晖、王中忱：《区域》第 9 辑，154 页，北京，社会科学文献出版社，2021。

③ Yuezhi Zhao, *Media, Market and Democracy in China: Between the Party Line and the Bottom Line*, Urbana, ILL: University of Illinois Press, 1998.

作为处女作与成名作，《维系民主？西方政治与新闻客观性》是在她的硕士论文基础上形成的，故署名带有导师哈克特。虽然源于一篇硕士论文，但已显示了研究功力和学术洞见。书中对"新闻客观性"这个西方新闻传播业中的"不死之神"，从哲学、新闻史、传播政治经济学、媒介社会学等维度展开历史唯物主义的分析，揭示了资本主义体制和新闻制度的"双重危机"，说明新闻客观性并非"明知不可而为之"的新闻理想，而是在历史过程中形成的一种混杂着理想、假设、实践、制度的通行规则，即福柯透视的知识／权力体制。①

在《中国的媒体、市场与民主：在党的路线与底线之间》及其姊妹篇《中国传播政治经济学》②中，她挑战了西方传播学对中国媒体改革路径和方向自以为是的分析，凸显了中国共产党在推进社会主义市场经济以及新闻传播业市场化与全球化过程中的主导地位和自主性、中国革命遗产的持续影响力、国内外不同力量围绕中国发展方向的话语与意识形态斗争。这些研究，为开拓融通中外的研究路径奠定了基础。

21世纪初的一个周末，赵月枝在温哥华超市购物，无意间看到一份免费的华人报纸，头版头条是两位云南青年和一个浙江青年通过网络，相约到她家乡小镇自杀的消息，而那个浙江青年就来自她生于斯长于斯的美丽村庄。在异国他乡看到这个悲剧，她感到震惊，想到几十年来，联合国把信息传播技术（ICT）作为千年减贫目标的重要手段，但触目惊心的家乡故事让她不由深思，就算人人有手机、家家有电脑也并不能解决安居乐业大问题。对此，西方现代化视野中的传播学理论，如创新扩散，更是无法解释，也无力解决。

路在何方？

三、反着说："批判之批判"

21世纪以来，看到北美内部一波未平一波又起的原住民抗争运动和少数族裔反种族主义运动，对照日新月异、蓬勃发展的中国特色社会主义事业，有感于工作生活中屡遭白人种族主义和反共意识形态的明枪暗箭，赵月枝开始反思自己的学术路径。由于有了切身感受，她意识到批判理论在中国问题以及种族问题上的思想盲点，及其对传播学产生的政治影响。针对现有传播政治经济学的西方中心主义和白人种族主义，她对西方批判理论展开了"批判之批判"，提出了社会主义跨文化传播政治经济学。

比如，欧美传播政治经济学者宁愿从原住民部落中诸如"礼品节"一类文化遗产

① ［加］罗伯特·哈克特、赵月枝：《维系民主？西方政治与新闻客观性》，沈荟、周雨译，北京，清华大学出版社，2005。

② 赵月枝：《中国传播政治经济学》，吴畅畅译，台北，唐山出版社，2019（英文原名 Yuezhi Zhao. *Communication in China: Political Economy, Power and Conflict*, Rowan & Littlefield, 2008）。

中，寻求数字时代互惠经济的理论和实践资源，也不肯关注国际共产主义运动的丰富历史；传播学批判学者由于避讳列宁主义政党政治，宁肯在工人和公民如何产生社会主义的政治认同上语焉不详；同样由于忌讳社会主义国家在传播与文化领域开展的伟大斗争，他们宁肯一笔勾销支撑这些斗争所蕴含的人类解放的理论和实践，从而最终也使自己丧失了理论的想象力、洞察力，并从另一个方面体现出政治观念的保守性和冷战意识形态的影响力。

在她看来，传播政治经济学也陷入内卷化、学院化、琐细化，以及西马个人主义的争斗，成为一种被"劫持"的、掩耳盗铃的马克思主义。相反，"包括中国在内的一些亚非拉国家，不但在社会主义革命和建设实践中产生了本土化的马克思主义传播思想，而且为西方马克思主义传播学者提供了丰富的思想源泉和研究案例"。① 2022年《传播政治经济学手册》一书中文版付梓，她在导读中更对当代西方传播政治经济学进行了系统的"批判之批判"：

> 在 21 世纪初英美传播政治经济学者最有代表性的学术叙事中，我们不但早已看不到社会主义——不管是历史上的，还是现实斗争中的——作为一种可选择的资本主义替代性制度的地平线，而且也很少看到像唐宁和丹·席勒各自在文章最后提及但只是一言带过的反帝和反殖民主义视野。考虑到在 21 世纪第二个十年的后半期，等待他们的是以英国脱欧和美国特朗普为代表的本土主义和右翼民粹主义的崛起，《手册》大部分作者在政治想象力方面的保守，包括对政治经济学叙事本身的"抱残守缺"和对更深层的帝国文化和身份认同问题缺乏深入研究的失望，都是客观现实和学科"内卷化"问题的折射。②

作为中国传播政治经济学的先驱与代表，赵月枝从这一学派内部的"批判之批判"，对中国传播学无疑具有针对性与现实意义。近年来，在她以及一批中国学者的引介下，传播政治经济学已在中国大陆遍地开花。于是，面对数字平台经济，一批年轻学者以传播政治经济学对"数字劳工"的理论视野，认为共享平台背后存在隐秘的情感剥削和异化劳动，并形成某种学术热点和前沿。当此时，赵月枝指出，简单地把西方数字劳动的理论复制到中国，并不足以解释电商直播和短视频主播等现象。因为，中国的工人和农民既不同于西方资本主义国家中的工人，也不同于印度等后殖民主义国家的"底层"，他们经历过社会主义革命和建设的洗礼，宪法还明文写着工农联盟是国家的权力基础，更不用说数千年传统文化的深厚根基。所以，正如研究传播体制的改革不能忽视

---

① 赵月枝：《马克思归来》：网络时代的马克思主义与传播研究》，载《清华大学学报（哲学社会科学版）》，2018（3）。
② 赵月枝：《国外传播政治经济学的贡献与局限——以〈传播政治经济学手册〉为例》，载《全球传媒学刊》，2021（6）。

中国的国家意志、自主性以及革命遗产，这里也不能忽视工农群众（包括数字劳工）的主体性、能动性，以及把资本运行逻辑和经济关系嵌入整体性的社会生活和伦理关系的潜力。比如，缙云县一位数字精英被商机和政策引导，也为情怀感召，回乡创业发展。同样，当地从事电商和淘宝等数字经济业务的企业或雇员，也并非全是资本异化的产物，他们一方面受党和政府的扶持、影响与引导，一方面受乡村社会规范和人伦关系影响，有着不同于数字资本主义经济下的劳动性质和劳动关系。[①]

总之，传播政治经济学既难解释世界百年未有之大变局，更难解释中国对全球传播秩序的超越，以及中国推进社会主义传播体系所面临的挑战。因此，赵月枝反对把西方传播政治经济学的分析框架简单复制到中国，同时提出"社会主义跨文化传播政治经济学"的分析框架，认为中国的传播政治经济学必须在"社会主义"和"跨文化"两方面展开。一方面，中国特色社会主义实践为人类提供了另一种认识世界和改造世界的理论与方法，用社会主义普世主义挑战了资本主义普世主义。另一方面，伟大的中国革命是一场真正意义的"跨文化"革命，正如汪晖的"跨体系社会"所言，在此过程中形成的中国化马克思主义传播理论与实践，以及整个中国的经验、智慧、模式与道路已在亚非拉产生深远的影响。这种"跨文化"特性也就是国际主义特性，由此构成区别于西方传播政治经济学的底色。[②]

四、正着说：立足中国土，请教马克思

尊奉马克思解释世界、改变世界的学术抱负，她博士毕业后，一直在中国开展实地调查，同时指导研究生、开设短期课程和培训班、组织学术会议、创建学术平台、出版书系等。2009年，她受聘教育部长江学者讲座教授，长江学者研究项目就定为"传播、文化与中国城乡协调发展"。2015年，她又在家乡举办首届河阳论坛，主题为"构建平衡互哺的城乡关系"，同时开办"从全球到村庄：传播研究如何落地"的首期国际暑期班。截至2023年，河阳论坛已经举办九届，国际暑期班八期。

留学之前，赵月枝就接受了无产阶级新闻学的启蒙，在加拿大又受到马克思主义学术传统的传播政治经济学、文化研究和批判技术哲学等理论训练。20世纪90年代尤其是近十年来，她扎根中国乡土，开展深入的田野调查，将传播理论与中国实践相结合——这一系列理论与实践的深厚积累，为她"正着说"提供了底气，就像2014年她在《被劫持的"新闻自由"与文化领导权》一文中，对中国新闻自由所做的论述：

---

① 赵月枝、张志华：《跨文化传播政治经济学视角下的乡村数字经济》，载《新闻与写作》，2019（9）。
② 赵月枝：《社会主义跨文化传播政治经济学——理论路径与问题意识》，载《人民论坛·学术前沿》，2020（21）。

中国共产党本来是有一套新闻自由理论的，就是基于马克思主义阶级理论的新闻自由观。这个理论认为，新闻自由是有阶级性的。回顾历史，中华人民共和国的立国过程包括了共产党领导的中国革命以"人民"的名义剥夺"资产阶级新闻自由"的过程；包括了在宪法序言中所言的"工人阶级领导的、以工农联盟为基础的人民民主专政，实质上即无产阶级专政"的基础上，建立起"无产阶级新闻自由"的过程。在这一语境中，"无产阶级新闻自由"首先被定义为，新闻机构摆脱国内外私人资本控制的自由。①

新时代提出"以人民为中心"，大力推进哲学社会科学的学科体系、学术体系和话语体系建设，将马克思主义基本原理同中国具体实际相结合、同中华优秀传统文化相结合，更使她如鱼得水，渐入佳境，关于中国传播学的理论研究也逐渐成型。在她看来，中国传播学存在三个断裂。

第一个断裂是"历史与当下"的断裂，如新闻学与传播学的画地为牢。传播学进入中国四五十年，已经成为一门显学。对此，赵月枝不断追问为什么中国传播学照搬照抄西方传播理论，而与 20 世纪中国革命与社会主义建设的历史实践中发展起来的马克思主义新闻理论相脱节？我们习惯讲"传播学本土化"，但如果把 80 年代作为"本土化"的起点，那么中国独特的、在现代革命中形成的新闻理论和实践实际上就被虚无了。②百年历史证明，中国共产党很好地处理了外来理论与本土实践的关系。今天我们提出传播学中国化，建构中国传播学理论体系，必须从马克思主义中国化的历史进程中汲取经验和启示，接续并激活四十年间被传播学遮蔽和忽略的社会主义道统、传统与学统。

第二个断裂是马克思主义范畴内，中国传播学与西方批判传播学之间的断裂。如她所言，如果全世界马克思主义传播学者都不能联合起来，何谈全世界无产者联合起来。2013 年赵月枝获得达拉斯·斯迈思终身学术成就奖，美国学者约翰·兰特就此对她进行了访谈，其间赵月枝谈道："我的学术理想是激活马克思主义，这是一种不同的马克思主义，而不是被资本主义全球化改革意识形态所劫持的马克思主义。此外，正如历史上中国革命的思想家们在革命实践中挑战了教条马克思主义一样，今天的批判学者非常有必要在当代西方批判思想与中国的理论与实践间建立起建设性的对话关系。"③

直面现实，她对马克思主义新闻传播学建设也不无忧虑。因为，深受冷战意识形态影响的传播学，同马克思主义新闻观形格势禁，相看两厌。具体说来，一方面，以

---

① 赵月枝：《被劫持的"新闻自由"与文化领导权》，载《经济导刊》，2014（7）。
② 赵月枝：《否定之否定？从中外传播学术交流史上的 3S 说起》，载《国际新闻界》，2019（8）。
③ 赵月枝：《中国新闻传播学访谈录》，27 页，郑州，河南大学出版社，2019。

洋为尊、以洋为美、唯洋是从的学风俨然占据着主导地位；另一方面，主流的新闻传播话语也不同程度存在着僵化、教条化、知识老化、形式主义化等问题，导致马克思主义新闻传播学既对改革开放时代的中国现实缺乏解释力和影响力，又对新闻传播学科缺乏指导力和引领力，更对年轻学子与学者缺乏吸引力和说服力，往往陷入自说自话的学术困境。[①]

也因此，西方马克思主义批判理论以及批判传播理论进入中国，不能不让人觉得耳目一新。但由于照搬照抄，不接地气，一些年轻学者以此分析研究中国问题，难免缺乏与主流新闻观的对话，缺乏与社会主义革命与历史的对话，结果非但批判理论在中国成为"悬浮"于中国大地的学术操练，而且马克思主义传播学在中国也难以健康发展。更重要的是，简单地把西方传播政治经济学运用到中国的结果是，中国往往仅被当作全球信息、数字与平台资本主义的一部分，"历史终结论"对中国社会主义的"抹杀"由此实现"左右合流"。在传播政治经济学与中国马克思主义新闻学之间建立对话关系，是她努力的方向之一。

第三个断裂是"理论与实践"的断裂。有感于中国新闻传播学同一线专业实践之间的断裂，赵月枝强调知行合一，在认识世界中改造世界、改造自己，这既是马克思主义的精髓，也是中国传统文化的精髓。中国新闻传播学作为社会主义运动的一部分，不应该是封建士大夫"先天下之忧而忧"的救世式的志业，而是"无产阶级只有解放全人类，才能最后解放自己"的伟业。

针对上述理论与实践问题，为了建设中国新闻传播学，她先后提出一系列构想[②]，勾勒了新时代学科体系、学术体系和话语体系的四梁八柱。2017 年，首届中国特色新闻学暑期班在清华大学举行，聘请她作了一场关于中国共产党新闻思想的报告。报告提出的"八点建议"一时引发学员热议，后来经过修订，以《全球视野中的中共新闻理论与实践》为题，收入《马克思主义新闻观十五讲（修订版）》（2018）。在此基础上，她又在2020 年发表的《社会主义跨文化传播政治经济学：理论路径和问题意识》一文中，围绕四方面问题即国际主义视野、社会主义技术政治、社会主义文化领导权、社会主义传播主体，对此进行了完善，形成如下九点主张。

第一，从文化领导权和中华文明的高度理解传播及其重要性，由此建立中国传播学理论。这一理论拥有两个方面的资源，一是马列主义新闻传播传统和中国共产党新闻传播传统。20 世纪以来中国国家政权在革命锻造过程中对意识形态以及文化宣传、新

① 赵月枝：《〈马克思归来〉：网络时代的马克思主义与传播研究》，载《清华大学学报（哲学社会科学版）》，2018（3）。

② 赵月枝在几处说到，一个更全面的新闻传播学框架应该是"十点"，包括《全球视野中的中共新闻理论与实践》（《新闻记者》2018 年第 4 期）一文中的八点，以及《社会主义跨文化传播政治经济学：理论路径与问题意识》（《学术前沿》，2020 年第 21 期）一文中的国际主义视野和社会主义技术政治两点。

闻传播等重要性有着深刻认识，积累了丰富的经验，有待继续发掘。二是源远流长的中华文化传统。作为五千年文明古国，中国自古以来就高度重视文化教化、以文化人，同巧言令色的古希腊诡辩术、心怀鬼胎的西方说服术等有着完全不同的文化语境。

第二，媒体非资本所有与控制原则以及社会效益第一原则，是社会主义新闻传播业的根本原则。改革开放以来，随着社会主义市场经济逐步确立，一方面主流媒体将资本运作作为深化改革的方向；一方面私人社会资本暗流涌动，不断进行边缘试探，企图打入传媒。因此，在市场化改革的路径和传媒体制改革的目标之间，或者说作为社会主义政治基础和国家意识形态安全的新闻业与作为市场和信息服务的传播业之间出现巨大张力，有时甚至背道而驰。列宁说过，谁向资产阶级开放媒体，谁就不理解我们正在迈向社会主义。庆幸的是，中国始终没有彻底开放私人资本拥有媒体的口子，更不容许私人资本拥有新闻媒体，尤其杜绝跨国资本渗透中国媒体。

第三，正面报道为主，坚持倡导性新闻传播理念，传播既在于提供信息，更在于激浊扬清。温文尔雅的孔老夫子，当上鲁国司法部长才七天，就诛杀了"公知"少正卯，并列举五大罪状即心达而险、行辟而坚、言伪而辩、记丑而博、顺非而泽，也就是心理阴暗，摇唇鼓舌，搬弄是非，对丑恶之事乐此不疲。如果说西方新闻传播领域充斥着此类问题，那么中国文化传统一向注重隐恶扬善，如《论语》说的"父为子隐，子为父隐"。中国共产党的新闻传播理论与实践把马列主义与中国文化相结合，更是奉行正面报道的原则，致力于培养社会主义新人新思想，即革命、建设、改革所体现的现代性。具体说来，一方面始终坚持批评和自我批评的传统，后来演变为"舆论监督"——与西方"看门狗"传统截然不同，一方面大力弘扬新社会、新风尚、新道德，如同李希光概括的"三教新闻学"：

> 中国新闻学或东方新闻学之所以是"光明新闻学"，而不像美国一路的"耙粪新闻学"，与中国人的三大信仰体系密不可分：从儒家核心价值观看，就是隐恶扬善的仁义新闻学；从佛家观点看，就是摆脱内心贪嗔痴的去烦恼新闻学；从道家的宇宙观看，就是天人合一万物和谐的生态新闻学。

为了建设一个新的社会主义社会，就必须用社会主义的价值观引领社会，用社会主义的新人新事促进伟大事业，开展伟大斗争。所以，就需要倡导性媒体而不是所谓客观中立的媒体，而且，这种倡导性媒体同西方焦头烂额之际的拾遗补阙之计——从20世纪的社会责任论到新世纪的建设性新闻等风马牛不相及。

第四，以群众路线为主要工作方式的政治传播模式，是建构中国传播学的重要依据。群众路线是中国共产党的根本工作路线，体现着马克思主义及其新闻传播观的价值与灵魂。新媒体时代，传播和舆论环境日趋复杂，各种力量暗流涌动。为此，更需要坚持群众路线以及中国共产党的政治传播模式，把握党性与人民性相统一的定海神针。

第五，全党办报、群众办报的参与式传播，使新闻传播成为党和人民的公共事业。全党办报、群众办报的传统，一方面强调领导干部必须同时也是新闻工作者，比如毛泽东就经常自己写新闻，只有这样才能把党的宣传工作和组织工作相融通，新闻才能成为动员群众的方式和对敌斗争的利器；另一方面，强调广大群众也作为新闻主体参与新闻实践，发表观点或讲述身边的故事，传播新闻与思想。同时，全党办报、群众办报并不排斥专业工作者的作用，而是强调专业工作者是人民的一员：

> 相对于精英主义和专业主义，参与式传播在所有传播模式中是最民主的，也是得到互联网时代证明的、支撑的。互联网时代被称为"人人都有麦克风"的时代，也就是参与式传播有可能大发展的时代。可以说，共产党的全党办报、全民办报，早就体现了这种传播模式。从西方的"公民新闻"到拉美的社区媒体，再到今天网络时代的众声喧哗、人人都是记者，也许可以说，中共的新闻模式早就比"西方主流"先进！①

第六，"传输传播模式"和"仪式传播模式"的有机统一，是中国传播实践的本色。一百年来，中国共产党的传播理论与实践，更是为这一结合提供了丰富遗产。央视《新闻联播》就是一个典范，其意义不仅在于传递新闻信息，而且更在于日复一日的政治仪式，使全国人民感受到中华民族大家庭的氛围与意味。

第七，情与理的有机统一。舒德森在《发掘新闻：美国报业的社会史》里谈到两种新闻，一是作为信息的新闻（news as information），也就是精英的、诉诸理性的、提供民主政治所需的硬新闻；一是作为娱乐的新闻（news as entertainment），也就是大众的、诉诸情感的、家长里短的软新闻。在西方主流新闻观里，前者是高级的，后者是低级的。实际上，新闻性和娱乐性往往你中有我，我中有你。在中国共产党的新闻传统中，新闻报道固然重要，而有声有色、有情有理的通讯体裁同样占据重要地位。在传统文化及其传播理念中，"动之以情，晓之以理"也是中国传播实践的最高智慧。中国古人说，发乎情，止乎礼义；《论语》谈到《关雎》一诗，称道说"乐而不淫，哀而不伤"，更是情理交融的典范。在清代大儒戴震看来："情理关系"一是无情者必然无理，完全没有"情感"的"理"是为"非理"；二是理出乎情，应在"理"的制约下释放"情感"；三是"理"之节"情"，应该无过无不及，达到两相和谐。②总之，"情理交融"的传播，是中国传播学理论建构的文化基础与实践基础。

---

① 赵月枝：《全球视野中的中共新闻理论与实践》，载《新闻记者》，2018（4）。
② 束秀芳：《试问情为何物：先秦人士"情理交融"传播价值取向》，载《现代传播》，2021（2）。

第八，把握社会主义的技术政治。科技是第一生产力，但技术从来不是自主的力量。当年，中国共产党以"小米加步枪"的技术劣势，星星之火，终于燎原。抗美援朝，保家卫国，更以天差地别的技术装备，打败美帝野心狼，迫使世界头号强国俯首言和。同样，从"诉苦运动"到农村有线广播，无不使最广大民众享受到传播赋权和主体性锻造，从而极大地推进了革命、建设和改革。从冷战时代的"巴黎统筹委员会"到1996年美国等33个国家重新签订的替代性"瓦森纳协议"，中国一直是资本主义集团技术封锁的对象。虽然"以市场换技术"一度成为中国信息产业的发展策略，但独立自主的国家意志和自力更生的"中国工业精神"，最终使中国在信息传播技术这一战略性和支柱性领域取得了非凡成就。如自主创新的北斗导航系统证明中国的"后发优势"；移动通信领域更是实现了从2G时代跃进到5G时代。

第九，具有国际主义视野。从在帝国主义控制下的上海租界秘密诞生的一刻起，中国共产党领导的革命事业就是一个反帝反殖的国际主义运动；天安门城楼上的口号"全世界人民大团结万岁"，也彰显了新中国追求人类团结进步的国际主义情怀。因此，中国的新闻传播事业与国际共产主义事业紧密相连。首先，中国革命以反抗殖民主义，尊重世界各民族的独立和平等为价值依托，推动了广泛联合的第三世界进步运动。其次，中国革命和社会主义建设同战后世界包括西方各种进步运动之间不仅存在着先天的价值共享，也存在着相互促进关系。[①]

进入2020年代，作为全球数字资本主义核心，美国面临国际国内无法调和的尖锐矛盾。在新的国际传播与舆论环境中，中国传播学者需要反思和超越去政治化的"国家形象""软实力"研究，摒弃以美国文化与传播制度为模版的、一厢情愿的传播学。同时，更需要接续20世纪革命遗产，坚持新中国的立国初心，推进国际传播秩序和舆论空间的去殖民、去帝国和去冷战，给全世界被压迫民众的斗争提供基础设施、想象空间与话语资源。换言之，需要突破当代国外传播政治经济学对社会主义的历史虚无，突破西方中心主义以及各种二元对立的偏执偏颇意识，把反对新自由主义全球化运动的口号"另一个世界是可能的"，同中国道路相连接——以1921年中国共产党成立为标志，中国人民就一直在《国际歌》的"天下"情怀下，为这样一个"新世界"不懈奋斗。

总之，讨论中国传播学何去何从，必须在马列主义国际主义的框架里，在社会主义与资本主义意识形态斗争的框架里，在"一带一路"和人类命运共同体的框架里，在《宪法》序言所规定的党的领导、人民民主专政、社会主义国家的框架里展开。

---

① 赵月枝：《中国新闻传播学访谈录》，216页，郑州，河南大学出版社，2021。

第二节　宣传、新闻、传播

建设中国传播学自然主要在新闻传播学界，同时由于新闻、传播、宣传、媒体等对当今世界和中国社会越来越关系重大，关乎定国安邦、世道人心，其他学科与学人对此也日益关注并不乏洞见。其中，由于文史哲以及政治学、社会学、心理学等积淀深厚，故有关研究既深入深刻，也提供了别开生面的视野与思路。

比如，北京师范大学博士谢保杰的学位论文《主体、想象与表达：1949—1966年工农兵写作的历史考察》（2015），针对新中国"十七年"文学艺术以及文化领导权等真问题、大问题展开研究，步步为营，丝丝入扣，展现了新中国新文化的一段壮阔图景，远非小家碧玉传播研究能够望其项背。同样，清华大学博士张晴滟的学位论文《样板戏——文化革命及其最新形式》（2021），阐发了从礼乐革命到革命礼乐的艰难探索，展现了中国革命与中国道路的曲折历程，也为传播学及其文化研究提供了一个中国范例。特别值得一提的是，北京大学中文系贺桂梅教授的《"新启蒙"知识档案：80年代中国文化研究（第二版）》（2022）——源于其博士论文，对80年代社会历史与文化政治的透视入木三分，更为我们把握中国传播学的来龙去脉展现了深切洞明的文化政治背景。今天看来，80年代知识界的主流话语，莫过于以西方为乌托邦想象的"现代化话语"，同时对中国革命与中国共产党的"反（西方）现代的现代化"弃如敝屣，施拉姆红极一时也得益于此。对此，贺桂梅深刻指出，这套神话"将一个第三世界国家为了摆脱冷战格局中的地缘政治封锁与发展困境，面向资本全球市场开放并改革自身体制的过程，描述为传统的中华帝国从'闭关锁国''夜郎自大'的迷雾中惊醒，进而变革传统、开放国门、'出面参与世界'的现代化进程"①。

关于其他学科对中国传播学的启发和贡献，举不胜举。这里，管窥蠡测介绍一篇"大手笔，小文章"，也就是韩毓海为北京大学新闻学院方晓恬的博士论文写的序言。序言篇幅不长，围绕宣传、新闻、传播三个关键词娓娓阐发，出神入化，也为新闻传播学提供了别开生面的思想洞见。

韩毓海首先开宗明义，一语中的：宣传是政治性的，新闻是社会性的，传播是技术性的。

关于宣传——如果没有思想，没有价值观，没有路线，没有"主义"，没有斗争，那就没有政治，没有政治，也就搞不了宣传。马克思主义是讲思想、讲主义、讲路线斗争的，因此，马克思主义讲政治、讲宣传，讲真理，如果不讲政治宣传，不讲真理，就

---

①　贺桂梅：《"新启蒙"知识档案：80年代中国文化研究》（第二版），21页，北京，北京大学出版社，2021。

不是马克思主义。

关于新闻——与宣传有别，新闻是社会性的，用哈贝马斯的话，新闻属于"市民生活的公共领域"。当年，亚当·斯密、马嘎尔尼这些人，在咖啡馆里谈天说地，传播小道消息，笛福写《鲁宾逊漂流记》也是新闻报纸的起源。这些人当然不是不讲政治，而是从个人出发讲政治，他们不用抽象概念和观念讲政治，而用故事讲政治，也就是从个人角度出发，去讲一个宏大的主题。

讲好英国的故事，讲好资产阶级的故事，这是亚当·斯密和笛福这些人的发明，当然，马嘎尔尼勋爵还力图讲好"中国的故事"，大清王朝的故事，他关于下跪的故事源远流长，骗了许多人，至今还有人信。

由此看来，讲政治的办法一个是讲概念，另一个是讲故事。鲁迅说，所有的文艺都是宣传，但一切宣传并不都是文艺。这也是非常到家的话，宣传与新闻固然都是宣传，但讲好中国故事，并不等于讲好"中国概念"。

韩毓海进一步说，宣传与新闻的关系，从根本上讲，就是逻辑思维与形象思维的关系，观念与故事的关系，即黑格尔所谓"普遍性与特殊性"的关系。只有通过具体的、特殊的、个别的事物，才能达到普遍性，而这就是毛泽东所谓政治标准与艺术标准、提高与普及的关系。毛泽东说，所谓提高，是从地上提高，不是从空中提高——这话只有他老人家才能说得出来，无比深刻。

关于传播——与宣传和新闻都不同，传播是技术。长期以来，西方讲政治不行，讲故事也不行，但西方擅长的，就是传播和传播技术，这一点，他们确实比我们强。施拉姆在"文革"结束后，绕道香港，访问内地，这样给中国介绍经验：你们放人造地球卫星，不是为了显示新中国有尊严，不是为了向世界显示中国放了个大铁鸟围着地球转，而是要通过中国卫星，普及教育，搞现代化。

施拉姆这个话启发了邓小平，于是，他主张办广播电视大学，成立广播电视部。美国用卫星向第三世界推广发展战略，中国用广播电视推行"四个现代化"，于是，宣传与新闻，都插上了传播的翅膀。

20世纪80年代，有一套"走向未来丛书"，影响很大。最大的影响，就是讲信息论，讲技术治国，用信息技术治国理政，沿着这条路，把政治讲成了行政治理，政治现代化＝信息化＝行政管理，搞"走向未来丛书"的人里面，有许多理科男，其中包括金观涛。

如此这般分析了宣传、新闻和传播之后，韩毓海总结道：意识形态工作，包括宣传、新闻和传播三个方面，不能单打一。今天看来，我们的传播能力，特别是技术能力并不差，手机用户，世界第一，媒体融合发展，一直在大力推进。但是，搞意识形态工作，与搞北斗系统还不是一回事，技术手段有了，关键是传播什么，如果没有政治、没有思想、没有价值观、没有路线、没有斗争意识，如果离开了理，离开了真理，即使有了上天入地的技术手段，那你还是不知道要传播什么。

如果搞传播的就是一门心思搞技术，搞新闻的就是挖空心思讲故事，如果对于什么是理、什么是真理，既不知道，又不关心，那么，在热热闹闹轰轰烈烈之间，在思想上、真理上，就容易成了人家的俘虏。

反过来说，那些搞宣传的以为自己真理在握，大块文章乐未休，结果却是不接地气，不懂传播，不讲故事，写出的文章谁也不要看，甚至自己也不看，这就是有理说不出，说出推不开。这种空谈，早晚有一天，要走向理屈词穷。不能学会了传播技术，丢了政治宣传，这属于"捡起了芝麻，丢下西瓜"，也不能西瓜、芝麻都要，偏偏又忘了讲好中国故事。宣传、新闻、传播，什么时候抱成一团，成为一个整体，我们就算克服了形而上学，而学会了辩证法。①

第三节　精神交往论

发展传播学中国理论，建立传播学中国学派，离不开唯物史观，马克思主义精神交往论更是中国传播学驶向汪洋大海的灯塔。最后就专门谈谈精神交往论。

一、交往与传播

交往（德语为 Verkehr），是马克思主义传播观的核心概念，在马克思、恩格斯创立唯物史观的第一部著作《德意志意识形态》里就已频繁出现。

理解交往概念，关键在于联系人类的生产生活："物质生活的生产方式制约着整个社会生活、政治生活和精神生活的过程。不是人们的意识决定人们的存在，相反，是人们的社会存在决定人们的意识。"② 直白说，"人们首先必须吃、喝、住、穿，就是说首先必须劳动，然后才能争取统治，从事政治、宗教和哲学等等"③。在《德意志意识形态》中，马克思、恩格斯把人类的生产活动分为两类——物质生产和精神生产；与此相应，交往活动也有两类——物质交往和精神交往。物质生产和精神生产构成人类生产活动的总体运行，如同物质交往和精神交往构成人类交往活动的总体运行。按照唯物史观，物质生产和物质交往决定着精神生产和精神交往，而精神生产和精神交往又反作用于物质生产和物质交往，二者的辩证运动又构成人类社会的总体运行。这就是精神交往

---

① 方晓恬：《从"群众路线"到"现代化"：对中国特色传播学的历史重访（1949—1992）》序，河南大学出版即出。
② 《马克思恩格斯选集》第二卷，（第三版），2 页，北京，人民出版社，2012。
③ 同上，723 页。

论的基本内涵。

精神交往论或者说马克思主义传播观，同西方传播学尤其是美国的实证研究自然不可同日而语。它们的区别至少有如下三点。

第一，实证研究往往把传播当成孤立现象，就信息研究信息，就传播研究传播，正如恩格斯说到的："把自然界分解为各个部分，把各种自然过程和自然对象分成一定的门类，对有机体的内部按其多种多样的解剖形态进行研究，这是最近 400 年来在认识自然界方面获得巨大进展的基本条件。但是，这种做法也给我们留下了一种习惯：把各种自然物和自然过程孤立起来，撇开宏大的总的联系去进行考察，因此，就不是从运动的状态，而是从静止的状态去考察；不是把它们看作本质上变化的东西，而是看作固定不变的东西；不是从活的状态，而是从死的状态去考察。这种考察方法被培根和洛克从自然科学中移植到哲学中以后，就造成了最近几个世纪所特有的局限性，即形而上学的思维方式。"①

而马克思主义传播观则从人们的生产生活实践中，从人类社会的总体关系和总体运动上，考察传播，把握传播。借用马克思的一个例子："从根本上说，搬运夫和哲学家之间的差别要比家犬和猎犬之间的差别小得多，他们之间的鸿沟是分工掘成的。"② 现实生活中也常见类似情况，一对发小，由于高考差几分，人生由此分岔，若干年后，一位成了民工，一位成了教授，而当初如果对调，民工的学术成就未必不如教授。也就是说，他们在精神世界的距离归根结底是由于现实世界造成的。所以，共产主义也致力于消除脑力劳动与体力劳动的差别，追求知识分子劳动化、劳动人民知识化。

第二，马克思主义传播观认为，精神交往离不开精神生产，而精神生产与物质生产一样，受制于生产力与生产关系的辩证运动。由此出发，研究传播就得首先考察精神生产力如传播媒介对传播活动的制约；其次，更得考察人们在精神生产里所处的地位和精神生产资料的占有方式，即媒介所有权及其对传播活动的决定性作用。布尔迪厄揭示的"文化资本"，就延续着这样的思路。此类关系重大的问题，在美国实证主义传播研究中，往往有意无意被忽略、淡化乃至回避。

第三，按照马克思主义传播观，精神生产的产品始终与特定的意识形态相联系，体现一定集团、阶层或阶级的政治立场与价值倾向。换句话说，所谓信息不是超然物外的，而是充盈着丰富的历史内涵与社会关系。而美国主流传播学往往标榜所谓价值中立，从抽象的意义上看待信息及其生产与传播，抹煞其中刀光剑影的社会关系以及意识形态意味。

---

① 恩格斯：《反杜林论》，载《马克思恩格斯选集》第三卷（第三版），395~396 页，北京，人民出版社，2012。
② 《马克思恩格斯文集》第 1 卷，619 页，北京，人民出版社，2009。

总之，马克思主义传播观是"在一个更为宏观的角度上，用历史唯物主义的新世界观，研究了人类的物质交往和精神交往的各种现象。特别是涉及精神交往……的论述，对用马克思主义指导现代传播学的研究，有重大的指导意义"。①

二、物质交往与精神交往

物质交往与精神交往的关系，也就是存在与意识的辩证关系。具体说来：第一，一定的精神生产和精神交往，必须同一定的物质生产和物质交往相适应；第二，二者不是决定与被决定的机械关系，而是辩证统一的有机关系。

第一点是唯物史观的第一要义。所谓"相适应"，可从三个方面来理解。

首先，精神生产和精神交往起源于物质生产和物质交往。在《德意志意识形态》中，马克思恩格思明确写道："不是意识决定生活，而是生活决定意识""任何深奥的哲学问题……都可以十分简单地归结为某种经验的事实"。② 以司空见惯的语言为例："语言和意识具有同样长久的历史；语言是一种实践的、既为别人存在因而也为我自身而存在的、现实的意识。语言也和意识一样，只是由于需要，由于和他人交往的迫切需要才产生的。"③

英国历史学家巴勒克拉夫在其主编的《泰晤士世界历史地图集》里，从文化唯物主义角度谈及文字的起源："文明古国不同于它们的邻人……之处就在于经济的集中。在这些早期的城市社会中，货物是在一种实施再分配的制度之下集散的。要保持这些货流运转的轨道，就需要有某种永久性的记载，于是，发达的文字体系就成了这种社会的一个重要特征。最早的文字记载，通常不过是些仓库储货的清单而已……"④ 同样，美国史学家斯塔夫里阿诺斯针对两河流域的楔形文字也写道：

> 经营地产时需要记账，如：从佣耕的农人那里收到的地租，牧群的头数，牲畜所需的饲料的量，下次播种所需的种子的量，以及关于灌溉设施和灌溉计划的一切复杂的细节，都得上账或记录。管理事项和账目，是用削成三角尖头的芦苇秆当笔，刻写在泥版上；然后将泥版烘干，以便于保存。这种最早的文字形式称为楔形文字，显然不是为了智力活动才发明的；确切地说，这是经营管理时的一种工具。正如一位著名学者所说的，"文字不是一种深思熟虑后的发明物，而是伴

① 陈力丹：《精神交往论——马克思恩格斯的传播观》，4页，北京，开明出版社，1993。
② 《马克思恩格斯文集》第1卷，525页、528页，北京，人民出版社，2009。
③ 同上，533页。
④ ［英］杰弗里·巴勒克拉夫主编：《泰晤士世界历史地图集》，中文版编辑邓蜀生，53页，北京，生活·读书·新知三联书店，1985。

随对私有财产的强烈意识而产生的一种副产品……"①

在考察纷纭复杂的传播现象时，也应坚持精神源于物质这一基本前提，避免陷入种种唯心论。比如，解释新闻的起源时，着眼于人的好奇本能而不是人的社会需要。正因如此，马克思主义强调，批判的武器不能代替武器的批判：

> 意识的一切形式和产物不是可以通过精神的批判来消灭的，不是可以通过把它们消融在"自我意识"中或化为"怪影""幽灵""怪想"等等来消灭的，而只有通过实际地推翻这一切唯心主义谬论所由产生的现实的社会关系，才能把它们消灭；历史的动力以及宗教、哲学和任何其他理论的动力是革命，而不是批判。②

也就是说，精神生产和精神交往的思想斗争不能脱离物质生产和物质交往的现实状况。如果脱离这一现实状况，就难免陷入或左或右的误区——左是超越现实状况，右是滞后现实状况。比如，当下多元驳杂的思潮，归根结底源于混合私有制经济及其社会关系与社会阶层。

其次，物质生产与物质交往的水平制约着精神生产和精神交往的水平。韩少功的如下发问，体现的正是这一思路："为什么唐太宗再开明也不可能签署中国的《自由宪章》，为什么拿破仑再强霸也不可能成为法兰西的苏丹，为什么老子再睿智也不可能在竹简上创立后现代主义……"③现在有种倾向，似乎一说信息社会，信息就成为一切，只要有了信息，就好像有了一切。其实，"一切"并不在于信息，说到底在于物质生产力的发展水平，郭庆光说得好："信息社会并不是空中楼阁，它必须建立在农业社会和工业社会充分发展的基础之上，而人类也毕竟不能靠'吃'信息维持生存，我们首先必须解决温饱问题。信息社会，只能是人类社会物质生产力高度发达的产物"。④

最后，物质生产和物质交往的关系决定着精神生产和精神交往的关系。马克思恩格思就此有段经典论述："统治阶级的思想在每一时代都是占统治地位的思想。这就是说，一个阶级是社会上占统治地位的物质力量，同时也是社会上占统治地位的精神力量。支配着物质生产资料的阶级，同时也支配着精神生产资料，因此，那些没有精神生产资料的人的思想，一般是隶属于这个阶级的。占统治地位的思想不过是占统治地位的物质关系在观念上的表现，不过是以思想的形式表现出来的占统治地位的物质关

① ［美］斯塔夫里阿诺斯：《全球通史——1500 年以前的世界》，吴象婴等译，120~122 页，上海，上海社会科学院出版社，1988。

② 《马克思恩格斯文集》第 1 卷，544 页，北京，人民出版社，2009。

③ 韩少功：《革命后记》（修订版），18 页，香港，牛津大学出版社，2014。

④ 郭庆光：《传播学教程》，16 页，北京，中国人民大学出版社，1999。

系……"①福柯也以"知识考古学"揭示了这种关系，即各种看似纯粹超然的知识、话语或信息如"新闻自由"，无不体现着特定社会阶级与政治集团的权力意志。既然物质生产的关系决定精神生产的关系，我们在考察传播现象时就不能不分析精神生产资料的所有制问题，忽略这一根本问题，就无法真正理解传播活动及其本质。比如，美国记者看似很自由、很任性，想骂谁就骂谁、想批谁就批谁，但从来不敢骂媒体老板。

一定的精神生产与精神交往同一定的物质生产和物质交往相适应，是马克思主义传播观的第一层意思。另一层意思即二者的辩证作用，也可从三个方面理解。

首先，精神生产和精神交往的发展，反过来也推动物质生产和物质交往的发展。如近代印刷媒介对资本主义的发生发展，就产生了无比巨大的推动作用，用马克思那段人所熟知的话说："火药、指南针、印刷术这是预告资产阶级社会到来的三大发明。"②

其次，精神生产和精神交往具有不同于物质生产和物质交往的特殊规律。也就是说，不能简单化理解物质生产决定精神生产、物质交往决定精神交往，而应看到精神生产与精神交往有其自身的复杂性和特殊性，即恩格斯所说的："当我们深思熟虑地考察……我们自己的精神活动的时候，首先呈现在我们面前的，是一幅由种种联系和相互作用无穷无尽地交织起来的图画。"③

举例来说，按照存在决定意识、物质决定精神的观点，拥有丰厚物质基础的有闲阶层才可能从事精神生产与精神交往，当一个人饥寒交迫的时候，不会有闲情逸致写诗作画。然而，古往今来流芳百代的精神创造多在艰难困苦中完成，感人肺腑的经典往往不是出自锦衣玉食的纨绔而多源于穷愁潦倒的寒门。众所周知，魏晋南北朝是中国历史上一段动荡、混乱、黑暗的岁月，"八王之乱""五胡乱华""白骨露于野，千里无鸡鸣"等都是写照。然而，从精神层面看，那个时代又如此光华灿烂，按照宗白华的评价，甚至是先秦诸子百家后的第二个哲学时代，"是中国历史上最有生气，活泼可爱，美的成就极高的一个时代""精神史上极自由、极解放、最富于智慧、最浓于热情的一个时代"：

> 王羲之父子的字，顾恺之和陆探微的画，戴逵和戴颙的雕塑，嵇康的广陵散（琴曲），曹植、阮籍、陶潜、谢灵运、鲍照、谢朓的诗，郦道元、杨衒之的写景文，云冈、龙门壮伟的造像，洛阳和南朝的闳丽的寺院，无不是光芒万丈，前无古人，奠定了后代文学艺术的根基与趋向。（《论〈世说新语〉和晋人的美》）

最后，在物质文明达到一定水平之际，精神生产与精神交往的状况将成为制约社

---

① 《马克思恩格斯文集》第 1 卷，550~551 页，北京，人民出版社，2009。
② 《马克思恩格斯全集》第 47 卷，427 页，北京，人民出版社，1972。
③ 《马克思恩格斯全集》第 20 卷，23 页，北京，人民出版社，1972。

会历史进程的关键因素。就像文字的发明构成人类社会从原始进入文明的枢纽，这在世界几大文明古国的历史上看得很清楚。与之相似，今天传播媒介是否发达、网络技术是否普及、信息产业是否壮大等，都直接关系着国运兴衰。最能说明"精神变物质"的生动一例，莫过于一百余年前，十三个书生创立中国共产党，在"黑云压城城欲摧"的旧中国，在强大的帝国主义列强与凶残的封建军阀的铁屋子中，唤起工农千百万，不周山下红旗乱。星星之火，可以燎原，而这个星火就是先进的思想武器与中国的革命实践相结合的精神力量。解志熙结合革命文艺及其现代性，通过对比西马葛兰西等，也显示了这种"敢教日月换新天"的强大能量：

> 现代中国的革命和革命文艺之被当今的一些先进之士所否斥，这反倒证明当年的革命和革命文艺是真正的并且是成功的革命和革命文艺，而被他们交口称赞的另一些革命者、革命思想家和文艺家，如葛兰西、卢森堡、本雅明等"西马"之流，则都是失败的革命者或书斋里的革命者，所以他们也就只好或在狱中深刻地思想着革命或在书斋里诗意地想象着革命，如今称扬他们，诚然是既深刻悲壮也浪漫诗意而又很安全之举，因为那本来就是些美妙博辩的革命精神胜利法，说来好听好玩而已，并不当真的，也不能当真的。[①]

总之，既要重视物质生产和物质交往的基础作用，又不能忽视精神生产和精神交往在辩证运动中的独立性与能动性，二者的有机统一构成马克思主义精神交往论的全部内涵。

马克思主义精神交往论是研究人类传播的世界观与方法论，为考察传播现象、揭示传播规律、发展传播事业提供了科学指南。只有遵循这一立场、观点和方法，才能一方面对人类传播活动作出全面而深刻的阐释，一方面为建立中国传播学并使之服务于物质文明和精神文明提供有益的思想理论。

"革命尚未成功，同志仍需努力。"中国传播学及其学科体系、学术体系和话语体系虽如"红日初升，其道大光"，但"河出伏流，一泻汪洋"还有待时日。为此，特别需要一批批新时代新青年激扬蹈厉，踔厉奋发，不断摆脱西方的学术殖民、思想殖民、理论殖民，在中国式现代化与人类文明新形态上，开辟有中国特色、中国气派和中国风格的传播理论。

---

① 解志熙：《与革命相向而行——〈丁玲传〉及革命文艺的现代性序论》，载李向东、王增如：《丁玲传》，"序"18~19页，北京，中国大百科全书出版社，2015。

第十五章　结语　环球同此凉热

　　1935 年，诗人毛泽东写下一首自谓"主题思想是反对帝国主义"的《念奴娇·昆仑》，末尾一句广为流传：太平世界，环球同此凉热。

　　身处 21 世纪，面临全球化，地球村人都会面临一个问题：这个世界到底是好世界，还是坏世界，究竟是好得很，还是坏得很？化用狄更斯《双城记》开篇的名句来说：是最好的时代，还是最糟的时代；是智慧的年代，还是愚蠢的年代；是光明的季节，还是黑暗的季节；是信仰的时期，还是怀疑的时期；是希望的春天，还是绝望的冬天；是无所不有，还是一无所有……而无论怎么说，好有好的道理，坏有坏的逻辑。

　　"周虽旧邦，其命维新。"现代中国经历了数千年未遇之变局，从旧邦新造、天翻地覆的革命年代，到一波三折、艰辛探索的建设时期，人类历史上唯一延续至今的泱泱文明，已经岂止是像小托尔斯泰所言"在清水里浸过三次，在血水里洗过三次，在碱水里煮过三次"（《苦难历程》）。如此文明古国遭逢如此天崩地坼，自然召唤非常倜傥之人，"以究天人之际，通古今之变，成一家之言"。从孙中山到毛泽东，他们的思想改变了中国，也影响了世界。同时，富有"独立之精神，自由之思想"的哲人也如大江东去，前呼后拥，形成先秦百家、魏晋佛学、宋元禅宗以降的又一次精神大跃动，思想大解放，如新中国的李泽厚、赵汀阳。

　　2009 年，赵汀阳出版了一部《坏世界研究：作为第一哲学的政治哲学》，站在巨人肩膀，跨越前人思想，阐发了一套别开生面的全球性主张，与此前《没有世界的世界观》（2003）和此后《每个人的政治》（2010），构成一脉相通的思想脉络。其中有关世界及世界观的天下思想，更对反思全球化与现代传播提供了新颖的思路，也从根本上摇撼了西方驳杂的全球化话语体系。下面就来看看他是怎么分析这个世界的。

一、天下与国家

　　从形而上学角度看，现代世界体系本质上是个"无序状态"（chaos）。

将无序状态变成有序状态，就需要有一套"世界观"。而问题是现代世界恰恰是没有世界观的世界，或者说现代人的世界观里没有世界意识。比如，"西方思考政治问题的基本单位是各种意义上的'国家'（country/state/nation），国家被当作是思考和衡量各种问题的绝对根据、准绳或尺度"①，即使沃勒斯坦的现代世界体系概念，同样是"由国家之间的冲突和相互合作形成的，其中起决定性作用的是国家利益"。②再如，自由主义的社会制度即便有效，也仅限于"国内社会"，一旦超越这个范围，就无法满足制度最大化和普遍化的要求，"诸如'民主'和'公正'这些原则从来都不被应用于国际关系中，那些现代的'普遍'原则只要一进入世界性和国际问题就立刻化为乌有"③。1979年，邓小平出访美国，在与美国国会的会谈中遇到麻烦，此前国会通过一项修正案，要求共产党国家允许那些希望移民的人自由离开，国会才能批准其享有正常贸易关系。当国会议员逼问邓小平是否允许自由移民时，邓小平面无表情地淡淡回答："噢，这事好办！你们想要多少？一千万？一千五百万？"于是，议员再不追问，中国的最惠国待遇获得通过。④这里不仅是"虚伪"问题，就像人们指责美国与西方奉行双重标准，而且也是有世界而无世界观的问题，人类虽处"同一个世界"，但尚无"同一个梦想"，有的往往是自私自利甚至损人利己："只有当能够从世界的整体性上去理解世界才能够有'世界观'，否则就只能是关于世界的某种地方观，只不过是'管窥'（the view of the world from somewhere），就不会关心世界性利益"⑤。

那么，什么样的世界观才能满足全球人类的关切呢？同一个梦想的世界观是什么呢？赵汀阳的答案是天下观："天下理念包含了两个基本的制度想象：一个能够保证利益冲突最小化并且合作最大化的世界政治制度；一个能够承认并且维护文化权利的世界文化制度。这是天下理念最重要的遗产，也是今天世界最需要的政治原则。"⑥按照他的分析，"天下"包含三层含义。一是地理学意义的"天底下所有土地"，指人类可以居住的整个世界，相当于"天、地、人"三元结构中的"地"，即《诗经》咏歌的"溥天之下，莫非王土"。二是所有土地上生活的所有人的心思（heart），相当于"得民心者得天下"的民心，也就是说天下概念既是地理性的，又是心理性的。三是最重要的伦理学与政治学的意义，指天下一家、天下为公，天下大同等理想，如"修身、齐家、治国、

① 赵汀阳：《没有世界观的世界——政治哲学与文化哲学文集》（第二版），13 页，北京，中国人民大学出版社，2005。

② 同上，24 页。

③ 同上，45 页。

④ 参见傅高义：《邓小平时代》，冯克利译，338 页，北京，生活·读书·新知三联书店，2013。

⑤ 赵汀阳：《没有世界观的世界——政治哲学与文化哲学文集》（第二版），31 页，北京，中国人民大学出版社，2005。

⑥ 赵汀阳：《坏世界研究：作为第一哲学的政治哲学》，124 页，北京，中国人民大学出版社，2009。

平天下"等家国一体想象。一句话，天下是"地理、心理和社会制度三者合一的'世界'"，是个已经完成从无序到有序转变的世界，"是个满载所有关于世界的可能意义的饱满世界概念（the full concept of the world）：

> 它所想象的天下／帝国从本质上区别于西方的各种帝国模式，包括传统军事帝国如罗马帝国模式和现代帝国主义的民族／国家如大英帝国模式以及当代新帝国主义即美国模式。最突出的一点是，按照纯粹理论上的定位，天下／帝国根本上就不是个"国家"尤其不是个民族／国家，而是一种政治／文化制度，或者说一个世界社会。正如梁漱溟所指出的，天下是个关于"世界"而不是"国家"的概念……中国关于政治／社会各种单位的层次结构，即"家—国—天下"的结构，意味着一种比西方分析单位结构更广阔因此更有潜力的解释框架。①

由四海一家、四海之内皆兄弟的世界观，自然导出天下"无外"的逻辑。也就是说，天下体系只有内部而没有不可兼容的外部，只有内在远近亲疏的关系而没有不共戴天的异端。即使"华夷之辨"也仅仅表达文化差异，而不是设立你死我活的他者（the others）。"天下理念创造了最具和平气质和包容性的政治合作原则"②，因此中国文化中没有异教徒，三教九流，同处一宇。"这样一种关系界定模式保证了世界的先验完整性，同时又保证了历史的多样性，这可能是唯一能够满足世界文化生态标准的世界制度。"③这里的一个突出例证，就是"和而不同""礼不往教"等传统。按照北京大学李零教授的说法，中国历史上只闻"取经"而不见"传教"，只有西天路上络绎于途、风尘仆仆的身影，而没有血与火的"宗教战争"。另外，按照基督教传统，政治的第一要义在于分清敌友，而且是你死我活，不共戴天；而在中华文明中，政治的最高境界在于化敌为友，正如毛泽东在延安教导胡耀邦的：政治就是把拥护自己的人搞得多多的，把反对自己的人搞得少少的。在"和而不同""礼不往教"传统下，"不同的生活方式就仅仅是不同的生活而已，而不是某些必要修改或必须消灭的异端"④。

天下理念源于中华文明的黎明时期——周朝，作为一种饱满的、完备的世界观念，数千年来一直支配着中国历史以及中国人的思维方式与行为方式，"在中国古代许多朝

---

① 赵汀阳：《没有世界观的世界——政治哲学与文化哲学文集》（第二版），10~12页，北京，中国人民大学出版社，2005。

② 赵汀阳：《坏世界研究：作为第一哲学的政治哲学》，124页，北京，中国人民大学出版社，2009。

③ 赵汀阳：《没有世界观的世界——政治哲学与文化哲学文集》（第二版），16页，北京，中国人民大学出版社，2005。

④ 同上，39页。

代的实践中被证明比较成功地维护了和平、社会稳定秩序和传统的延续"[①]。清代的"一国多制"模式就是一例："以八旗制度统治满洲，以盟旗制度辖蒙族，以行省制度治汉人，以伯克制度治回疆，以政教制度驭藏番，以土司制度或部落制度辖西南苗夷，以及以宗主制度对番邦。"[②]新中国确立的民族区域自治制度以及处理台港澳问题的"一国两制"方针，既是社会主义的创造性发展，也无不延续着这一文明传统。而这些政制及其理念背后都隐含着一种多元化、多样性意识，体现着对不同生活方式与文化传统发自内心的尊重。

老子说，"以身观身，以家观家，以乡观乡，以邦观邦，以天下观天下"（《道德经·五十四章》）。既然不同视角关注不同问题，那么只有从天下视角才可能虑及世界性问题，并理解和关注全人类福祉。源于顾炎武的名言"天下兴亡，匹夫有责"，就是"以天下观天下"的最好说明。在顾炎武看来，国家兴亡只是一朝一代的事情，而天下兴亡则关乎天下人的身家性命。在西方思想家里虽然不乏对世界问题的思考，如近现代的康德、韦伯、罗尔斯等，但唯有马克思发现了一个超越国家的天下视角，也就是普遍存在于各个社会中的阶级以及全球化的阶级剥削。所以，马克思论证道，只有解放全人类才能真正解放自己，号召"全世界无产者，联合起来"。中国革命与中国共产党之所以选择马克思主义，绝不是机缘巧合，更不是时贤痛心疾首的历史失误，而是基于这样一脉天下大同的理想。对此，北京大学政治学教授强世功也曾论述道：

> 共产党理论中最核心的要素不是阶级，也不是民族，而是"国家"和"天下"这样的概念。中国人接受马克思主义的阶级概念，就在于这个阶级概念的背后，有着共产主义的天下大同理想。而这个"国家"也不是现代西方政治理论中的民族国家，而是传统儒家的家－国－天下的差序格局。
>
> 毛泽东及其领导的中国共产党人之所以坚定地信仰马克思主义，不仅是因为"十月革命一声炮响给中国送来了马克思主义"使得他们看到了拯救中国的道路，而且更重要的是，他们看到了马克思主义开辟了拯救全人类的途径。因此，中国选择马克思主义与其说是出于民族主义或者国家主义的现实动机，不如说基于国际主义和"天下大同"的古典理想。这是共产党与国民党、"旧中国"与"新中国"的根本区别。[③]

---

① 赵汀阳：《没有世界观的世界——政治哲学与文化哲学文集》（第二版），38~39 页，北京，中国人民大学出版社，2005。

② 凌纯声：《清代之治藏制度》，原载萧金松：《清代驻藏大臣》，6~7 页，台北，唐山出版社，1996。转引自强世功：《中国香港：政治与文化的视野》，162 页，北京，生活·读书·新知三联书店，2010。

③ 强世功：《中国香港：政治与文化的视野》，101~105 页，北京，生活·读书·新知三联书店，2010。

　　天下意识不仅寄寓着至高至尊的古典理想，而且也是关乎每个人身家性命的现实政治。对天下政治而言，最重要、也最基本的问题在于天下兴亡，而天下兴亡落实在现实之中就是"治乱"二字："无论一种制度是激进的还是保守的，是进步的还是落后的，是民主的还是专制的，是古典的还是现代的，是美德主导的还是权力主导的，只要能够形成治世就是好制度。"① 在中国民间，三国故事家喻户晓，三国人物妇孺皆知。一生培养了16位院士的化学家、清华校友时钧先生，年少时常常在书包里藏着"三国""水浒"，一次与同学打赌，看谁能背出更多的小说回目，结果"三国"背完，又背"水浒"一百零八将。三国故事既富有为人处世的道理，又饱含治国理政的玄机，开篇的"话说天下大事，分久必合，合久必分"就有大道存焉。如果说分久必合是治世，那么合久必分则为乱世，治乱兴亡不仅构成中国历史的恒久主题，而且也属于人类世界的第一命题。

　　逻辑上讲，治乱兴亡不能囿于各自为政的"国家"，特别是现代地缘政治意味的民族国家（nation-state），而需遵循家国天下的逻辑。因为，国家难免以邻为壑，损人利己，现代民族国家更是一种利益集合体，充其量可以保障自身的和平安宁，无法兼顾天下人的身家性命。人类世界不能为了某个国家或某些国家的和平安宁，而让其他国家和人民承受生不如死的乱世，就像如今西方享受着丰衣足食、山清水秀，而让亚非拉广大发展中国家一直处于"存者且偷生、死者长已矣"的世道。若以天下政治而非国家利益为本位，以治乱兴亡而非意识形态为要义，那么就不能不奉行王道，弃绝霸道。因为，再强大的国家暴力，相对于天下也显得微不足道，美国再强大也不可能让全世界人民臣服。即使暂时臣服，也不可能心服口服，更不可能永远心悦诚服，横绝亚欧大陆的蒙元帝国最终不还是灰飞烟灭吗？所以，深谙此道的中国人自古重视世道人心，强调礼乐教化，信奉"得道多助，失道寡助""顺德者昌，逆德者亡"，包括修身、齐家、治国、平天下的内圣外王，以及"先天下之忧而忧，后天下之乐而乐"的胸襟。战国时代军事家吴起，有一次同魏王泛舟黄河，魏王赞叹道："美哉山河之固，此魏国之宝也。"吴起回答说：国家安危系于内在修德，而不是外在险固，若不修德，那么"舟中之人皆敌国也"！如今，遍布天下，防不胜防的"恐怖主义""恐怖分子"，对西方世界不正是这样的"敌国"吗？

　　总之，赵汀阳认为，天下观才是应对全球化、造福全人类的世界观，即便目前还是一种理想，至少也可以使人明白问题出在什么地方：

　　　　天下／帝国理论与帝国主义理论在对世界的理解上有着顺序颠倒的结构：天下／帝国的理论是个由大至小的结构，先肯定世界的先验完整性，然后在给定的完整世界观念下再分析各个地方或国家的关系。这是世界观先行的世界理论，而帝

---

　　①　　赵汀阳：《坏世界研究：作为第一哲学的政治哲学》，104页，北京，中国人民大学出版社，2009。

国主义是由小至大的结构，先肯定自己的民族和国家的绝对性，然后以自己国家的价值观把"其他地方"看作是对立的、分裂的和未征服的。这是没有世界观的世界理论。也许我们无法比较哪种理论本身是更正确的（因为在社会和历史方面没有绝对真理可言），但假如我们需要世界正义、世界制度和世界和平这样一些事情，那么天下理论更有助于达到这些目标。[1]

二、理解与接受

迄今为止，传播学主流理论无不趋向同一愿景——理解。这一走势俨然假定一切传播活动都旨在信息与解读，而一切传播的症结均在"传而不通"，包括媒介与社会种种有碍理解的障碍——政治的、经济的、文化的、心理的障碍。所以，一旦打通了障碍，充分对话，彼此沟通，层出不穷的误解、矛盾、冲突就烟消云散了。于是，各路用心良苦的"传播""交流""沟通"等学说前赴后继，哈贝马斯的交往理论就是最新一例。然而，实际结果总是事与愿违，无论对全球传播还是人类社会而言，基于理解的传播与传播观往往无济于事。仅看一个常见现象，就足以令人深思：一方面，当今世界媒介越来越先进，技术越来越发达，渠道越来越畅通，信息越来越丰富翔实，也就是说理解越来越不成问题；另一方面，这个世界不仅依然乱云飞渡、狼奔豕突，而且在冷战后的权力失衡下越来越像耶鲁教授蔡美儿说的"起火的世界"。尤其费解的是，伴随着云计算、大数据、媒体融合一同出现的，不是"桃之夭夭，灼灼其华"，不是"春江潮水连海平，海上明月共潮生"，而是风起云涌的街头政治、颜色革命，是愈发不宽容、不妥协、不认同的文化政治，是哈贝马斯的苦心孤诣落花流水春去也。[2]

有鉴于此，欧美的传播学以及传播理论，无论是否前沿、是否科学、是否流行，即便可在不同程度上解释世界，甚至改变世界，却无法根本性地应对全球化与现代传播的致命痼疾。经验学派"为虎作伥"姑且不论，批判学派悲天悯人同样于事无补，就像当年阿多诺哀叹"除了绝望能拯救我们外就毫无希望了"。症结何在，出路何在？赵汀阳基于天下观提出一种新思路：从理解本位转向接受本位。在一篇国际会议论文《理解与接受》（2001）里，他从哲学角度阐述了这种迥异理解的传播观——接受论，对摆脱传播与传播学的困境不无启发，也更显示了理论意义、实践价值以及全球视野。那么，什么是传播接受论呢？

英国电信有句令人振奋的口号——开口有益（Good to talk），中国老话也有话不

---

① 赵汀阳：《没有世界观的世界——政治哲学与文化哲学文集》（第二版），32 页，北京，中国人民大学出版社，2005。

② 参见赵一凡：《从卢卡奇到萨义德：西方文论讲稿续编》，732 页，北京，生活·读书·新知三联书店，2009。

投机半句多，在赵汀阳看来，这正好暗示着我们时代的一个重大问题——对话与冲突。无疑，对话成为当代应对冲突的常见模式，小到邻里纠纷，大到国际争端，无不寄希望于对话与沟通，所谓"理解万岁"。然而，对话之路总是如此崎岖、坎坷、布满荆棘，理解之门千呼万唤往往深闭不开，看看阿以和谈、六方会谈等就不难想象对话与理解的千曲百折、步履维艰。为此，赵汀阳指出，既有的对话理论都将理解视为枢纽，而接受才是问题的关键；理解的出发点是自己或主体，而接受的立足点是他人或他者；理解的重点在知识论，而接受的核心是价值观。总之，仅有理解而无接受，就不会有"酒逢知己千杯少"的交流与对话，也不可能摆脱你说你的、我说我的鸡对鸭讲。

首先，需要明确在同一知识共同体内部展开的对话，远远有别于不同知识共同体之间的对话，如同家人之间的交往不同于邻里之间的寒暄。由于相信普遍人性和理性，人们倾向于认为世界上只存在一种可能的知识，所谓人同此心，事同此理，东海西海，心理攸同。而事实上，现实世界中一直存在着不同的文化共同体、知识共同体。且不说文明与文明、国家与国家等，即使男人与女人、少年与成人、常态性爱与非常态性爱一类群体间，就有多少不同的知识话语与理解难题。

其次，理解另一个知识共同体，重点不在知识论的实事求是，而在价值论的感同身受。因为，人们可以用同样的方式如形式逻辑看待世界，却可能喜欢完全不同的事物。打个比方，强调客观一致性的理解，就好比大家必须遵循某种游戏规则，如国际象棋的规则；而注重心有戚戚焉的接受，则相当于大家在国际象棋与中国象棋、甚或其他游戏中协商决定玩哪一种。再如，事实分明的客观报道充其量只能满足自身对他者的认知，而打动人心的新闻才能促进人与人、心与心的认同。西方式对话与中国式对话的区别也在这里：

> 在典型的西方式对话中，人们认为被假定能够生产真理的逻辑论证是最为重要的，因为它能够澄清"谁对谁错"；而在中国式的对话中，更注重的是取得一种双方都喜欢的或至少是都能接受的互利结果，假如在双方现成的想法中不能有共同接受的结果，那么就共同发明一个新的想法，它无所谓谁对谁错，或者说，对错在这里是不重要的，大家都喜欢才重要。不难看到，只要考虑谁对谁错，就等于承认了有个绝对的标准是存在于对话之外的，不管那个标准是在自然那里还是在上帝那里，总之是高过了对话、高过了人心的标准。而假如不考虑对错，思想的标准就被内化在对话这件事情本身中，也就是落实在人心与人心之间的互相期待中，心与心的和谐而不是知识与对象的一致就变成了绝对的要求。[1]

---

[1] 赵汀阳：《没有世界观的世界——政治哲学与文化哲学文集》（第二版），93 页，北京，中国人民大学出版社，2005。

当今世界的重要问题，不是知识与事实之间是否符合的真理问题，而是不同价值体系之间是否和谐的人心问题。何况，关于生活世界的真理不是一种先验的存在，而是最终实现时才能成其为真理，亦即实践是检验真理的唯一标准①。还拿新闻来说，重点恐怕就不在于用一个至高无上的唯一尺度衡量哪家报道更客观、更真实，为此便不厌其详地还原"事实真相"；而在于什么新闻才更能够打动人心，更利于人与人的相处、心与心的交融，更有益人间的和平安宁、丰衣足食、安居乐业等。从大禹治水的历史传闻到英雄模范的典型报道，就体现着这样一脉文化传统以及传播取向。当然，并不是说事实无关紧要、真理无足轻重，眼下新闻界的突出问题依然首推虚假报道，《新闻记者》杂志连续十余年评选了年度十大假新闻，所以周恩来对记者的题词仍是至理名言——忠实于事实、忠实于真理。同时应看到，着眼于事实以及对客观事物的认知，满足于知识论、真理论等标准，如有人将新闻的核心归结为一个"知（道）"字，既难以践行新闻的社会责任，更无助于不同文化共同体的身心交融与彼此接受，且不说充满偏见、难免局限的报道进一步加剧了人与人的隔阂、心与心的漠视。西方新闻界的一大悖论，作为前车之鉴一直困扰着人们：一方面，从专业微观角度看，应该承认《纽约时报》、BBC等当属专业化媒体；另一方面，从社会宏观效果看，特别是从全球人类视角看，恰恰是西方媒体的新闻往往又是最不客观、最难以信赖、最遭人诟病的，既是乱世病灶，又有自身弊端，包括2012年BBC曝出的系列丑闻以及近年来对新疆、西藏的造谣生事。

再次，即使对他者在知识上彻底理解，也不能保证对他者予以接受。接受不同的知识共同体，归根结底意味着接受不同的价值观。按照赵汀阳的分析，"理解而不接受"的基本语法是："是的，我完全理解你，但是……"这等于说，对话是好的，但不解决问题。有鉴于此，对形成人类良好的共同生活来说，仅仅掌握他人的知识远远不够，还需进一步理解他人，如陈寅恪、钱穆等念兹在兹的"温情与敬意""同情与理解"。但理解他人仍然不足以形成良好的共生局面，因为还缺乏大家彼此接受的信念、价值观和生活想象。因此，"接受"问题便成为不同文化与共同体之间关系的最后问题，也是对话与交往理论的关键难题。②

针对这一难题，赵汀阳认为，出路也许在于改变或重写对话与交往理论，重新思考他者的概念：由传统的、针对传播内容的文本分析与意义解读，走向"说者与听者"的互相理解，再由互相理解，走向对"各自所说"价值观的认同与接受。这种新型的对话既不同于苏格拉底式的吹毛求疵的智者对话，也有别于含糊其词的政治对话，而是具

---

① 赵汀阳在2008年的一篇文章中指出，所谓"普世价值"云云，实际上是以一种价值观检验另一种价值观，属于新的"精神独裁和思想专制"。

② 赵汀阳：《没有世界观的世界——政治哲学与文化哲学文集》（第二版），104页，北京，中国人民大学出版社，2005。

有重构文化功能的对话，寻求的是互惠的文化建构而非作为唯一答案的普遍真理，侧重点不是主体而是他者，不是理解而是接受。在理解层面，主体的发言是中心所在；而在接受层面，他者的倾听才是对话核心。发言暗含教训他人和指导对方的意味。如果话不投机，可能引起反作用，反作用虽然能够拨乱反正，就像萨义德的东方学，但同时也有副作用，如缺乏建设性，妨碍甚至阻断建设性对话。

最后，从理解转向接受，从发言转向倾听，从主体转向他者，就不能不突破主体性及主体间性。主体间性看似互相依赖、彼此关联、平等交往，但仍属心灵在理性上的一致，而非价值观的一致。"心与心的和谐与现代西方哲学所说的'主体间性（inter-subjectivity）'其实貌合神离"[①]。如果说他人性或他性意味着全方位的各种可能视野，那么主体性则只能体现以自我为中心的解读。特别是，"主体性能够导引出任一个体作为行为主体的个人自由和权利，却不能保证互相的义务。权利与义务如果失去平衡是非常危险的。过于强调个人权利而相对忽视互相义务的现代社会已经暴露出许多问题"[②]，拿中国30年来的社会文化嬗变来说：

> 中国20世纪80年代全盘引进了西方的主体性观念，一时一统话语天下，但是在新奇感觉过去之后，人们很快就意识到，人们本来渴望要得到表达的，通过主体性观念什么也没有得到表达，或者说，它表达的东西与人们所希望克服的困难、所希望实现的理想和成功，实在是缺乏密切的相关性。由于在中国发生的是个后发的、迟到的现代化过程，而这个过程又无比迅速，因此在很快就扑面而来的全球化问题面前，主体性观念马上就变成一个抽象的意图不明的"启蒙"或"解放"的符号，不但解决不了当前的重要问题，而且它能够说明的问题也已经无足轻重了。[③]

再具体以新闻传播为例，八九十年代，中国记者的主体性一路高扬，新闻自由、舆论监督、采访权、报道权、话语权等意识与前三十年相比早已不可同日而语，特别是市场化媒体与新媒体更是炙手可热、声势煊赫。另外，新闻传播学的学科地位与独立姿态也日益凸显。然而，恰恰是在这个主体凯旋、个性高张的时代，新闻传播乱象丛生，世道人心一路溃败。诚然，应该看到新闻对推进现代化厥功至伟，对揭露丑恶、弘扬正义也功不可没，但新闻图景总体上又让人茫然失措、不知所之，如果仅凭媒体特别是所谓自媒体，不知道这个世界是好是坏。其实，依照普通人的生活感受与经验，现实正如

---

①　赵汀阳：《没有世界观的世界——政治哲学与文化哲学文集》（第二版），94页，北京，中国人民大学出版社，2005。

②　同上，111页。

③　同上，94页。

邓小平谈论中美关系时说的，"好也好不到哪去，坏也坏不到哪去"，或用 2013 年一篇时评的话说："中国的现实同很多互联网站首页所展示的既像又不像，它们所烘托的汹汹气氛多数情况下在我们身边感觉不到。我们大多数人的生活是平和的，常常也会碰到问题，但不会因为过不去而绝望。"[①]

就传播而言，秉持主体性以及主体间性的思路，也就难免唯我独尊、自以为是，因为"我"拥有辨别、判断和决定好与坏、真与假、正与误的权威。这样一来，就算是"我"与人为善、真诚沟通、友好交往，但价值标准却是由"我"来定的，即那个高高在上的主体性或貌似平等交往而实则空洞无物的主体间性决定的。无怪乎如今媒体上、网络中，但见戾气弥漫，唾沫横飞，人人都是大爷，个个皆为好汉。在主体性概念下，人们必然注意对话与交往中那个作为主体的说话者，即使所谓受众本位论、使用满足论等也依然局限于主体的发言范围。而根据他者的重要性，听者及其倾听才是更为本质的问题。倾听远比发言更能触及接受他人的问题。如果只有我在发言而没有他人倾听的话，那么我就成为自言自语的单一心灵，从而也就失去了心心相印、息息相通的丰富性、创造性和公共性。

赵汀阳特别指出，以他人为核心的对话方式绝不能混同于多元论和相对主义。前者希望各方他者都有权利参与循环性对话，从而形成一种不断互相接受的过程。而自由主义宣称的多元论和相对主义仅仅是宽容他者的存在，并不承认他者的情感、价值观与实践生活，充其量属于温和的"异教徒模式"。诸如"我不同意你的观点，但我誓死捍卫你发表观点的权利"，无非是鼓励价值观之间永远不合作，永不接受他者：

> 现代发达的理性与审慎习惯的确使人们大大发展了相互理解，可是同时也生产了以文化多元论或文化相对主义为名而以相互冷漠为实的"政治正确"。政治正确表面上是礼貌和互相尊重，实际上是互不关心、各行其是、互相歧视，只不过不说出来。"谁也别管谁"貌似保护了各自的权利，实际上却是用来消解他者的利益、价值和力量的非暴力抵制性策略，而且非常成功。这很容易理解：正如"卖"总要被"买"才有意义，"说"也总要被"听"，"做"也总要被"认可"，"给予"也总要有"接受"才有意义。这个抵制他者的策略就是通过"没有感觉、不给反应"而达到取消他者的市场，没有市场就没有了价值。……多元论意味着各自都被贬值、各自都被抵制。彼此的独立自由同时的代价就是彼此的冷漠和贬值……[②]

---

① 《扎堆的坏消息并非中国缩影》，载《环球时报》，2013-01-16。
② 赵汀阳：《没有世界观的世界——政治哲学与文化哲学文集》（第二版），103 页，北京，中国人民大学出版社，2005。

总而言之，从接受而非理解的角度探讨传播与传播学，既是一种别开生面的思路，又与前述天下观一脉相承，其中包含诸多值得深思与反思的命题。2011年9月，中国国务院新闻办公室发布了一份《中国的和平发展》白皮书，阐述了中华文明的传播理念，也显示了天下观与接受论之间的内在联系：

> 中国人民历来崇尚"和而不同""天人合一""以和为贵"的理念，以和谐精神凝聚家庭、敦睦邻里、善待他人。和谐文化培育了中华民族热爱和平的民族禀性。举世闻名的"丝绸之路"是一条贸易之路、文化之路、和平之路，铭刻下中国古人追求同各国人民友好交流、互利合作的历史足迹。
>
> 中华民族以"海纳百川，有容乃大"的胸怀，接受一切有益的外来文化，促进了中外文化融合，留下了不少对外文化交流的千古佳话。中国人民具有强烈的集体意识和社会责任感，崇尚"己所不欲，勿施于人"，尊重不同文化、不同观念，注重推己及人、将心比心，不将自己的意志强加于人。

太平世界，环球同此凉热。天下是天下人的天下，地球是地球人的地球，在全球一村的信息时代更需天下一家的意识，各美其美，美人之美，美美与共，天下大同，作曲家瞿小松曾用一段富有诗意的文字表达了天下一家的祈愿：

> 以我小学层面的地理知识，我知道：非洲有一条大河，叫尼罗河；南美有一条大河，叫亚马孙河；欧洲有伏尔加河、有多瑙河、有莱茵河、有易北河；古代的亚述，现今的伊拉克，有幼发拉底河、有底格里斯河；印度有恒河；中国有澜沧江、有长江、有黄河。世界上，还有许许多多我这个小学生不晓得的河流。众多的河流所滋养的繁盛物种，众多的江河所流经的高山、丘陵、戈壁、平原、森林、草地，使得我们生息繁衍其中的地球，我们的这个家，丰饶，有趣，可爱。这所有河流所孕育的文明，如果说伟大，它们同等地伟大；如果说无足轻重，它们同等地无足轻重，因为从月球、从太空远眺地球，溪、涧、江、河，所有的流，我们一概不见。[①]

本书内容至此全部讲完了。如果把本书的讲授比作修铁路，修好一节，通车一节，直至全线通车，那么，第一版修了"传统理论"，第二版、第三版修了"批判理论"，第四版又修了"中国理论"。借用辩证法的说法，传统理论是正题，批判理论是反题，中国理论是合题。也就是说，中国理论经过"否定之否定"，势必超越传统理论和批判理论，如同中国式现代化，走向天辽地阔的环球同此凉热。100余年前，列宁在《青年团

---

① 瞿小松：《虚幻的"主流"》，载《人民音乐》，2011（6）。

的任务》这篇演说中提出一个有名的观点——只有用人类创造的全部知识财富来丰富自己的头脑，才能成为共产主义者。他说："我们不需要死记硬背，但是我们需要用基本事实的知识来发展和增进每个学习者的思考力，因为不把学到的全部知识融会贯通，共产主义就会成为空中楼阁，就会成为一块空招牌，共产主义者也只会是一些吹牛家。"[①]不待多言，这也应该是我们研习传播学和推进中国传播的基本态度。

---

① 《列宁选集》第四卷，348 页，北京，人民出版社，1972。

第一版后记

近些年来，我一直受聘为本科生与研究生讲授传播学。也许个性使然，我倾心于桑塔耶纳的教风。据说桑氏执教哈佛时，每堂课从无一句多余的话，一上讲台，把讲稿往桌头一放，便目若无人似的一口气讲下去，而他的话若全部记下来，就是一部正规的书稿！如此严谨而完美的境界真让人心向往之。所以，我在备课与开讲的过程中，总是朝着这个方向努力。如今我又在原讲稿的基础上删繁就简、拾遗补阙，最后整理出这部《传播学引论》。

按照常理，作者看到自己的著作问世，总是难免白日放歌须纵酒的欣喜。事实上，我也确曾有过一丝的得意。然而，一旦想到那些不能不高山仰止的学问大家，翻开他们以毕生心血凝铸而成的不朽力著，我的心情顷刻之间便由自得变成自卑，同时也为自身的疏陋浅薄、急于求成而汗颜。

不过，尚可聊以自慰的是，拙著在目前国内传播学研究中还能自成体系，不失为一家之言。虽然说不上呕心沥血，但也三易其稿，自信还不至于沦为张承志所说的那种掩埋学术金脉的印刷垃圾。尤其是当传播学在我国方兴之际，作为入门书当会对初学者有所裨益，想到此也就稍觉心安了。

在本书写作过程中，我力图仿效弗洛伊德《精神分析引论》这部讲稿的风格：虽属学术论著，但娓娓道来，引人入胜；行文固然晓畅易懂，却并不因此而缺乏学术深度。当然，如果取法乎上，可得其中的话，便是心存奢望了。本书的开头已经引过《精神分析引论》的开场白作引子，这里还想把它的结束语用作煞笔。因为这段话恰如其分地表达出我此时的想法：

> 我的讲演现在可以结束了。我要说自己这些讲演缺点太多而深感惭愧，那绝不仅是礼节上的客套。尤其抱

歉的，是我偶然提及一个问题，往往答应在他处再行详讲，可是后来又没有实践前约的机会。我所讲的问题，现在尚未终结，而是正在发展，所以我的简要叙述，也欠完全。有许多地方，我预备要作结论了，但又未归纳。然而我的目的不想使你们成为精神分析的专家（换成传播学专家来理解——作者注）；我只愿使你们有所了解，而引起你们的兴趣罢了。

1993 年 4 月于郑州大学新闻系

增补版后记

《传播学引论》从面世到这个增补版，已经整整10年了。10年前自然不可能想到增补修订的事情，即使现在也有点"不得已而为之"。

10年前的想法很简单，那时压根没想到本书会成为"常销书"。面对第一次8 000册的印数，当时觉得像个天文数字。没想到，后来还一印再印（迄今粗略估算有数十万册）。当然，我不会不清楚，不管惠读拙著的旧友新朋怎样奖勖有加，本书不过是一部写得较为耐读的入门读本而已。如果说有什么突出的地方，也仅在于使比较多的新人对传播学发生些许兴趣，获致初步认知。而且我常想，当初若知道会这般广泛地"误人子弟"，那么在写作过程中，可能会更投入一些，更认真一些，免得遗珠之憾与汗颜之愧。

大概由于拙著的社会效益与经济效益还差强人意，本书责编黄春峰先生曾一再向我提及修订再版的事情，而对此我一直不太积极。

一来，这10年间，无论是我个人的学术思想，还是中国大陆的传播研究，都经历了"更新换代"。新人、新说、新思潮层出不穷，学科面貌不断改观。江山代有才人出，这部引人入门之作，早该寿终正寝退出历史舞台了。

二来，本书的体例、内容及笔调都别具一格，不管怎样都成为一个特定的"历史文本"，作者本人对此也是无可奈何，正如父母对孩子的天然特征无可奈何一样。特别是，当年写作本书时，作者还是个毛头小子，所谓初生牛犊不怕虎，听说审阅书稿的一位老先生亦褒亦贬地说过，这个作者有点狂啊。而今我已步入中年，以现在的状态与心态去修订当年的作品，总是担心圆凿方枘，格格不入。

然而，最后禁不住各种"诱惑"，在杂务缠身、百事劳神之际还是抽空弄出这个"增补版"，则又是种种情形所使然，也就是所谓"不得已而为之"。

其中最值得一提的，当然还是各方读者对我的鞭策，特别是许多前辈学长与莘莘学子对拙著的称许。近年来，我遇到不少本科生与研究生，他们或写信，或通话，或面晤，与我相交，其间差不多都会提到拙著留给他们的印象，谈及由于本书引路而步入传播堂奥的欣喜。这使我既快慰，又惭愧。应该说，读者的热情鼓励，是促使我对本书进行修订的原动力。文章千古事，得失寸心知。正是这些相识与未识的读者，使我越来越感到一种无形压力，觉得如果再不修订，任由拙著按照10年前的模样继续发行，实在有点于心不安了。

于是，经过10年之后，终于不得不对这部处女作进行修订或增补了。

为了尊重历史，也为了初学者的便利，这个增补版除纠正错别字外，对第一版的内容未做改动。除此之外，增补版又增加了以下内容：

第一，在初版的正文之前增加了一篇"导言"，希望用新的视角、从新的高度、以新的材料，对传播与传播研究进行全景式的论列。

第二，在初版的第一讲——概论、第二讲——人际传播和第三讲——大众传播之后，又增加了第四讲——批判学派，这也是增补的主要部分。批判学派与经验学派是传播学的两大学派，而初版大多为经验学派的内容，对批判学派涉猎较少，增补版希望多少弥补这方面的欠缺。

毋庸讳言，以上内容由于完成的时间不同，针对的读者不同，立论的重心不同，章法难免有不尽一致之处，有些论述甚至有前后重复之嫌。但聊以自慰的是，这些内容放在一起未始没有一种"互文参证"的效果，犹如多声部的混声合唱。希望这样的编排，能对初学者把握传播学的基本内涵，特别是理解批判学派的精髓有所裨益。

10年前本书面世时，我在郑州大学新闻系执教，如今增补版付梓时，我已是清华大学新闻与传播学院的一员。其间，还曾在中国人民大学师从方汉奇先生攻读博士学位3年，又赴中国青年政治学院新闻与传播系担任3年系主任。岁月如梭，光阴荏苒，人事变幻，世事沧桑，这次第怎一个感慨了得。无论如何，不变的仍是书生本色，坚守的还是人间正道。

2003年于清华园

第三版后记

　　这部浅作草成于20世纪80年代，1993年在新华出版社付梓；10年后首次修订，遂有"增补版"；越十年，再修订，改由高等教育出版社印行，是为第三版。

　　一本导引入门之作，20年来一版再版，无论当初还是后来都不曾料想。原以为风鸣水流，渐行渐远，拙著自然淡出，不了了之。10年前的"增补版"未用第二版提法，也有"绝版"之意。特别是如今传播学科兵强马壮，虎视鹰扬，不算络绎于途的留学人员，全国每年新科博士、博士后就不下数十人，加上嘈嘈切切的原著及其译本，这个学科已非二三十年前"十几个人、七八条枪"可比。无奈出版社总以"常销书"不断印行，"增补版"也重印近10次，竟使笔者欲罢不能，乃至眼下又为第三版写后记了。

　　执教新闻传播学30年来，有个疑惑若隐若现，萦绕于心：学术研究应有怎样的文体与文字。具体说来，除了言之有物、言之成理，学术著述是否容许突破一板一眼的论文体？学问之道可否如兵法所云，水无常势，兵无常形，只要胜利就师出有名？条分缕析的逻辑能否容纳形象灵动的思路与文辞？理性的表达与形象的呈现是南辕北辙，还是对立统一？文体仅仅关乎形式？文字仅仅属于工具？等等。

　　也许心性所在，偏好所向，我对既有内涵又有灵气、既有思想又有文化的著述情有独钟，而引人入胜的首先是文体与文字等，就像语言总是显露着文明的第一缕晨曦。古往今来，出色著述多有独到的文体与文笔：先秦诸子、司马迁的《史记》、司马光的《资治通鉴》、钟嵘的《诗品》、古希腊哲学、《五灯会元》、《古兰经》、帕斯卡尔的《思想录》、马克思恩格斯的《共产党宣言》、弗洛伊德的《精神分析引论》、王国维的《人间词话》、费孝通的《乡土中国》、黄仁宇的《万历十五年》、李泽厚的《美的历程》……真是恍若山阴道上行，山川自相映发，应接不暇，仅看王国维那段脍炙人口而意境幽深的文字即可略见一斑：

> 古今之成大事业、大学问者，罔不经过三种之境界："昨夜西风凋碧树，独上高楼，望尽天涯路。"此第一境界也。"衣带渐宽终不悔，为伊消得人憔悴。"此第二境界也。"众里寻他千百度，蓦然回首，那人却在灯火阑珊处。"此第三境界也。

至若新闻传播领域，奇山异水天下独绝的风景也让人目不暇接。甘惜分、方汉奇等前辈大家的文风，或萧萧肃肃，风清月白，或浩浩汤汤，山高水长。年轻一辈也不乏其例，郭镇之教授的博士论文《中国电视史》、高钢教授的《新闻报道教程——新闻采访写作的方法与技术》、陈嫄如教授的《心传：传播学理论的新探索》等，既学问俨然，又文采斐然。

遗憾的是，文体或文字一直"妾身未分明"，还不无"雕虫小技""华而不实""不科学""不严谨"之嫌。乃至富有灵气的修辞、浑然天成的比喻、各领风骚的文体等，隐然有如淡妆浓抹的风流女子，常常避之犹恐不及，仿佛一旦有染就玷污了正大光明的科学羽毛，就降低了峨冠博带的学术水平。传播研究更是只谈学术价值，不论文体与文字，充其量在"科学研究"之余，关注一下"言而无文，行之不远"。时贤觉得，中国的传播研究之所以落后（当然是相较西方或美国），一是没有科学理论，一是没有科学方法，故需以科学的理论和方法"改造我们的学习"。与此相应，有个虽未明言而通行的观念：文体越板正越好，文字越奥博越好，唯其如此，才见水平。此类想法并非毫无道理，尤其面对就事论事的课题式研究、经验式研究或所谓"记者式研究"等，基本的研究规范与严谨的学术表达尤为必要。然而，结果除去漫天塞地的"理论平移""话语旅行""鹦鹉学舌""人云亦云"（学习借鉴或学术训练另当别论），"机械性僵硬"的文体也日甚一日，犹如科举时代八股文。于是，传播之学越来越高深莫测之际，也越来越像会记账单、实验报告、病理解剖图、工程规划表等，无怪乎"童子莫对，垂头而睡"，借用北京大学曹文轩在《"谢式文体"——又一种批评》一文的描述：

> 不知从何时开始，我们认定了一种共同的学术文体，以为学术表达，就一定得是这种语体和格式。加之对所谓"学术规范"愈来愈严厉的强调，我们看到了一道枯燥无味的风景：一年一度的硕士生、博士生的学位论文，在用同样的语体、同样的格式在表达同样的观念。对个性化表达的无休止地打压，使大量的学术论文成为学术公文。格式化的培养机制以及有关学术机构对学术著作的若干明文规定，最终使学术著作成了无性别、无调性、无具体写作人的公共文体。对这种文体的合法性、合理性，我们从未有任何论证。我们也视而不见那些被我们研究、被我们奉若神明的经典思想家们，其学术表达却并非都是"规范化"的。
>
> "公共文体"的特征：依仗成串的抽象术语、各种抽象性程度很高的概念以及各种理论资源（大多为外来），明确标榜使用了何家的研究方法，再加上一系列固定不变的写作格式和要求。它最大的敌人是形象化语词，以及形象化的语词表达。

形象化似乎是与规范化冲突的，是天敌。我们在潜意识中接受了一个看法：对形象化的接纳必将导致学术性的降低，甚至最终会毁掉学术性。因此，我们看到在学术著作中对形象化语词的回避。从文章著作的题目到文中的表达，都力求术语以及抽象性语词，并形成了一个没有加以证明的共识：术语越多，运用抽象性概念越多，就越具有学术性。近几十年的学术文章、著作的写作过程，实际上是一个不断贬抑、轻看和驱赶形象化语词的过程。

此处所说的"谢氏文体"，是指北京大学谢冕先生的学术著述。这位当代诗坛的批评家，一方面以别开生面的思想呼应中国现代诗的崛起，一方面也以形象丰满的文辞拂去日积月累的八股尘埃，为学术界吹来一缕春草碧色、春水绿波的清风：一个世纪的背影、暴风雨的前奏、和新中国一起歌唱、死水下面的火山、在新的崛起面前、暗流涌出地表……如下灵光乍现的文字，更是这种谢氏文体的典范："一旦新诗潮涌起，恍若密云的天空透进了一线炫目的光亮。这对于陷入庸常的诗界而言，不啻是一声惊天的雷鸣。"显然，谢冕先生对文体与文辞具有鲜明的自觉意识，如曹文轩所言，他崇尚形象化词语，坚信形象化词语同样具有入木三分的理性力量：

> 这些看似非学术化表达的句子，在他看来，不是一般的陈述句，而是意思圆满的判断句。"崛起""一起歌唱""背影""暗流"……不仅是对一种状态的描摹，也是对一种性质的判断。它们与"同构""吊诡""悖反""场域"之类的抽象术语，具有同样的理性功能。

此类反思与批评虽然针对精神性的人文学科，但未必不适用于实践性的社会科学，包括新闻传播学。作为揭示普遍联系、探究一般规律的社会科学，是不是只宜用"学术公文"以及一分不多、一分不少的逻辑实证主义语言呢？耐人寻味的是，早年写出《逻辑哲学论》的维特根斯坦，晚年走向相反方向，并以推崇日常语言的《哲学研究》清理了前期思想。就文体与文字而言，晚近一批华人学者的著述也提供了耐人寻味的范本：曹锦清的《黄河边的中国：一个学者对乡村社会的观察与思考》、阎云翔的哈佛大学博士论文《私人生活的变迁：一个中国村庄里的爱情、家庭和亲密关系（1949—1999）》、王迪的《街头文化——成都公共空间、下层民众与地方政治，1820—1930》、吴毅的《小镇喧嚣：一个乡镇政治运作的演绎与阐释》、应星的《大河移民上访的故事——从"讨个说法"到"摆平理顺"》等。应星这部博士论文尤为典型，不看注释就像一部长篇小说，有对话、有人物、有情节、有场景，一波三折，引人入胜。除了严谨的事实爬罗与细密的文献剔抉，这种学术文体也使研究对象得到"全方位、多角度、立体感"的呈现，达到沟口雄三论述中国问题时所希冀的"多体、多面、多角"的境地。

其实，如前所述，古今大家的表达并不都是正襟危坐，且不说孔子、苏格拉底、释迦牟尼等谈话体经典，即使现代学术著述同样千岩竞秀，百舸争流，"万类霜天竞自由"。黑格尔的《哲学史演讲录》、索绪尔的《普通语言学教程》、梁启超的《中国历史研究法》、郭沫若的《甲申三百年祭》、陈旭麓的《近代中国社会的新陈代谢》等，不是"朗朗如日月之入怀"，就是"颓唐如玉山之将崩"。特别是索绪尔与陈旭麓的名作，甚至是由弟子根据生前授课素材整理而成。作为一种对比，当下学术评价机制常将此类著述排斥在外，只认峨冠博带的所谓"学术专著"。按照时新标准，许多对学术思想贡献丕大的名山之作不知该属何方神圣。

　　那么，说来说去，学术研究应有怎样的文体与文字呢？尽管难有放之四海而皆准的标准答案，但百家争鸣、百花齐放总是学术共同体的最大公约数吧。换言之，不同的学术思想竞相鸣放而不必独尊一家，不同的学术流派包括风格竞相绽放而不必"我花开后百花杀"。由此，庶几形成一种刘勰揭橥、巴赫金阐发的众声喧哗"场域"："慷慨者逆声而击节，酝藉者见密而高蹈；浮慧者观绮而跃心，爱奇者闻诡而惊听。"

　　末了，想借机对一位卡莱尔所谓"诗人英雄"或列宁所谓"文化英雄"略表由来已久的心仪，这就是学者出身的张承志。他对山川大地与精神天宇的赤子情怀，对人民生活及其"心灵史"的礼赞，对"伪学"及"伪士"的敬而远之，对文字出神入化的感悟与把握等，构成当代文坛的一抹亮色，尤其"以笔为旗"的气象，在一片倒伏的降旌中愈发虎虎生风，猎猎招展。这里想特别提及一点，其文体与文字所彰显的形而上意味：在浑然天成的字里行间——无论文学还是学术，既充盈着清洁的精神、丰润的人生、自然的情怀，又洋溢着学识、真知与启示的神采。20世纪80年代，当笔者懵懵懂懂进入学术领域时，他的一句暮鼓晨钟的话不时回荡心中：印刷垃圾的黄土高原深深淹没了学术思想的金矿。在世纪之交那篇不似论文而胜似论文的《人文地理概念之下的方法论思考》中，他满含深意的呼唤更是令人悚然而惊，恍然而醒：

　　　　从文明母亲的胎液里爬出来的孩子，在高等学府或上层社会，在思潮、教科书和恩师论文的烟海里被改造。无疑，书本的知识，尤其是必要的基本知识是绝对必要的。但是，已经到了指出的时候：求学有时也如断奶，"学者"好像特别容易发生异化。不能否认，一部分人在认知的路上南辕北辙，他们傲慢地挣脱着健康的母体，从不回头，越来越远。

　　　　旧的时代该结束了，泥巴汗水的学问刚刚登场。我们只是呼唤真知实学，我们只是呼吁，一种不同的知识分子的出现。

　　而这，也是这部小书遥遥瞩目的境界——纵不能至，心向往之。

2013年立春

第三版跋

相较于上一版，第三版大约增删修订了一多半内容。第一版后记里，引了一句《精神分析引论》的结束语："我要说自己这些讲演缺点太多而深感惭愧，那绝不仅是礼节上的客套。"此次修订之际，愈发体味其中的深意。

有则阿凡提故事，说一天他去经学院念书，长袍下藏着一把禁止携带的大刀子，被四处转悠的监察官发现了，问那是什么。他答道，我想用它删改书上的错误。监察官大怒：用这么傻大的刀子能改错吗！阿凡提说：是呀大人，就连这把还嫌太小，改不干净呢，因为常有傻大的错误啊！胡政之主持《大公报》时也曾提醒同仁，白纸黑字一旦印出，就连斧头也砍不掉了。如今，面对拙著白纸黑字的傻大错误，笔者也只能尽力删削，聊补前愆了。

同时借此机会，说明如下事项：

——从酝酿到写作，从初版到修订，本书绵延近30年。虽说不至于三十年河东，三十年河西，但自己的人生阅历与专业旨趣，毕竟不可同日而语了。而相对如许变化，第三版以及十年前的第二版，却难以大动干戈，另起炉灶，只能在原有基础上拾遗补阙，刮垢磨光。英国批判传播学者James Curran 在 *Media and Power* 一书中文版序言里说得好，改写旧作不同于"那些欧洲的老房子，可以比较容易地改建一下阁楼、扩建一下偏房什么的"，否则就会出现结构上的混乱。

——第一版至第三版，一直沿用项德生教授所赐序言。项老师毕业于中国人民大学新闻系，留校工作后曾任班主任，班上学子俊采星驰，包括徐光春、郑保卫等。"文革"期间，辗转流寓中原，1984年郑州大学新闻系创建后始归本行，先任副系主任，后任系主任。在任时，新闻系进抵国内新闻教育"发达"之列，对笔者也多所提点。至于序言所谈核心思想，今天看来愈发值得深思。

　　——从本版开始，发行整整20年的新华版"引论"，改由高等教育出版社印行。新华版得益于黄春峰先生，现任新华出版社副总编辑。1991年中国新闻教育学会宜昌会议上，我们一见如故。当时，他刚毕业于中国新闻学院，而我也甫登讲台，彼此书生意气，风华正茂。在那个已难想象的"出书难"年代，他设法出版了本书第一版，此情此谊，不敢稍忘。

　　"寂寂寥寥扬子居，年年岁岁一床书。"最后，对关心笔者的师友，关注拙著的读者，谨致谢忱及歉意。无论熟悉，还是陌生，天南海北的温暖目光，既是促我勉力前行的动力，也是迫我再上层楼的动因。第三版付梓前，承蒙清华大学新闻学院博士生张小娅、沙垚、王曦和硕士生孙超、陶一萍、檀易晓细心校订，在此一并致谢。

2013年清明

第四版后记

　　10 年前修订第三版的情景还历历在目，没想到一转眼又不得不修订新版了。

　　之所以修订，也是大势所趋。一方面，2013 年第三版付梓时，适逢中国进入新时代，10 年来，政治自觉、文化自觉、学术自觉日渐明朗。一方面，随着百年未有之变局，世界格局山崩地裂，晚近两事可见一斑。一是 2021 年美国以 20 年时光、数万亿美元、两千大兵性命、数十万阿富汗平民伤亡和数百万难民流离失所的"天价"，"成功地把塔利班换成塔利班"。二是 2022 年突如其来的俄乌战争。

　　其间，西方及其传播痼疾也不断显露。就像美国政客用一小瓶自欺欺人的粉末，绕过联合国，悍然发动伊拉克战争，流血千里，伏尸百万，而欧美媒体鹦鹉学舌竞相鼓噪子虚乌有的"大规模杀伤性武器"，让"客观公正"等一套套"皇帝新衣"愈发难以遮羞，也让西方各路新闻传播论，从老牌的"专业主义"到时兴的"建设性"难圆其说。

　　同时，主导中国学界数十年的西方传播学日见疲软，旧的理论与时俱退，新的研究鸡零狗碎，越来越陷入内卷化，走向"枯藤老树昏鸦、古道西风瘦马"的穷途末路。2014 年，美国传播学科班出身的李金铨也感叹道：

> 一九七〇年代，我初入研究院就读时，新闻系内部密集出现以下的"理论"：议程设置（agenda setting）、知识鸿沟（knowledge gap）、使用与满足（uses and gratifications）、沉默的螺旋（spiral of silence）、认知共同适应（co-orientation）、第三者效果（third-person effect）、涵化（cultivation）、框架和铺垫（framing, priming）、创新扩散（diffusion of innovation）……几十年后，我都快退休了，看过各种走马灯似的流行，抓住

几个老题目不断再生产，固然资料累积很多，但见解增加几许？何况连这类"内部理论"也长久不见有人提出，而整个学科生态又满于划地自限，不作兴跨学科互动，其理论贫瘠的尴尬境况可想而知。坦白说，今天在美国有些大学博士课程，可以狭窄到从上述的"理论"选择一个题目，写一篇不痛不痒的论文，就可以拿到学位了。（《传播研究的典范与认同》）

如今，我也面临退休，看着我们的传播研究有过之而无不及，同样扼腕。回望数十年中国传播学历程，20世纪80年代即便稀里糊涂地误入冷战学术之"彀中"，但毕竟言之有物，或者说立场漂移的唯物论；而后则步步陷入躲进心房成一统的唯心论，"一些原则为另一些原则所代替，一些思想勇士为另一些思想勇士所歼灭"（《德意志意识形态》）。也就是说，从概念到概念，从书本到书本，从美国到欧洲，从一个理论猎物到一个理论猎物，从一个"国际前沿"到一个"国际前沿"，仿佛真才实学只在字里行间而不在家国天下，只在灰色理论与旅行而不在常青原野与践行，同解释世界、改变世界越来越了不相干。

令人尴尬的还在于，新世纪特别是新时代以降，伴随清风徐来，不少学科领域凤凰涅槃，出现一批新人新学，而传播研究虽然不无新气象，但党八股、洋八股、学八股依然盛行，不痛不痒、自娱自乐、云里雾里、不知所云，螺蛳壳里做道场，精雕细刻赋华章。正如恩格斯所言："就其乏味、肤浅、空洞、冗长和抄袭（这里仅指照搬照抄——引者注）情况来说，只有德国的长篇小说才能与之相比。"而面对此类20年目睹之怪现状，扪心自问也觉难辞其咎。

为了多少弥补缺憾，不得不鼓起余勇，再次修订新版。动手之初，得到年轻学者沙垚倾力相助。其间，除对旧版进行全面修订与增删，或大删大改，或小修小补，还重点补充了一讲"中国理论"。相应地，基本结构也调整为：第一讲绪论；第二讲传统理论；第三讲批判理论；第四讲中国理论。第四讲初稿的部分内容由沙垚草拟，当然一切问题均由笔者负责。曾见黄永玉回忆表叔沈从文创作《边城》，修修改改不下200遍。第四讲虽然远不及此，但20遍功夫只多不少。

三十年河东，三十年河西。从第一版到第四版，恰好30年，我也从第一版审稿编辑眼里"有点狂"的少年，到了可以"聊发少年狂"的老夫。因此，岁月沧桑不可能不体现在字里行间，特别是不自觉的唯心史观淡出，自觉的唯物史观淡入。自觉者，佛家所谓觉悟也，犹如费孝通晚年的文化自觉，或如诗人穆旦抗战期间仓皇辞别夜夜笙歌的清华园，一步步走过苦难深重的大地而醒悟："我们走在热爱的祖先走过的道路上……我们不能抗拒／那曾在无数代祖先胸中燃烧着的希望。"（《三千里步行》）

正因如此，四讲下来，我也好似攀爬一座高过一座的山峰，而世之奇伟、瑰怪、非常之观，常在于险远。亦因如此，全书内容以及风格也不免前后有别，从"小弦切切如私语"到"大弦嘈嘈如急雨"，从"小楼一夜听春雨"到"寥廓江天万里霜"。

第四版依旧保留项德生教授为第一版所赐序言。30年过去了，项老师平易近人的提点，愈发显现登高壮观的气象，同"精致的平庸"不可同日而语：

> 毋庸讳言，传播学因为并非纯粹的自然科学，总是带有某种意识形态色彩，美国的传统学派如此，欧洲的批判学派也不例外。这就注定了，西方传播学在世界观和方法论上，在诸多研究结论中，总有其不尽科学的成分，总会有与马克思主义精神实质相逆反的内容。这是不足为奇的现象，不能成为把传播学视为"资产阶级货色"而拒之门外的理由。但是，在研究和介绍的过程中，坚持马克思主义的指导方针，坚持辩证唯物主义和历史唯物主义的方法论原则，坚持对传播学已有成果全面而具体的分析，坚持立足于本国国情的消化和创新，都是必不可少的。"述而不作"，照搬照抄，是不可取的。

辜负凌云万丈才，一生襟抱未曾开。令人痛心的是，项老师已于 2020 年离世。此前一年看望他，奉上当年《中国记者》第 5 期拙文《一位马克思主义的新闻教育家》，借他新作《仅仅是起点》，谈了对他毕生功业的感悟。项老师谦称自己的工作仅仅是起点，而本版力所能及的斟酌损益，对中国传播学才真是起点。

拙稿延续数十年，离不开各方人士支持，点点滴滴，感念在心。第一版、第二版（增补版）责编黄春峰，第三版责编武黎、王友福，第四版责编纪海虹，鞭策有加，尽心竭力，这次第，怎一个谢字了得。

2023 年 1 月 29 日于双清苑